KB057381

교권침해와 학생인권사례

새로이 바뀐
교권보호 4법
알아두기

편저 임영만

교권 침해 고통을 받고 계신 분,
보호나 지원제도 잘 몰라 **혜택**을 제대로 받지 못하고 계신 분,
이들에게 **조언**을 하고자 하는 **실무자**를 위한 책

법문북스

머 리 말

   지난 7월 서울 서초구 서이초등학교 교사 사망 사건 이후 전국적으로 교권 침해에 따른 교사들의 사망이 잇따라 발생, 이에 대한 대책이 마련되어야 한다는 목소리가 높아지면서 「교원의 지위향상 및 교육활동 보호를 위한 특별법」을 비롯하여 교권 보호 4법의 개정 및 보완논의가 본격적으로 추진되어, 9월 21일 국회에서 의결하고 정부에서 9월 27일 공포·시행하게 되었습니다. 이에는 교육 현장의 정상적인 교육활동을 위축시키는 사항을 해결할 수 있는 내용들이 다수 포함되어 있어 교권 회복을 간절히 바라는 교원들에게 즉시 체감할 수 있는 변화가 있으리라 예상합니다.

   「교원의 지위 향상 및 교육활동 보호를 위한 특별법」은 교육활동 침해행위 유형을 공무집행방해죄 · 무고죄를 포함한 일반 형사범죄와 악성 민원까지 확대하고, 가해자와 피해 교원의 즉시 분리 및 교원 보호를 위한 공제사업의 실시 근거를 마련하는 등 피해교원에 대한 지원을 강화하는 한편, 교육활동 침해 학생에 대한 조치업무 및 교권보호위원회를 교육지원청으로 이관하는 등 관련 행정체계를 기존 학교에서 교육지원청 중심으로 개편하고, 아동학대 신고로 인한 직위해제 요건을 강화하며, 조사·수사 과정에서 교육감의 의견 제출을 의무화하는 등 현행 제도의 운영상 나타난 일부 미비점을 개선·보완하였습니다.

   「초·중등교육법」은 교원의 정당한 생활지도는 아동학대로 보지 않고 학생 보호자가 교직원이나 학생의 인권을 침해하는 행위를 금지하며, 학교 민원은 교장이 책임진다는 등의 내용이 포함됐으며, 「유아교육법」은 교원의 유아 생활지도권을 신설하고, 정당한 생활지도는 아동학대로 보지 않는다는 것이 핵심입니다. 그리고 「교육기본법」에는 부모 등 보호자가 학교의 정당한 교육활동에 협조하고 존중해야 한다는 조항이 신설됐습니다.

   이 책에서는 이와 같이 대대적으로 개정되고 보완된 교권보호 4개법에 따라 제1편에서 최근 개정된 교권 보호 4법의 내용을, 제2편에서는 교원의학생생활지도에 관한 고시의 해설을 쉽게 풀이하여 체계적으로 정리하였으며, 제3편에서는 초등학교 학부모 교권 침해 민원 사례 모음을, 제4편에서는 학생인권공동사례를, 부록으로는 서울특별시 학생인권 조례 등을 정리하였습니다. 이러한 자료들은 국회의 자료와 법제처의 현행 법령정보, 교육부에서 배포한 해설서와 전국초등교사노동조합에서 발간한 교권침해 민원사례 모음집, 한국교원단체총연합회의 주요 교권사건 상담사례, 각 시도교육청에서 발간한 학생인권공동사례집 등을 참고하였으며, 이를 종합적으로 정리하고 분석하여 일목요연하게 편집하였습니다.

이 책이 교권 침해를 당하여 고통받고 계신 분들과 또 보호나 지원제도 잘 몰라서 혜택을 제대로 받지 못하고 계신 분이나 또 이들에게 조언을 하고자 하는 실무자에게 큰 도움이 되리라 믿으며, 열악한 출판시장임에도 불구하고 흔쾌히 출간에 응해 주신 법문북스 김현호 대표에게 감사를 드립니다.

2024.04.

편저자

목 차

제2편
교원의 학생생활지도에 관한 고시 해설 ·············· 119

제3편
초등학교 학부모 교권침해 민원 사례 ·············· 193

부 록

제4편
학생인권공동사례

부록

제1편

최근 개정된
교권보호 4법 내용

◆ 교원의 지위 향상 및 교육활동 보호를 위한 특별법

1. 국회 제안이유

　최근 학교 현장에서 교육활동 침해행위가 증가하고 그 유형도 복잡·다변화 및 심각해져 학교 수업 및 교육활동을 위협하는 수준에 이르고 있음. 또한, 교원의 정당한 생활지도가 아동학대로 신고되는 등 악의적인 민원과 고소·고발이 남발됨에 따라 교원의 정당한 교육활동을 위축시키고 교육의 질이 저하되는 등 교권 및 학생들의 학습권 침해 침해를 넘어 공교육의 기능 마비로 이어질 수 있다는 우려가 커지고 있다.

　이에 교육활동 침해행위 유형을 공무집행방해죄·무고죄를 포함한 일반 형사범죄와 악성 민원까지 확대하고, 가해자와 피해교원의 즉시 분리 및 교원 보호를 위한 공제사업의 실시 근거를 마련하는 등 피해교원에 대한 지원을 강화하는 한편, 침해학생에 대한 조치 업무 및 교권보호위원회를 교육지원청으로 이관하는 등 관련 행정체계를 기존 학교에서 교육지원청 중심으로 개편하고, 아동학대 신고로 인한 직위해제 요건을 강화하며, 조사·수사 과정에서 교육감의 의견 제출을 의무화하는 등 교원의 교육활동 관련 법적·제도적 장치를 정비함으로써 교원의 정당한 교육활동을 두텁게 보호하여 교권을 확립하고 공교육 정상화에 기여하려는 것이다.

2. 개정이유

　교육활동 침해행위 유형을 공무집행방해죄·무고죄를 포함한 일반 형사범죄와 악성 민원까지 확대하고, 가해자와 피해교원의 즉시 분리 및 교원 보호를 위한 공제사업의 실시 근거를 마련하는 등 피해교원에 대한 지원을 강화하는 한편, 교육활동 침해학생에 대한 조치업무 및 교권보호위원회를 교육지원청으로 이관하는 등 관련 행정체계를 기존 학교에서 교육지원청 중심으로 개편하고, 아동학대 신고로 인한 직위해제 요건을 강화하며, 조사·수사 과정에서 교육감의 의견 제출을 의무화하는 등 현행 제도의 운영상 나타난 일부 미비점을 개선·보완하였다.

3. 주요내용

가. 교원이 아동학대범죄로 신고된 경우 임용권자는 정당한 사유 없이 직위해제 처분을 할 수 없도록 함(제6조제3항 신설).

나. 교육부장관은 교원의 교육활동 보호에 관한 종합계획을 5년마다 수립·시행하도록 하고, 그 추진현황 및 실적 등에 관한 보고서를 매년 국회에 제출하도록 하며, 교육감은 종합계획에 따라 관할 구역 내 교원의 교육활동 보호에 관한 시행계획을 수립·시행하도록 함(제14조, 제15조 신설).

다. 교육감은 교원의 정당한 생활지도 행위가 아동학대범죄로 신고되어 조사나 수사가 진행되는 경우 시·도, 시·군·구 또는 수사기관에 해당 사안에 대한 의견을 신속히 제출하도록 함(제17조 신설).

라. 학교교권보호위원회를 폐지하는 대신 교육지원청에 지역교권보호위원회를 설치함(제18조).

마. 교육활동 침해행위의 유형에 공무집행방해죄·무고죄를 포함한 일반 형사범죄와 목적이 정당하지 아니한 민원을 반복적으로 제기하는 행위 등을 추가함(제19조 신설).

바. 학교의 장 등은 교육활동 침해행위 사실을 알게 된 경우 특별

한 사유가 없으면 가해자와 피해교원을 즉시 분리하되, 분리 조치된 가해자가 학생인 경우에는 별도의 교육방법을 마련·운영하도록 함(제20조).

사. 교육활동 관련 분쟁·소송 등으로부터 교원을 보호하기 위하여 교육감이 공제사업을 운영·관리할 수 있도록 하고, 그 운영을 학교안전공제회 등에 위탁할 수 있도록 하되, 위탁 시 소속 교원의 의견을 충분히 수렴하도록 함(제22조 신설).

아. 교육활동 침해학생에 대한 조치 주체를 학교의 장에서 교육장으로 변경하고, 특별교육 또는 심리치료를 받아야 하는 침해학생의 범위를 전학 조치 외에 출석정지·학급교체 조치를 받은 학생으로까지 확대하되, 전학 조치는 특별교육·심리치료 전에 선행되도록 함(제25조).

자. 교육활동 침해행위를 한 보호자 등에 대해서도 특별교육·심리치료 등의 조치를 할 수 있도록 하고, 정당한 사유 없이 미이행한 보호자 등에 대하여 과태료를 부과함(제26조 신설 및 제35조).

차. 교육활동 침해행위에 관한 학교의 장의 축소·은폐를 금지하고, 학교의 장 또는 소속 교원이 침해행위 발생 경과 및 결과를 보고하면서 축소·은폐를 시도한 경우 교육감이 징계위원회에 징계의결을 요구하도록 함(제27조제1항, 같은 조 제3항 신설).

카. 교육활동 침해행위를 보거나 그 사실을 알게 된 자는 학교 등 관계 기관에 즉시 신고하도록 함(제28조 신설).

타. 교원치유지원센터를 교육활동보호센터로 확대·개편하여 교육활동 침해행위 예방 및 피해교원의 심리적 회복 지원을 강화함(제29조).

파. 교권보호위원회 회의는 비공개를 원칙으로 하고, 교육활동 침해행위 및 교권보호위원회 관련 업무 관계자에게 비밀누설금지 의무를 부과하며, 위반 시 1년 이하의 징역 또는 1천만원 이하의 벌금에 처하도록 함(제30조 및 제34조제2호 신설).

4. 신·구조문대조표

[법률 제19094호, 2022. 12. 27., 일부개정]	[법률 제19735호, 2023. 9. 27., 일부개정]
제6조(교원의 신분보장 등) ①·② (생략) 〈신　설〉	제6조(교원의 신분보장 등) ①·② (현행과 같음) ③ 교원이 「아동학대범죄의 처벌 등에 관한 특례법」 제2조제4호에 따른 아동학대범죄로 신고된 경우 임용권자는 정당한 사유 없이 직위해제 처분을 하여서는 아니된다.
제14조(교원의 교육활동 보호) ① (생략) ② 국가와 지방자치단체는 교원의 교육활동을 보호하기 위하여 다음 각 호의 사항에 관한 시책을 수립·시행하여야 한다. 　1. 제15조제1항에 따른 교육활동 침해행위와 관련된 조사·관리 및 교원의 보호조치 　2. 교육활동과 관련된 분쟁의 조정 및 교원에 대한 법률 상담 　3. 교원에 대한 민원 등의 조사·	제14조(교원의 교육활동 보호에 관한 종합계획의 수립·시행 등) ① (현행과 같음) ② 교육부장관은 교원의 교육활동 보호 정책을 효율적으로 추진하기 위하여 관계 중앙행정기관의 장과의 협의를 거쳐 5년마다 교원의 교육활동 보호에 관한 종합계획(이하 "종합계획"이라 한다)을 수립·시행하여야 한다.

관리 4. 그 밖에 교원의 교육활동 보호를 위하여 필요하다고 인정되는 사항 ③ 제2항에 따른 시책의 구체적인 내용 및 시책의 수립·시행에 필요한 사항은 대통령령으로 정한다.	③ 종합계획에는 다음 각 호의 내용이 포함되어야 한다. 1. 교원의 교육활동 보호 정책의 추진 목표 및 전략 2. 교육활동 침해행위와 관련된 조사·관리 및 교원의 보호조치에 관한 사항 3. 교육활동 보호와 관련된 유아 및 학생 생활지도에 관한 사항 4. 교육활동과 관련된 분쟁의 조정, 교원에 대한 법률 상담 및 변호사 선임 등 소송 지원에 관한 사항 5. 교원에 대한 민원 등의 조사 및 관리에 관한 사항 6. 그 밖에 교원의 교육활동 보호를 위하여 필요하다고 인정되는 사항
〈신 설〉	④ 교육부장관은 교원의 교육활동 여건의 변화 등으로 종합계획을 변경할 필요가 있는 경우에는 관계 중앙행정기관의 장과의 협의를 거쳐 종합계획을 변경할 수 있다. 다만, 대통령령으로 정하는 경미한 사항을 변경하는 경우에는 그러하지 아니하다.
〈신 설〉	⑤ 교육부장관은 제2항 및 제4항에

	따라 종합계획을 수립하거나 변경하였을 때에는 지체 없이 이를 관계 중앙행정기관의 장 및 교육감에게 통보하여야 한다.
〈신 설〉	⑥ 교육부장관은 종합계획을 수립·시행하기 위하여 필요한 경우 관계 중앙행정기관의 장, 교육감, 관계 기관 또는 단체의 장에게 협조를 요청할 수 있다. 이 경우 요청을 받은 중앙행정기관의 장, 교육감, 관계 기관 또는 단체의 장은 정당한 사유가 없으면 이에 협조하여야 한다.
〈신 설〉	⑦ 교육부장관은 매년 제2항에 따른 종합계획의 추진현황 및 실적 등에 관한 보고서를 국회에 제출하여야 한다.
〈신 설〉	⑧ 그 밖에 종합계획의 수립·시행 및 보고서 제출 등에 필요한 사항은 대통령령으로 정한다.
제15조(교육활동 침해행위에 대한 조치) ① 제3항에 따른 관할청과 「유아교육법」에 따른 유치원 및 「초·중등교육법」에 따른 학교(이하 "고등학교 이하 각급학교"라 한다)의 장은 소속 학교의 학생 또는 그 보호자 등이 교육활동 중인 교원에 대하여 다음 각 호의 어느 하나에 해당하는 행위(이하 "교육활동 침해행위"라 한다)를 한 사실을 알게 된 경우에는 즉시 교육활동 침해행위로 피해를 입은 교원의 치유와 교권회복에 필요한 조치(이하 "보호조치"라	제15조(시행계획의 수립·시행) ① 교육감은 제14조제2항의 종합계획에 따라 관할 구역 내 교원의 교육활동 보호에 관한 시행계획(이하 "시행계획"이라 한다)을 매년 수립·시행하여야 한다.

한다)를 하여야 한다.

1. 「형법」 제2편제25장(상해와 폭행의 죄), 제30장(협박의 죄), 제33장(명예에 관한 죄) 또는 제42장(손괴의 죄)에 해당하는 범죄 행위

2. 「성폭력범죄의 처벌 등에 관한 특례법」 제2조제1항에 따른 성폭력범죄 행위

3. 「정보통신망 이용촉진 및 정보보호 등에 관한 법률」 제44조의7제1항에 따른 불법정보 유통 행위

4. 그 밖에 교육부장관이 정하여 고시하는 행위로서 교육활동을 부당하게 간섭하거나 제한하는 행위

② 보호조치의 유형은 다음 각 호와 같다.

1. 심리상담 및 조언

2. 치료 및 치료를 위한 요양

3. 그 밖에 치유와 교권 회복에 필요한 조치

③ 제1항에 따라 보호조치를 한 고등학교 이하 각급학교의 장은 지체 없이 다음 각 호의 구분에 따른 지도·감독기관(이하 "관할청"이라 한다)에 교육활동 침해행위의 내용과 보호조치 결과를 보고하여야 하며, 교육감은 대통령령으로 정하는 중대한 사항의 경우

② 교육감은 제1항에 따라 시행계획을 수립하였을 때에는 이를 지체 없이 교육부장관에게 제출하여야 한다.

③ 그 밖에 시행계획의 수립·시행 등에 필요한 사항은 대통령령으로 정한다.

에 이를 교육부장관에게 즉시 보고하여야 한다. 1. 국립의 고등학교 이하 각급학교: 교육부장관 2. 공립·사립의 고등학교 이하 각급학교: 교육감	
제16조(교육활동 침해행위의 축소·은폐 금지 등) ① 고등학교 이하 각급학교의 장은 제15조제3항에 따른 보고를 할 때 교육활동 침해행위의 내용을 축소하거나 은폐해서는 아니 된다. ② 관할청은 제15조제3항에 따라 보고받은 자료를 해당 학교 또는 해당 학교의 장에 대한 업무 평가 등에 부정적인 자료로 사용해서는 아니 된다. 〈신 설〉	제16조(실태조사) ① 교육부장관 및 교육감은 교원의 교육활동에 대한 보호를 강화하기 위하여 제19조에 따른 교육활동 침해행위, 제20조제1항에 따른 피해교원 보호조치, 제25조 및 제26조에 따른 교육활동 침해행위를 한 학생 및 그 보호자 등에 대한 조치 등에 대하여 실태조사를 할 수 있다. ② 교육부장관 및 교육감은 제1항에 따른 실태조사를 실시하기 위하여 필요한 경우 해당 학교의 장, 관계 기관 또는 단체의 장 등에게 관련 자료의 제출을 요청할 수 있다. 이 경우 요청을 받은 학교의 장, 관계 기관 또는 단체의 장 등은 특별한 사유가 없으면 이에 따라야 한다. ③ 제1항에 따른 실태조사의 구체적인 내용, 범위 및 절차 등에 필요한 사항은 대통령령으로 정한다.
제17조(교원치유지원센터의 지정 등) ① 관할청은 교육활동 침해행위로 피해를 입은 교원의 정신적 피해에 대한 치유를 지원하기 위하여 전문인력 및 시설 등 대통령령으로 정하는 요건을 갖춘 기관 또는 단체를 교원치유지원센터로	제17조(아동학대 사안에 대한 교육감의 의견 제출) ① 교육감은 「유아교육법」 제21조의3제1항에 따른 교원의 정당한 유아생활지도 및 「초·중등교육법」 제20조의2제1항에 따른 교원의 정당한 학생생활지도 행위가 「아동학대범

지정할 수 있다.

죄의 처벌 등에 관한 특례법」제2조제4호에 따른 아동학대범죄로 신고되어 소속 교원에 대한 조사 또는 수사가 진행되는 경우에는 해당 시·도, 시·군·구(자치구를 말한다) 또는 수사기관에 해당 사안에 대한 의견을 신속히 제출하여야 한다.

② 관할청은 제1항에 따른 교원치유지원센터의 운영에 드는 비용의 전부 또는 일부를 예산의 범위에서 지원할 수 있다.

② 제1항에 따른 의견 제출의 기한, 방법, 절차 등에 필요한 사항은 대통령령으로 정한다.

제18조(교육활동 침해 학생에 대한 조치 등) ① 고등학교 이하 각급학교의 장은 소속 학생이 교육활동 침해행위를 한 경우에는 해당 학생에 대하여 다음 각 호의 어느 하나에 해당하는 조치를 할 수 있다. 다만, 퇴학처분은 의무교육과정에 있는 학생에 대하여는 적용하지 아니한다.

1. 학교에서의 봉사
2. 사회봉사

3. 학내외 전문가에 의한 특별교육 이수 또는 심리치료

② 고등학교 이하 각급학교의 장은 제1항제6호에 따른 조치를 하기 전에 해당 학생이 「학교폭력예방 및 대책에 관한 법률」제17조제3항에 따라 교육감이 정한 기관에

제18조(교권보호위원회의   설치·운영) ① 「유아교육법」에 따른 유치원 및 「초·중등교육법」에 따른 학교(이하 "고등학교 이하 각급학교"라 한다) 교원의 교육활동 보호에 관한 다음 각 호의 사항을 심의하기 위하여 시·도교육청에 교권보호위원회(이하 "시·도교권보호위원회"라 한다)를 둔다.

1. 제15조에 따른 시행계획의 수립
2. 제2항에 따른 지역교권보호위원회에서 조정되지 아니한 분쟁의 조정
3. 그 밖에 교육감이 교원의 교육활동 보호를 위하여 시·도교권보호위원회의 심의가 필요하다고 인정하는 사항

② 고등학교 이하 각급학교 교원의 교육활동 보호에 관한 다음 각 호의 사항을 심의하기 위하여 「지방교육자치에 관한 법률」제34조 및 「제주특별자치도 설치

서 특별교육을 이수하거나 심리 치료를 받도록 하여야 한다.	및 국제자유도시 조성을 위한 특별법」 제80조에 따른 교육지원청 (교육지원청이 없는 경우 해당 시 · 도의 조례로 정하는 기관으로 한다. 이하 같다)에 지역교권보호 위원회(이하 "지역교권보호위원회"라 한다)를 둔다.
	1. 교육활동 침해 기준 마련 및 예방 대책 수립
	2. 제25조제2항 각 호에 따른 교육활동 침해학생에 대한 조치
	3. 제26조제2항 각 호에 따른 교육활동 침해 보호자 등에 대한 조치
	4. 교원의 교육활동과 관련된 분쟁의 조정
	5. 그 밖에 교육장이 교원의 교육활동 보호를 위하여 지역교권보호위원회의 심의가 필요하다고 인정하는 사항
③ 고등학교 이하 각급학교의 장은 제1항제1호, 제2호, 제4호 및 제5호의 조치를 받은 학생이 「학교폭력예방 및 대책에 관한 법률」 제17조제3항에 따라 교육감이 정한 기관에서 특별교육 또는 심리치료를 받게 할 수 있다.	③ 그 밖에 시 · 도교권보호위원회와 지역교권보호위원회의 설치 · 운영 등에 필요한 사항은 대통령령으로 정한다.
제19조(교권보호위원회의　설치 · 운영) ① 고등학교 이하 각급학교 교원의 교육활동 보호에 관한 다음 각 호의 사항을 심의하기 위하여 시 · 도 교육청에 교권보호위원회(이하 "시 · 도교권보	제19조(교육활동 침해행위) 이 법에서 "교육활동 침해행위"란 고등학교 이하 각급학교에 소속된 학생 또는 그 보호자(친권자, 후견인 및 그 밖에 법률에 따라 학생을 부양할 의무가 있는 자를

호위원회"라 한다)를 둔다.
1. 교원의 교육활동 보호를 위한 시책의 수립
2. 교원의 교육활동과 관련된 다음 각 목의 분쟁 조정
   가. 제2항에 따른 학교교권보호 위원회에서 조정되지 아니한 분쟁의 조정
   나. 제2항에 따른 학교교권보호 위원회가 설치되지 아니한 유치원의 교원의 교육활동과 관련된 분쟁의 조정
3. 그 밖에 교육감이 교권보호를 위하여 시·도교권보호위원회의 심의가 필요하다고 인정하는 사항
② 교원의 교육활동 보호에 관한 다음 각 호의 사항을 심의하기 위하여 유치원을 제외한 고등학교 이하 각급학교에 교권보호위원회(이하 "학교교권보호위원회"라 한다)를 두며, 유치원에는 유치원의 장이 필요하다고 인정하는 경우 교권보호위원회를 둘 수 있다.
1. 교육활동 침해 기준 마련 및 예방 대책 수립
2. 제18조제1항 각 호에 따른 교육활동 침해 학생에 대한 조치
3. 교원의 교육활동과 관련된 분쟁의 조정
4. 그 밖에 학교규칙으로 정하는

말한다. 이하 같다) 등이 교육활동 중인 교원에 대하여 다음 각 호의 어느 하나에 해당하는 행위를 하는 것을 말한다.
1. 다음 각 목의 어느 하나에 해당하는 범죄 행위
   가. 「형법」 제2편제8장(공무방해에 관한 죄), 제11장(무고의 죄), 제25장(상해와 폭행의 죄), 제30장(협박의 죄), 제33장(명예에 관한 죄), 제314조(업무방해) 또는 제42장(손괴의 죄)에 해당하는 범죄 행위
   나. 「성폭력범죄의 처벌 등에 관한 특례법」 제2조제1항에 따른 성폭력범죄 행위
   다. 「정보통신망 이용촉진 및 정보보호 등에 관한 법률」 제44조의7제1항에 따른 불법정보 유통 행위
   라. 그 밖에 다른 법률에서 형사처벌 대상으로 규정한 범죄 행위로서 교원의 교육활동을 침해하는 행위
2. 교원의 교육활동을 부당하게 간섭하거나 제한하는 행위로서 다음 각 목의 어느 하나에 해당하는 행위
   가. 목적이 정당하지 아니한 민원을 반복적으로 제기하는 행위
   나. 교원의 법적 의무가 아닌 일을 지속적으로 강요하는 행위

사항 ③ 그 밖에 시·도교권보호위원회와 학교교권보호위원회의 설치·운영 등에 필요한 사항은 대통령령으로 정한다.	다. 그 밖에 교육부장관이 정하여 고시하는 행위
제20조(권한의 위임) 이 법에 따른 교육부장관의 권한은 그 일부를 대통령령으로 정하는 바에 따라 교육감 및 소속기관의 장에게 위임할 수 있다.	제20조(피해교원에 대한 보호조치 등) ① 고등학교 이하 각급학교의 지도·감독기관(국립의 고등학교 이하 각급학교의 경우에는 교육부장관, 공립·사립의 고등학교 이하 각급학교의 경우에는 교육감을 말한다. 이하 "관할청"이라 한다)과 그 학교의 장은 교육활동 침해행위 사실을 알게 된 경우 즉시 교육활동 침해행위로 피해를 입은 교원(이하 "피해교원"이라 한다)의 치유와 교권 회복에 필요한 다음 각 호의 조치(이하 "보호조치"라 한다)를 하여야 한다. 　1. 심리상담 및 조언 　2. 치료 및 치료를 위한 요양 　3. 그 밖에 치유와 교권 회복에 필요한 조치 ② 관할청과 고등학교 이하 각급학교의 장은 교육활동 침해행위 사실을 알게 된 경우 교원의 반대의사 등 특별한 사유가 없으면 즉시 가해자와 피해교원을 분리(이하 "분리조치"라 한다)하여야 한다. 이 경우 분리조치된 가해자가 학생인 경우에는 별도의 교육방법을 마련·운영하여야 한다.

③ 고등학교 이하 각급학교의 장은 제1항 또는 제2항에 따른 조치를 한 경우 지체 없이 관할청에 교육활동 침해행위의 내용과 조치 결과를 보고하여야 하며, 교육감은 대통령령으로 정하는 중대한 사항의 경우에 이를 교육부장관에게 즉시 보고하여야 한다.
  1. 삭 제
  2. 삭 제
④ 제3항에 따라 보고받은 관할청은 교육활동 침해행위가 관계 법률의 형사처벌규정에 해당한다고 판단하면 관할 수사기관에 고발할 수 있다.
⑤ 피해교원의 보호조치에 필요한 비용은 교육활동 침해행위를 한 학생의 보호자 등이 부담하여야 한다. 다만, 피해교원의 신속한 치료를 위하여 피해교원 또는 고등학교 이하 각급학교의 장이 원하는 경우에는 관할청이 부담하고 이에 대한 구상권을 행사할 수 있다.
⑥ 제2항에 따른 특별한 사유 및 분리조치의 방법·기간·장소, 제5항에 따른 보호조치 비용부담 및 구상권의 범위·절차 등에 필요한 사항은 대통령령으로 정한다.

제21조(벌칙) 제10조제5항에 따라 확정되거나 행정소송을 제기하여 확정된 소청심사 결정을 이행하지 아니한 자

제21조(법률지원단의 구성 및 운영) ① 교육감은 「학교폭력예방 및 대책에 관한 법률」 제2조제1호에 따른 학교폭력

는 1년 이하의 징역 또는 1천만원 이하의 벌금에 처한다. 〈신　설〉	이 발생한 경우 또는 교육활동과 관련하여 분쟁이 발생한 경우에 해당 교원에게 법률 상담을 제공하기 위하여 변호사 등 법률전문가가 포함된 법률지원단을 구성·운영하여야 한다. ② 제1항에 따른 법률지원단의 구성 및 운영에 필요한 사항은 교육부령 또는 시·도의 교육규칙으로 정한다.
제22조(과태료) ① 정당한 사유 없이 제18조제4항에 따른 특별교육 또는 심리치료에 참여하지 아니한 보호자에게는 300만원 이하의 과태료를 부과한다. ② 제1항에 따른 과태료는 대통령령으로 정하는 바에 따라 관할청이 부과·징수한다. 〈신　설〉	제22조(교원보호공제사업) ① 교육감은 교육활동과 관련된 각종 분쟁이나 소송 등으로부터 교원을 보호하기 위하여 공제사업(이하 "교원보호공제사업"이라 한다)을 운영·관리할 수 있다. ② 교원보호공제사업의 범위에는 다음 각 호의 사항이 포함된다. 　1. 교원의 교육활동으로 발생한 손해배상금의 지원 및 구상권 행사 지원(교원의 고의 또는 중과실이 있는 경우는 제외한다) 　2. 교육활동 침해행위로 발생한 상해·상담·심리치료 비용 지원 및 교원이 위협을 받는 경우 보호 서비스 지원 　3. 교원의 정당한 교육활동과 관련하여 발생한 법률적 분쟁에 대한 민사상 또는 형사상 소송비용의 지원 ③ 교육감은 「학교안전사고 예방 및 보상에 관한 법률」 제15조에 따른 학교안전공제회 등에 교원보호공제사업의 운영을 위탁하여 수행할 수 있다. 이 경우 교육감

〈신 설〉	은 소속 교원의 의견을 충분히 수렴하여야 한다. ④ 그 밖에 교원보호공제사업의 관리 및 운영에 필요한 사항은 대통령령으로 정한다.
〈신 설〉	제23조(특별휴가) 피해교원은 교육부장관이 정하는 바에 따라 특별휴가를 사용할 수 있다.
〈신 설〉	제24조(교육활동 침해행위 예방교육) ① 고등학교 이하 각급학교의 장은 교직원·학생·학생의 보호자를 대상으로 교육활동 침해행위 예방교육을 매년 1회 이상 실시하여야 한다. ② 고등학교 이하 각급학교의 장은 제1항에 따른 교육프로그램의 구성 및 운영 등을 전문단체 또는 전문가에게 위탁할 수 있다. ③ 고등학교 이하 각급학교의 장은 제1항에 따른 교육프로그램의 구성 및 운영 계획을 교직원·학생·학생의 보호자가 쉽게 확인할 수 있도록 학교 홈페이지에 게시하고, 그 밖에 다양한 방법으로 학부모에게 알릴 수 있도록 노력하여야 한다. ④ 그 밖에 교육활동 침해행위 예방교육의 실시 등에 필요한 사항은 대통령령으로 정한다.
〈신 설〉	제25조(교육활동 침해학생에 대한 조치 등) ① 고등학교 이하 각급학교의 장은 소속 학생이 교육활동 침해행위를 한

사실을 알게 된 경우에는 지역교권보호위원회에 알려야 한다.

② 지역교권보호위원회는 제1항 및 제28조에 따라 교육활동 침해행위 사실을 알게 된 경우에는 교육활동 침해행위를 한 학생(이하 "침해학생"이라 한다)에 대하여 다음 각 호의 어느 하나에 해당하는 조치를 할 것을 교육장에게 요청하여야 한다. 다만, 퇴학처분은 의무교육과정에 있는 학생에 대하여는 적용하지 아니한다.

1. 학교에서의 봉사
2. 사회봉사
3. 학내외 전문가에 의한 특별교육 이수 또는 심리치료
4. 출석정지
5. 학급교체
6. 전학
7. 퇴학처분

③ 교육장은 제2항제4호부터 제6호까지의 조치를 받은 학생이 「학교폭력예방 및 대책에 관한 법률」 제17조제3항에 따라 교육감이 정한 기관에서 특별교육을 이수하거나 심리치료를 받도록 하여야 한다. 다만, 제2항제6호에 따른 조치는 특별교육 또는 심리치료 전에 우선적으로 시행한다.

④ 교육장은 제2항제1호 및 제2호의 조치를 받은 학생이 「학교폭력예

방 및 대책에 관한 법률」제17조
제3항에 따라 교육감이 정한 기
관에서 특별교육 또는 심리치료
를 받게 할 수 있다.

⑤ 교육장은 제2항부터 제4항까지의
규정에 따른 특별교육 또는 심리
치료에 해당 학생의 보호자도 참
여하게 하여야 한다. 이 경우 보
호자는 학생과 함께 특별교육을
받아야 한다.

⑥ 지역교권보호위원회는 제2항 각
호의 어느 하나에 해당하는 조치
를 교육장에게 요청하기 전에 해
당 학생이나 보호자에게 의견을
진술할 기회를 주는 등 적정한
절차를 거쳐야 한다.

⑦ 교육장은 제2항에 따른 요청을
받은 날부터 14일 이내에 해당
조치를 하여야 한다. 이 경우 고
등학교 이하 각급학교의 장은 조
치의 이행에 협조하여야 한다.

⑧ 교육장은 제2항에 따른 조치를
한 때에는 침해학생과 그 보호자
에게 이를 통지하여야 하며, 침해
학생이 해당 조치를 거부하거나
회피하는 때에는 지역교권보호위
원회는 제2항제4호부터 제7호까
지의 조치를 가중하여 교육장에
게 요청할 수 있다.

⑨ 침해학생이 제2항제1호부터 제3
호까지의 규정에 따른 조치를 받
은 경우 또는 제3항 및 제4항에

	따른 특별교육 및 심리치료를 받은 경우 이와 관련된 결석은 학교의 장이 인정하는 때에는 이를 출석일수에 산입할 수 있다. ⑩ 제2항에 따라 교육장이 한 조치에 대하여 이의가 있는 학생 또는 그 보호자는 「행정심판법」에서 정하는 바에 따라 행정심판을 청구할 수 있다. ⑪ 그 밖에 조치별 적용 기준 및 절차 등에 필요한 사항은 대통령령으로 정한다.

〈신 설〉	제26조(교육활동 침해 보호자 등에 대한 조치) ① 고등학교 이하 각급학교의 장은 소속 학생의 보호자 등이 교육활동 침해행위를 한 사실을 알게 된 경우에는 지역교권보호위원회에 알려야 한다.
	② 지역교권보호위원회는 제1항 및 제28조에 따라 교육활동 침해행위 사실을 알게 된 경우에는 교육활동 침해행위를 한 보호자 등에 대하여 다음 각 호의 어느 하나에 해당하는 조치를 할 것을 교육장에게 요청할 수 있다.
	  1. 서면사과 및 재발방지 서약
	  2. 교육감이 정하는 기관에서의 특별교육 이수 또는 심리치료
	③ 지역교권보호위원회는 제2항 각 호의 어느 하나에 해당하는 조치를 교육장에게 요청하기 전에 해당 보호자 등에게 의견을 진술할

	기회를 주는 등 적정한 절차를 거쳐야 한다. ④ 교육장은 제2항에 따른 요청을 받은 날부터 14일 이내에 해당 조치를 하여야 한다.
〈신　설〉	제27조(교육활동 침해행위의 축소·은폐 금지 등) ① 고등학교 이하 각급학교의 장은 교육활동 침해행위를 축소하거나 은폐해서는 아니 된다. ② 관할청은 제20조제3항에 따라 보고받은 자료를 해당 학교 또는 해당 학교의 장에 대한 업무 평가 등에 부정적인 자료로 사용해서는 아니 된다. ③ 교육감은 관할 구역에서 교육활동 침해행위가 발생한 때에 해당 학교의 장 또는 소속 교원이 그 경과 및 결과를 보고하면서 축소 또는 은폐를 시도한 경우에는 「교육공무원법」 제50조 및 「사립학교법」 제62조에 따른 징계위원회에 징계의결을 요구하여야 한다.
〈신　설〉	제28조(교육활동 침해행위에 대한 신고의무) ① 교육활동 침해행위를 보거나 그 사실을 알게 된 자는 학교 등 관계 기관에 이를 즉시 신고하여야 한다. ② 제1항에 따라 신고를 받은 기관은 이를 침해학생 및 그 보호자 등과 소속 학교의 장에게 통보하여야 한다. ③ 제2항에 따라 통보를 받은 소속

	학교의 장은 이를 지역교권보호위원회에 지체 없이 알려야 한다. ④ 누구든지 제1항에 따라 교육활동 침해행위를 신고한 사람에게 그 신고행위를 이유로 불이익을 주어서는 아니 된다.
〈신 설〉	제29조(교육활동보호센터의 지정 등) ① 관할청은 교육활동 침해행위를 예방하고, 피해교원의 정신적 피해에 대한 치유 지원 등 심리적 회복이 필요한 교원을 지원하기 위하여 전문인력 및 시설 등 대통령령으로 정하는 요건을 갖춘 기관 또는 단체를 교육활동보호센터로 지정할 수 있다. ② 관할청은 제1항에 따른 교육활동보호센터의 운영에 드는 비용의 전부 또는 일부를 예산의 범위에서 지원할 수 있다.
〈신 설〉	제30조(비밀누설 금지 등) ① 이 법에 따라 교육활동 침해행위 관련 업무, 시·도교권보호위원회 및 지역교권보호위원회 관련 업무를 수행하거나 수행하였던 사람은 그 직무상 알게 된 비밀, 교육활동 침해행위를 한 사람 및 피해교원과 관련된 자료를 누설하여서는 아니 된다. ② 제1항에 따른 비밀의 구체적인 범위는 대통령령으로 정한다. ③ 시·도교권보호위원회 및 지역교권보호위원회의 회의는 공개하지 아니한다. 다만, 피해교원, 침해학생

	또는 그 보호자가 회의록의 열람·복사 등 회의록 공개를 신청한 때에는 학생과 그 가족의 성명, 주민등록번호 및 주소, 위원의 성명 등 개인정보에 관한 사항을 제외하고 공개하여야 한다.
〈신　설〉	제31조(교원의 근무환경 실태조사) ① 관할청은 「도서·벽지 교육진흥법」 제2조에 따른 도서·벽지에서 근무하는 교원의 근무환경 실태를 파악하기 위하여 3년마다 실태조사를 실시하여야 한다. ② 제1항에 따른 실태조사의 내용, 방법 및 절차 등에 관하여 필요한 사항은 대통령령으로 정한다.
〈신　설〉	제32조(「지방교육자치에 관한 법률」에 관한 특례) 교육장은 「지방교육자치에 관한 법률」 제35조에도 불구하고 이 법에 따른 고등학교에서의 교원의 교육활동 보호, 침해학생 또는 그 보호자 등에 대한 조치 및 교원의 교육활동과 관련된 분쟁 조정 등에 관한 사무를 위임받아 수행할 수 있다.
〈신　설〉	제33조(권한의 위임) 이 법에 따른 교육부장관의 권한은 그 일부를 대통령령으로 정하는 바에 따라 교육감 및 소속기관의 장에게 위임할 수 있다.
〈신　설〉	제34조(벌칙) 다음 각 호의 어느 하나에 해당하는 사람은 1년 이하의 징역 또는 1천만원 이하의 벌금에 처한다. 1. 제10조제5항에 따라 확정되거

	나 행정소송을 제기하여 확정된 소청심사 결정을 이행하지 아니한 사람 2. 제30조제1항을 위반하여 그 직무상 알게 된 비밀이나 자료를 누설한 사람
〈신 설〉	제35조(과태료) ① 정당한 사유 없이 제25조제5항 또는 제26조제2항제2호에 따른 특별교육을 받지 아니하거나 심리치료에 참여하지 아니한 보호자 등에게는 300만원 이하의 과태료를 부과한다. ② 제1항에 따른 과태료는 대통령령으로 정하는 바에 따라 관할청이 부과·징수한다.

5. 전문

교원의 지위 향상 및 교육활동 보호를 위한 특별법
(약칭: 교원지위법)

[시행 2023. 9. 27.] [법률 제19735호, 2023. 9. 27., 일부개정]

제1조(목적) 이 법은 교원에 대한 예우와 처우를 개선하고 신분보장과 교육활동에 대한 보호를 강화함으로써 교원의 지위를 향상시키고 교육 발전을 도모하는 것을 목적으로 한다. 〈개정 2016. 2. 3.〉
[전문개정 2008. 3. 14.]

제2조(교원에 대한 예우) ① 국가, 지방자치단체, 그 밖의 공공단체는 교원이 사회적으로 존경받고 높은 긍지와 사명감을 가지고 교육활동을 할 수 있는 여건을 조성하도록 노력하여야 한다.
② 국가, 지방자치단체, 그 밖의 공공단체는 교원이 학생에 대한 교육과 지도를 할 때 그 권위를 존중받을 수 있도록 특별히 배려하여야 한다.
③ 국가, 지방자치단체, 그 밖의 공공단체는 그가 주관하는 행사 등에서 교원을 우대하여야 한다. 〈개정 2016. 2. 3.〉
④ 제1항부터 제3항까지에서 규정한 사항 외에 교원에 대한 예우에 필요한 사항은 대통령령으로 정한다. 〈신설 2016. 2. 3.〉
[전문개정 2008. 3. 14.]

제3조(교원 보수의 우대) ① 국가와 지방자치단체는 교원의 보수를 특별히 우대하여야 한다.
② 「사립학교법」 제2조에 따른 학교법인과 사립학교 경영자는 그가 설치·경영하는 학교 교원의 보수를 국공립학교 교원의 보수 수준으로 유지하여야 한다.
[전문개정 2008. 3. 14.]

제4조(교원의 불체포특권) 교원은 현행범인인 경우 외에는 소속 학교의 장의 동의 없이 학원 안에서 체포되지 아니한다.
[전문개정 2008. 3. 14.]

제5조(학교 안전사고로부터의 보호) ① 각급학교 교육시설의 설치·관리 및 교육활동 중에 발생하는 사고로부터 교원과 학생을 보호함으로써 교원이 그 직무를

안정되게 수행할 수 있도록 하기 위하여 학교안전공제회를 설립·운영한다.

② 학교안전공제회에 관하여는 따로 법률로 정한다.

[전문개정 2008. 3. 14.]

제6조(교원의 신분보장 등) ① 교원은 형(刑)의 선고, 징계처분 또는 법률로 정하는 사유에 의하지 아니하고는 그 의사에 반하여 휴직·강임(降任) 또는 면직을 당하지 아니한다.

② 교원은 해당 학교의 운영과 관련하여 발생한 부패행위나 이에 준하는 행위 및 비리 사실 등을 관계 행정기관 또는 수사기관 등에 신고하거나 고발하는 행위로 인하여 정당한 사유 없이 징계조치 등 어떠한 신분상의 불이익이나 근무조건상의 차별을 받지 아니한다.

③ 교원이 「아동학대범죄의 처벌 등에 관한 특례법」 제2조제4호에 따른 아동학대범죄로 신고된 경우 임용권자는 정당한 사유 없이 직위해제 처분을 하여서는 아니 된다. *〈신설 2023. 9. 27.〉*

[전문개정 2008. 3. 14.]

제7조(교원소청심사위원회의 설치) ① 각급학교 교원의 징계처분과 그 밖에 그 의사에 반하는 불리한 처분(「교육공무원법」 제11조의4제4항 및 「사립학교법」 제53조의2제6항에 따른 교원에 대한 재임용 거부처분을 포함한다. 이하 같다)에 대한 소청심사(訴請審査)를 하기 위하여 교육부에 교원소청심사위원회(이하 "심사위원회"라 한다)를 둔다. *〈개정 2013. 3. 23., 2016. 1. 27.〉*

② 심사위원회는 위원장 1명을 포함하여 9명 이상 12명 이내의 위원으로 구성하되 위원장과 대통령령으로 정하는 수의 위원은 상임(常任)으로 한다. *〈개정 2019. 12. 3.〉*

③ 제2항에 따라 구성된 심사위원회는 교원 또는 교원이었던 위원이 전체 위원 수의 2분의 1을 초과하여서는 아니 된다. *〈신설 2019. 12. 3.〉*

④ 심사위원회의 조직에 관하여 필요한 사항은 대통령령으로 정한다. *〈개정 2019. 12. 3.〉*

[전문개정 2008. 3. 14.]

제8조(위원의 자격과 임명) ① 심사위원회의 위원(위원장을 포함한다. 이하 같다)은 다음 각 호의 어느 하나에 해당하는 자 중에서 교육부장관의 제청으로 대통령이 임명한다. *〈개정 2013. 3. 23., 2019. 12. 3.〉*

 1. 판사, 검사 또는 변호사의 직에 5년 이상 재직 중이거나 재직한 자

2. 교육 경력이 10년 이상인 교원 또는 교원이었던 자
3. 교육행정기관의 3급 이상 공무원 또는 고위공무원단에 속하는 일반직 공무원이거나, 3급 이상 공무원 또는 고위공무원단에 속하는 일반직 공무원이었던 자
4. 사립학교를 설치·경영하는 법인의 임원이나 사립학교 경영자
5. 「교육기본법」 제15조제1항에 따라 중앙에 조직된 교원단체에서 추천하는 자
6. 대학에서 법률학을 담당하는 부교수 이상으로 재직 중이거나 재직한 자
② 심사위원회 위원의 임기는 3년으로 하되, 1차에 한하여 연임할 수 있다.
③ 심사위원회의 위원장과 상임위원은 대통령령으로 정하는 다른 직무를 겸할 수 없다.
④ 위원은 임기가 만료된 경우 후임자가 임명될 때까지 계속 그 직무를 수행한다. 〈신설 2022. 12. 27.〉

[전문개정 2008. 3. 14.]

제8조의2(위원의 결격사유 등) ① 다음 각 호의 어느 하나에 해당하는 사람은 심사위원회의 공무원이 아닌 위원이 될 수 없다.
1. 「국가공무원법」 제33조 각 호의 어느 하나에 해당하는 사람
2. 「정당법」에 따른 정당의 당원
3. 「공직선거법」에 따라 실시하는 선거에 후보자로 등록한 사람
② 공무원이 아닌 위원이 제1항 각 호의 어느 하나에 해당하게 된 경우에는 당연히 퇴직한다.

[본조신설 2019. 4. 23.]

제8조의3(위원의 신분 보장) 심사위원회의 위원은 장기의 심신미약으로 직무를 수행할 수 없게 된 경우가 아니면 본인의 의사에 반하여 면직되지 아니한다.

[본조신설 2019. 4. 23.]

제8조의4(벌칙 적용에서 공무원 의제) 심사위원회의 공무원이 아닌 위원은 「형법」 제127조 및 제129조부터 제132조까지의 규정을 적용할 때에는 공무원으로 본다.

[본조신설 2019. 4. 23.]

제9조(소청심사의 청구 등) ① 교원이 징계처분과 그 밖에 그 의사에 반하는 불리한 처분에 대하여 불복할 때에는 그 처분이 있었던 것을 안 날부터 30일 이

내에 심사위원회에 소청심사를 청구할 수 있다. 이 경우에 심사청구인은 변호사를 대리인으로 선임(選任)할 수 있다.

② 본인의 의사에 반하여 파면·해임·면직처분을 하였을 때에는 그 처분에 대한 심사위원회의 최종 결정이 있을 때까지 후임자를 보충 발령하지 못한다. 다만, 제1항의 기간 내에 소청심사청구를 하지 아니한 경우에는 그 기간이 지난 후에 후임자를 보충 발령할 수 있다.

[전문개정 2008. 3. 14.]

제10조(소청심사 결정 등) ① 심사위원회는 소청심사청구를 접수한 날부터 60일 이내에 이에 대한 결정을 하여야 한다. 다만, 심사위원회가 불가피하다고 인정하면 그 의결로 30일을 연장할 수 있다.

② 심사위원회는 다음 각 호의 구분에 따라 결정한다. *〈개정 2019. 4. 23.〉*

1. 심사 청구가 부적법한 경우에는 그 청구를 각하(却下)한다.

2. 심사 청구가 이유 없다고 인정하는 경우에는 그 청구를 기각(棄却)한다.

3. 처분의 취소 또는 변경을 구하는 심사 청구가 이유 있다고 인정하는 경우에는 처분을 취소 또는 변경하거나 처분권자에게 그 처분을 취소 또는 변경할 것을 명한다.

4. 처분의 효력 유무 또는 존재 여부에 대한 확인을 구하는 심사 청구가 이유 있다고 인정하는 경우에는 처분의 효력 유무 또는 존재 여부를 확인한다.

5. 위법 또는 부당한 거부처분이나 부작위에 대하여 의무 이행을 구하는 심사 청구가 이유 있다고 인정하는 경우에는 지체 없이 청구에 따른 처분을 하거나 처분을 할 것을 명한다.

③ 처분권자는 심사위원회의 결정서를 송달받은 날부터 30일 이내에 제1항에 따른 결정의 취지에 따라 조치(이하 "구제조치"라 한다)를 하여야 하고, 그 결과를 심사위원회에 제출하여야 한다. *〈신설 2021. 3. 23.〉*

④ 제1항에 따른 심사위원회의 결정에 대하여 교원, 「사립학교법」제2조에 따른 학교법인 또는 사립학교 경영자 등 당사자(공공단체는 제외한다)는 그 결정서를 송달받은 날부터 30일 이내에 「행정소송법」으로 정하는 바에 따라 소송을 제기할 수 있다. *〈개정 2021. 3. 23.〉*

⑤ 제4항에 따른 기간 이내에 행정소송을 제기하지 아니하면 그 결정은 확정된다. *〈신설 2021. 3. 23.〉*

⑥ 소청심사의 청구·심사 및 결정 등 심사 절차에 관하여 필요한 사항은 대통령령으로 정한다. *〈개정 2021. 3. 23.〉*

[전문개정 2008. 3. 14.] [제목개정 2021. 3. 23.]

제10조의2(결정의 효력) 심사위원회의 결정은 처분권자를 기속한다. 이 경우 제10조제4항에 따른 행정소송 제기에 의하여 그 효력이 정지되지 아니한다.

[본조신설 2021. 3. 23.] [종전 제10조의2는 제10조의5로 이동 〈2021. 3. 23.〉]

제10조의3(구제명령) 교육부장관, 교육감 또는 관계 중앙행정기관의 장은 처분권자가 상당한 기일이 경과한 후에도 구제조치를 하지 아니하면, 그 이행기간을 정하여 서면으로 구제조치를 하도록 명하여야 한다.

[전문개정 2021. 3. 23.]

제10조의4(이행강제금) ① 교육부장관, 교육감 또는 관계 중앙행정기관의 장은 처분권자가 제10조의3에 따른 구제명령(이하 이 조에서 "구제명령"이라 한다)을 이행하지 아니한 경우에는 처분권자에게 2천만원 이하의 이행강제금을 부과한다.

② 제1항에 따른 이행강제금을 부과할 때에는 이행강제금의 액수, 부과사유, 납부기한, 수납기관, 이의제기방법 및 이의제기기관 등을 명시한 문서로써 하여야 한다.

③ 제1항에 따른 이행강제금의 금액산정 기준, 부과·징수된 이행강제금의 반환절차, 그 밖에 필요한 사항은 대통령령으로 정한다.

④ 교육부장관, 교육감 또는 관계 중앙행정기관의 장은 최초의 구제명령을 한 날을 기준으로 매년 2회의 범위에서 구제명령이 이행될 때까지 반복하여 제1항에 따른 이행강제금을 부과·징수할 수 있다. 이 경우 이행강제금은 2년을 초과하여 부과·징수하지 못한다.

⑤ 교육부장관, 교육감 또는 관계 중앙행정기관의 장은 구제명령을 받은 처분권자가 구제명령을 이행하면 새로운 이행강제금을 부과하지 아니하되, 구제명령을 이행하기 전에 이미 부과된 이행강제금은 징수하여야 한다.

⑥ 교육부장관, 교육감 또는 관계 중앙행정기관의 장은 이행강제금 납부의무자가 납부기한까지 이행강제금을 내지 아니하면 기간을 정하여 독촉을 하고 지정된 기간 내에 제1항에 따른 이행강제금을 내지 아니하면 국세강제징수의 예에 따라 징수할 수 있다.

[본조신설 2021. 3. 23.]

제10조의5(위원의 제척·기피·회피) ① 심사위원회의 위원은 다음 각 호의 어느 하나에 해당하는 경우에는 그 소청사건의 심사·결정에서 제척(除斥)된다.

1. 위원 또는 그 배우자나 배우자이었던 사람이 해당 소청사건의 당사자가 된 경우
2. 위원이 해당 소청사건의 당사자 또는 당사자의 대리인과 친족관계에 있거나 있었던 경우
3. 위원이 해당 소청사건에 관하여 증언이나 검정 또는 감정을 한 경우
4. 위원이 해당 소청사건에 관하여 당사자의 대리인으로서 관여하거나 관여하였던 경우
5. 위원이 해당 소청심사 청구의 대상이 된 처분에 관여한 경우

② 당사자는 심사위원회의 위원에게 심사·결정의 공정을 기대하기 어려운 사정이 있는 경우에는 기피신청을 할 수 있다. 이 경우 심사위원회는 결정으로 기피신청을 받아들일 것인지 여부를 판단하여야 한다.
③ 제2항에 따라 기피신청을 받은 위원은 기피신청에 대한 심사위원회의 의결에 참여하지 못한다.
④ 심사위원회의 위원은 제1항 또는 제2항의 사유에 해당하는 경우에는 스스로 그 소청사건의 심사·결정에서 회피(回避)할 수 있다.

[본조신설 2019. 4. 23.] [제10조의2에서 이동 〈2021. 3. 23.〉]

제11조(교원의 지위 향상을 위한 교섭·협의) ①「교육기본법」제15조제1항에 따른 교원단체는 교원의 전문성 신장과 지위 향상을 위하여 특별시·광역시·특별자치시·도 및 특별자치도(이하 "시·도"라 한다) 교육감이나 교육부장관과 교섭·협의한다. 〈개정 2013. 3. 23., 2016. 2. 3.〉
② 시·도 교육감(이하 "교육감"이라 한다)이나 교육부장관은 제1항에 따른 교섭·협의에 성실히 응하여야 하며, 합의된 사항을 시행하기 위하여 노력하여야 한다. 〈개정 2013. 3. 23., 2016. 2. 3.〉

[전문개정 2008. 3. 14.]

제12조(교섭·협의 사항) 제11조제1항에 따른 교섭·협의는 교원의 처우 개선, 근무조건 및 복지후생과 전문성 신장에 관한 사항을 그 대상으로 한다. 다만, 교육과정과 교육기관 및 교육행정기관의 관리·운영에 관한 사항은 교섭·협의의 대상이 될 수 없다.

[전문개정 2008. 3. 14.]

제13조(교원지위향상심의회의 설치) ① 제11조제1항에 따른 교섭·협의 과정에서 당사자로부터 교섭·협의 사항에 관한 심의요청이 있는 경우 이를 심의하기 위하여 교육부와 시·도에 각각 교원지위향상심의회를 두되 교육부는 7명 이내, 시·도는 5명 이내의 위원으로 구성한다. 다만, 위원장을 제외한 위원의 2분의 1은 교원단체가 추천한 사람으로 한다. 〈개정 2013. 3. 23., 2016. 2. 3.〉

② 교원지위향상심의회의 운영과 위원의 자격 및 선임에 관하여 필요한 사항은 대통령령으로 정한다.

[전문개정 2008. 3. 14.]

제14조(교원의 교육활동 보호) ① 국가, 지방자치단체, 그 밖의 공공단체는 교원이 교육활동을 원활하게 수행할 수 있도록 적극 협조하여야 한다.

② 국가와 지방자치단체는 교원의 교육활동을 보호하기 위하여 다음 각 호의 사항에 관한 시책을 수립·시행하여야 한다.

  1. 제15조제1항에 따른 교육활동 침해행위와 관련된 조사·관리 및 교원의 보호조치

  2. 교육활동과 관련된 분쟁의 조정 및 교원에 대한 법률 상담

  3. 교원에 대한 민원 등의 조사·관리

  4. 그 밖에 교원의 교육활동 보호를 위하여 필요하다고 인정되는 사항

③ 제2항에 따른 시책의 구체적인 내용 및 시책의 수립·시행에 필요한 사항은 대통령령으로 정한다.

[본조신설 2016. 2. 3.]

제14조(교원의 교육활동 보호에 관한 종합계획의 수립·시행 등) ① 국가, 지방자치단체, 그 밖의 공공단체는 교원이 교육활동을 원활하게 수행할 수 있도록 적극 협조하여야 한다.

② 교육부장관은 교원의 교육활동 보호 정책을 효율적으로 추진하기 위하여 관계 중앙행정기관의 장과의 협의를 거쳐 5년마다 교원의 교육활동 보호에 관한 종합계획(이하 "종합계획"이라 한다)을 수립·시행하여야 한다. 〈신설 2023. 9. 27.〉

③ 종합계획에는 다음 각 호의 내용이 포함되어야 한다. 〈개정 2023. 9. 27.〉

  1. 교원의 교육활동 보호 정책의 추진 목표 및 전략

  2. 교육활동 침해행위와 관련된 조사·관리 및 교원의 보호조치에 관한 사항

3. 교육활동 보호와 관련된 유아 및 학생 생활지도에 관한 사항

4. 교육활동과 관련된 분쟁의 조정, 교원에 대한 법률 상담 및 변호사 선임 등 소송 지원에 관한 사항

5. 교원에 대한 민원 등의 조사 및 관리에 관한 사항

6. 그 밖에 교원의 교육활동 보호를 위하여 필요하다고 인정되는 사항

④ 교육부장관은 교원의 교육활동 여건의 변화 등으로 종합계획을 변경할 필요가 있는 경우에는 관계 중앙행정기관의 장과의 협의를 거쳐 종합계획을 변경할 수 있다. 다만, 대통령령으로 정하는 경미한 사항을 변경하는 경우에는 그러하지 아니하다. *〈신설 2023. 9. 27.〉*

⑤ 교육부장관은 제2항 및 제4항에 따라 종합계획을 수립하거나 변경하였을 때에는 지체 없이 이를 관계 중앙행정기관의 장 및 교육감에게 통보하여야 한다. *〈신설 2023. 9. 27.〉*

⑥ 교육부장관은 종합계획을 수립·시행하기 위하여 필요한 경우 관계 중앙행정기관의 장, 교육감, 관계 기관 또는 단체의 장에게 협조를 요청할 수 있다. 이 경우 요청을 받은 중앙행정기관의 장, 교육감, 관계 기관 또는 단체의 장은 정당한 사유가 없으면 이에 협조하여야 한다. *〈신설 2023. 9. 27.〉*

⑦ 교육부장관은 매년 제2항에 따른 종합계획의 추진현황 및 실적 등에 관한 보고서를 국회에 제출하여야 한다. *〈신설 2023. 9. 27.〉*

⑧ 그 밖에 종합계획의 수립·시행 및 보고서 제출 등에 필요한 사항은 대통령령으로 정한다. *〈개정 2023. 9. 27.〉*

[본조신설 2016. 2. 3.] [제목개정 2023. 9. 27.]

[시행일: 2024. 3. 28.] 제14조

제14조의2(법률지원단의 구성 및 운영) ① 제15조제3항에 따른 관할청은 「학교폭력예방 및 대책에 관한 법률」 제2조제1호에 따른 학교폭력이 발생한 경우 또는 교육활동과 관련하여 분쟁이 발생한 경우에 해당 교원에게 법률 상담을 제공하기 위하여 변호사 등 법률전문가가 포함된 법률지원단을 구성·운영하여야 한다.

② 제1항에 따른 법률지원단의 구성 및 운영에 필요한 사항은 교육부령 또는 시·도의 교육규칙으로 정한다.

[본조신설 2019. 4. 16.]

제14조의3(특별휴가) 제15조제1항에 따른 교육활동 침해행위로 피해를 입은 교원은 교육부장관이 정하는 바에 따라 특별휴가를 사용할 수 있다.

[본조신설 2019. 4. 16.]

제15조(교육활동 침해행위에 대한 조치) ① 제3항에 따른 관할청과 「유아교육법」에 따른 유치원 및 「초·중등교육법」에 따른 학교(이하 "고등학교 이하 각급학교"라 한다)의 장은 소속 학교의 학생 또는 그 보호자 등이 교육활동 중인 교원에 대하여 다음 각 호의 어느 하나에 해당하는 행위(이하 "교육활동 침해행위"라 한다)를 한 사실을 알게 된 경우에는 즉시 교육활동 침해행위로 피해를 입은 교원의 치유와 교권 회복에 필요한 조치(이하 "보호조치"라 한다)를 하여야 한다. 〈개정 2019. 4. 16.〉

1. 「형법」 제2편제25장(상해와 폭행의 죄), 제30장(협박의 죄), 제33장(명예에 관한 죄) 또는 제42장(손괴의 죄)에 해당하는 범죄 행위
2. 「성폭력범죄의 처벌 등에 관한 특례법」 제2조제1항에 따른 성폭력범죄 행위
3. 「정보통신망 이용촉진 및 정보보호 등에 관한 법률」 제44조의7제1항에 따른 불법정보 유통 행위
4. 그 밖에 교육부장관이 정하여 고시하는 행위로서 교육활동을 부당하게 간섭하거나 제한하는 행위

② 보호조치의 유형은 다음 각 호와 같다. 〈신설 2019. 4. 16.〉

1. 심리상담 및 조언
2. 치료 및 치료를 위한 요양
3. 그 밖에 치유와 교권 회복에 필요한 조치

③ 제1항에 따라 보호조치를 한 고등학교 이하 각급학교의 장은 지체 없이 다음 각 호의 구분에 따른 지도·감독기관(이하 "관할청"이라 한다)에 교육활동 침해행위의 내용과 보호조치 결과를 보고하여야 하며, 교육감은 대통령령으로 정하는 중대한 사항의 경우에 이를 교육부장관에게 즉시 보고하여야 한다. 〈개정 2019. 4. 16., 2019. 12. 10.〉

1. 국립의 고등학교 이하 각급학교: 교육부장관
2. 공립·사립의 고등학교 이하 각급학교: 교육감

④ 제3항에 따라 보고받은 관할청은 교육활동 침해행위로 피해를 입은 교원이 요청하는 경우 교육활동 침해행위가 관계 법률의 형사처벌규정에 해

당한다고 판단하면 관할 수사기관에 고발하여야 한다. 〈신설 2019. 4. 16.〉

⑤ 교육활동 침해행위로 피해를 입은 교원의 보호조치에 필요한 비용은 교육활동 침해행위를 한 학생의 보호자(친권자, 후견인 및 그 밖에 법률에 따라 학생을 부양할 의무가 있는 자를 말한다. 이하 같다) 등이 부담하여야 한다. 다만, 피해교원의 신속한 치료를 위하여 교육활동 침해행위로 피해를 입은 교원 또는 고등학교 이하 각급학교의 장이 원하는 경우에는 관할청이 부담하고 이에 대한 구상권을 행사할 수 있다. 〈신설 2019. 4. 16.〉

⑥ 제5항에 따른 보호조치 비용부담 및 구상권의 범위, 절차 등에 필요한 사항은 대통령령으로 정한다. 〈신설 2019. 4. 16.〉

[본조신설 2016. 2. 3.]

제15조(시행계획의 수립·시행) ① 교육감은 제14조제2항의 종합계획에 따라 관할 구역 내 교원의 교육활동 보호에 관한 시행계획(이하 "시행계획"이라 한다)을 매년 수립·시행하여야 한다.

② 교육감은 제1항에 따라 시행계획을 수립하였을 때에는 이를 지체 없이 교육부장관에게 제출하여야 한다.

③ 그 밖에 시행계획의 수립·시행 등에 필요한 사항은 대통령령으로 정한다.

[본조신설 2023. 9. 27.] [종전 제15조는 제20조로 이동 〈2023. 9. 27.〉]

[시행일: 2024. 3. 28.] 제15조

제16조(교육활동 침해행위의 축소·은폐 금지 등) ① 고등학교 이하 각급학교의 장은 제15조제3항에 따른 보고를 할 때 교육활동 침해행위의 내용을 축소하거나 은폐해서는 아니 된다. 〈개정 2019. 4. 16.〉

② 관할청은 제15조제3항에 따라 보고받은 자료를 해당 학교 또는 해당 학교의 장에 대한 업무 평가 등에 부정적인 자료로 사용해서는 아니 된다. 〈개정 2019. 4. 16.〉

[본조신설 2016. 2. 3.]

제16조(실태조사) ① 교육부장관 및 교육감은 교원의 교육활동에 대한 보호를 강화하기 위하여 제19조에 따른 교육활동 침해행위, 제20조제1항에 따른 피해교원 보호조치, 제25조 및 제26조에 따른 교육활동 침해행위를 한 학생 및 그

보호자 등에 대한 조치 등에 대하여 실태조사를 할 수 있다. 〈개정 2023. 9. 27.〉

② 교육부장관 및 교육감은 제1항에 따른 실태조사를 실시하기 위하여 필요한 경우 해당 학교의 장, 관계 기관 또는 단체의 장 등에게 관련 자료의 제출을 요청할 수 있다. 이 경우 요청을 받은 학교의 장, 관계 기관 또는 단체의 장 등은 특별한 사유가 없으면 이에 따라야 한다. 〈개정 2023. 9. 27.〉

③ 제1항에 따른 실태조사의 구체적인 내용, 범위 및 절차 등에 필요한 사항은 대통령령으로 정한다. 〈개정 2023. 9. 27.〉

[본조신설 2019. 4. 16.] [제16조의2에서 이동, 종전 제16조는 제27조로 이동 〈2023. 9. 27.〉]
[시행일: 2024. 3. 28.] 제16조

제16조의2(실태조사) ① 관할청은 교원의 교육활동에 대한 보호를 강화하기 위하여 교육활동 침해행위, 보호조치 및 제18조에 따른 조치 등에 대하여 대통령령으로 정하는 바에 따라 실태조사를 할 수 있다.

② 관할청은 제1항에 따른 실태조사를 실시하기 위하여 필요한 경우 해당 학교의 장, 관련 기관 또는 단체 등에 관련 자료의 제출을 요구할 수 있다.

③ 제1항에 따른 실태조사의 내용, 범위 및 절차 등에 필요한 사항은 대통령령으로 정한다.

[본조신설 2019. 4. 16.]

제16조의3(교육활동 침해행위 예방교육) ① 고등학교 이하 각급학교의 장은 교직원·학생·학생의 보호자를 대상으로 교육활동 침해행위 예방교육을 매년 1회 이상 실시하여야 한다.

② 고등학교 이하 각급학교의 장은 제1항에 따른 교육프로그램의 구성 및 운영 등을 전문단체 또는 전문가에게 위탁할 수 있다.

③ 고등학교 이하 각급학교의 장은 제1항에 따른 교육프로그램의 구성 및 운영 계획을 교직원·학생·학생의 보호자가 쉽게 확인할 수 있도록 학교 홈페이지에 게시하고, 그 밖에 다양한 방법으로 학부모에게 알릴 수 있도록 노력하여야 한다.

④ 그 밖에 교육활동 침해행위 예방교육의 실시 등에 필요한 사항은 대통령령으로 정한다.

[본조신설 2019. 4. 16.]

제17조(교원치유지원센터의 지정 등) ① 관할청은 교육활동 침해행위로 피해를

입은 교원의 정신적 피해에 대한 치유를 지원하기 위하여 전문인력 및 시설 등 대통령령으로 정하는 요건을 갖춘 기관 또는 단체를 교원치유지원센터로 지정할 수 있다.

② 관할청은 제1항에 따른 교원치유지원센터의 운영에 드는 비용의 전부 또는 일부를 예산의 범위에서 지원할 수 있다.

[본조신설 2016. 2. 3.]

제17조(아동학대 사안에 대한 교육감의 의견 제출) ① 교육감은 「유아교육법」 제21조의3제1항에 따른 교원의 정당한 유아생활지도 및 「초·중등교육법」 제20조의2제1항에 따른 교원의 정당한 학생생활지도 행위가 「아동학대범죄의 처벌 등에 관한 특례법」 제2조제4호에 따른 아동학대범죄로 신고되어 소속 교원에 대한 조사 또는 수사가 진행되는 경우에는 해당 시·도, 시·군·구(자치구를 말한다) 또는 수사기관에 해당 사안에 대한 의견을 신속히 제출하여야 한다.

② 제1항에 따른 의견 제출의 기한, 방법, 절차 등에 필요한 사항은 대통령령으로 정한다.

[본조신설 2023. 9. 27.] [종전 제17조는 제29조로 이동 (2023. 9. 27.)]
[시행일: 2024. 3. 28.] 제17조

제18조(교육활동 침해 학생에 대한 조치 등) ① 고등학교 이하 각급학교의 장은 소속 학생이 교육활동 침해행위를 한 경우에는 해당 학생에 대하여 다음 각 호의 어느 하나에 해당하는 조치를 할 수 있다. 다만, 퇴학처분은 의무교육과정에 있는 학생에 대하여는 적용하지 아니한다. *(개정 2019. 4. 16.)*

1. 학교에서의 봉사
2. 사회봉사
3. 학내외 전문가에 의한 특별교육 이수 또는 심리치료
4. 출석정지
5. 학급교체
6. 전학
7. 퇴학처분

② 고등학교 이하 각급학교의 장은 제1항제6호에 따른 조치를 하기 전에 해당 학생이 「학교폭력예방 및 대책에 관한 법률」 제17조제3항에 따라 교육감이 정한 기관에서 특별교육을 이수하거나 심리치료를 받도록 하

여야 한다. (신설 2019. 4. 16.)

③ 고등학교 이하 각급학교의 장은 제1항제1호, 제2호, 제4호 및 제5호의 조치를 받은 학생이 「학교폭력예방 및 대책에 관한 법률」 제17조제3항에 따라 교육감이 정한 기관에서 특별교육 또는 심리치료를 받게 할 수 있다. (신설 2019. 4. 16.)

④ 관할청은 제1항부터 제3항까지의 규정에 따른 특별교육 또는 심리치료에 해당 학생의 보호자도 참여하게 하여야 한다. (개정 2019. 4. 16.)

⑤ 고등학교 이하 각급학교의 장이 제1항 각 호의 어느 하나에 해당하는 조치를 할 때에는 해당 학생이나 보호자에게 의견을 진술할 기회를 주는 등 적정한 절차를 거쳐야 한다. (신설 2019. 4. 16.)

⑥ 고등학교 이하 각급학교의 장이 제1항 각 호의 어느 하나에 해당하는 조치를 할 때에는 제19조제2항에 따른 학교교권보호위원회의 심의를 거쳐야 한다. (신설 2019. 4. 16.)

⑦ 교육활동 침해행위를 한 학생이 제1항제1호부터 제3호까지의 규정에 따른 조치를 받은 경우 또는 제2항 및 제3항에 따른 특별교육 및 심리치료를 받은 경우 이와 관련된 결석은 학교의 장이 인정하는 때에는 이를 출석일수에 산입할 수 있다. (신설 2019. 4. 16.)

⑧ 제1항제6호 및 제7호에 따른 조치에 대하여 이의가 있는 학생 또는 그 보호자는 그 조치를 받은 날부터 15일 이내 또는 그 조치가 있음을 안 날부터 10일 이내에 「초·중등교육법」 제18조의3에 따른 시·도학생징계조정위원회에 재심을 청구할 수 있다. 이 경우 재심청구, 심사절차, 결정통보 등은 같은 법 제18조의2제2항부터 제4항까지의 규정을 준용한다. (신설 2019. 4. 16.)

⑨ 그 밖에 조치별 적용 기준 및 절차 등에 필요한 사항은 대통령령으로 정한다. (신설 2019. 4. 16.)

[본조신설 2016. 2. 3.] [제목개정 2019. 4. 16.]

제18조(교권보호위원회의 설치·운영) ① 「유아교육법」에 따른 유치원 및 「초·중등교육법」에 따른 학교(이하 "고등학교 이하 각급학교"라 한다) 교원의 교육활동 보호에 관한 다음 각 호의 사항을 심의하기 위하여 시·도 교육청에 교권보호위원회(이하 "시·도교권보호위원회"라 한다)를 둔다. (개정 2023. 9. 27.)

  1. 제15조에 따른 시행계획의 수립
  2. 제2항에 따른 지역교권보호위원회에서 조정되지 아니한 분쟁의 조정

3. 그 밖에 교육감이 교원의 교육활동 보호를 위하여 시·도교권보호위원회의 심의가 필요하다고 인정하는 사항

② 고등학교 이하 각급학교 교원의 교육활동 보호에 관한 다음 각 호의 사항을 심의하기 위하여 「지방교육자치에 관한 법률」 제34조 및 「제주특별자치도 설치 및 국제자유도시 조성을 위한 특별법」 제80조에 따른 교육지원청(교육지원청이 없는 경우 해당 시·도의 조례로 정하는 기관으로 한다. 이하 같다)에 지역교권보호위원회(이하 "지역교권보호위원회"라 한다)를 둔다. 〈개정 2023. 9. 27.〉

1. 교육활동 침해 기준 마련 및 예방 대책 수립
2. 제25조제2항 각 호에 따른 교육활동 침해학생에 대한 조치
3. 제26조제2항 각 호에 따른 교육활동 침해 보호자 등에 대한 조치
4. 교원의 교육활동과 관련된 분쟁의 조정
5. 그 밖에 교육장이 교원의 교육활동 보호를 위하여 지역교권보호위원회의 심의가 필요하다고 인정하는 사항

③ 그 밖에 시·도교권보호위원회와 지역교권보호위원회의 설치·운영 등에 필요한 사항은 대통령령으로 정한다. 〈개정 2023. 9. 27.〉

[본조신설 2019. 4. 16.] [제19조에서 이동, 종전 제18조는 제25조로 이동 (2023. 9. 27.)]
[시행일: 2024. 3. 28.] 제18조

제18조의2(교원의 근무환경 실태조사) ① 관할청은 「도서·벽지 교육진흥법」 제2조에 따른 도서·벽지에서 근무하는 교원의 근무환경 실태를 파악하기 위하여 3년마다 실태조사를 실시하여야 한다.

② 제1항에 따른 실태조사의 내용, 방법 및 절차 등에 관하여 필요한 사항은 대통령령으로 정한다.

[본조신설 2019. 12. 10.]

제19조(교권보호위원회의 설치·운영) ① 고등학교 이하 각급학교 교원의 교육활동 보호에 관한 다음 각 호의 사항을 심의하기 위하여 시·도 교육청에 교권보호위원회(이하 "시·도교권보호위원회"라 한다)를 둔다.

1. 교원의 교육활동 보호를 위한 시책의 수립
2. 교원의 교육활동과 관련된 다음 각 목의 분쟁 조정

가. 제2항에 따른 학교교권보호위원회에서 조정되지 아니한 분쟁의 조정
　　나. 제2항에 따른 학교교권보호위원회가 설치되지 아니한 유치원의 교원의 교육활동과 관련된 분쟁의 조정
　3. 그 밖에 교육감이 교권보호를 위하여 시·도교권보호위원회의 심의가 필요하다고 인정하는 사항
② 교원의 교육활동 보호에 관한 다음 각 호의 사항을 심의하기 위하여 유치원을 제외한 고등학교 이하 각급학교에 교권보호위원회(이하 "학교교권보호위원회"라 한다)를 두며, 유치원에는 유치원의 장이 필요하다고 인정하는 경우 교권보호위원회를 둘 수 있다.
　1. 교육활동 침해 기준 마련 및 예방 대책 수립
　2. 제18조제1항 각 호에 따른 교육활동 침해 학생에 대한 조치
　3. 교원의 교육활동과 관련된 분쟁의 조정
　4. 그 밖에 학교규칙으로 정하는 사항
③ 그 밖에 시·도교권보호위원회와 학교교권보호위원회의 설치·운영 등에 필요한 사항은 대통령령으로 정한다.
[본조신설 2019. 4. 16.] [종전 제19조는 제20조로 이동 (2019. 4. 16.)]

제19조(교육활동 침해행위) 이 법에서 "교육활동 침해행위"란 고등학교 이하 각급학교에 소속된 학생 또는 그 보호자(친권자, 후견인 및 그 밖에 법률에 따라 학생을 부양할 의무가 있는 자를 말한다. 이하 같다) 등이 교육활동 중인 교원에 대하여 다음 각 호의 어느 하나에 해당하는 행위를 하는 것을 말한다.
　1. 다음 각 목의 어느 하나에 해당하는 범죄 행위
　　가.「형법」제2편제8장(공무방해에 관한 죄), 제11장(무고의 죄), 제25장(상해와 폭행의 죄), 제30장(협박의 죄), 제33장(명예에 관한 죄), 제314조(업무방해) 또는 제42장(손괴의 죄)에 해당하는 범죄 행위
　　나.「성폭력범죄의 처벌 등에 관한 특례법」제2조제1항에 따른 성폭력범죄 행위
　　다.「정보통신망 이용촉진 및 정보보호 등에 관한 법률」제44조의7제1항에 따른 불법정보 유통 행위
　　라. 그 밖에 다른 법률에서 형사처벌 대상으로 규정한 범죄 행위로서 교원의 교육활동을 침해하는 행위
　2. 교원의 교육활동을 부당하게 간섭하거나 제한하는 행위로서 다음 각

목의 어느 하나에 해당하는 행위

가. 목적이 정당하지 아니한 민원을 반복적으로 제기하는 행위

나. 교원의 법적 의무가 아닌 일을 지속적으로 강요하는 행위

다. 그 밖에 교육부장관이 정하여 고시하는 행위

[본조신설 2023. 9. 27.] [종전 제19조는 제18조로 이동 〈2023. 9. 27.〉]

[시행일: 2024. 3. 28.] 제19조

제20조(권한의 위임) 이 법에 따른 교육부장관의 권한은 그 일부를 대통령령으로 정하는 바에 따라 교육감 및 소속기관의 장에게 위임할 수 있다. *〈개정 2021. 3. 23.〉*

[본조신설 2016. 2. 3.] [제19조에서 이동 〈2019. 4. 16.〉]

제20조(피해교원에 대한 보호조치 등) ① 고등학교 이하 각급학교의 지도·감독기관(국립의 고등학교 이하 각급학교의 경우에는 교육부장관, 공립·사립의 고등학교 이하 각급학교의 경우에는 교육감을 말한다. 이하 "관할청"이라 한다)과 그 학교의 장은 교육활동 침해행위 사실을 알게 된 경우 즉시 교육활동 침해행위로 피해를 입은 교원(이하 "피해교원"이라 한다)의 치유와 교권 회복에 필요한 다음 각 호의 조치(이하 "보호조치"라 한다)를 하여야 한다. *〈개정 2023. 9. 27.〉*

1. 심리상담 및 조언

2. 치료 및 치료를 위한 요양

3. 그 밖에 치유와 교권 회복에 필요한 조치

② 관할청과 고등학교 이하 각급학교의 장은 교육활동 침해행위 사실을 알게 된 경우 교원의 반대의사 등 특별한 사유가 없으면 즉시 가해자와 피해교원을 분리(이하 "분리조치"라 한다)하여야 한다. 이 경우 분리조치된 가해자가 학생인 경우에는 별도의 교육방법을 마련·운영하여야 한다. *〈개정 2023. 9. 27.〉*

③ 고등학교 이하 각급학교의 장은 제1항 또는 제2항에 따른 조치를 한 경우 지체 없이 관할청에 교육활동 침해행위의 내용과 조치 결과를 보고하여야 하며, 교육감은 대통령령으로 정하는 중대한 사항의 경우에 이를 교육부장관에게 즉시 보고하여야 한다. *〈개정 2019. 4. 16., 2019. 12. 10., 2023. 9. 27.〉*

1. 삭제 *〈2023. 9. 27.〉*

2. 삭제 *〈2023. 9. 27.〉*

④ 제3항에 따라 보고받은 관할청은 교육활동 침해행위가 관계 법률의 형사처벌규정에 해당한다고 판단하면 관할 수사기관에 고발할 수 있다. 〈신설 2019. 4. 16., 2023. 9. 27.〉

⑤ 피해교원의 보호조치에 필요한 비용은 교육활동 침해행위를 한 학생의 보호자 등이 부담하여야 한다. 다만, 피해교원의 신속한 치료를 위하여 피해교원 또는 고등학교 이하 각급학교의 장이 원하는 경우에는 관할청이 부담하고 이에 대한 구상권을 행사할 수 있다. 〈신설 2019. 4. 16., 2023. 9. 27.〉

⑥ 제2항에 따른 특별한 사유 및 분리조치의 방법·기간·장소, 제5항에 따른 보호조치 비용부담 및 구상권의 범위·절차 등에 필요한 사항은 대통령령으로 정한다. 〈신설 2019. 4. 16., 2023. 9. 27.〉

[본조신설 2016. 2. 3.] [제목개정 2023. 9. 27.] [제15조에서 이동, 종전 제20조는 제33조로 이동 〈2023. 9. 27.〉]

[시행일: 2024. 3. 28.] 제20조

제21조(벌칙) 제10조제5항에 따라 확정되거나 행정소송을 제기하여 확정된 소청심사 결정을 이행하지 아니한 자는 1년 이하의 징역 또는 1천만원 이하의 벌금에 처한다.

[본조신설 2021. 3. 23.] [종전 제21조는 제22조로 이동 〈2021. 3. 23.〉]

제21조(법률지원단의 구성 및 운영) ① 교육감은 「학교폭력예방 및 대책에 관한 법률」 제2조제1호에 따른 학교폭력이 발생한 경우 또는 교육활동과 관련하여 분쟁이 발생한 경우에 해당 교원에게 법률 상담을 제공하기 위하여 변호사 등 법률전문가가 포함된 법률지원단을 구성·운영하여야 한다. 〈개정 2023. 9. 27.〉

② 제1항에 따른 법률지원단의 구성 및 운영에 필요한 사항은 교육부령 또는 시·도의 교육규칙으로 정한다.

[본조신설 2019. 4. 16.] [제14조의2에서 이동, 종전 제21조는 제34조로 이동 〈2023. 9. 27.〉]

[시행일: 2024. 3. 28.] 제21조

제22조(과태료) ① 정당한 사유 없이 제18조제4항에 따른 특별교육 또는 심리치료에 참여하지 아니한 보호자에게는 300만원 이하의 과태료를 부과한다.

② 제1항에 따른 과태료는 대통령령으로 정하는 바에 따라 관할청이 부과·징수한다.

[본조신설 2019. 4. 16.] [제21조에서 이동 〈2021. 3. 23.〉]

제22조(교원보호공제사업) ① 교육감은 교육활동과 관련된 각종 분쟁이나 소송 등으로부터 교원을 보호하기 위하여 공제사업(이하 "교원보호공제사업"이라 한 다)을 운영·관리할 수 있다.

② 교원보호공제사업의 범위에는 다음 각 호의 사항이 포함된다.

1. 교원의 교육활동으로 발생한 손해배상금의 지원 및 구상권 행사 지원 (교원의 고의 또는 중과실이 있는 경우는 제외한다)

2. 교육활동 침해행위로 발생한 상해·상담·심리치료 비용 지원 및 교 원이 위협을 받는 경우 보호 서비스 지원

3. 교원의 정당한 교육활동과 관련하여 발생한 법률적 분쟁에 대한 민사 상 또는 형사상 소송비용의 지원

③ 교육감은 「학교안전사고 예방 및 보상에 관한 법률」 제15조에 따른 학 교안전공제회 등에 교원보호공제사업의 운영을 위탁하여 수행할 수 있 다. 이 경우 교육감은 소속 교원의 의견을 충분히 수렴하여야 한다.

④ 그 밖에 교원보호공제사업의 관리 및 운영에 필요한 사항은 대통령령으 로 정한다.

[본조신설 2023. 9. 27.] [종전 제22조는 제35조로 이동 (2023. 9. 27.)]
[시행일: 2024. 3. 28.] 제22조

제23조(특별휴가) 피해교원은 교육부장관이 정하는 바에 따라 특별휴가를 사용 할 수 있다. *(개정 2023. 9. 27.)*

[본조신설 2019. 4. 16.] [제14조의3에서 이동 (2023. 9. 27.)]
[시행일: 2024. 3. 28.] 제23조

제24조(교육활동 침해행위 예방교육) ① 고등학교 이하 각급학교의 장은 교직원 ·학생·학생의 보호자를 대상으로 교육활동 침해행위 예방교육을 매년 1회 이 상 실시하여야 한다.

② 고등학교 이하 각급학교의 장은 제1항에 따른 교육프로그램의 구성 및 운영 등을 전문단체 또는 전문가에게 위탁할 수 있다.

③ 고등학교 이하 각급학교의 장은 제1항에 따른 교육프로그램의 구성 및 운영 계획을 교직원·학생·학생의 보호자가 쉽게 확인할 수 있도록 학 교 홈페이지에 게시하고, 그 밖에 다양한 방법으로 학부모에게 알릴 수

있도록 노력하여야 한다.

④ 그 밖에 교육활동 침해행위 예방교육의 실시 등에 필요한 사항은 대통령령으로 정한다.

[본조신설 2019. 4. 16.] [제16조의3에서 이동 (2023. 9. 27.)]
[시행일: 2024. 3. 28.] 제24조

제25조(교육활동 침해학생에 대한 조치 등) ① 고등학교 이하 각급학교의 장은 소속 학생이 교육활동 침해행위를 한 사실을 알게 된 경우에는 지역교권보호위원회에 알려야 한다. 〈신설 2023. 9. 27.〉

② 지역교권보호위원회는 제1항 및 제28조에 따라 교육활동 침해행위 사실을 알게 된 경우에는 교육활동 침해행위를 한 학생(이하 "침해학생"이라 한다)에 대하여 다음 각 호의 어느 하나에 해당하는 조치를 할 것을 교육장에게 요청하여야 한다. 다만, 퇴학처분은 의무교육과정에 있는 학생에 대하여는 적용하지 아니한다. 〈개정 2019. 4. 16., 2023. 9. 27.〉

1. 학교에서의 봉사
2. 사회봉사
3. 학내외 전문가에 의한 특별교육 이수 또는 심리치료
4. 출석정지
5. 학급교체
6. 전학
7. 퇴학처분

③ 교육장은 제2항제4호부터 제6호까지의 조치를 받은 학생이 「학교폭력예방 및 대책에 관한 법률」 제17조제3항에 따라 교육감이 정한 기관에서 특별교육을 이수하거나 심리치료를 받도록 하여야 한다. 다만, 제2항제6호에 따른 조치는 특별교육 또는 심리치료 전에 우선적으로 시행한다. 〈신설 2019. 4. 16., 2023. 9. 27.〉

④ 교육장은 제2항제1호 및 제2호의 조치를 받은 학생이 「학교폭력예방 및 대책에 관한 법률」 제17조제3항에 따라 교육감이 정한 기관에서 특별교육 또는 심리치료를 받게 할 수 있다. 〈신설 2019. 4. 16., 2023. 9. 27.〉

⑤ 교육장은 제2항부터 제4항까지의 규정에 따른 특별교육 또는 심리치료에 해당 학생의 보호자도 참여하게 하여야 한다. 이 경우 보호자는 학

생과 함께 특별교육을 받아야 한다. 〈개정 2019. 4. 16., 2023. 9. 27.〉

⑥ 지역교권보호위원회는 제2항 각 호의 어느 하나에 해당하는 조치를 교육장에게 요청하기 전에 해당 학생이나 보호자에게 의견을 진술할 기회를 주는 등 적정한 절차를 거쳐야 한다. 〈신설 2019. 4. 16., 2023. 9. 27.〉

⑦ 교육장은 제2항에 따른 요청을 받은 날부터 14일 이내에 해당 조치를 하여야 한다. 이 경우 고등학교 이하 각급학교의 장은 조치의 이행에 협조하여야 한다. 〈개정 2023. 9. 27.〉

⑧ 교육장은 제2항에 따른 조치를 한 때에는 침해학생과 그 보호자에게 이를 통지하여야 하며, 침해학생이 해당 조치를 거부하거나 회피하는 때에는 지역교권보호위원회는 제2항제4호부터 제7호까지의 조치를 가중하여 교육장에게 요청할 수 있다. 〈신설 2023. 9. 27.〉

⑨ 침해학생이 제2항제1호부터 제3호까지의 규정에 따른 조치를 받은 경우 또는 제3항 및 제4항에 따른 특별교육 및 심리치료를 받은 경우 이와 관련된 결석은 학교의 장이 인정하는 때에는 이를 출석일수에 산입할 수 있다. 〈신설 2019. 4. 16., 2023. 9. 27.〉

⑩ 제2항에 따라 교육장이 한 조치에 대하여 이의가 있는 학생 또는 그 보호자는 「행정심판법」에서 정하는 바에 따라 행정심판을 청구할 수 있다. 〈개정 2023. 9. 27.〉

⑪ 그 밖에 조치별 적용 기준 및 절차 등에 필요한 사항은 대통령령으로 정한다. 〈신설 2019. 4. 16., 2023. 9. 27.〉

[본조신설 2016. 2. 3.] [제목개정 2019. 4. 16., 2023. 9. 27.] [제18조에서 이동 〈2023. 9. 27.〉]
[시행일: 2024. 3. 28.] 제25조

제26조(교육활동 침해 보호자 등에 대한 조치) ① 고등학교 이하 각급학교의 장은 소속 학생의 보호자 등이 교육활동 침해행위를 한 사실을 알게 된 경우에는 지역교권보호위원회에 알려야 한다.

② 지역교권보호위원회는 제1항 및 제28조에 따라 교육활동 침해행위 사실을 알게 된 경우에는 교육활동 침해행위를 한 보호자 등에 대하여 다음 각호의 어느 하나에 해당하는 조치를 할 것을 교육장에게 요청할 수 있다.

  1. 서면사과 및 재발방지 서약

  2. 교육감이 정하는 기관에서의 특별교육 이수 또는 심리치료

③ 지역교권보호위원회는 제2항 각 호의 어느 하나에 해당하는 조치를 교육장에게 요청하기 전에 해당 보호자 등에게 의견을 진술할 기회를 주는 등 적정한 절차를 거쳐야 한다.

④ 교육장은 제2항에 따른 요청을 받은 날부터 14일 이내에 해당 조치를 하여야 한다.

[본조신설 2023. 9. 27.]
[시행일: 2024. 3. 28.] 제26조

제27조(교육활동 침해행위의 축소·은폐 금지 등) ① 고등학교 이하 각급학교의 장은 교육활동 침해행위를 축소하거나 은폐해서는 아니 된다. *(개정 2019. 4. 16., 2023. 9. 27.)*

② 관할청은 제20조제3항에 따라 보고받은 자료를 해당 학교 또는 해당 학교의 장에 대한 업무 평가 등에 부정적인 자료로 사용해서는 아니 된다. *(개정 2019. 4. 16., 2023. 9. 27.)*

③ 교육감은 관할 구역에서 교육활동 침해행위가 발생한 때에 해당 학교의 장 또는 소속 교원이 그 경과 및 결과를 보고하면서 축소 또는 은폐를 시도한 경우에는 「교육공무원법」 제50조 및 「사립학교법」 제62조에 따른 징계위원회에 징계의결을 요구하여야 한다. *(신설 2023. 9. 27.)*

[본조신설 2016. 2. 3.] [제16조에서 이동 (2023. 9. 27.)]
[시행일: 2024. 3. 28.] 제27조

제28조(교육활동 침해행위에 대한 신고의무) ① 교육활동 침해행위를 보거나 그 사실을 알게 된 자는 학교 등 관계 기관에 이를 즉시 신고하여야 한다.

② 제1항에 따라 신고를 받은 기관은 이를 침해학생 및 그 보호자 등과 소속 학교의 장에게 통보하여야 한다.

③ 제2항에 따라 통보를 받은 소속 학교의 장은 이를 지역교권보호위원회에 지체 없이 알려야 한다.

④ 누구든지 제1항에 따라 교육활동 침해행위를 신고한 사람에게 그 신고 행위를 이유로 불이익을 주어서는 아니 된다.

[본조신설 2023. 9. 27.]
[시행일: 2024. 3. 28.] 제28조

제29조(교육활동보호센터의 지정 등) ① 관할청은 교육활동 침해행위를 예방하고, 피해교원의 정신적 피해에 대한 치유 지원 등 심리적 회복이 필요한 교원을 지원하기 위하여 전문인력 및 시설 등 대통령령으로 정하는 요건을 갖춘 기관 또는 단체를 교육활동보호센터로 지정할 수 있다. 〈개정 2023. 9. 27.〉
② 관할청은 제1항에 따른 교육활동보호센터의 운영에 드는 비용의 전부 또는 일부를 예산의 범위에서 지원할 수 있다. 〈개정 2023. 9. 27.〉
[본조신설 2016. 2. 3.] [제목개정 2023. 9. 27.] [제17조에서 이동 〈2023. 9. 27.〉]
[시행일: 2024. 3. 28.] 제29조

제30조(비밀누설 금지 등) ① 이 법에 따라 교육활동 침해행위 관련 업무, 시·도교권보호위원회 및 지역교권보호위원회 관련 업무를 수행하거나 수행하였던 사람은 그 직무상 알게 된 비밀, 교육활동 침해행위를 한 사람 및 피해교원과 관련된 자료를 누설하여서는 아니 된다.
② 제1항에 따른 비밀의 구체적인 범위는 대통령령으로 정한다.
③ 시·도교권보호위원회 및 지역교권보호위원회의 회의는 공개하지 아니한다. 다만, 피해교원, 침해학생 또는 그 보호자가 회의록의 열람·복사 등 회의록 공개를 신청한 때에는 학생과 그 가족의 성명, 주민등록번호 및 주소, 위원의 성명 등 개인정보에 관한 사항을 제외하고 공개하여야 한다.
[본조신설 2023. 9. 27.]
[시행일: 2024. 3. 28.] 제30조

제31조(교원의 근무환경 실태조사) ① 관할청은 「도서·벽지 교육진흥법」 제2조에 따른 도서·벽지에서 근무하는 교원의 근무환경 실태를 파악하기 위하여 3년마다 실태조사를 실시하여야 한다.
② 제1항에 따른 실태조사의 내용, 방법 및 절차 등에 관하여 필요한 사항은 대통령령으로 정한다.
[본조신설 2019. 12. 10.] [제18조의2에서 이동 〈2023. 9. 27.〉]
[시행일: 2024. 3. 28.] 제31조

제32조(「지방교육자치에 관한 법률」에 관한 특례) 교육장은 「지방교육자치에 관한 법률」 제35조에도 불구하고 이 법에 따른 고등학교에서의 교원의 교육활동

보호, 침해학생 또는 그 보호자 등에 대한 조치 및 교원의 교육활동과 관련된 분쟁 조정 등에 관한 사무를 위임받아 수행할 수 있다.

[본조신설 2023. 9. 27.]
[시행일: 2024. 3. 28.] 제32조

제33조(권한의 위임) 이 법에 따른 교육부장관의 권한은 그 일부를 대통령령으로 정하는 바에 따라 교육감 및 소속기관의 장에게 위임할 수 있다. *〈개정 2021. 3. 23.〉*

[본조신설 2016. 2. 3.] [제20조에서 이동 〈2023. 9. 27.〉]
[시행일: 2024. 3. 28.] 제33조

제34조(벌칙) 다음 각 호의 어느 하나에 해당하는 사람은 1년 이하의 징역 또는 1천만원 이하의 벌금에 처한다.

1. 제10조제5항에 따라 확정되거나 행정소송을 제기하여 확정된 소청심사 결정을 이행하지 아니한 사람
2. 제30조제1항을 위반하여 그 직무상 알게 된 비밀이나 자료를 누설한 사람

[전문개정 2023. 9. 27.] [제21조에서 이동 〈2023. 9. 27.〉]
[시행일: 2024. 3. 28.] 제34조

제35조(과태료) ① 정당한 사유 없이 제25조제5항 또는 제26조제2항제2호에 따른 특별교육을 받지 아니하거나 심리치료에 참여하지 아니한 보호자 등에게는 300만원 이하의 과태료를 부과한다. 〈개정 2023. 9. 27.〉
② 제1항에 따른 과태료는 대통령령으로 정하는 바에 따라 관할청이 부과·징수한다.

[본조신설 2019. 4. 16.] [제22조에서 이동 〈2023. 9. 27.〉]
[시행일: 2024. 3. 28.] 제35조

부칙

〈제19735호, 2023. 9. 27.〉

제1조(시행일) 이 법은 공포 후 6개월이 경과한 날부터 시행한다. 다만, 제6조 제3항의 개정규정은 공포한 날부터 시행한다.

제2조(교육감의 의견 제출에 관한 적용례) 제17조의 개정규정은 이 법 시행 이후 교원의 유아 및 학생 생활지도 행위가 아동학대범죄로 신고되어 조사 또는 수사가 진행되는 경우부터 적용한다.

제3조(분리조치에 관한 적용례) 제20조제2항 및 제3항의 개정규정은 이 법 시행 이후 관할청 또는 고등학교 이하 각급학교의 장이 교육활동 침해행위를 알게 된 경우부터 적용한다.

제4조(학교교권보호위원회 심의사항에 관한 경과조치) 이 법 시행 당시 학교교권보호위원회(유치원에 두는 교권보호위원회를 포함한다)에서 심의 중인 사항은 제18조제2항의 개정규정에 따라 신설되는 지역교권보호위원회에서 심의한다.

제5조(재심청구에 관한 경과조치) ① 제25조제10항의 개정규정에도 불구하고 이 법 시행 전에 고등학교 이하 각급학교의 장으로부터 종전의 제18조제1항 각 호의 조치를 받은 경우에는 종전의 규정에 따라 재심을 청구할 수 있다.

② 이 법 시행 당시 종전의 제18조제8항에 따라 재심이 진행 중인 사람에 대하여는 종전의 규정을 적용한다.

제6조(명칭 변경에 따른 경과조치) 이 법 시행 당시 종전의 제17조제1항에 따라 교원치유지원센터로 지정받은 경우에는 제29조제1항의 개정규정에 따른 교육활동보호센터로 지정받은 것으로 본다.

◆ 초·중등교육법

1. 국회 제안이유

최근 심각한 수업방해와 교육활동 침해, 학교폭력 가해 학생 등에 대한 교원의 생활지도를 무력화하기 위해 학생들과 보호자 등이 악의적 민원과 고소를 남발하는 사례가 반복되고 있다.

교원의 교육활동 및 생활지도 중 정당한 활동에 대해서도 아동학대 관련 규정을 일률적으로 적용할 경우, 해당 교원의 교육활동 및 생활지도를 위축시키고 결국 전체 학생의 피해로 이어질 수 있고, 교권에 대한 심대한 침해를 넘어 교육활동을 위협하는 수준에 이르러 교권과 교육활동을 보호하기 위할 필요가 있다는 의견이 있다.

2. 개정이유 및 주요내용

보호자가 교직원 또는 다른 학생의 인권을 침해하는 행위를 금지하고, 보호자에게 교원과 학교의 판단을 존중하며, 교육활동이 원활히 이루어질 수 있도록 적극 협력하도록 의무를 부여하고, 교장이 민원 처리를 책임지도록 하며, 교원의 정당한 학생생활지도에 대해서는 「아동복지법」에 따른 금지행위 위반으로 보지 않도록 하는 한편, 학교와 학교의 장이 교원의 전화번호, 주민등록번호 등 개인정보가 「개인정보 보호법」 등 관계 법률에 따라 보호될 수 있도록 필요한 조치를 하도록 하는 등 현행 제도의 운영상 나타난 일부 미비점을 개선·보완하였다.

3. 신·구조문대비표

[법률 제19096호, 2022. 12. 27., 일부개정]	[법률 제19738호, 2023. 9. 27., 일부개정]
〈신 설〉	제18조의5(보호자의 의무 등) ① 보호자는 교직원 또는 다른 학생의 인권을 침해하는 행위를 하여서는 아니 된다. ② 보호자는 제20조의2제1항에 따른 교원의 학생생활지도를 존중하고 지원하여야 한다. ③ 보호자는 교육활동의 범위에서 교원과 학교의 전문적인 판단을 존중하고 교육활동이 원활히 이루어질 수 있도록 적극 협력하여야 한다.
제20조(교직원의 임무) ① 교장은 교무를 총괄하고, 소속 교직원을 지도·감독하며, 학생을 교육한다. ② ~ ⑤ (생 략)	제20조(교직원의 임무) ① 교장은 교무를 총괄하고, 민원처리를 책임지며, 소속 교직원을 지도·감독하고, 학생을 교육한다. ② ~ ⑤ (현행과 같음)
제20조의2(학교의 장 및 교원의 학생생활지도) (생 략) 〈신 설〉	제20조의2(학교의 장 및 교원의 학생생활지도) ① (현행과 같음) ② 제1항에 따른 교원의 정당한 학생생활지도에 대해서는 「아동복지법」 제17조제3호, 제5호 및 제6호의 금지행위 위반으로 보지 아니한다.
〈신 설〉	제20조의3(교원 개인정보의 보호) 학교와 학교의 장은 교원의 전화번호, 주민등록번호 등 개인정보가 「개인정보 보호법」 및 「공공기관의 정보공개에 관한 법률」 등 관계 법률에 따라 보호될 수 있도록 필요한 조치를 하여야 한다.

4. 전문

초 · 중등교육법

[시행 2023. 9. 27.] [법률 제19738호, 2023. 9. 27., 일부개정]

제1장 총칙

〈개정 2012. 3. 21.〉

제1조(목적) 이 법은 「교육기본법」 제9조에 따라 초·중등교육에 관한 사항을 정함을 목적으로 한다.

[전문개정 2012. 3. 21.]

제2조(학교의 종류) 초·중등교육을 실시하기 위하여 다음 각 호의 학교를 둔다. 〈개정 2019. 12. 3.〉

1. 초등학교
2. 중학교 · 고등공민학교
3. 고등학교 · 고등기술학교
4. 특수학교
5. 각종학교

[전문개정 2012. 3. 21.]

제3조(국립 · 공립 · 사립 학교의 구분) 제2조 각 호의 학교(이하 "학교"라 한다)는 설립주체에 따라 다음 각 호와 같이 구분한다. 〈개정 2013. 12. 30.〉

1. 국립학교: 국가가 설립 · 경영하는 학교 또는 국립대학법인이 부설하여 경영하는 학교
2. 공립학교: 지방자치단체가 설립 · 경영하는 학교(설립주체에 따라 시립학교 · 도립학교로 구분할 수 있다)
3. 사립학교: 법인이나 개인이 설립 · 경영하는 학교(국립대학법인이 부설하여 경영하는 학교는 제외한다)

[전문개정 2012. 3. 21.]

제4조(학교의 설립 등) ① 학교를 설립하려는 자는 시설 · 설비 등 대통령령으로 정하는 설립 기준을 갖추어야 한다.

② 사립학교를 설립하려는 자는 특별시 · 광역시 · 특별자치시 · 도 · 특별자치도 교육감(이하 "교육감"이라 한다)의 인가를 받아야 한다.

③ 사립학교를 설립·경영하는 자가 학교를 폐교하거나 대통령령으로 정하는 중요 사항을 변경하려면 교육감의 인가를 받아야 한다.

[전문개정 2012. 3. 21.]

제5조(학교의 병설) 초등학교·중학교 및 고등학교는 지역의 실정에 따라 상호 병설(竝設)할 수 있다.

[전문개정 2012. 3. 21.]

제6조(지도·감독) 국립학교는 교육부장관의 지도·감독을 받으며, 공립·사립학교는 교육감의 지도·감독을 받는다. 〈개정 2013. 3. 23.〉

[전문개정 2012. 3. 21.]

제7조(장학지도) 교육감은 관할 구역의 학교를 대상으로 교육과정 운영과 교수(教授)·학습방법 등에 대한 장학지도를 할 수 있다.

[전문개정 2012. 3. 21.]

제8조(학교 규칙) ① 학교의 장(학교를 설립하는 경우에는 그 학교를 설립하려는 자를 말한다)은 법령의 범위에서 학교 규칙(이하 "학칙"이라 한다)을 제정 또는 개정할 수 있다.

② 학칙의 기재 사항과 제정·개정 절차 등에 관하여 필요한 사항은 대통령령으로 정한다.

[전문개정 2012. 3. 21.]

제9조(학생·기관·학교 평가) ① 교육부장관은 학교에 재학 중인 학생을 대상으로 학업성취도를 측정하기 위한 평가를 할 수 있다. 〈개정 2013. 3. 23.〉

② 교육부장관은 교육행정을 효율적으로 수행하기 위하여 특별시·광역시·특별자치시·도·특별자치도 교육청과 그 관할하는 학교를 평가할 수 있다. 〈개정 2013. 3. 23.〉

③ 교육감은 교육행정의 효율적 수행 및 학교 교육능력 향상을 위하여 그 관할하는 교육행정기관과 학교를 평가할 수 있다.

④ 제2항 및 제3항에 따른 평가의 대상·기준·절차 및 평가 결과의 공개 등에 필요한 사항은 대통령령으로 정한다.

⑤ 평가 대상 기관의 장은 특별한 사유가 있는 경우가 아니면 제1항부터 제3항까지의 규정에 따른 평가를 받아야 한다.

⑥ 교육부장관은 교육감이 그 관할 구역에서 제3항에 따른 평가를 실시하려는 경우 필요한 지원을 할 수 있다. 〈개정 2013. 3. 23.〉

[전문개정 2012. 3. 21.]

제10조(수업료 등) ① 학교의 설립자·경영자는 수업료와 그 밖의 납부금을 받을 수 있다.

② 제1항에 따른 수업료와 그 밖의 납부금을 거두는 방법 등에 필요한 사항은 국립학교의 경우에는 교육부령으로 정하고, 공립·사립 학교의 경우에는 특별시·광역시·특별자치시·도·특별자치도(이하 "시·도"라 한다)의 조례로 정한다. 이 경우 국민의 교육을 받을 권리를 본질적으로 침해하는 내용을 정하여서는 아니 된다.〈개정 2013. 3. 23.〉

[전문개정 2012. 3. 21.]

제10조의2(고등학교 등의 무상교육) ① 제2조제3호에 따른 고등학교·고등기술학교 및 이에 준하는 각종학교의 교육에 필요한 다음 각 호의 비용은 무상(無償)으로 한다.

1. 입학금
2. 수업료
3. 학교운영지원비
4. 교과용 도서 구입비

② 제1항 각 호의 비용은 국가 및 지방자치단체가 부담하고, 학교의 설립자·경영자는 학생과 보호자로부터 이를 받을 수 없다.

③ 제1항 및 제2항에도 불구하고 대통령령으로 정하는 사립학교의 설립자·경영자는 학생과 보호자로부터 제1항 각 호의 비용을 받을 수 있다.

[본조신설 2019. 12. 3.]

[시행일] 제10조의2의 개정규정은 다음 각 호와 같이 순차적으로 시행

1. 2020학년도: 고등학교 등 2학년 및 3학년의 무상교육

2. 2021학년도 이후: 고등학교 등 전학년의 무상교육

제11조(학교시설 등의 이용) 모든 국민은 학교교육에 지장을 주지 아니하는 범위에서 그 학교의 장의 결정에 따라 국립학교의 시설 등을 이용할 수 있고, 공립·사립 학교의 시설 등은 시·도의 교육규칙으로 정하는 바에 따라 이용할 수 있다.

[전문개정 2012. 3. 21.]

제11조의2(교육통계조사 등) ① 교육부장관은 초·중등교육 정책의 효율적인 추진과 초·중등교육 연구에 필요한 학생·교원·직원·학교·교육행정기관 등에 대한 기초자료 수집을 위하여 교육통계조사를 매년 실시하고 그 결과를 공개하여야 한다.

② 교육부장관은 초·중등교육 정책의 효율적인 수립·시행과 평가를 위하여 제1항에 따른 교육통계조사(이하 이 조에서 "교육통계조사"라 한다)로 수집된 자료와 「통계법」 제3조에 따른 통계 및 행정자료 등을 활용하여 교육 관련 지표 및 학생 수 추계 등 예측통계를 작성하여 공개하여야 한다.〈신설 2020. 3. 24.〉

③ 교육부장관은 교육통계조사와 제2항에 따른 교육 관련 지표 및 예측통계의 작성을 위하여 중앙행정기관의 장, 지방자치단체의 장, 교육감 및 「공공기관의 운영에 관한 법률」에 따른 공공기관의 장 등 관계 기관의 장에게 자료의 제공을 요청할 수 있다. 이 경우 자료 제공을 요청받은 기관의 장은 특별한 사유가 없으면 이에 따라야 한다.〈개정 2020. 3. 24.〉

④ 교육감은 제3항에 따른 자료 제출을 위하여 관할 학교 및 교육행정기관의 장 등에게 자료 제출을 요청할 수 있다. 이 경우 자료 제출 요청을 받은 관할 학교 및 교육행정기관의 장 등은 특별한 사유가 없으면 이에 따라야 하며, 교육감은 관할 학교 및 교육행정기관 등의 부담을 최소화하기 위하여 노력하여야 한다.〈개정 2020. 3. 24.〉

⑤ 교육부장관은 교육통계조사와 교육 관련 지표 및 예측통계 작성의 정확성 제고 및 업무 경감을 위하여 관련 자료를 보유한 중앙행정기관의 장, 지방자치단체의 장, 교육감 및 「공공기관의 운영에 관한 법률」에 따른 공공기관의 장 등 관계 기관의 장에게 자료 간 연계를 요청할 수 있다. 이 경우 자료 간 연계를 요청받은 기관의 장은 특별한 사유가 없으면 이에 따라야 한다.〈개정 2020. 3. 24.〉

⑥ 교육부장관은 교육통계조사 시 다음 각 호에 해당하는 사람의 주민등록번호가 포함된 개인정보를 수집할 수 있으며, 이를 제5항에 따라 연계를 요청받은 기관에 통계조사 및 분석, 검증 등을 목적으로 제공하거나 제공받을 수 있다.〈개정 2020. 3. 24.〉

 1. 조사대상 학교 및 교육행정기관의 교직원
 2. 조사대상 학교의 학생 및 졸업생

⑦ 교육부장관은 교육통계조사에 의하여 수집된 자료를 이용하고자 하는 자에게 이를 제공할 수 있다. 이 경우 「교육관련기관의 정보공개에 관한 특례법」에 따라 공개되는 항목을 제외하고는 특정의 개인이나 법인 또는 단체를 식별할 수 없는 형태로 자료를 제공한다.〈개정 2020. 3. 24.〉

⑧ 교육부장관은 교육통계조사 등의 업무를 위하여 대통령령으로 정하는 바

에 따라 국가교육통계센터를 지정하여 그 업무를 위탁할 수 있다. 이 경우 교육부장관은 지정이나 업무 위탁에 필요한 경비를 지원할 수 있다.

⑨ 제1항부터 제8항까지에서 규정한 사항 외에 교육통계조사와 교육 관련 지표 및 예측통계 작성의 대상, 절차 및 결과 공개 등에 필요한 사항은 대통령령으로 정한다.〈개정 2020. 3. 24.〉

[본조신설 2017. 3. 21.]

제2장 의무교육 〈개정 2012. 3. 21.〉

제12조(의무교육) ① 국가는 「교육기본법」 제8조제1항에 따른 의무교육을 실시하여야 하며, 이를 위한 시설을 확보하는 등 필요한 조치를 강구하여야 한다.

② 지방자치단체는 그 관할 구역의 의무교육대상자를 모두 취학시키는 데에 필요한 초등학교, 중학교 및 초등학교·중학교의 과정을 교육하는 특수학교를 설립·경영하여야 한다.

③ 지방자치단체는 지방자치단체가 설립한 초등학교·중학교 및 특수학교에 그 관할 구역의 의무교육대상자를 모두 취학시키기 곤란하면 인접한 지방자치단체와 협의하여 합동으로 초등학교·중학교 또는 특수학교를 설립·경영하거나, 인접한 지방자치단체가 설립한 초등학교·중학교 또는 특수학교나 국립 또는 사립의 초등학교·중학교 또는 특수학교에 일부 의무교육대상자에 대한 교육을 위탁할 수 있다.

④ 국립·공립 학교의 설립자·경영자와 제3항에 따라 의무교육대상자의 교육을 위탁받은 사립학교의 설립자·경영자는 의무교육을 받는 사람으로부터 제10조의2제1항 각 호의 비용을 받을 수 없다.〈개정 2013. 12. 30., 2019. 12. 3.〉

[전문개정 2012. 3. 21.]

제13조(취학 의무) ① 모든 국민은 보호하는 자녀 또는 아동이 6세가 된 날이 속하는 해의 다음 해 3월 1일에 그 자녀 또는 아동을 초등학교에 입학시켜야 하고, 초등학교를 졸업할 때까지 다니게 하여야 한다.

② 모든 국민은 제1항에도 불구하고 그가 보호하는 자녀 또는 아동이 5세가 된 날이 속하는 해의 다음 해 또는 7세가 된 날이 속하는 해의 다음 해에 그 자녀 또는 아동을 초등학교에 입학시킬 수 있다. 이 경우에도 그 자녀 또는 아동이 초등학교에 입학한 해의 3월 1일부터 졸업할 때까지 초등학교에 다니게 하여야 한다.

③ 모든 국민은 보호하는 자녀 또는 아동이 초등학교를 졸업한 학년의 다

음 학년 초에 그 자녀 또는 아동을 중학교에 입학시켜야 하고, 중학교를 졸업할 때까지 다니게 하여야 한다.

④ 제1항부터 제3항까지의 규정에 따른 취학 의무의 이행과 이행 독려 등에 필요한 사항은 대통령령으로 정한다.

[전문개정 2012. 3. 21.]

제14조(취학 의무의 면제 등) ① 질병·발육 상태 등 부득이한 사유로 취학이 불가능한 의무교육대상자에 대하여는 대통령령으로 정하는 바에 따라 제13조에 따른 취학 의무를 면제하거나 유예할 수 있다.

② 제1항에 따라 취학 의무를 면제받거나 유예받은 사람이 다시 취학하려면 대통령령으로 정하는 바에 따라 학습능력을 평가한 후 학년을 정하여 취학하게 할 수 있다.

[전문개정 2012. 3. 21.]

제15조(고용자의 의무) 의무교육대상자를 고용하는 자는 그 대상자가 의무교육을 받는 것을 방해하여서는 아니 된다.

[전문개정 2012. 3. 21.]

제16조(친권자 등에 대한 보조) 국가와 지방자치단체는 의무교육대상자의 친권자나 후견인이 경제적 사유로 의무교육대상자를 취학시키기 곤란할 때에는 교육비를 보조할 수 있다.

[전문개정 2012. 3. 21.]

제3장 학생과 교직원 *(개정 2012. 3. 21.)*

제1절 학생 *(개정 2012. 3. 21.)*

제17조(학생자치활동) 학생의 자치활동은 권장·보호되며, 그 조직과 운영에 관한 기본적인 사항은 학칙으로 정한다.

[전문개정 2012. 3. 21.]

제18조(학생의 징계) ① 학교의 장은 교육을 위하여 필요한 경우에는 법령과 학칙으로 정하는 바에 따라 학생을 징계할 수 있다. 다만, 의무교육을 받고 있는 학생은 퇴학시킬 수 없다. *(개정 2021. 3. 23., 2022. 12. 27.)*

② 학교의 장은 학생을 징계하려면 그 학생이나 보호자에게 의견을 진술할 기회를 주는 등 적정한 절차를 거쳐야 한다.

[전문개정 2012. 3. 21.]

제18조의2(재심청구) ① 제18조제1항에 따른 징계처분 중 퇴학 조치에 대하여 이의가 있는 학생 또는 그 보호자는 퇴학 조치를 받은 날부터 15일 이내 또는 그 조치가 있음을 알게 된 날부터 10일 이내에 제18조의3에 따른 시·도학생징계조정위원회에 재심을 청구할 수 있다.

② 제18조의3에 따른 시·도학생징계조정위원회는 제1항에 따른 재심청구를 받으면 30일 이내에 심사·결정하여 청구인에게 통보하여야 한다.

③ 제2항의 심사결정에 이의가 있는 청구인은 통보를 받은 날부터 60일 이내에 행정심판을 제기할 수 있다.

④ 제1항에 따른 재심청구, 제2항에 따른 심사 절차와 결정 통보 등에 필요한 사항은 대통령령으로 정한다.

[전문개정 2012. 3. 21.]

제18조의3(시·도학생징계조정위원회의 설치) ① 제18조의2제1항에 따른 재심청구를 심사·결정하기 위하여 교육감 소속으로 시·도학생징계조정위원회(이하 "징계조정위원회"라 한다)를 둔다.

② 징계조정위원회의 조직·운영 등에 필요한 사항은 대통령령으로 정한다.

[본조신설 2007. 12. 14.]

제18조의4(학생의 인권보장 등) ① 학교의 설립자·경영자와 학교의 장은 「헌법」과 국제인권조약에 명시된 학생의 인권을 보장하여야 한다. *〈개정 2022. 12. 27.〉*

② 학생은 교직원 또는 다른 학생의 인권을 침해하는 행위를 하여서는 아니 된다.*〈신설 2022. 12. 27.〉*

[본조신설 2007. 12. 14.] [제목개정 2022. 12. 27.]

제18조의5(보호자의 의무 등) ① 보호자는 교직원 또는 다른 학생의 인권을 침해하는 행위를 하여서는 아니 된다.

② 보호자는 제20조의2제1항에 따른 교원의 학생생활지도를 존중하고 지원하여야 한다.

③ 보호자는 교육활동의 범위에서 교원과 학교의 전문적인 판단을 존중하고 교육활동이 원활히 이루어질 수 있도록 적극 협력하여야 한다.

[본조신설 2023. 9. 27.]

제2절 교직원 *〈개정 2012. 3. 21.〉*

제19조(교직원의 구분) ① 학교에는 다음 각 호의 교원을 둔다. *〈개정 2019. 12. 3.〉*

1. 초등학교·중학교·고등학교·고등공민학교·고등기술학교 및 특수학교에는 교장·교감·수석교사 및 교사를 둔다. 다만, 학생 수가 100명 이하인 학교나 학급 수가 5학급 이하인 학교 중 대통령령으로 정하는 규모 이하의 학교에는 교감을 두지 아니할 수 있다.

2. 각종학교에는 제1호에 준하여 필요한 교원을 둔다.

② 학교에는 교원 외에 학교 운영에 필요한 행정직원 등 직원을 둔다.

③ 학교에는 원활한 학교 운영을 위하여 교사 중 교무(校務)를 분담하는 보직교사를 둘 수 있다.

④ 학교에 두는 교원과 직원(이하 "교직원"이라 한다)의 정원에 필요한 사항은 대통령령으로 정하고, 학교급별 구체적인 배치기준은 제6조에 따른 지도·감독기관(이하 "관할청"이라 한다)이 정하며, 교육부장관은 교원의 정원에 관한 사항을 매년 국회에 보고하여야 한다.〈개정 2013. 3. 23.〉

[전문개정 2012. 3. 21.]

제19조의2(전문상담교사의 배치 등) ① 학교에 전문상담교사를 두거나 시·도 교육행정기관에「교육공무원법」제22조의2에 따라 전문상담순회교사를 둔다.

② 제1항의 전문상담순회교사의 정원·배치 기준 등에 필요한 사항은 대통령령으로 정한다.

[전문개정 2012. 3. 21.]

제20조(교직원의 임무) ① 교장은 교무를 총괄하고, 민원처리를 책임지며, 소속 교직원을 지도·감독하고, 학생을 교육한다. 〈개정 2021. 3. 23., 2023. 9. 27.〉

② 교감은 교장을 보좌하여 교무를 관리하고 학생을 교육하며, 교장이 부득이한 사유로 직무를 수행할 수 없을 때에는 교장의 직무를 대행한다. 다만, 교감이 없는 학교에서는 교장이 미리 지명한 교사(수석교사를 포함한다)가 교장의 직무를 대행한다.

③ 수석교사는 교사의 교수·연구 활동을 지원하며, 학생을 교육한다.

④ 교사는 법령에서 정하는 바에 따라 학생을 교육한다.

⑤ 행정직원 등 직원은 법령에서 정하는 바에 따라 학교의 행정사무와 그 밖의 사무를 담당한다.

[전문개정 2012. 3. 21.]

제20조의2(학교의 장 및 교원의 학생생활지도) ① 학교의 장과 교원은 학생의 인권을 보호하고 교원의 교육활동을 위하여 필요한 경우에는 법령과 학칙으로

정하는 바에 따라 학생을 지도할 수 있다. *(개정 2023. 9. 27.)*

② 제1항에 따른 교원의 정당한 학생생활지도에 대해서는 「아동복지법」 제17조제3호, 제5호 및 제6호의 금지행위 위반으로 보지 아니한다. *(신설 2023. 9. 27.)*
[본조신설 2022. 12. 27.]

제20조의3(교원 개인정보의 보호) 학교와 학교의 장은 교원의 전화번호, 주민등록번호 등 개인정보가 「개인정보 보호법」 및 「공공기관의 정보공개에 관한 법률」 등 관계 법률에 따라 보호될 수 있도록 필요한 조치를 하여야 한다.
[본조신설 2023. 9. 27.]

제21조(교원의 자격) ① 교장과 교감은 별표 1의 자격 기준에 해당하는 사람으로서 대통령령으로 정하는 바에 따라 교육부장관이 검정(檢定)·수여하는 자격증을 받은 사람이어야 한다. *(개정 2013. 3. 23.)*

② 교사는 정교사(1급·2급), 준교사, 전문상담교사(1급·2급), 사서교사(1급·2급), 실기교사, 보건교사(1급·2급) 및 영양교사(1급·2급)로 나누되, 별표 2의 자격 기준에 해당하는 사람으로서 대통령령으로 정하는 바에 따라 교육부장관이 검정·수여하는 자격증을 받은 사람이어야 한다. *(개정 2013. 3. 23.)*

③ 수석교사는 제2항의 자격증을 소지한 사람으로서 15년 이상의 교육경력(「교육공무원법」 제2조제1항제2호 및 제3호에 따른 교육전문직원으로 근무한 경력을 포함한다)을 가지고 교수·연구에 우수한 자질과 능력을 가진 사람 중에서 대통령령으로 정하는 바에 따라 교육부장관이 정하는 연수 이수 결과를 바탕으로 검정·수여하는 자격증을 받은 사람이어야 한다. *(개정 2013. 3. 23.)*

[전문개정 2012. 3. 21.]

제21조의2(교사 자격 취득의 결격사유) 다음 각 호의 어느 하나에 해당하는 사람은 제21조제2항에 따른 교사의 자격을 취득할 수 없다.

1. 마약·대마·향정신성의약품 중독자
2. 미성년자에 대한 다음 각 목의 어느 하나에 해당하는 행위로 형 또는 치료감호를 선고받아 그 형 또는 치료감호가 확정된 사람(집행유예를 선고받은 후 그 집행유예기간이 경과한 사람을 포함한다)

가. 「성폭력범죄의 처벌 등에 관한 특례법」 제2조에 따른 성폭력범죄

나. 「아동·청소년의 성보호에 관한 법률」 제2조제2호에 따른 아동·청소년대상 성범죄

3. 성인에 대한 「성폭력범죄의 처벌 등에 관한 특례법」 제2조에 따른 성폭력범죄 행위로 100만원 이상의 벌금형이나 그 이상의 형 또는 치료감호를 선고받아 그 형 또는 치료감호가 확정된 사람(집행유예를 선고받은 후 그 집행유예기간이 경과한 사람을 포함한다)

[본조신설 2020. 12. 22.]

제21조의3(벌금형의 분리 선고) 「형법」 제38조에도 불구하고 제21조의2제3호에 해당하는 죄와 다른 죄의 경합범(競合犯)에 대하여 벌금형을 선고하는 경우에는 이를 분리하여 선고하여야 한다.

[본조신설 2020. 12. 22.]

제21조의4(교원자격증 대여·알선 금지) 제21조에 따라 받은 자격증은 다른 사람에게 빌려주거나 빌려서는 아니 되며, 이를 알선하여서도 아니 된다.

[본조신설 2020. 12. 22.]

제21조의5(자격취소 등) ① 교육부장관은 제21조에 따라 자격증을 받은 사람이 다음 각 호의 어느 하나에 해당하는 경우에는 그 자격을 취소하여야 한다.

1. 거짓이나 그 밖의 부정한 방법으로 자격증을 받은 경우

2. 제21조의4를 위반하여 자격증을 다른 사람에게 빌려준 경우

② 제1항에 따라 자격이 취소된 후 2년이 지나지 아니한 사람은 제21조에 따른 검정을 받을 수 없다.

[본조신설 2020. 12. 22.]

제22조(산학겸임교사 등) ① 교육과정을 운영하기 위하여 필요하면 학교에 제19조제1항에 따른 교원 외에 산학겸임교사·명예교사 또는 강사 등을 두어 학생의 교육을 담당하게 할 수 있다. 이 경우 국립·공립 학교는 「교육공무원법」 제10조의3제1항 및 제10조의4를, 사립학교는 「사립학교법」 제54조의3제4항 및 제5항을 각각 준용한다

② 제1항에 따라 학교에 두는 산학겸임교사 등의 종류·자격기준 및 임용 등에 필요한 사항은 대통령령으로 정한다.

[전문개정 2012. 3. 21.]

제4장 학교 *(개정 2012. 3. 21.)*

제1절 통칙 *(개정 2012. 3. 21.)*

제23조(교육과정 등) ① 학교는 교육과정을 운영하여야 한다.

② 국가교육위원회는 제1항에 따른 교육과정의 기준과 내용에 관한 기본적인 사항을 정하며, 교육감은 국가교육위원회가 정한 교육과정의 범위에서 지역의 실정에 맞는 기준과 내용을 정할 수 있다. *(개정 2013. 3. 23., 2021. 7. 20.)*

③ 교육부장관은 제1항의 교육과정이 안정적으로 운영될 수 있도록 대통령령으로 정하는 바에 따라 후속지원 계획을 수립·시행한다. *(신설 2021. 7. 20.)*

④ 학교의 교과(教科)는 대통령령으로 정한다. *(개정 2021. 7. 20.)*

[전문개정 2012. 3. 21.]

제23조의2(교육과정 영향 사전협의) ① 중앙행정기관의 장은 제23조에 따른 교육과정에 소관 법령에 따라 교육실시, 교육횟수, 교육시간, 결과보고 등이 의무적으로 부과되는 법정교육을 반영하는 내용의 법령을 제정하거나 개정하려는 경우에는 사전에 국가교육위원회와 협의하여야 한다.

② 제1항에 따른 사전협의의 범위 및 방법 등에 필요한 사항은 대통령령으로 정한다.

[본조신설 2022. 10. 18.]

제24조(수업 등) ① 학교의 학년도는 3월 1일부터 시작하여 다음 해 2월 말일까지로 한다.

② 수업은 주간(書間)·전일제(全日制)를 원칙으로 한다. 다만, 법령이나 학칙으로 정하는 바에 따라 야간수업·계절수업·시간제수업 등을 할 수 있다. *(개정 2020. 10. 20.)*

③ 학교의 장은 교육상 필요한 경우에는 다음 각 호에 해당하는 수업을 할 수 있다. 이 경우 수업 운영에 관한 사항은 교육부장관이 정하는 범위에서 교육감이 정한다. *(신설 2020. 10. 20.)*

  1. 방송·정보통신 매체 등을 활용한 원격수업

  2. 현장실습 운영 등 학교 밖에서 이루어지는 활동

④ 학교의 학기·수업일수·학급편성·휴업일과 반의 편성·운영, 그 밖에 수업에 필요한 사항은 대통령령으로 정한다. *(개정 2020. 10. 20.)*

[전문개정 2012. 3. 21.]

제25조(학교생활기록) ① 학교의 장은 학생의 학업성취도와 인성(人性) 등을 종합적으로 관찰·평가하여 학생지도 및 상급학교(「고등교육법」 제2조 각 호에 따른 학교를 포함한다. 이하 같다)의 학생 선발에 활용할 수 있는 다음 각 호의 자료를 교육부령으로 정하는 기준에 따라 작성·관리하여야 한다. ⟨개정 2013. 3. 23.⟩

　1. 인적사항
　2. 학적사항
　3. 출결상황
　4. 자격증 및 인증 취득상황
　5. 교과학습 발달상황
　6. 행동특성 및 종합의견
　7. 그 밖에 교육목적에 필요한 범위에서 교육부령으로 정하는 사항

② 학교의 장은 제1항에 따른 자료를 제30조의4에 따른 교육정보시스템으로 작성·관리하여야 한다.

③ 학교의 장은 소속 학교의 학생이 전출하면 제1항에 따른 자료를 그 학생이 전입한 학교의 장에게 넘겨주어야 한다.

[전문개정 2012. 3. 21.]

제26조(학년제) ① 학생의 진급이나 졸업은 학년제로 한다.

② 제1항에도 불구하고 학교의 장은 관할청의 승인을 받아 학년제 외의 제도를 채택할 수 있다.

[전문개정 2012. 3. 21.]

제27조(조기진급 및 조기졸업 등) ① 초등학교·중학교·고등학교 및 이에 준하는 각종학교의 장은 재능이 우수한 학생에게 제23조·제24조·제26조·제39조·제42조 및 제46조에도 불구하고 수업연한(授業年限)을 단축(수업상의 특례를 포함한다)하여 조기진급 또는 조기졸업을 할 수 있도록 하거나 상급학교 조기입학 자격을 줄 수 있다.

② 제1항에 따라 상급학교 조기입학 자격을 얻어 상급학교에 입학한 경우에는 조기졸업한 것으로 본다.

③ 제1항 및 제2항에 따른 재능이 우수한 학생의 선정(選定)과 조기진급, 조기졸업 및 상급학교 조기입학자격 등에 필요한 사항은 대통령령으로 정한다.

[전문개정 2012. 3. 21.]

제27조의2(학력인정 시험) ① 제2조에 따른 학교의 교육과정을 마치지 아니한 사람은 대통령령으로 정하는 시험에 합격하여 초등학교·중학교 또는 고등학교를 졸업한 사람과 동등한 학력을 인정받을 수 있다.

② 국가 또는 지방자치단체는 제1항에 따른 시험 중 초등학교와 중학교를 졸업한 사람과 동등한 학력이 인정되는 시험의 실시에 필요한 비용을 부담한다.

③ 초등학교·중학교 및 고등학교를 졸업한 사람과 동등한 학력이 인정되는 시험에 필요한 사항은 교육부령으로 정한다.〈개정 2013. 3. 23., 2015. 3. 27.〉

④ 교육감은 상급학교 학생선발을 위하여 필요한 경우 고등학교를 졸업한 사람과 동등한 학력을 인정받는 시험에 합격한 사람의 합격증명과 성적증명 자료를 본인의 동의를 받아 제3자에게 제30조의4에 따른 교육정보시스템으로 제공할 수 있다.〈신설 2015. 3. 27., 2021. 3. 23.〉

⑤ 제4항에 따른 자료 제공의 제한에 관하여는 제30조의6을 준용한다. 이 경우 "학교의 장"은 "교육감"으로 본다.〈신설 2015. 3. 27.〉

[본조신설 2012. 1. 26.]

제28조(학업에 어려움을 겪는 학생에 대한 교육) ①국가와 지방자치단체는 다음 각 호의 구분에 따른 학생들(이하 "학업에 어려움을 겪는 학생"이라 한다)을 위하여 대통령령으로 정하는 바에 따라 수업일수와 교육과정을 신축적으로 운영하는 등 교육상 필요한 시책을 마련하여야 한다. 〈개정 2016. 2. 3., 2022. 12. 27.〉

1. 성격장애나 지적(知的) 기능의 저하 등으로 인하여 학습에 제약을 받는 학생 중 「장애인 등에 대한 특수교육법」 제15조에 따른 학습장애를 지닌 특수교육대상자로 선정되지 아니한 학생

2. 학업 중단 학생

3. 학업 중단의 징후가 발견되거나 학업 중단의 의사를 밝힌 학생 등 학업 중단 위기에 있는 학생

② 국가 및 지방자치단체는 학업에 어려움을 겪는 학생에 대한 교육의 체계적 실시를 위하여 매년 실태조사를 하여야 한다.〈신설 2016. 2. 3., 2022. 12. 27.〉

③ 국가 및 지방자치단체는 제2항에 따른 실태조사를 기초로 학업에 어려움을 겪는 학생의 현황 및 교육 상황에 대한 데이터베이스를 구축·운용할 수 있다.〈신설 2022. 12. 27.〉

④ 국가와 지방자치단체는 학업에 어려움을 겪는 학생에게 균등한 교육기회를 보장하기 위하여 필요한 예산을 지원한다.⟨신설 2016. 2. 3., 2022. 12. 27.⟩

⑤ 교육부장관 및 교육감은 학업에 어려움을 겪는 학생을 위하여 필요한 교재와 프로그램을 개발·보급하여야 한다.⟨신설 2016. 2. 3., 2022. 12. 27.⟩

⑥ 교원은 대통령령으로 정하는 바에 따라 학업에 어려움을 겪는 학생의 학습능력 향상을 위한 관련 연수를 이수하여야 하고, 교육감은 이를 지도·감독 및 지원하여야 한다.⟨신설 2016. 2. 3., 2022. 12. 27.⟩

⑦ 학교의 장은 제1항제3호에 해당하는 학업에 어려움을 겪는 학생에게 학업 중단에 대하여 충분히 생각할 기회를 주어야 한다. 이 경우 학교의 장은 그 기간을 출석으로 인정할 수 있다.⟨신설 2016. 12. 20., 2021. 3. 23., 2022. 12. 27.⟩

⑧ 제1항제3호에 해당하는 학업에 어려움을 겪는 학생에 대한 판단기준 및 제7항에 따른 충분히 생각할 기간과 그 기간 동안의 출석일수 인정 범위 등에 필요한 사항은 교육감이 정한다.⟨신설 2016. 12. 20., 2021. 3. 23., 2022. 12. 27.⟩

⑨ 교육부장관 및 교육감은 제7항 및 제8항에 따른 기간 동안 학생이 교육과 치유를 위한 다양한 활동을 할 수 있도록 지원하여야 한다.⟨신설 2022. 12. 27.⟩

⑩ 제3항에 따른 데이터베이스의 구축 및 운용에 필요한 정보 수집 범위, 방법, 절차, 보존기간 등은 대통령령으로 정한다.⟨신설 2022. 12. 27.⟩

[전문개정 2012. 3. 21.] [제목개정 2022. 12. 27.]

제28조의2(다문화학생등에 대한 교육 지원) ① 국가와 지방자치단체는 다음 각 호의 구분에 따른 아동 또는 학생(이하 "다문화학생등"이라 한다)의 동등한 교육기회 보장 등을 위해 교육상 필요한 시책을 마련하여야 한다.

1. 「다문화가족지원법」 제2조제1호에 따른 다문화가족의 구성원인 아동 또는 학생

2. 국내에 거주하는 외국인이면서 제2조 각 호의 학교에 입학 예정이거나 재학 중인 아동 또는 학생

② 교육부장관은 제1항에 따른 시책을 수립·시행하기 위하여 다문화교육 실태조사를 실시할 수 있다. 이 경우 다문화교육 실태조사의 범위와 방법 등에 필요한 사항은 대통령령으로 정한다.

③ 학교의 장은 다문화학생등의 동등한 교육기회를 보장하고 모든 학교 구성원이 다양성을 존중하며 조화롭게 생활하는 학교 환경을 조성하기 위하여 노력하여야 한다.

④ 교육감은 다문화학생등의 한국어교육 등을 위하여 필요한 경우 특별학급을 설치·운영할 수 있다. 이 경우 교육부장관과 교육감은 특별학급의 운영에 필요한 경비와 인력 등을 지원할 수 있다.

⑤ 교육부장관과 교육감은 다문화학생등의 교육지원을 위하여 대통령령으로 정하는 바에 따라 다문화교육지원센터를 설치·운영하거나 지정하여 그 업무를 위탁할 수 있다.

[본조신설 2023. 10. 24.]
[시행일: 2024. 4. 25.] 제28조의2

제29조(교과용 도서의 사용) ① 학교에서는 국가가 저작권을 가지고 있거나 교육부장관이 검정하거나 인정한 교과용 도서를 사용하여야 한다. *(개정 2013. 3. 23.)*

② 교과용 도서의 범위·저작·검정·인정·발행·공급·선정 및 가격 사정(査定) 등에 필요한 사항은 대통령령으로 정한다.

[전문개정 2012. 3. 21.]

제30조(학교의 통합·운영) ① 학교의 설립자·경영자는 효율적인 학교 운영을 위하여 필요하면 지역 실정에 따라 초등학교·중학교, 중학교·고등학교 또는 초등학교·중학교·고등학교의 시설·설비 및 교원 등을 통합하여 운영할 수 있다. 이 경우 해당 학교의 학생 및 학부모의 의견을 수렴하여야 한다. *(개정 2020. 12. 22.)*

② 관할청은 학생 및 학부모의 요구가 있는 경우 학교의 통합·운영 여건에 관한 실태조사를 실시하고, 그 결과를 인터넷 홈페이지에 공개할 수 있다. *(신설 2020. 12. 22.)*

③ 제1항에 따라 통합·운영하는 학교의 시설·설비 기준, 교원배치기준, 의견 수렴 절차 및 제2항에 따른 실태조사 실시 기준, 결과 공개 등에 필요한 사항은 대통령령으로 정한다. *(개정 2020. 12. 22.)*

[전문개정 2012. 3. 21.]

제30조의2(학교회계의 설치) ① 국립·공립의 초등학교·중학교·고등학교 및 특수학교에 각 학교별로 학교회계(學校會計)를 설치한다.

② 학교회계는 다음 각 호의 수입을 세입(歲入)으로 한다.

  1. 국가의 일반회계나 지방자치단체의 교육비특별회계로부터 받은 전입금

  2. 제32조제1항에 따라 학교운영위원회 심의를 거쳐 학부모가 부담하는 경비

  3. 제33조의 학교발전기금으로부터 받은 전입금

  4. 국가나 지방자치단체의 보조금 및 지원금

  5. 사용료 및 수수료

  6. 이월금

  7. 물품매각대금

  8. 그 밖의 수입

③ 학교회계는 학교 운영과 학교시설의 설치 등을 위하여 필요한 모든 경비를 세출(歲出)로 한다.

④ 학교회계는 예측할 수 없는 예산 외의 지출이나 예산초과지출에 충당하기 위하여 예비비로서 적절한 금액을 세출예산에 계상(計上)할 수 있다.

⑤ 학교회계의 설치에 필요한 사항은 국립학교의 경우에는 교육부령으로, 공립학교의 경우에는 시·도의 교육규칙으로 정한다. 〈개정 2013. 3. 23.〉

[전문개정 2012. 3. 21.]

제30조의3(학교회계의 운영) ① 학교회계의 회계연도는 매년 3월 1일에 시작하여 다음 해 2월 말일에 끝난다.

② 학교의 장은 회계연도마다 학교회계 세입세출예산안을 편성하여 회계연도가 시작되기 30일 전까지 제31조에 따른 학교운영위원회에 제출하여야 한다.

③ 학교운영위원회는 학교회계 세입세출예산안을 회계연도가 시작되기 5일 전까지 심의하여야 한다.

④ 학교의 장은 제3항에 따른 예산안이 새로운 회계연도가 시작될 때까지 확정되지 아니하면 다음 각 호의 경비를 전년도 예산에 준하여 집행할 수 있다. 이 경우 전년도 예산에 준하여 집행된 예산은 해당 연도의 예산이 확정되면 그 확정된 예산에 따라 집행된 것으로 본다.

  1. 교직원 등의 인건비

  2. 학교교육에 직접 사용되는 교육비

  3. 학교시설의 유지관리비

4. 법령상 지급 의무가 있는 경비

5. 이미 예산으로 확정된 경비

⑤ 학교의 장은 회계연도마다 결산서를 작성하여 회계연도가 끝난 후 2개월 이내에 학교운영위원회에 제출하여야 한다.

⑥ 학교회계의 운영에 필요한 사항은 국립학교의 경우에는 교육부령으로, 공립학교의 경우에는 시·도의 교육규칙으로 정한다.〈개정 2013. 3. 23.〉

[전문개정 2012. 3. 21.]

제30조의4(교육정보시스템의 구축·운영 등) ① 교육부장관과 교육감은 학교와 교육행정기관의 업무를 전자적으로 처리할 수 있도록 교육정보시스템(이하 "정보시스템"이라 한다)을 구축·운영할 수 있다. 〈개정 2013. 3. 23.〉

② 교육부장관과 교육감은 정보시스템의 운영과 지원을 위하여 정보시스템 운영센터를 설치·운영하거나 정보시스템의 효율적 운영을 위하여 필요하다고 인정하면 정보시스템의 운영 및 지원업무를 교육의 정보화를 지원하는 법인이나 기관에 위탁할 수 있다.〈개정 2013. 3. 23.〉

③ 정보시스템의 구축·운영·접속방법과 제2항에 따른 정보시스템운영센터의 설치·운영 등에 필요한 사항은 교육부령으로 정한다.〈개정 2013. 3. 23.〉

[전문개정 2012. 3. 21.]

제30조의5(정보시스템을 이용한 업무처리) ① 교육부장관과 교육감은 소관 업무의 전부 또는 일부를 정보시스템을 이용하여 처리하여야 한다. 〈개정 2013. 3. 23.〉

② 학교의 장은 제25조에 따른 학교생활기록과 「학교보건법」 제7조의3에 따른 건강검사기록을 정보시스템을 이용하여 처리하여야 하며, 그 밖에 소관 업무의 전부 또는 일부를 정보시스템을 이용하여 처리하여야 한다.

[전문개정 2012. 3. 21.]

제30조의6(학생 관련 자료 제공의 제한) ① 학교의 장은 제25조에 따른 학교생활기록과 「학교보건법」 제7조의3에 따른 건강검사기록을 해당 학생(학생이 미성년자인 경우에는 학생과 학생의 부모 등 보호자)의 동의 없이 제3자에게 제공하여서는 아니 된다. 다만, 다음 각 호의 어느 하나에 해당하는 경우에는 그러하지 아니하다.

1. 학교에 대한 감독·감사의 권한을 가진 행정기관이 그 업무를 처리하기 위하여 필요한 경우

2. 제25조에 따른 학교생활기록을 상급학교의 학생 선발에 이용하기 위

하여 제공하는 경우

3. 통계작성 및 학술연구 등의 목적을 위한 것으로서 자료의 당사자가 누구인지 알아볼 수 없는 형태로 제공하는 경우
4. 범죄의 수사와 공소의 제기 및 유지에 필요한 경우
5. 법원의 재판업무 수행을 위하여 필요한 경우
6. 그 밖에 관계 법률에 따라 제공하는 경우

② 학교의 장은 제1항 단서에 따라 자료를 제3자에게 제공하는 경우에는 그 자료를 받은 자에게 사용목적, 사용방법, 그 밖에 필요한 사항에 대하여 제한을 하거나 그 자료의 안전성 확보를 위하여 필요한 조치를 하도록 요청할 수 있다.

③ 제1항 단서에 따라 자료를 받은 자는 자료를 받은 본래 목적 외의 용도로 자료를 이용하여서는 아니 된다.

[전문개정 2012. 3. 21.]

제30조의7(정보시스템을 이용한 업무처리 등에 대한 지도·감독) 교육부장관과 교육감은 필요하다고 인정하면 제30조의5에 따른 업무처리 및 제27조의2·제30조의6에 따른 자료 제공 또는 이용에 관한 사항을 지도·감독할 수 있다.

〈개정 2013. 3. 23., 2015. 3. 27.〉

[전문개정 2012. 3. 21.]

제30조의8(학생의 안전대책 등) ① 국립학교의 경우에는 학교의 장이, 공립 및 사립 학교의 경우에는 교육감이 시·도의 교육규칙으로 정하는 바에 따라 학교시설(학교담장을 포함한다)을 설치·변경하는 경우에는 외부인의 무단출입이나 학교폭력 및 범죄의 예방을 위하여 학생 안전대책을 수립하여 시행하여야 한다.

② 학교의 장은 학생의 안전을 위하여 다음 각 호의 사항을 시행하여야 한다.

1. 학교 내 출입자의 신분확인 절차 등의 세부기준수립에 관한 사항
2. 영상정보처리기기의 설치에 관한 사항
3. 학교주변에 대한 순찰·감시 활동계획에 관한 사항

③ 제1항 및 제2항에 따른 학생의 안전대책 등에 필요한 사항은 대통령령으로 정한다

[본조신설 2012. 1. 26.]

제30조의9(시설·설비·교구의 점검 등) ① 학교의 장은 학교의 시설·설비·교구가 적절하게 관리되고 있는지를 정기적으로 점검하여야 한다.

② 학교의 장은 제1항에 따른 점검 결과 시설·설비·교구가 노후화되거나 훼손되었을 때에는 지체 없이 보수 또는 교체 등 필요한 조치를 하여야 한다.

③ 국가 및 지방자치단체는 제2항에 따른 조치에 필요한 비용을 지원할 수 있다.

④ 제1항에 따른 점검의 대상, 시기 등 필요한 사항은 교육부령으로 정한다.

[본조신설 2021. 3. 23.]

제2절 학교운영위원회 *〈개정 2012. 3. 21.〉*

제31조(학교운영위원회의 설치) ① 학교운영의 자율성을 높이고 지역의 실정과 특성에 맞는 다양하고도 창의적인 교육을 할 수 있도록 초등학교·중학교·고등학교·특수학교 및 각종학교에 학교운영위원회를 구성·운영하여야 한다. *〈개정 2022. 10. 18.〉*

② 국립·공립 학교에 두는 학교운영위원회는 그 학교의 교원 대표, 학부모 대표 및 지역사회 인사로 구성한다.

③ 학교운영위원회의 위원 수는 5명 이상 15명 이하의 범위에서 학교의 규모 등을 고려하여 대통령령으로 정한다.

[전문개정 2012. 3. 21.]

제31조의2(결격사유) ① 「국가공무원법」 제33조 각 호의 어느 하나에 해당하는 사람은 학교운영위원회의 위원으로 선출될 수 없다.

② 학교운영위원회의 위원이 「국가공무원법」 제33조 각 호의 어느 하나에 해당할 때에는 당연히 퇴직한다.

[전문개정 2012. 3. 21.]

제32조(기능) ① 학교에 두는 학교운영위원회는 다음 각 호의 사항을 심의한다. 다만, 사립학교에 두는 학교운영위원회의 경우 제7호 및 제8호의 사항은 제외하고, 제1호의 사항에 대하여는 자문한다. *〈개정 2021. 9. 24.〉*

1. 학교헌장과 학칙의 제정 또는 개정
2. 학교의 예산안과 결산
3. 학교교육과정의 운영방법
4. 교과용 도서와 교육 자료의 선정
5. 교복·체육복·졸업앨범 등 학부모 경비 부담 사항
6. 정규학습시간 종료 후 또는 방학기간 중의 교육활동 및 수련활동
7. 「교육공무원법」 제29조의3제8항에 따른 공모 교장의 공모 방법, 임

용, 평가 등

8. 「교육공무원법」 제31조제2항에 따른 초빙교사의 추천

9. 학교운영지원비의 조성·운용 및 사용

10. 학교급식

11. 대학입학 특별전형 중 학교장 추천

12. 학교운동부의 구성·운영

13. 학교운영에 대한 제안 및 건의 사항

14. 그 밖에 대통령령이나 시·도의 조례로 정하는 사항

② 삭제〈2021. 9. 24.〉

③ 학교운영위원회는 제33조에 따른 학교발전기금의 조성·운용 및 사용에 관한 사항을 심의·의결한다.

[전문개정 2012. 3. 21.]

제33조(학교발전기금) ① 제31조에 따른 학교운영위원회는 학교발전기금을 조성할 수 있다.

② 제1항에 따른 학교발전기금의 조성과 운용방법 등에 필요한 사항은 대통령령으로 정한다.

[전문개정 2012. 3. 21.]

제34조(학교운영위원회의 구성·운영) ① 제31조에 따른 학교운영위원회 중 국립학교에 두는 학교운영위원회의 구성과 운영에 필요한 사항은 대통령령으로 정하고, 공립학교에 두는 학교운영위원회의 구성과 운영에 필요한 사항은 대통령령으로 정하는 범위에서 시·도의 조례로 정한다.

② 사립학교에 두는 학교운영위원회의 위원 구성에 관한 사항은 대통령령으로 정하고, 그 밖에 운영에 필요한 사항은 해당 학교법인의 정관으로 정한다.

[전문개정 2012. 3. 21.]

제34조의2(학교운영위원회 위원의 연수 등) ① 교육감은 학교운영위원회 위원의 자질과 직무수행능력의 향상을 위한 연수를 실시할 수 있다.

② 교육감은 제1항에 따른 연수를 연수기관 또는 민간기관에 위탁하여 실시할 수 있다.

③ 교육감은 제2항에 따라 연수를 위탁받은 기관에 대하여 행정적·재정적 지원을 할 수 있다.

④ 그 밖에 필요한 사항은 대통령령으로 정한다.

[본조신설 2007. 12. 14.]

제3절 삭제 〈2004. 1. 29.〉

제35조 삭제 〈2004. 1. 29.〉

제36조 삭제 〈2004. 1. 29.〉

제37조 삭제 〈2004. 1. 29.〉

제4절 초등학교 〈개정 2019. 12. 3.〉

제38조(목적) 초등학교는 국민생활에 필요한 기초적인 초등교육을 하는 것을 목적으로 한다.

[전문개정 2012. 3. 21.]

제39조(수업연한) 초등학교의 수업연한은 6년으로 한다.

[전문개정 2012. 3. 21.]

제40조 삭제 〈2019. 12. 3.〉

제5절 중학교 · 고등공민학교 〈개정 2012. 3. 21.〉

제41조(목적) 중학교는 초등학교에서 받은 교육의 기초 위에 중등교육을 하는 것을 목적으로 한다.

[전문개정 2012. 3. 21.]

제42조(수업연한) 중학교의 수업연한은 3년으로 한다.

[전문개정 2012. 3. 21.]

제43조(입학자격 등) ① 중학교에 입학할 수 있는 사람은 초등학교를 졸업한 사람, 제27조의2제1항에 따라 초등학교를 졸업한 사람과 동등한 학력이 인정되는 시험에 합격한 사람, 그 밖에 법령에 따라 이와 같은 수준 이상의 학력이 있다고 인정된 사람으로 한다. 〈개정 2021. 3. 23.〉

② 그 밖에 중학교의 입학 방법과 절차 등에 필요한 사항은 대통령령으로 정한다.

[전문개정 2012. 3. 21.]

제43조의2(방송통신중학교) ① 중학교 또는 고등학교에 방송통신중학교를 부설할 수 있다.

② 방송통신중학교의 설치 · 교육방법 · 수업연한, 그 밖에 운영에 필요한 사항은 대통령령으로 정한다.

[본조신설 2012. 1. 26.]

제44조(고등공민학교) ① 고등공민학교는 중학교 과정의 교육을 받지 못하고 제13조제3항에 따른 취학연령을 초과한 사람 또는 일반 성인에게 국민생활에 필요한 중등교육과 직업교육을 하는 것을 목적으로 한다.

② 고등공민학교의 수업연한은 1년 이상 3년 이하로 한다.

③ 고등공민학교에 입학할 수 있는 사람은 초등학교를 졸업한 사람, 제27조의2제1항에 따라 초등학교를 졸업한 사람과 동등한 학력이 인정되는 시험에 합격한 사람, 그 밖에 법령에 따라 이와 같은 수준 이상의 학력이 있다고 인정된 사람으로 한다.*〈개정 2019. 12. 3., 2021. 3. 23.〉*

[전문개정 2012. 3. 21.]

제6절 고등학교 · 고등기술학교 *〈개정 2012. 3. 21.〉*

제45조(목적) 고등학교는 중학교에서 받은 교육의 기초 위에 중등교육 및 기초적인 전문교육을 하는 것을 목적으로 한다.

[전문개정 2012. 3. 21.]

제46조(수업연한) 고등학교의 수업연한은 3년으로 한다. 다만, 제49조에 따른 시간제 및 통신제(通信制) 과정의 수업연한은 4년으로 한다.

[전문개정 2012. 3. 21.]

제47조(입학자격 등) ① 고등학교에 입학할 수 있는 사람은 중학교를 졸업한 사람, 제27조의2제1항에 따라 중학교를 졸업한 사람과 동등한 학력이 인정되는 시험에 합격한 사람, 그 밖에 법령에 따라 이와 같은 수준 이상의 학력이 있다고 인정된 사람으로 한다. *〈개정 2021. 3. 23.〉*

② 그 밖에 고등학교의 입학방법과 절차 등에 필요한 사항은 대통령령으로 정한다.

[전문개정 2012. 3. 21.]

제48조(학과 및 학점제 등) ① 고등학교에 학과를 둘 수 있다.

② 고등학교의 교과 및 교육과정은 학생이 개인적 필요 · 적성 및 능력에 따라 진로를 선택할 수 있도록 정하여져야 한다.

③ 고등학교(제55조에 따라 고등학교에 준하는 교육을 실시하는 특수학교를 포함한다)의 교육과정 이수를 위하여 학점제(이하 "고교학점제"라 한다)를 운영할 수 있다.*〈신설 2021. 9. 24.〉*

④ 고교학점제를 운영하는 학교의 학생은 취득 학점 수 등이 일정 기준에 도달하면 고등학교를 졸업한다.〈신설 2021. 9. 24.〉

⑤ 고교학점제의 운영 및 졸업 등에 필요한 사항은 대통령령으로 정한다. 〈신설 2021. 9. 24.〉

[전문개정 2012. 3. 21.] [제목개정 2021. 9. 24.]

제48조의2(고교학점제 지원 등) ① 교육부장관과 교육감은 고교학점제 운영과 지원을 위하여 고교학점제 지원센터를 설치·운영할 수 있다.

② 교육부장관과 교육감은 고교학점제 지원센터의 효율적 운영을 위하여 필요하다고 인정하면 교육정책을 연구·지원하는 법인이나 기관에 그 업무를 위탁할 수 있다.

③ 국가와 지방자치단체는 고교학점제의 운영을 위하여 필요한 행정적·재정적 지원을 하여야 한다.

④ 제1항부터 제3항까지에 따른 고교학점제 지원센터의 설치·운영, 위탁 및 행정적·재정적 지원 등에 필요한 사항은 대통령령으로 정한다.

[본조신설 2021. 9. 24.]

제49조(과정) ① 고등학교에 관할청의 인가를 받아 전일제 과정 외에 시간제 또는 통신제 과정을 둘 수 있다.

② 고등학교과정의 설치에 필요한 사항은 대통령령으로 정한다.

[전문개정 2012. 3. 21.]

제50조(분교) 고등학교의 설립자·경영자는 특별히 필요한 경우에는 관할청의 인가를 받아 분교(分校)를 설치할 수 있다.

[전문개정 2012. 3. 21.]

제51조(방송통신고등학교) ① 고등학교에 방송통신고등학교를 부설할 수 있다.

② 방송통신고등학교의 설치, 교육방법, 수업연한, 그 밖에 그 운영에 필요한 사항은 대통령령으로 정한다.

[전문개정 2012. 3. 21.]

제52조(근로청소년을 위한 특별학급 등) ① 산업체에 근무하는 청소년이 중학교·고등학교 과정의 교육을 받을 수 있도록 하기 위하여 산업체에 인접한 중학교·고등학교에 야간수업을 주로 하는 특별학급을 둘 수 있다.

② 하나의 산업체에 근무하는 청소년 중에서 중학교 또는 고등학교 입학을 희망하는 인원이 매년 2학급 이상을 편성할 수 있을 정도가 될 것으로

예상되는 경우 그 산업체는 희망하는 청소년이 교육을 받을 수 있도록 하기 위하여 중학교 또는 고등학교(이하 "산업체 부설 중·고등학교"라 한다)를 설립·경영할 수 있다.

③ 둘 이상의 산업체에 근무하는 청소년 중에서 입학을 희망하는 인원이 매년 2학급 이상을 편성할 수 있을 정도가 될 것으로 예상되는 경우에는 제2항에도 불구하고 그 둘 이상의 산업체가 공동으로 하나의 산업체 부설 중·고등학교를 설립·경영할 수 있다.

④ 제1항부터 제3항까지의 규정에 따른 특별학급 및 산업체 부설 중·고등학교의 설립 기준과 입학방법 등에 필요한 사항은 시·도의 조례로 정한다.

⑤ 제1항부터 제3항까지의 규정에 따른 특별학급 또는 산업체 부설 중·고등학교에 다니는 청소년을 고용하는 산업체의 경영자는 시·도의 조례로 정하는 바에 따라 그 교육비의 일부를 부담하여야 한다.

⑥ 지방자치단체는 시·도의 조례로 정하는 바에 따라 제1항부터 제3항까지의 규정에 따른 특별학급 또는 산업체 부설 중·고등학교에 다니는 학생의 교육비 중 일부를 부담할 수 있다.

[전문개정 2012. 3. 21.]

제53조(취학 의무 및 방해 행위의 금지) ① 산업체의 경영자는 그 산업체에 근무하는 청소년이 제52조에 따른 특별학급 또는 산업체 부설 중·고등학교에 입학하기를 원하면 그 청소년을 입학시켜야 한다.

② 산업체의 경영자는 그가 고용하는 청소년이 제52조에 따른 특별학급 또는 산업체 부설 중·고등학교에 입학하는 경우에는 그 학생의 등교와 수업에 지장을 주는 행위를 하여서는 아니 된다.

[전문개정 2012. 3. 21.]

제54조(고등기술학교) ① 고등기술학교는 국민생활에 직접 필요한 직업기술교육을 하는 것을 목적으로 한다.

② 고등기술학교의 수업연한은 1년 이상 3년 이하로 한다.

③ 고등기술학교에 입학할 수 있는 사람은 중학교 또는 고등공민학교(3년제)를 졸업한 사람, 제27조의2제1항에 따라 중학교를 졸업한 사람과 동등한 학력이 인정되는 시험에 합격한 사람, 그 밖에 법령에 따라 이와 같은 수준 이상의 학력이 있다고 인정된 사람으로 한다. *(개정 2021. 3. 23.)*

④ 고등기술학교에는 고등학교를 졸업한 사람 또는 법령에 따라 이와 같은

수준 이상의 학력이 있다고 인정된 사람에게 특수한 전문기술교육을 하기 위하여 수업연한이 1년 이상인 전공과(專攻科)를 둘 수 있다.

⑤ 공장이나 사업장을 설치·경영하는 자는 고등기술학교를 설립·경영할 수 있다.

[전문개정 2012. 3. 21.]

제7절 특수학교 등 *〈개정 2012. 3. 21.〉*

제55조(특수학교) 특수학교는 신체적·정신적·지적 장애 등으로 인하여 특수교육이 필요한 사람에게 초등학교·중학교 또는 고등학교에 준하는 교육과 실생활에 필요한 지식·기능 및 사회적응 교육을 하는 것을 목적으로 한다.

[전문개정 2012. 3. 21.]

제56조(특수학급) 고등학교 이하의 각급 학교에 특수교육이 필요한 학생을 위한 특수학급을 둘 수 있다. *〈개정 2016. 2. 3.〉*

[전문개정 2012. 3. 21.]

제57조 삭제 *〈2016. 2. 3.〉*

제58조(학력의 인정) 특수학교나 특수학급에서 초등학교·중학교 또는 고등학교 과정에 상응하는 교육과정을 마친 사람은 그에 상응하는 학교를 졸업한 사람과 같은 수준의 학력이 있는 것으로 본다.

[전문개정 2012. 3. 21.]

제59조(통합교육) 국가와 지방자치단체는 특수교육이 필요한 사람이 초등학교·중학교 및 고등학교와 이에 준하는 각종학교에서 교육을 받으려는 경우에는 따로 입학절차, 교육과정 등을 마련하는 등 통합교육을 하는 데에 필요한 시책을 마련하여야 한다.

[전문개정 2012. 3. 21.]

제8절 각종학교 *〈개정 2012. 3. 21.〉*

제60조(각종학교) ① "각종학교"란 제2조제1호부터 제4호까지의 학교와 유사한 교육기관을 말한다.

② 각종학교는 그 학교의 이름에 제2조제1호부터 제4호까지의 학교와 유사한 이름을 사용할 수 없다. 다만, 관계 법령에 따라 학력이 인정되는 각종학교(제60조의2에 따른 외국인학교와 제60조의3에 따른 대안학교를 포함한다)는 그러하지 아니하다.*〈개정 2014. 1. 28.〉*

③ 각종학교의 수업연한, 입학자격, 학력인정, 그 밖에 운영에 필요한 사항은 교육부령으로 정한다. 〈개정 2013. 3. 23.〉

[전문개정 2012. 3. 21.]

제60조의2(외국인학교) ① 외국에서 일정기간 거주하고 귀국한 내국인 중 대통령령으로 정하는 사람, 「국적법」 제4조에 따라 국적을 취득한 사람의 자녀 중 해당 학교의 장이 대통령령으로 정하는 기준과 절차에 따라 학업을 지속하기 어렵다고 판단한 사람, 외국인의 자녀를 교육하기 위하여 설립된 학교로서 각종학교에 해당하는 학교(이하 "외국인학교"라 한다)에 대하여는 제7조, 제9조, 제11조, 제11조의2, 제12조부터 제16조까지, 제21조, 제23조부터 제26조까지, 제28조, 제29조, 제30조의2, 제30조의3, 제31조, 제31조의2, 제32조부터 제34조까지 및 제34조의2를 적용하지 아니한다. 〈개정 2016. 1. 27., 2017. 3. 21., 2021. 3. 23.〉
② 외국인학교는 유치원·초등학교·중학교·고등학교의 과정을 통합하여 운영할 수 있다.
③ 외국인학교의 설립기준, 교육과정, 수업연한, 학력인정, 그 밖에 설립·운영에 필요한 사항은 대통령령으로 정한다.

[전문개정 2012. 3. 21.]

제60조의3(대안학교) ① 학업을 중단하거나 개인적 특성에 맞는 교육을 받으려는 학생을 대상으로 현장 실습 등 체험 위주의 교육, 인성 위주의 교육 또는 개인의 소질·적성 개발 위주의 교육 등 다양한 교육을 하는 학교로서 각종학교에 해당하는 학교(이하 "대안학교"라 한다)에 대하여는 제21조제1항, 제23조제2항·제3항, 제24조부터 제26조까지, 제29조 및 제30조의4부터 제30조의7까지를 적용하지 아니한다.
② 대안학교는 초등학교·중학교·고등학교의 과정을 통합하여 운영할 수 있다.
③ 대안학교의 설립기준, 교육과정, 수업연한, 학력인정, 그 밖에 설립·운영에 필요한 사항은 대통령령으로 정한다.

[전문개정 2012. 3. 21.]

제4장의2 교육비 지원 등 〈개정 2020. 3. 24.〉

제60조의4(교육비 지원) ① 국가 및 지방자치단체는 다음 각 호의 어느 하나에 해당하는 학생에게 입학금, 수업료, 급식비 등 대통령령으로 정하는 비용(이하 "교육비"라 한다)의 전부 또는 일부를 예산의 범위에서 지원할 수 있다. 〈개정

2014. 12. 30.)

1. 본인 또는 그 보호자가 「국민기초생활 보장법」 제12조제3항 및 제12 조의2에 따른 수급권자인 학생
2. 「한부모가족지원법」 제5조에 따른 보호대상자인 학생
3. 그 밖에 가구 소득 등을 고려하여 교육비 지원이 필요하다고 인정되 는 학생으로서 대통령령으로 정하는 학생

② 제1항에 따른 교육비 지원은 소득 수준과 거주 지역 등에 따라 지원의 내용과 범위를 달리할 수 있다.

③ 「국민기초생활 보장법」, 「한부모가족지원법」 등 다른 법령에 따라 제1항 과 동일한 내용의 지원을 받고 있는 경우에는 그 범위에서 제1항에 따 른 교육비 지원을 하지 아니한다.

[본조신설 2012. 3. 21.]

제60조의5(교육비 지원의 신청) ① 제60조의4제1항에 따른 지원을 받으려는 경우 에는 해당 학생 또는 그 학생을 법률상·사실상 보호하고 있는 사람은 교육부장 관 또는 교육감에게 교육비 지원을 신청하여야 한다. *〈개정 2013. 3. 23., 2016. 2. 3.〉*

② 제1항에 따른 신청을 하는 경우에는 다음 각 호의 자료 또는 정보의 제 공에 대한 지원 대상 학생 및 그 가구원(해당 학생과 생계 또는 주거를 같이 하는 사람으로서 대통령령으로 정하는 사람을 말한다. 이하 같다) 의 동의 서면을 제출하여야 한다. *〈개정 2016. 2. 3.〉*

1. 「금융실명거래 및 비밀보장에 관한 법률」 제2조제2호에 따른 금융자 산 및 제3호에 따른 금융거래의 내용에 대한 자료 또는 정보 중 예 금의 평균잔액과 그 밖에 대통령령으로 정하는 자료 또는 정보(이하 "금융정보"라 한다)
2. 「신용정보의 이용 및 보호에 관한 법률」 제2조제1호에 따른 신용정보 중 채무액과 그 밖에 대통령령으로 정하는 자료 또는 정보(이하 "신 용정보"라 한다)
3. 「보험업법」 제4조제1항 각 호에 따른 보험에 가입하여 납부한 보험료 와 그 밖에 대통령령으로 정하는 보험 관련 자료 또는 정보(이하 "보 험정보"라 한다)

③ 제1항에 따른 교육비 지원의 신청 방법·절차 및 제2항에 따른 동의의 방법·절차 등에 필요한 사항은 교육부령으로 정한다. *〈개정 2013. 3. 23.〉*

[본조신설 2012. 3. 21.]

제60조의6(금융정보등의 제공) ① 교육부장관 및 교육감은 제60조의4에 따라 교육비를 지원하는 경우에는 지원 대상 학생 및 그 가구원의 재산을 평가하기 위하여 「금융실명거래 및 비밀보장에 관한 법률」 제4조제1항과 「신용정보의 이용 및 보호에 관한 법률」 제32조제2항에도 불구하고 제60조의5제2항에 따라 제출된 해당 학생 및 그 가구원의 동의 서면을 전자적 형태로 바꾼 문서로 금융회사 등(「금융실명거래 및 비밀보장에 관한 법률」 제2조제1호에 따른 금융회사등과 「신용정보의 이용 및 보호에 관한 법률」 제2조제6호에 따른 신용정보집중기관을 말한다. 이하 같다)의 장에게 금융정보·신용정보 또는 보험정보(이하 "금융정보등"이라 한다)의 제공을 요청할 수 있다. 〈개정 2013. 3. 23., 2016. 2. 3.〉

② 제1항에 따라 금융정보등의 제공을 요청받은 금융회사 등의 장은 「금융실명거래 및 비밀보장에 관한 법률」 제4조제1항과 「신용정보의 이용 및 보호에 관한 법률」 제32조제1항 및 제3항에도 불구하고 명의인의 금융정보등을 제공하여야 한다.

③ 제2항에 따라 금융정보등을 제공한 금융회사 등의 장은 금융정보등의 제공사실을 명의인에게 통보하여야 한다. 다만, 명의인의 동의가 있는 경우에는 「금융실명거래 및 비밀보장에 관한 법률」 제4조의2제1항과 「신용정보의 이용 및 보호에 관한 법률」 제32조제7항에도 불구하고 통보하지 아니할 수 있다. 〈개정 2015. 3. 11.〉

④ 제1항 및 제2항에 따른 금융정보등의 제공요청 및 제공은 「정보통신망 이용촉진 및 정보보호 등에 관한 법률」 제2조제1항제1호에 따른 정보통신망을 이용하여야 한다. 다만, 정보통신망의 손상 등 불가피한 경우에는 그러하지 아니하다.

⑤ 제1항 및 제2항에 따른 업무에 종사하거나 종사하였던 자와 제62조에 따라 권한 등을 위임 또는 위탁받거나 받았던 자는 업무를 수행하면서 취득한 금융정보등을 이 법에서 정한 목적 외의 다른 용도로 사용하거나 다른 사람 또는 기관에 제공하거나 누설하여서는 아니 된다.

⑥ 제1항, 제2항 및 제4항에 따른 금융정보등의 제공요청 및 제공 등에 필요한 사항은 대통령령으로 정한다.

[본조신설 2012. 3. 21.]

제60조의7(조사·질문) ① 교육부장관 및 교육감은 제60조의5에 따라 교육비 지원을 신청한 사람(이하 "교육비신청자"라 한다) 또는 지원이 확정된 자에게

교육비 지원 대상 자격확인을 위하여 필요한 서류나 그 밖의 소득 및 재산 등에 관한 자료의 제출을 요구할 수 있으며, 지원 대상 자격확인을 위하여 필요한 자료를 확보하기 곤란하거나 제출한 자료가 거짓 등의 자료라고 판단하는 경우 소속 공무원으로 하여금 관계인에게 필요한 질문을 하게 하거나, 교육비 신청자 및 지원이 확정된 자의 동의를 받아 주거 또는 그 밖의 필요한 장소에 출입하여 서류 등을 조사하게 할 수 있다. 〈개정 2013. 3. 23., 2016. 2. 3.〉

② 교육부장관 및 교육감은 제1항에 따른 업무를 수행하기 위하여 필요한 국세 · 지방세, 토지 · 건물 또는 건강보험 · 국민연금 · 고용보험 · 산업재해보상보험 · 가족관계증명 등에 관한 자료의 제공을 관계 기관의 장에게 요청할 수 있다. 이 경우 관계 기관의 장은 특별한 사유가 없으면 이에 따라야 한다.〈개정 2013. 3. 23.〉

③ 제1항에 따라 출입 · 조사 또는 질문을 하는 사람은 그 권한을 표시하는 증표를 지니고 이를 관계인에게 내보여야 한다.

④ 교육부장관 및 교육감은 교육비신청자 또는 지원이 확정된 자가 제1항에 따른 서류 또는 자료의 제출을 거부하거나 조사 또는 질문을 거부 · 방해 또는 기피하는 경우에는 제60조의5제1항에 따른 교육비 지원의 신청을 각하하거나 지원결정을 취소 · 중지 또는 변경할 수 있다.〈개정 2013. 3. 23.〉

[본조신설 2012. 3. 21.]

제60조의8(교육비 지원 업무의 전자화) ① 교육부장관 및 교육감은 제60조의4에 따른 교육비 지원 업무를 전자적으로 처리하기 위한 정보시스템(이하 "교육비지원정보시스템"이라 한다)을 구축 · 운영할 수 있다. 〈개정 2013. 3. 23.〉

② 교육부장관 및 교육감은 교육비지원정보시스템을 구축 · 운영하는 경우 제30조의4제1항에 따른 교육정보시스템을 활용할 수 있다.〈개정 2013. 3. 23.〉

③ 교육비지원정보시스템은 「사회복지사업법」 제6조의2제2항에 따른 정보시스템과 연계하여 활용할 수 있다.

[본조신설 2012. 3. 21.]

제60조의9(교육비 지원을 위한 자료 등의 수집 등) 교육부장관 및 교육감은 제60조의4에 따른 교육비 지원을 위하여 필요한 자료 또는 정보로서 다음 각 호의 어느 하나에 해당하는 자료 또는 정보를 수집 · 관리 · 보유 · 활용할 수 있다. 〈개정 2013. 3. 23.〉

1. 「전자정부법」 제36조제1항에 따라 행정정보의 공동이용을 통하여 제
공받은 자료 또는 정보
2. 그 밖에 이 법에 따른 업무를 수행하는 데에 필요한 자료 또는 정보
로서 교육부령으로 정하는 자료 또는 정보

[본조신설 2012. 3. 21.]

제60조의10(비용의 징수) ① 속임수나 그 밖의 부정한 방법으로 제60조의4제1
항에 따른 교육비를 지원받거나 학생으로 하여금 지원받게 한 경우에는 교육부
장관 또는 교육감은 그 교육비의 전부 또는 일부를 교육비를 지원받은 자 또
는 지원받게 한 자로부터 징수할 수 있다.
② 제1항에 따라 징수할 금액은 교육비를 지원받은 자 또는 지원받게 한
자에게 통지하여 징수하고, 교육비를 지원받은 자 또는 지원받게 한 자
가 이에 따르지 아니하는 경우 국세 또는 지방세 체납처분의 예에 따라
징수한다. *⟨개정 2021. 3. 23.⟩*

[본조신설 2016. 12. 20.]

제60조의11(통학 지원) ① 교육감은 학생이 안전하고 편리하게 통학할 수 있도
록 필요한 지원을 할 수 있다.
② 제1항에 따른 통학 지원에 필요한 사항은 해당 시·도의 조례로 정한다.

[본조신설 2020. 3. 24.]

제5장 보칙 및 벌칙 *⟨개정 2012. 3. 21.⟩*

제61조(학교 및 교육과정 운영의 특례) ① 학교교육제도를 포함한 교육제도의
개선과 발전을 위하여 특히 필요하다고 인정되는 경우에는 대통령령으로 정하
는 바에 따라 제21조제1항·제24조제1항·제26조제1항·제29조제1항·제31
조·제39조·제42조 및 제46조를 한시적으로 적용하지 아니하는 학교 또는 교
육과정을 운영할 수 있다.
② 제1항에 따라 운영되는 학교 또는 교육과정에 참여하는 교원과 학생 등
은 이로 인하여 불이익을 받지 아니한다.

[전문개정 2012. 3. 21.]

제62조(권한의 위임) ① 이 법에 따른 교육부장관의 권한은 그 일부를 대통령령
으로 정하는 바에 따라 교육감에게 위임하거나 국립대학법인 서울대학교 및 국
립대학법인 인천대학교에 위탁할 수 있다. *⟨개정 2012. 3. 21., 2013. 3. 23.⟩*

② 이 법에 따른 교육부장관의 권한 중 국립학교의 설립·운영에 관한 권한은 대통령령으로 정하는 바에 따라 관계 중앙행정기관의 장에게 위임할 수 있다. 〈개정 2013. 3. 23.〉

③ 이 법에 따른 교육부장관 및 교육감의 업무 중 제60조의5부터 제60조의7까지에 따른 교육지원 업무는 대통령령으로 정하는 바에 따라 그 일부를 보건복지부장관 또는 지방자치단체의 장에게 위임할 수 있다. 〈개정 2013. 3. 23.〉

[전문개정 2012. 3. 21.]

제63조(시정 또는 변경 명령 등) ① 관할청은 학교가 시설·설비·수업·학사(學事) 및 그 밖의 사항에 관하여 교육 관계 법령 또는 이에 따른 명령이나 학칙을 위반한 경우에는 학교의 설립자·경영자 또는 학교의 장에게 기간을 정하여 그 시정이나 변경을 명할 수 있다.

② 관할청은 학교의 위반행위가 중대하고 명백한 경우로서 범죄의 혐의가 있다고 인정되는 경우 학교의 설립자·경영자 또는 학교의 장을 고발하여야 한다. 〈신설 2021. 9. 24.〉

③ 관할청은 제1항에 따른 시정명령이나 변경명령을 받은 자가 정당한 사유 없이 지정된 기간에 이를 이행하지 아니하면 대통령령으로 정하는 바에 따라 그 위반행위의 취소 또는 정지, 해당 학교의 학생정원의 감축, 학급 또는 학과의 감축·폐지 또는 학생의 모집 정지 등의 조치를 할 수 있다. 〈개정 2021. 9. 24.〉

④ 관할청은 위반행위가 이미 종료되는 등 위반행위의 성질상 시정·변경할 수 없는 것이 명백한 경우에는 제1항에 따른 시정 또는 변경 명령을 하지 아니하고 제3항에 따른 조치를 할 수 있다. 〈신설 2021. 9. 24.〉

⑤ 제1항부터 제3항까지에도 불구하고 관할청은 외국인학교가 허위, 거짓 등 부정한 방법으로 제60조의2제1항을 위반하여 이 법에서 정한 사람 이외의 사람을 입학시킨 경우 그 위반횟수에 따라 제1항에 따른 시정·변경 명령 또는 내국인학생 모집정지를 할 수 있다. 이 경우 위반횟수에 따른 행정처분의 기준은 대통령령으로 정한다. 〈신설 2016. 1. 27., 2021. 9. 24.〉

[전문개정 2012. 3. 21.] [제목개정 2021. 9. 24.]

제64조(휴업명령 및 휴교처분) ① 관할청은 재해 등의 긴급한 사유로 정상수업이 불가능하다고 인정하는 경우에는 학교의 장에게 휴업을 명할 수 있다.

② 제1항에 따른 명령을 받은 학교의 장은 지체 없이 휴업을 하여야 한다.

③ 관할청은 학교의 장이 제1항에 따른 명령에도 불구하고 휴업을 하지 아

니하거나 특별히 긴급한 사유가 있는 경우에는 휴교처분을 할 수 있다.

④ 제2항에 따라 휴업한 학교는 휴업기간 중 수업과 학생의 등교가 정지되며, 제3항에 따라 휴교한 학교는 휴교기간 중 단순한 관리 업무 외에는 학교의 모든 기능이 정지된다.

[전문개정 2012. 3. 21.]

제65조(학교 등의 폐쇄) ① 관할청은 학교가 다음 각 호의 어느 하나에 해당하여 정상적인 학사운영이 불가능한 경우에는 학교의 폐쇄를 명할 수 있다.

1. 학교의 장 또는 설립자·경영자가 고의 또는 중과실로 이 법 또는 이 법에 따른 명령을 위반한 경우

2. 학교의 장 또는 설립자·경영자가 이 법 또는 그 밖의 교육 관계 법령에 따른 관할청의 명령을 여러 번 위반한 경우

3. 휴업 및 휴교 기간을 제외하고 계속하여 3개월 이상 수업을 하지 아니한 경우

② 관할청은 제4조제2항에 따른 학교설립인가 또는 제50조에 따른 분교설치인가를 받지 아니하고 학교의 명칭을 사용하거나 학생을 모집하여 시설을 사실상 학교의 형태로 운영하는 자에게 그가 설치·운영하는 시설의 폐쇄를 명할 수 있다.

[전문개정 2012. 3. 21.]

제66조(청문) ① 교육부장관은 제21조의5제1항에 따라 자격을 취소하려면 청문을 하여야 한다. *〈신설 2020. 12. 22.〉*

② 관할청은 제65조에 따라 학교 또는 시설의 폐쇄를 명하려는 경우에는 청문을 하여야 한다.*〈개정 2020. 12. 22.〉*

[전문개정 2012. 3. 21.]

제67조(벌칙) ① 제60조의6제5항을 위반하여 금융정보등을 이 법에서 정한 목적 외의 다른 용도로 사용하거나 다른 사람 또는 기관에 제공하거나 누설한 자는 5년 이하의 징역 또는 5천만원 이하의 벌금에 처한다. *〈개정 2016. 5. 29.〉*

② 다음 각 호의 어느 하나에 해당하는 자는 3년 이하의 징역 또는 3천만원 이하의 벌금에 처한다.*〈개정 2016. 5. 29.〉*

1. 제4조제2항에 따른 학교설립인가 또는 제50조에 따른 분교설치인가를 받지 아니하고 학교의 명칭을 사용하거나 학생을 모집하여 시설을 사실상 학교의 형태로 운영한 자

2. 제4조제3항을 위반하여 폐교인가나 변경인가를 받지 아니한 자

3. 거짓이나 그 밖의 부정한 방법으로 제4조제2항 또는 제4조제3항에 따른 학교의 설립인가·폐교인가 또는 변경인가를 받거나 제50조에 따른 분교설치인가를 받은 자

4. 제30조의6제1항 또는 제3항을 위반하여 동의권자의 동의 없이 제3자에게 학생 관련 자료를 제공하거나 제공받은 자료를 그 본래의 목적 외의 용도로 이용한 자

③ 다음 각 호의 어느 하나에 해당하는 자는 1년 이하의 징역 또는 1천만 원 이하의 벌금에 처한다. 〈개정 2016. 5. 29., 2020. 12. 22.〉

1. 제21조의4를 위반하여 자격증을 다른 사람에게 빌려주거나 빌린 사람 또는 이를 알선한 사람

2. 제63조제1항에 따른 시정 또는 변경 명령을 위반한 자

3. 제65조제1항에 따른 폐쇄명령을 위반한 자

④ 속임수나 그 밖의 부정한 방법으로 제60조의4제1항에 따른 교육비를 지원받거나 학생으로 하여금 지원받게 한 자는 1년 이하의 징역, 1천만 원 이하의 벌금, 구류 또는 과료에 처한다. 〈신설 2016. 12. 20.〉

[전문개정 2012. 3. 21.]

제68조(과태료) ① 다음 각 호의 어느 하나에 해당하는 자에게는 100만원 이하의 과태료를 부과한다.

1. 제13조제4항에 따른 취학 의무의 이행을 독려받고도 취학 의무를 이행하지 아니한 자

2. 제15조를 위반하여 의무교육대상자의 의무교육을 방해한 자

3. 제53조를 위반하여 학생을 입학시키지 아니하거나 등교와 수업에 지장을 주는 행위를 한 자

② 제1항에 따른 과태료는 대통령령으로 정하는 바에 따라 해당 교육감이 부과·징수한다.

[전문개정 2012. 3. 21.]

부칙

〈제19738호, 2023. 9. 27.〉

이 법은 공포한 날부터 시행한다.

◆ 유아교육법

1. 국회 제안이유

「초·중등교육법」의 경우 학교의 장과 교원에게 학생생활지도권을 규정하고 있으나 「유아교육법」은 유아생활지도권을 별도로 규정하고 있지 않고 있다. 이에 「초·중등교육법」과 마찬가지로 교원이 유아의 인권을 보호하고 교원의 교육활동과 돌봄활동을 위해 법령과 유치원규칙에 따라 유아들에게 생활지도를 할 수 있도록 규정하였다.

또한 유치원 교원들의 정당한 생활지도에 대하여는 「아동복지법」에 따른 금지행위 위반으로 보지 않도록 함으로써, 무분별한 신고로 고통받는 교원을 보호하고자 헌다.

2. 개정이유 및 주요내용

유치원 원장이 민원 처리를 책임지도록 하고, 원장 등 교원이 법령과 유치원규칙이 정하는 바에 따라 유아를 지도할 수 있도록 유아생활지도권의 근거를 마련하며, 교원의 정당한 유아생활지도에 대해서는 「아동복지법」에 따른 금지행위 위반으로 보지 않도록 하고, 유아의 보호자가 교직원 또는 다른 유아의 인권을 침해하는 행위를 금지하며, 보호자에게 교원과 유치원의 판단을 존중하고, 교육활동과 돌봄활동이 원활히 이루어질 수 있도록 적극 협력하도록 의무를 부여하는 한편, 유치원과 원장이 교원의 전화번호, 주민등록번호 등 개인정보가 「개인정보 보호법」 등 관계 법률에 따라 보호될 수 있도록 필요한 조치를 하도록 하는 등 현행 제도의 운영상 나타난 일부 미비점을 개선·보완하였다.

3. 신·구조문대비표

[법률 제18298호, 2021. 7. 20., 타법개정]	[법률 제19737호, 2023. 9. 27., 일부개정]
제21조(교직원의 임무) ①원장은 유치원 업무를 총괄하고 소속교직원을 지도·감독하며 해당 유치원의 유아를 교육한다. ② ~ ⑤ (생 략)	제21조(교직원의 임무) ①원장은 유치원 업무를 총괄하고 민원 처리를 책임지며, 소속 교직원을 지도·감독하고 해당 유치원의 유아를 교육한다. ② ~ ⑤ (현행과 같음)
〈신 설〉	제21조의3(원장 등 교원의 유아생활지도) ① 원장 등 교원은 유아의 인권을 보호하고 교원의 교육활동과 돌봄활동을 위하여 필요한 경우에는 법령과 유치원규칙으로 정하는 바에 따라 유아를 지도할 수 있다. ② 제1항에 따른 교원의 정당한 유아생활지도에 대해서는 「아동복지법」 제17조제3호, 제5호 및 제6호의 금지행위 위반으로 보지 아니한다.
〈신 설〉	제21조의4(보호자의 의무 등) ① 보호자는 교직원 또는 다른 유아의 인권을 침해하는 행위를 하여서는 아니 된다. ② 보호자는 제21조의3제1항에 따른 교원의 유아생활지도를 존중하고 지원하여야 한다. ③ 보호자는 교육활동과 돌봄활동의 범위에서 교원과 유치원의 전문적인 판단을 존중하고 교육활동과 돌봄활동이 원활히 이루어질 수 있도록 적극 협력하여야 한다.
〈신 설〉	제21조의5(교원 개인정보의 보호) 유치원과 원장은 교원의 전화번호, 주민등

록번호 등 개인정보가 「개인정보 보호법」 및 「공공기관의 정보공개에 관한 법률」 등 관계 법률에 따라 보호될 수 있도록 필요한 조치를 하여야 한다.

4. 전문

유아교육법

[시행 2023. 9. 27.] [법률 제19737호, 2023. 9. 27., 일부개정]

제1장 총칙

제1조(목적) 이 법은 「교육기본법」 제9조에 따라 유아교육에 관한 사항을 정함을 목적으로 한다. 〈개정 2010. 3. 24.〉

제2조(정의) 이 법에서 사용하는 용어의 뜻은 다음 각 호와 같다. 〈개정 2010. 3. 24., 2012. 3. 21.〉

1. "유아"란 만 3세부터 초등학교 취학전까지의 어린이를 말한다.
2. "유치원"이란 유아의 교육을 위하여 이 법에 따라 설립·운영되는 학교를 말한다.
3. "보호자"란 친권자·후견인 그 밖의 자로서 유아를 사실상 보호하는 자를 말한다.
4. 삭제〈2012. 3. 21.〉
5. 삭제〈2012. 3. 21.〉
6. "방과후 과정"이란 제13조제1항에 따른 교육과정 이후에 이루어지는 그 밖의 교육활동과 돌봄활동을 말한다.

제3조(책임) 국가 및 지방자치단체는 보호자와 더불어 유아를 건전하게 교육할 책임을 진다.

제3조의2(유아교육발전기본계획) ① 교육부장관은 유아교육의 발전을 위하여 유아교육에 관한 중장기 정책 목표 및 방향을 설정하고, 유아교육발전기본계획(이하 "기본계획"이라 한다)을 수립하여 추진하여야 한다. 〈개정 2013. 3. 23.〉

② 교육부장관은 제5조제1항에 따른 중앙유아교육위원회의 심의를 거쳐 5년마다 기본계획을 수립하여야 한다.〈개정 2013. 3. 23.〉

③ 기본계획의 내용 등에 관한 사항은 대통령령으로 정한다.

④ 교육부장관은 기본계획을 수립하기 위하여 유아교육에 관한 전반적인 실태조사를 5년마다 실시하고 그 결과를 공표하여야 한다.《개정 2013. 3. 23., 2015. 12. 22.》

⑤ 교육부장관은 제4항에 따른 실태조사를 위하여 관계 중앙행정기관의 장, 지방자치단체의 장, 「공공기관의 운영에 관한 법률」에 따른 공공기관의 장, 그 밖의 관련 법인 및 단체에 대하여 필요한 자료의 제출 또는 의견의 진술을 요청할 수 있다. 이 경우 요청을 받은 자는 정당한 사유가 없으면 이에 협조하여야 한다.《신설 2015. 12. 22.》

⑥ 제4항에 따른 실태조사의 방법 등에 필요한 사항은 대통령령으로 정한다.《신설 2015. 12. 22.》

⑦ 특별시·광역시·특별자치시·도 및 특별자치도(이하 "시·도"라 한다)의 교육감(이하 "교육감"이라 한다)은 기본계획에 따라 연도별 시행계획을 수립하여 추진하여야 한다.《개정 2015. 12. 22.》

⑧ 교육부장관은 제1항에 따라 수립한 기본계획의 지난해 추진 실적을 매년 제5조제1항에 따른 중앙유아교육위원회의 심의를 받아야 하며, 시·도교육감은 제7항에 따른 다음해 시행계획 및 지난해 추진실적을 종합하여 매년 제5조제1항에 따른 시·도유아교육위원회의 심의를 받아야 한다.《개정 2013. 3. 23., 2015. 12. 22.》

[본조신설 2012. 1. 26.]

제4조(유아교육·보육위원회) ①유아교육 및 「영유아보육법」 제2조에 따른 보육에 관한 다음 각호의 사항을 심의하기 위하여 국무총리 소속으로 유아교육·보육위원회를 둔다. 《개정 2010. 3. 24., 2011. 6. 7., 2014. 1. 28.》

　1. 유아교육 및 보육에 관한 기본계획

　2. 유치원과 어린이집간의 연계운영

　3. 유아교육 및 보육에 관한 관계 부처 간 협조사항

　4. 그 밖에 위원장이 회의에 부치는 사항

② 제1항에 따른 위원회는 위원장을 포함한 11명의 위원으로 구성하되, 위원장은 국무조정실장이 되고 위원은 다음 각 호에 해당하는 사람이 된다.《개정 2005. 3. 24., 2008. 2. 29., 2010. 1. 18., 2010. 3. 24., 2012. 3. 21., 2013. 3. 23.》

1. 기획재정부차관·교육부차관·보건복지부차관 및 여성가족부차관
2. 제1호의 위원이 추천하여 위원장이 위촉하는 유아교육계·보육계 및 여성계를 대표하는 사람 각 2명

③제1항에 따른 위원회의 구성 및 운영에 필요한 사항은 대통령령으로 정한다.〈개정 2010. 3. 24.〉

제5조(유아교육위원회) ①유아교육에 관한 정책, 사업의 기획·조사 등에 관한 사항을 심의하기 위하여 교육부에 중앙유아교육위원회를 두고, 시·도 교육청에 시·도 유아교육위원회를 둔다. 〈개정 2008. 2. 29., 2010. 3. 24., 2012. 1. 26., 2013. 3. 23.〉

② 중앙유아교육위원회와 시·도 유아교육위원회는 유아교육전문가, 유치원대표, 유치원교사(수석교사를 포함한다)대표, 학부모대표 및 관계공무원 등으로 구성한다.〈개정 2010. 3. 24., 2011. 7. 25.〉

③ 중앙유아교육위원회와 시·도 유아교육위원회의 조직·운영 등에 필요한 사항은 대통령령으로 정한다.〈개정 2010. 3. 24.〉

제6조(유아교육진흥원) ①국가 및 지방자치단체는 유아교육에 관한 연구와 정보 제공, 프로그램 및 교재 개발, 유치원교원 연수 및 평가, 유아 체험교육 등을 담당하는 유아교육진흥원을 설치하거나 해당 업무를 교육관련연구기관 등에 위탁할 수 있다. 〈개정 2010. 3. 24., 2012. 3. 21.〉

② 제1항에 따른 유아교육진흥원의 설치·운영 및 위탁 등에 필요한 사항은 대통령령으로 정한다.〈개정 2010. 3. 24.〉

제6조의2(교육통계조사 등) ① 교육부장관은 유아교육 정책의 효율적인 추진과 유아교육 연구에 필요한 원생·교원·직원·유치원·교육행정기관 등에 대한 기초자료 수집을 위하여 교육통계조사를 매년 실시하고 그 결과를 공개하여야 한다.

② 교육부장관은 유아교육 정책의 효율적인 수립·시행과 평가를 위하여 제1항에 따른 교육통계조사(이하 이 조에서 "교육통계조사"라 한다)로 수집된 자료와 「통계법」 제3조에 따른 통계 및 행정자료 등을 활용하여 교육 관련 지표 및 학생 수 추계 등 예측통계를 작성하여 공개하여야 한다.〈개정 2020. 3. 24.〉

③ 교육부장관은 교육통계조사와 제2항에 따른 교육 관련 지표 및 예측통계의 작성을 위하여 중앙행정기관의 장, 지방자치단체의 장, 교육감 및

「공공기관의 운영에 관한 법률」에 따른 공공기관의 장 등 관계 기관의 장에게 자료의 제공을 요청할 수 있다. 이 경우 자료 제공을 요청받은 기관의 장은 특별한 사유가 없으면 이에 따라야 한다.〈개정 2020. 3. 24.〉

④ 교육감은 제3항에 따른 자료 제출을 위하여 관할 유치원 및 교육행정기관의 장 등에게 자료 제출을 요청할 수 있다. 이 경우 자료 제출 요청을 받은 관할 유치원 및 교육행정기관의 장 등은 특별한 사유가 없으면 이에 따라야 하며, 교육감은 관할 유치원 및 교육행정기관 등의 부담을 최소화하기 위하여 노력하여야 한다.〈개정 2020. 3. 24.〉

⑤ 교육부장관은 교육통계조사와 교육 관련 지표 및 예측통계 작성의 정확성 제고 및 업무 경감을 위하여 관련 자료를 보유한 중앙행정기관의 장, 지방자치단체의 장, 교육감 및 「공공기관의 운영에 관한 법률」에 따른 공공기관의 장 등 관계 기관의 장에게 자료 간 연계를 요청할 수 있다. 이 경우 자료 간 연계를 요청받은 기관의 장은 특별한 사유가 없으면 이에 따라야 한다.〈개정 2020. 3. 24.〉

⑥ 교육부장관은 교육통계조사 시 다음 각 호에 해당하는 사람의 주민등록번호가 포함된 개인정보를 수집할 수 있으며, 이를 제5항에 따라 연계를 요청받은 기관에 통계조사 및 분석, 검증 등을 목적으로 제공하거나 제공받을 수 있다.〈개정 2020. 3. 24.〉

 1. 조사대상 유치원 및 교육행정기관의 교원·직원

 2. 조사대상 유치원의 유아 및 졸업생

⑦ 교육부장관은 교육통계조사에 의하여 수집된 자료를 이용하고자 하는 자에게 이를 제공할 수 있다. 이 경우 「교육관련기관의 정보공개에 관한 특례법」에 따라 공개되는 항목을 제외하고는 특정의 개인이나 법인 또는 단체를 식별할 수 없는 형태로 자료를 제공한다.〈개정 2020. 3. 24.〉

⑧ 교육부장관은 교육통계조사 등의 업무를 위하여 대통령령으로 정하는 바에 따라 국가교육통계센터를 지정하여 그 업무를 위탁할 수 있다. 이 경우 교육부장관은 지정이나 업무 위탁에 필요한 경비를 지원할 수 있다.

⑨ 제1항부터 제8항까지에서 규정한 사항 외에 교육통계조사와 교육 관련 지표 및 예측통계 작성의 대상, 절차 및 결과 공개 등에 필요한 사항은 대통령령으로 정한다.〈개정 2020. 3. 24.〉

[본조신설 2017. 3. 21.]

제2장 유치원의 설립 등

제7조(유치원의 구분) 유치원은 다음 각호와 같이 구분한다. *〈개정 2010. 3. 24.〉*

1. 국립유치원 : 국가가 설립·경영하는 유치원
2. 공립유치원 : 지방자치단체가 설립·경영하는 유치원(설립주체에 따라 시립유치원과 도립유치원으로 구분할 수 있다)
3. 사립유치원 : 법인 또는 사인(私人)이 설립·경영하는 유치원

제8조(유치원의 설립 등) ① 유치원을 설립하려는 자는 시설·설비 등 대통령령으로 정하는 설립기준을 갖추어야 한다. *〈개정 2010. 3. 24.〉*

② 사립유치원을 설립하려는 자는 교육감의 인가를 받아야 한다.*〈개정 2010. 3. 24., 2012. 1. 26.〉*

③ 교육감은 제2항에 따른 인가 신청이 있는 경우에는 다음 각 호의 어느 하나에 해당하는 경우를 제외하고는 유치원 설립을 인가하여야 한다.*〈신설 2012. 3. 21., 2017. 12. 19., 2020. 1. 29., 2021. 3. 23.〉*

1. 제1항에 따른 시설·설비 등 설립기준을 갖추지 아니한 경우
2. 교육감이 대통령령으로 정하는 바에 따라 수립하는 유아배치계획에 적합하지 아니한 경우
3. 제32조제1항 또는 제3항에 따른 운영정지 명령을 받고 3년이 지나지 아니한 유치원 설립·경영자인 경우
4. 그 밖에 이 법 또는 다른 법령에 따른 제한에 위반되는 경우

④ 사립유치원을 설립·경영하는 자가 유치원을 폐쇄하려는 경우나 대통령령으로 정하는 중요사항을 변경하려는 경우에는 교육감의 인가를 받아야 한다.*〈개정 2010. 3. 24., 2012. 3. 21.〉*

제8조의2(결격사유) 다음 각 호의 어느 하나에 해당하는 사람은 유치원을 설립·운영할 수 없다. *〈개정 2021. 3. 23.〉*

1. 미성년자·피성년후견인 또는 피한정후견인
2. 「정신건강증진 및 정신질환자 복지서비스 지원에 관한 법률」 제3조제1호의 정신질환자
3. 「마약류 관리에 관한 법률」 제2조제1호의 마약류에 중독된 사람
4. 파산선고를 받고 복권되지 아니한 사람
5. 금고 이상의 실형을 선고받고 그 집행이 종료(집행이 종료된 것으로

보는 경우를 포함한다)되거나 집행이 면제된 날부터 5년(「아동복지법」 제3조제7호의2에 따른 아동학대관련범죄를 저지른 경우에는 20년)이 지나지 아니한 사람

6. 금고 이상의 형의 집행유예를 선고받고 그 유예기간 중에 있는 사람. 다만, 「아동복지법」 제3조제7호의2에 따른 아동학대관련범죄로 금고 이상의 형의 집행유예를 선고받은 경우에는 그 집행유예가 확정된 날부터 20년이 지나지 아니한 사람을 말한다.

7. 제32조에 따라 유치원의 폐쇄명령을 받고 5년이 지나지 아니한 사람

8. 제34조에 따라 300만원 이상의 벌금형이 확정된 날부터 2년이 지나지 아니한 사람 또는 「아동복지법」 제3조제7호의2에 따른 아동학대관련범죄로 벌금형이 확정된 날부터 10년이 지나지 아니한 사람

9. 제8조의3에 따른 교육명령을 이행하지 아니한 사람

[본조신설 2020. 1. 29.]

제8조의3(교육명령) ① 교육부장관은 「아동복지법」 제3조제7호의2에 따른 아동학대관련범죄로 형 또는 치료감호를 선고받아 그 형 또는 치료감호가 확정된 사람이 제8조의2제5호부터 제8호까지의 결격사유에 해당하지 아니하게 되어 유치원을 설립·운영하려는 경우에는 그 사람에 대하여 사전에 아동학대 방지를 위한 교육을 받도록 명하여야 한다. 이 경우 교육 실시에 드는 비용은 교육을 받는 사람이 부담한다.

② 제1항에 따른 교육명령의 조치와 관련한 절차, 교육기관, 교육 방법·내용 등에 관하여 필요한 사항은 교육부령으로 정한다.

[본조신설 2020. 1. 29.]

제9조(유치원의 병설) 유치원은 「초·중등교육법」 제2조에 따른 초등학교·중학교 및 고등학교에 병설될 수 있다. *〈개정 2010. 3. 24.〉*

제9조의2(유치원의 설립의무) ① 교육감은 다음 각 호의 지역의 경우에는 제8조제3항제2호에 따른 유아배치계획을 고려하여 「초·중등교육법」 제2조에 따른 초등학교에 유치원을 병설하거나 별도로 설립하여야 한다. *〈개정 2017. 2. 8., 2017. 12. 19.〉*

1. 「도시개발법」 제3조에 따른 도시개발구역
2. 「도시 및 주거환경정비법」 제8조에 따른 정비구역
3. 「택지개발촉진법」 제3조에 따른 택지개발지구

4. 「공공주택 특별법」 제6조에 따른 공공주택지구
5. 제4호에 따른 공공주택지구 외에 저소득층을 대상으로 하는 임대주택을 대통령령으로 정하는 비율 이상 포함하는 주택단지
② 교육감은 제9조에 따라 병설된 유치원의 학급 증설이 필요한 경우 이를 적극 시행하여야 한다.
[본조신설 2015. 12. 22.]

제10조(유치원규칙) ① 유치원의 장(유치원을 설립하는 경우에는 해당 유치원을 설립하려는 자를 말한다. 이하 "원장"이라 한다)은 법령의 범위에서 유치원규칙을 제정하거나 개정할 수 있다. *(개정 2008. 2. 29., 2010. 3. 24., 2013. 3. 23., 2016. 5. 29.)*
② 유치원규칙의 기재사항 및 제정절차 등에 관하여 필요한 사항은 대통령령으로 정한다.

제11조(입학) ① 유치원에 입학할 수 있는 사람은 유아로 한다. *(개정 2010. 3. 24., 2016. 5. 29.)*
② 원장은 교육 목적에 적합한 범위에서 유치원규칙으로 정하는 바에 따라 공정하고 투명한 방법으로 유치원에 입학할 유아를 모집·선발하여야 한다. 다만, 제3항에 따른 조례에서 모집·선발 시기 등을 달리 정한 경우에는 이에 따라야 한다.*(신설 2016. 5. 29.)*
③ 지방자치단체(시·도에 한정한다)는 유아의 교육기회를 균등하게 보장하기 위하여 필요한 경우 유아의 모집·선발 시기, 절차 및 방법 등에 관하여 조례로 정할 수 있다.*(신설 2016. 5. 29.)*
[제목개정 2016. 5. 29.]

제12조(학년도 등) ① 유치원의 학년도는 3월 1일부터 다음해 2월 말일까지로 한다.
② 유치원은 보호자의 요구 및 지역실정에 따라 방과후 과정을 운영할 수 있다.*(개정 2012. 3. 21.)*
③ 유치원의 학기·수업일수·학급편성·휴업일 및 반의 편성·운영 등에 필요한 사항은 대통령령으로 정한다.*(개정 2010. 3. 24.)*

제13조(교육과정 등) ① 유치원은 교육과정을 운영하여야 하며, 교육과정 운영 이후에는 방과후 과정을 운영할 수 있다. *(개정 2012. 3. 21.)*
② 국가교육위원회는 제1항에 따른 교육과정의 기준과 내용에 관한 기본적인 사항을 정하며, 교육감은 국가교육위원회가 정한 교육과정의 범위에

서 지역 실정에 적합한 기준과 내용을 정할 수 있다.《신설 2021. 7. 20.》

③ 교육부장관은 제1항에 따른 방과후 과정의 기준과 내용에 관한 기본적인 사항을 정하며, 교육감은 교육부장관이 정한 방과후 과정의 범위에서 지역 실정에 적합한 기준과 내용을 정할 수 있다.《개정 2008. 2. 29., 2010. 3. 24., 2012. 3. 21., 2013. 3. 23., 2021. 7. 20.》

④ 교육부장관은 유치원의 교육과정 및 방과후 과정 운영을 위한 프로그램 및 교재를 개발하여 보급할 수 있다.《개정 2008. 2. 29., 2012. 3. 21., 2013. 3. 23., 2021. 7. 20.》

제14조(유치원생활기록) 원장은 유아의 생활지도 및 초등학교 교육과의 연계지도에 활용할 수 있도록 유아의 발달 등을 종합적으로 관찰하고 평가하여 교육부장관이 정하는 기준에 따라 생활기록부를 작성·관리하여야 한다. 《개정 2008. 2. 29., 2010. 3. 24., 2013. 3. 23.》

제15조(특수학교 등) ①특수학교는 신체적·정신적·지적 장애 등으로 특수교육이 필요한 유아에게 유치원에 준하는 교육과 실생활에 필요한 지식·기능 및 사회적응 교육을 하는 것을 목적으로 한다. 《개정 2010. 3. 24.》

② 국가 및 지방자치단체는 특수교육이 필요한 유아가 유치원에서 교육을 받으려는 경우에는 따로 입학절차·교육과정 등을 마련하는 등 유치원과의 통합교육 실시에 필요한 시책을 마련하여야 한다.《개정 2010. 3. 24.》

제16조(외국인유치원) ①"외국인유치원"이란 국내에 체류중인 외국인의 자녀를 교육하기 위하여 설립된 유치원을 말하며, 외국인유치원에 대하여는 제11조제1항·제2항 단서·제3항, 제12조부터 제14조까지, 제17조, 제18조제2항, 제19조, 제19조의2부터 제19조의8까지, 제22조, 제24조부터 제26조까지 및 제27조를 적용하지 아니한다. 《개정 2010. 3. 24., 2012. 3. 21., 2016. 5. 29.》

② 외국인유치원의 설립기준·교육과정·수업연한·학력인정과 그 밖에 설립·운영에 필요한 사항은 대통령령으로 정한다.《개정 2010. 3. 24.》

제17조(건강검진 및 급식) ① 원장은 교육하고 있는 유아에 대하여 건강검진을 실시하고, 유아의 건강검진 결과를 제14조에 따른 생활기록부에 기록하여 관리하여야 한다. 다만, 보호자가 「국민건강보험법」 제52조 및 「의료급여법」 제14조에 따른 건강검진을 실시하고 그 건강검진결과 통보서를 제출하거나, 원장이 보호자의 동의를 받아 「전자정부법」 제36조제1항에 따른 행정정보의 공동이용을 통하여 건강검진결과 통보서를 확인한 경우에는 해당 건강검진으로 갈음할

수 있다. 〈개정 2010. 3. 24., 2021. 6. 8.〉

② 원장은 제1항에 따른 건강검진 결과 치료가 필요한 유아에 대하여는 해당 유아의 보호자와 협의하여 필요한 조치를 하여야 한다.〈신설 2021. 6. 8.〉

③ 원장은 교육하고 있는 해당 유치원의 유아에게 적합한 급식을 할 수 있다.〈개정 2010. 3. 24., 2021. 6. 8.〉

④ 제1항 및 제2항에 따른 건강검진의 실시시기 및 그 결과처리에 관한 사항과 제3항에 따른 급식 시설·설비기준 등에 관하여 필요한 사항은 교육부령으로 정한다.〈개정 2008. 2. 29., 2010. 3. 24., 2013. 3. 23., 2021. 6. 8.〉

제17조의2(유아 관련 자료제공의 제한) ① 원장은 제14조에 따른 유치원생활기록 및 제17조에 따른 건강검진에 관한 자료를 해당 유아의 보호자의 동의 없이 제3자에게 제공하여서는 아니 된다. 다만, 다음 각 호의 어느 하나에 해당하는 경우에는 그러하지 아니하다.

1. 유치원에 대한 감독·검사의 권한을 가진 행정기관이 그 업무를 처리하기 위하여 필요한 경우

2. 통계작성 및 학술연구 등의 목적을 위한 경우로서 특정 개인을 식별할 수 없는 형태로 제공하는 경우

3. 범죄의 수사와 공소의 제기 및 유지에 필요한 경우

4. 법원의 재판업무 수행을 위하여 필요한 경우

5. 그 밖에 관계 법률에 따라 제공하는 경우

② 원장은 제1항 단서에 따라 제3자에게 자료를 제공하는 때에는 해당 자료를 제공받은 자에 대하여 사용목적·사용방법, 그 밖에 필요한 사항에 대하여 제한을 하거나 해당 자료의 안전성 확보를 위하여 필요한 조치를 마련하도록 요청할 수 있다.

③ 제1항에 따라 자료를 제공받은 자는 그 본래의 목적 외의 용도로 이를 이용하여서는 아니 된다.

[본조신설 2012. 3. 21.]

제17조의3(응급조치) 원장(제21조제2항에 따라 원장의 직무를 대행하는 사람을 포함한다)은 보호하는 유아에게 질병·사고나 재해 등으로 인하여 위급한 상태가 발생한 경우 즉시 해당 유아를 「응급의료에 관한 법률」 제2조에 따른 응급의료기관에 이송하여야 한다.

[본조신설 2013. 5. 22.]

제18조(지도 · 감독) ① 국립유치원은 교육부장관의 지도 · 감독을 받으며, 공립 · 사립유치원은 교육감의 지도 · 감독을 받는다. 〈개정 2008. 2. 29., 2010. 3. 24., 2013. 3. 23.〉

② 교육감은 유아교육을 충실히 하기 위하여 유치원 교육과정 운영에 대한 장학지도를 할 수 있다.〈개정 2008. 2. 29., 2010. 3. 24., 2012. 1. 26.〉

제19조(평가) ① 교육감은 유아교육을 효율적으로 하기 위하여 필요하면 유치원 운영실태 등에 대한 평가를 할 수 있다. 〈개정 2008. 2. 29., 2010. 3. 24., 2012. 1. 26.〉

② 교육부장관은 필요한 경우 각 시 · 도 교육청의 유아교육 전반에 대한 평가를 실시할 수 있다.〈개정 2012. 1. 26., 2013. 3. 23.〉

③ 제1항과 제2항에 따른 평가를 실시한 경우 교육부장관 및 교육감은 평가의 결과를 공개하여야 한다.〈신설 2020. 1. 29.〉

④ 제1항과 제2항에 따른 평가의 대상 · 기준 및 절차와 제3항에 따른 평가 결과의 공개 등에 필요한 사항은 대통령령으로 정한다.〈신설 2012. 1. 26., 2020. 1. 29.〉

제19조의2(유아교육정보시스템의 구축 · 운영 등) ① 교육부장관 및 교육감은 유치원 및 교육행정기관의 업무(회계관리를 포함한다)를 전자적으로 처리할 수 있도록 유아교육정보시스템(이하 "정보시스템"이라 한다)을 구축 · 운영하여야 한다. 〈개정 2013. 3. 23., 2020. 1. 29.〉

② 교육부장관 및 교육감은 정보시스템의 운영 및 지원을 위하여 정보시스템운영센터를 설치 · 운영하거나 정보시스템의 효율적 운영을 위하여 필요하다고 인정하는 경우 정보시스템의 운영 및 지원 업무를 교육의 정보화를 지원하는 법인 또는 기관에 위탁할 수 있다. 이 경우 교육부장관 및 교육감은 그 위탁업무의 원활한 수행을 위하여 예산의 범위에서 보조금 및 출연금을 지급할 수 있다.〈개정 2013. 3. 23.〉

③ 제1항에 따른 정보시스템의 구축 · 운영 · 접속방법 및 제2항에 따른 정보시스템운영센터의 설치 · 운영 등에 필요한 사항은 교육부령으로 정한다.〈개정 2013. 3. 23.〉

④ 정보시스템은「초 · 중등교육법」제30조의4제1항에 따른 교육정보시스템 또는「사회복지사업법」제6조의2제2항에 따른 정보시스템과 연계하여 활용할 수 있다.

⑤ 유치원은 회계관리 업무를 위하여 정보시스템을 사용하여야 한다.〈신설 2020. 1. 29.〉

[본조신설 2012. 3. 21.]

제19조의3(유치원운영위원회의 설치 등) ① 유치원 운영의 자율성을 높이고 지역의 실정과 특성에 맞는 다양한 교육을 창의적으로 실시할 수 있도록 하기 위하여 유치원에 유치원운영위원회를 두어야 한다. 다만, 대통령령으로 정하는 규모 미만의 사립유치원은 유치원운영위원회를 두지 아니할 수 있다. 〈개정 2020. 1. 29.〉

② 유치원에 두는 유치원운영위원회는 해당 유치원의 교원 대표 및 학부모 대표로 구성한다.

③ 「국가공무원법」 제33조 각 호의 어느 하나에 해당하는 사람은 유치원운영위원회의 위원이 될 수 없다.〈신설 2020. 12. 22.〉

④ 유치원운영위원회의 위원이 「국가공무원법」 제33조 각 호의 어느 하나에 해당할 때에는 당연히 퇴직한다.〈신설 2020. 12. 22.〉

⑤ 유치원에 두는 유치원운영위원회의 위원 정수는 5명 이상 11명 이내의 범위에서 유치원의 규모 등을 고려하여 대통령령으로 정한다.〈개정 2020. 12. 22.〉

⑥ 제9조에 따라 병설된 유치원의 경우에는 필요하면 유치원운영위원회를 해당 유치원을 병설한 학교의 학교운영위원회와 통합하여 운영할 수 있다. 이 경우 학교운영위원회에는 유치원 교원 대표 및 학부모 대표가 각각 1명 이상 포함되어야 한다.〈개정 2020. 12. 22.〉

⑦ 제1항에 따른 유치원운영위원회는 대통령령으로 정하는 바에 따라 회의록을 작성하고 이를 공개하여야 한다.〈신설 2020. 1. 29., 2020. 12. 22.〉

[본조신설 2012. 3. 21.] [제목개정 2020. 12. 22.]

제19조의4(유치원운영위원회의 기능) ① 국립·공립 유치원에 두는 유치원운영위원회는 다음 각 호의 사항을 심의한다. 〈개정 2020. 1. 29.〉

1. 유치원규칙의 개정에 관한 사항
2. 유치원 예산 및 결산에 관한 사항
3. 유치원 교육과정의 운영방법에 관한 사항
3의2. 아동학대 예방에 관한 사항
4. 학부모가 부담하는 경비에 관한 사항

5. 유치원 급식에 관한 사항

6. 방과후 과정 운영에 관한 사항

7. 유치원 운영에 대한 제안 및 건의에 관한 사항

8. 「교육공무원법」 제29조의3제8항에 따른 공모 원장의 공모 방법, 임용, 평가 등에 관한 사항

9. 「교육공무원법」 제31조제2항에 따른 초빙교사의 추천에 관한 사항

10. 그 밖에 대통령령 및 시·도 조례로 정하는 사항

② 사립유치원의 장은 제1항 각 호의 사항(제8호 및 제9호는 제외한다)에 대하여 유치원운영위원회의 자문을 거쳐야 한다.

[본조신설 2012. 3. 21.]

제19조의5(유치원운영위원회의 구성·운영) ① 제19조의3에 따른 유치원운영위원회 중 국립유치원에 두는 유치원운영위원회의 구성·운영에 필요한 사항은 대통령령으로 정하고, 공립유치원에 두는 유치원운영위원회의 구성·운영에 필요한 사항은 대통령령으로 정하는 범위에서 시·도의 조례로 정한다.

② 사립유치원에 두는 유치원운영위원회의 위원 구성에 관한 사항은 대통령령으로 정하고, 그 밖에 운영에 필요한 사항은 정관 또는 유치원규칙으로 정한다.

[본조신설 2012. 3. 21.]

제19조의6(유치원운영위원회 위원의 연수 등) ① 교육감은 유치원운영위원회 위원의 자질과 직무수행능력의 향상을 위한 연수를 실시할 수 있다.

② 교육감은 제1항에 따른 연수를 연수기관 또는 민간기관에 위탁하여 실시할 수 있다.

③ 교육감은 제2항에 따라 연수를 위탁받은 기관에 행정적·재정적 지원을 할 수 있다.

④ 제1항부터 제3항까지에서 규정한 사항 외에 위원의 연수에 필요한 사항은 대통령령으로 정한다.

[본조신설 2012. 3. 21.]

제19조의7(유치원회계의 설치) ① 국립·공립 유치원에 유치원회계를 설치한다.

② 유치원회계는 다음 각 호의 수입을 세입으로 한다.

1. 국가의 일반회계 또는 지방자치단체의 교육비특별회계로부터의 전입금

2. 제25조에 따른 수업료 등 교육비용과 그 밖의 납부금

3. 국가 또는 지방자치단체의 보조금 및 지원금

4. 사용료 및 수수료

5. 이월금

6. 물품매각대금

7. 그 밖의 수입

③ 유치원회계는 유치원의 운영 및 시설 설치 등을 위하여 필요한 모든 경비를 세출로 한다.⟨개정 2021. 3. 23.⟩

④ 유치원회계는 예측할 수 없는 예산 외의 지출 또는 예산초과지출에 충당하기 위하여 예비비로서 상당한 금액을 세출예산에 계상할 수 있다.

⑤ 제9조에 따라 병설된 유치원의 경우에는 필요하면 유치원회계를 해당 유치원을 병설한 학교의 학교회계와 통합하여 운영할 수 있다.

⑥ 유치원회계의 설치에 필요한 사항은 국립유치원의 경우에는 교육부령으로, 공립유치원의 경우에는 시·도의 교육규칙으로 정한다.⟨개정 2013. 3. 23.⟩

[본조신설 2012. 3. 21.]

제19조의8(유치원회계의 운영) ① 유치원회계의 회계연도는 매년 3월 1일에 시작하여 다음 연도 2월 말일에 종료한다.

② 원장은 회계연도마다 유치원회계세입세출예산안을 편성하여 회계연도 개시 30일 전까지 제19조의3에 따른 유치원운영위원회에 제출하여야 한다.

③ 유치원운영위원회는 유치원회계세입세출예산안을 회계연도 개시 5일 전까지 심의하여야 한다.

④ 원장은 제3항에 따른 예산안이 새로운 회계연도가 개시될 때까지 확정되지 아니한 때에는 다음 각 호의 경비를 전년도 예산에 준하여 집행할 수 있다. 이 경우 전년도 예산에 준하여 집행된 예산은 해당 연도의 예산이 확정되면 그 확정된 예산에 의하여 집행된 것으로 본다.

1. 교직원 등의 인건비

2. 교육에 직접 사용되는 교육비

3. 유치원 시설의 유지관리비

4. 법령상 지급의무가 있는 경비

5. 이미 예산으로 확정된 경비

⑤ 원장은 회계연도마다 결산서를 작성하여 회계연도 종료 후 2개월 이내에 유치원운영위원회에 제출하여야 한다.

⑥ 유치원회계의 운영에 필요한 사항은 국립유치원의 경우에는 교육부령으로, 공립유치원의 경우에는 시·도의 교육규칙으로 정한다.⟨개정 2013. 3. 23.⟩

[본조신설 2012. 3. 21.]

제3장 교직원

제20조(교직원의 구분) ① 유치원에는 교원으로 원장·원감·수석교사 및 교사를 두되, 대통령령으로 정하는 일정 규모 이하의 유치원에는 원감을 두지 아니할 수 있다. ⟨개정 2010. 3. 24., 2011. 7. 25.⟩

② 유치원에는 교원외에 계약의사, 영양사, 간호사 또는 간호조무사, 행정직원 등을 둘 수 있다.⟨개정 2021. 3. 23.⟩

③ 유치원에 두는 교원과 직원(이하 "교직원"이라 한다)의 정원·배치기준 등에 관하여 필요한 사항은 대통령령으로 정한다.

제21조(교직원의 임무) ① 원장은 유치원 업무를 총괄하고 **민원 처리를 책임지며**, 소속 교직원을 지도·감독하고 해당 유치원의 유아를 교육한다. ⟨개정 2010. 3. 24., 2021. 3. 23., 2023. 9. 27.⟩

② 원감은 원장을 보좌하여 유치원 업무를 관리하고 해당 유치원의 유아를 교육하며, 원장이 부득이한 사유로 직무를 수행할 수 없을 때에는 그 직무를 대행한다. 다만, 원감을 두지 아니하는 유치원은 원장이 미리 지명한 교사(수석교사를 포함한다)가 그 직무를 대행한다.⟨개정 2010. 3. 24., 2011. 7. 25., 2021. 3. 23.⟩

③ 수석교사는 교사의 교수·연구활동을 지원하며, 유아를 교육한다.⟨신설 2011. 7. 25.⟩

④ 교사는 법령에서 정하는 바에 따라 해당 유치원의 유아를 교육한다.⟨개정 2010. 3. 24., 2011. 7. 25.⟩

⑤ 행정직원 등 직원은 법령에서 정하는 바에 따라 유치원의 행정사무와 그 밖의 사무를 담당한다.⟨개정 2011. 7. 25., 2012. 1. 26.⟩

제21조의2(유아의 인권 보장) ① 유치원의 설립자·경영자와 원장은 헌법과 국제인권조약에 명시된 유아의 인권을 보장하여야 한다.

② 교직원은 제21조에 따라 유아를 교육하거나 사무를 담당할 때에는 도구, 신체 등을 이용하여 유아의 신체에 고통을 가하거나 고성, 폭언 등으로 유아에게 정신적 고통을 가해서는 아니 된다.⟨개정 2020. 1. 29.⟩

[본조신설 2016. 5. 29.]

제21조의3(원장 등 교원의 유아생활지도) ① 원장 등 교원은 유아의 인권을 보호하고 교원의 교육활동과 돌봄활동을 위하여 필요한 경우에는 법령과 유치원 규칙으로 정하는 바에 따라 유아를 지도할 수 있다.
② 제1항에 따른 교원의 정당한 유아생활지도에 대해서는 「아동복지법」 제17조제3호, 제5호 및 제6호의 금지행위 위반으로 보지 아니한다.
[본조신설 2023. 9. 27.]

제21조의4(보호자의 의무 등) ① 보호자는 교직원 또는 다른 유아의 인권을 침해하는 행위를 하여서는 아니 된다.
② 보호자는 제21조의3제1항에 따른 교원의 유아생활지도를 존중하고 지원하여야 한다.
③ 보호자는 교육활동과 돌봄활동의 범위에서 교원과 유치원의 전문적인 판단을 존중하고 교육활동과 돌봄활동이 원활히 이루어질 수 있도록 적극 협력하여야 한다.
[본조신설 2023. 9. 27.]

제21조의5(교원 개인정보의 보호) 유치원과 원장은 교원의 전화번호, 주민등록 번호 등 개인정보가 「개인정보 보호법」 및 「공공기관의 정보공개에 관한 법률」 등 관계 법률에 따라 보호될 수 있도록 필요한 조치를 하여야 한다.
[본조신설 2023. 9. 27.]

제22조(교원의 자격) ①원장 및 원감은 별표 1의 자격기준에 해당하는 사람으로서 대통령령으로 정하는 바에 따라 교육부장관이 검정·수여하는 자격증을 받은 사람이어야 한다. 〈개정 2008. 2. 29., 2010. 3. 24., 2013. 3. 23.〉
② 교사는 정교사(1급·2급)·준교사로 나누되, 별표 2의 자격기준에 해당하는 사람으로서 대통령령으로 정하는 바에 따라 교육부장관이 검정·수여하는 자격증을 받은 사람이어야 한다.〈개정 2008. 2. 29., 2010. 3. 24., 2013. 3. 23.〉
③ 수석교사는 제2항의 자격증을 소지한 사람으로서 15년 이상의 교육경력(「교육공무원법」 제2조제1항제2호 및 제3호에 따른 교육전문직원으로

근무한 경력을 포함한다)을 가지고 교수·연구에 우수한 자질과 능력을 가진 사람 중에서 대통령령으로 정하는 바에 따라 교육부장관이 정하는 연수 이수 결과를 바탕으로 검정·수여하는 자격증을 받은 사람이어야 한다.〈신설 2011. 7. 25., 2013. 3. 23.〉

④ 삭제〈2010. 3. 24.〉

⑤ 삭제〈2010. 3. 24.〉

제22조의2(교사 자격 취득의 결격사유) 다음 각 호의 어느 하나에 해당하는 사람은 제22조제2항에 따른 교사의 자격을 취득할 수 없다.

1. 마약·대마·향정신성의약품 중독자

2. 미성년자에 대한 다음 각 목의 어느 하나에 해당하는 행위로 형 또는 치료감호를 선고받아 그 형 또는 치료감호가 확정된 사람(집행유예를 선고받은 후 그 집행유예기간이 경과한 사람을 포함한다)

   가. 「성폭력범죄의 처벌 등에 관한 특례법」 제2조에 따른 성폭력범죄

   나. 「아동·청소년의 성보호에 관한 법률」 제2조제2호에 따른 아동·청소년대상 성범죄

3. 성인에 대한 「성폭력범죄의 처벌 등에 관한 특례법」 제2조에 따른 성폭력범죄 행위로 100만원 이상의 벌금형이나 그 이상의 형 또는 치료감호를 선고받아 그 형 또는 치료감호가 확정된 사람(집행유예를 선고받은 후 그 집행유예기간이 경과한 사람을 포함한다)

[본조신설 2020. 12. 22.]

제22조의3(벌금형의 분리 선고) 「형법」 제38조에도 불구하고 제22조의2제3호에 해당하는 죄와 다른 죄의 경합범(競合犯)에 대하여 벌금형을 선고하는 경우에는 이를 분리하여 선고하여야 한다.

[본조신설 2020. 12. 22.]

제22조의4(교원자격증 대여·알선 금지) 제22조에 따라 받은 자격증은 다른 사람에게 빌려주거나 빌려서는 아니 되며, 이를 알선하여서도 아니 된다.

[본조신설 2020. 12. 22.]

제22조의5(자격취소 등) ① 교육부장관은 제22조에 따라 자격증을 받은 사람이 다음 각 호의 어느 하나에 해당하는 경우에는 그 자격을 취소하여야 한다.

1. 거짓이나 그 밖의 부정한 방법으로 자격증을 받은 경우

2. 제22조의4를 위반하여 자격증을 다른 사람에게 빌려준 경우

② 제1항에 따라 자격이 취소된 후 2년이 지나지 아니한 사람은 제22조에 따른 검정을 받을 수 없다.

[본조신설 2020. 12. 22.]

제23조(강사 등) ①유치원에는 교육과정 운영에 필요한 경우 제20조제1항에 따른 교원외에 강사, 기간제 교사 또는 명예교사 등을 두어 유아교육을 담당하거나 보조하게 할 수 있다. 이 경우 국립·공립 유치원은 「교육공무원법」 제10조의3제1항 및 제10조의4를, 사립유치원은 「사립학교법」 제54조의3제4항 및 제5항을 각각 준용한다. 〈개정 2010. 3. 24., 2011. 5. 19., 2012. 1. 26.〉

② 제1항에 따라 유치원에 두는 강사 등의 종류·자격기준 및 임용 등에 필요한 사항은 대통령령으로 정한다.〈개정 2010. 3. 24.〉

제4장 비용

제24조(무상교육) ① 초등학교 취학직전 3년의 유아교육은 무상(無償)으로 실시하되, 무상의 내용 및 범위는 대통령령으로 정한다. 〈개정 2012. 3. 21.〉

② 제1항에 따라 무상으로 실시하는 유아교육에 드는 비용은 국가 및 지방자치단체가 부담하되, 유아의 보호자에게 지원하는 것을 원칙으로 한다.〈개정 2010. 3. 24.〉

③ 제2항에 따라 국가 및 지방자치단체가 부담하는 비용은 제4항의 표준유아교육비를 기준으로 교육부장관이 예산의 범위에서 관계 행정기관의 장과 협의하여 고시한다.〈신설 2012. 3. 21., 2013. 3. 23.〉

④ 교육부장관은 제5조제1항에 따른 중앙유아교육위원회의 심의를 거쳐 표준유아교육비를 정한다.〈신설 2012. 3. 21., 2013. 3. 23.〉

⑤ 제2항에 따른 지원방법, 제3항에 따른 비용 고시 및 제4항에 따른 표준유아교육비 산정 등에 관하여 필요한 사항은 교육부령으로 정한다.〈개정 2012. 3. 21., 2013. 3. 23.〉

제25조(유치원 원비) ① 유치원의 설립·경영자는 교육부령으로 정하는 바에 따라 수업료 등의 교육비용과 그 밖의 납부금(이하 "유치원 원비"라 한다)을 받을 수 있다. 이 경우 다음 각 호의 기준에 따라 유치원 원비를 달리 정할 수 있다. 〈개정 2008. 2. 29., 2010. 3. 24., 2013. 3. 23., 2015. 3. 27.〉

  1. 제12조제2항에 따른 유치원의 이용형태
  2. 교육 대상인 유아가 「국민기초생활 보장법」에 따른 수급권자의 자녀인지 여부

3. 해당 지역이 저소득층 밀집지역 또는 농어촌지역 등 사회적 취약지역
   인지 여부

② 제1항제3호에 따른 사회적 취약지역의 결정기준은 대통령령으로 정한
   다.〈개정 2015. 3. 27.〉

③ 각 유치원은 유치원 원비의 인상률이 직전 3개 연도 평균 소비자 물가
   상승률을 초과하게 하여서는 아니 된다.〈신설 2015. 3. 27.〉

④ 제3항에도 불구하고 다음 각 호의 사항을 고려하여 교육부장관이 정하
   는 기준에 해당하는 국립유치원은 제5조제1항에 따른 중앙유아교육위원
   회의 심의를, 교육감이 정하는 기준에 해당하는 공·사립유치원은 같은
   항에 따른 시·도 유아교육위원회의 심의를 각각 거쳐 직전 3개 연도
   평균 소비자 물가상승률을 초과하여 유치원 원비를 받을 수 있다.〈신설
   2015. 3. 27.〉

   1. 제24조제2항에 따라 국가 및 지방자치단체가 부담하는 비용

   2. 제24조제4항에 따른 표준유아교육비

⑤ 그 밖에 유치원 원비 산정 및 징수방법 등에 필요한 사항은 교육부령으
   로 정한다.〈신설 2015. 3. 27.〉

[제목개정 2015. 3. 27.]

제26조(비용의 부담 등) ① 삭제 〈2012. 3. 21.〉

② 삭제〈2012. 3. 21.〉

③ 국가 및 지방자치단체는 대통령령으로 정하는 바에 따라 사립유치원의
   설립 및 유치원교사의 인건비 등 운영에 드는 경비의 전부 또는 일부를
   보조한다.〈개정 2010. 3. 24.〉

제26조의2 삭제 〈2012. 3. 21.〉

제26조의3 삭제 〈2012. 3. 21.〉

제26조의4 삭제 〈2012. 3. 21.〉

제26조의5 삭제 〈2012. 3. 21.〉

제27조(방과후 과정 운영 등에 대한 지원) 국가 및 지방자치단체는 방과후 과정
을 운영하거나 제12조제3항에 따라 대통령령으로 정하는 수업일수를 초과하여
운영하는 유치원에 대하여는 대통령령으로 정하는 바에 따라 운영에 드는 경비
를 보조할 수 있다. 〈개정 2010. 3. 24., 2012. 3. 21.〉

[제목개정 2012. 3. 21.]

제28조(보조금 등의 반환) ① 국가 및 지방자치단체는 다음 각 호의 어느 하나에 해당하는 경우에는 이미 지급한 보조금·지원금의 전부 또는 일부의 반환을 명할 수 있다. *(개정 2010. 3. 24., 2012. 3. 21., 2015. 3. 27., 2020. 1. 29.)*

　1. 유치원 목적외에 보조금·지원금을 사용한 경우

　2. 거짓이나 그 밖의 부정한 방법으로 보조금·지원금을 지급받은 경우

　3. 제22조에 따른 교원자격기준을 갖추지 아니한 사람을 교원으로 임용한 경우

　4. 유치원 원비 인상률이 직전 3개 연도 평균 소비자 물가상승률을 초과한 경우

② 국가 및 지방자치단체는 유아의 보호자가 거짓이나 그 밖의 부정한 방법으로 제24조제2항에 따른 비용을 지원받은 경우에는 그 비용의 전부 또는 일부의 반환을 명할 수 있다.*(신설 2012. 3. 21.)*

③ 제1항 및 제2항에 따라 보조금 등을 환수하는 경우에 반환할 자가 기한 내에 반환하지 아니한 때에는 국세 체납처분 또는 지방세 체납처분의 예에 따라 징수한다.*(신설 2012. 3. 21.)*

[제목개정 2020. 1. 29.]

제5장 보칙 및 벌칙

제28조의2(유치원 명칭의 사용금지) 이 법에 따른 유치원이 아니면 유치원 또는 이와 유사한 명칭을 사용하지 못한다.

[본조신설 2012. 3. 21.]

제29조(권한 등의 위임 및 위탁) ① 이 법에 따른 교육부장관의 권한은 대통령령으로 정하는 바에 따라 그 일부를 교육감에게 위임할 수 있다. *(개정 2013. 3. 23.)*

② 이 법에 따른 교육부장관 및 교육감의 업무는 대통령령으로 정하는 바에 따라 그 일부를 보건복지부장관 또는 지방자치단체의 장에게 위탁할 수 있다.*(개정 2013. 3. 23.)*

[전문개정 2010. 3. 24.]

제30조(시정 또는 변경 명령) ①유치원의 지도·감독기관(국립유치원인 경우에는 교육부장관, 공립·사립 유치원인 경우에는 교육감을 말한다. 이하 "관할청"이라 한다)은 유치원이 시설·설비, 교육과정 운영, 유치원 원비 인상률 및 그 밖의 사항에 관하여 교육관계법령, 「도로교통법」 제53조, 제53조의3 또는 이에

따른 명령이나 유치원규칙을 위반한 경우에는 원장 또는 그 설립·경영자에게 기간을 정하여 그 시정 또는 변경을 명할 수 있다. *〈개정 2010. 3. 24., 2015. 2. 3., 2015. 3. 27., 2016. 5. 29., 2020. 5. 26.〉*

② 관할청은 제1항에 따른 시정 또는 변경 명령을 받은 자가 정당한 사유 없이 지정된 기간에 이를 이행하지 아니하면 대통령령으로 정하는 바에 따라 해당 유치원의 정원감축, 학급감축 또는 유아모집 정지나 해당 유치원에 대한 차등적인 재정지원 또는 재정지원 배제 등의 조치를 할 수 있다.*〈개정 2010. 3. 24., 2015. 3. 27., 2020. 1. 29.〉*

제30조의2(위반사실의 공표) ① 관할청은 제28조제1항, 제30조 및 제32조에 따른 조치를 한 경우 그 위반행위, 처분 내용, 해당 유치원의 명칭 및 그 밖에 다른 유치원과의 구별이 필요한 사항으로서 대통령령으로 정하는 사항을 인터넷 홈페이지 등에 공개하여야 한다. 다만, 제28조제1항에 따른 처분의 경우에는 교육부령으로 정하는 금액 이상인 경우에 한정하여 공표한다.

② 관할청은 제1항에 따른 공표를 실시하기 전에 공표대상자에게 그 사실을 통지하여 소명자료를 제출하거나 출석하여 의견진술을 할 수 있는 기회를 부여하여야 한다.

③ 제1항에 따른 공표의 절차·방법, 그 밖에 필요한 사항은 대통령령으로 정한다.

[본조신설 2020. 1. 29.]

제31조(휴업 및 휴원 명령) ① 관할청은 재해 등의 긴급한 사유로 정상적인 교육이 불가능하다고 인정하는 경우에는 원장에게 휴업을 명할 수 있다.

② 제1항에 따른 명령을 받은 원장은 지체없이 휴업을 하여야 한다.*〈개정 2010. 3. 24.〉*

③ 관할청은 원장이 제1항에 따른 명령에도 불구하고 휴업을 하지 아니하거나 특별히 긴급한 사유가 있는 경우에는 휴원처분을 할 수 있다.*〈개정 2010. 3. 24.〉*

④ 제1항과 제2항에 따라 휴업된 유치원은 휴업기간중 해당 유치원에서 교육받는 유아의 등교와 교육이 정지되며, 제3항에 따라 휴원된 유치원은 휴원기간중 단순한 관리업무 외에 유치원의 모든 기능이 정지된다.*〈개정 2010. 3. 24.〉*

제32조(유치원의 폐쇄 등) ①관할청은 유치원이 다음 각 호의 어느 하나에 해당

하여 정상적인 교육과정 운영이 불가능한 경우에는 1년 이내의 운영정지를 명하거나 폐쇄를 명할 수 있다. *(개정 2010. 3. 24., 2016. 5. 29., 2020. 1. 29.)*

1. 원장 또는 설립·경영자가 고의 또는 중대한 과실로 이 법 또는 이 법에 따른 명령이나 그 밖의 교육 관계 법령을 위반한 경우
2. 원장 또는 설립·경영자가 이 법 또는 그 밖의 교육관계법령에 따른 관할청의 명령을 3회 이상 위반한 경우

2의2. 원장 또는 설립·경영자가 「아동복지법」 제3조제7호에 따른 아동학대 행위를 한 경우

2의3. 교직원 등 원장 또는 설립·경영자의 관리·감독 하에 있는 자가 「아동복지법」 제3조제7호에 따른 아동학대 행위를 한 경우. 다만, 원장 또는 설립·경영자가 교직원 등의 아동학대 행위를 방지하기 위하여 상당한 주의와 감독을 게을리하지 아니한 경우는 제외한다.

3. 휴업기간을 제외하고 계속하여 3개월 이상 교육과정을 운영하지 아니한 경우

② 관할청은 제8조제2항에 따른 유치원 설립인가를 받지 아니하고 유치원 또는 이와 유사한 명칭을 사용하거나 유치원을 운영한 자에 대하여 그 시설의 폐쇄를 명할 수 있다.*(개정 2010. 3. 24., 2012. 3. 21.)*

③ 관할청은 유치원이 「도로교통법」 제53조제3항을 위반하여 어린이통학버스(같은 법 제52조에 따른 어린이통학버스 신고를 하지 아니한 경우를 포함한다)에 보호자를 함께 태우지 아니한 채 어린이통학버스 운행 중 발생한 교통사고로 해당 어린이통학버스에 탑승(승하차를 포함한다)한 유아가 사망하거나 신체에 교육부령으로 정하는 중상해를 입은 경우 해당 유치원의 폐쇄를 명하거나 1년 이내의 운영정지를 명할 수 있다.*(신설 2015. 2. 3.)*

[제목개정 2015. 2. 3.]

제33조(청문) ① 교육부장관은 제22조의5제1항에 따라 자격을 취소하려면 청문을 하여야 한다. *(신설 2020. 12. 22.)*

② 관할청은 제32조에 따라 유치원 또는 시설의 폐쇄나 운영정지를 명하려면 청문을 하여야 한다*(개정 2010. 3. 24., 2016. 5. 29., 2020. 12. 22.)*

제34조(벌칙) ① 삭제 *(2012. 3. 21.)*

② 다음 각 호의 어느 하나에 해당하는 자는 3년 이하의 징역 또는 3천만

원 이하의 벌금에 처한다.〈개정 2010. 3. 24., 2012. 3. 21., 2016. 5. 29.〉

1. 제8조제2항에 따른 유치원 설립인가를 받지 아니하고 유치원을 운영한 자

2. 제8조제4항을 위반하여 폐쇄인가 또는 변경인가를 받지 아니한 자

3. 거짓이나 그 밖의 부정한 방법으로 제8조제2항 또는 제4항에 따른 유치원의 설립인가·폐쇄인가 또는 변경인가를 받은 자

4. 제17조의2제1항 또는 제3항을 위반하여 보호자의 동의 없이 제3자에게 유아 관련 자료를 제공하거나 제공받은 자료를 그 본래의 목적 외의 용도로 이용한 자

③ 다음 각 호의 어느 하나에 해당하는 자는 1년 이하의 징역 또는 1천만원 이하의 벌금에 처한다.〈개정 2010. 3. 24., 2012. 3. 21., 2016. 5. 29., 2020. 12. 22.〉

1. 제22조의4를 위반하여 자격증을 다른 사람에게 빌려주거나 빌린 사람 또는 이를 알선한 사람

2. 거짓이나 그 밖의 부정한 방법으로 제24조제2항에 따른 비용을 지원받거나 타인으로 하여금 지원을 받게 한 자

3. 제30조제1항에 따른 명령을 위반한 자

4. 제32조제1항에 따른 명령을 위반한 자

제35조(과태료) ① 제28조의2를 위반하여 유치원 또는 이와 유사한 명칭을 사용한 자에게는 500만원 이하의 과태료를 부과한다.

② 제17조제1항에 따른 건강검진을 실시하지 아니하거나 제17조의3에 따른 응급조치의무를 이행하지 아니한 자에게는 300만원 이하의 과태료를 부과한다.〈신설 2013. 5. 22.〉

③ 제1항 및 제2항에 따른 과태료는 대통령령으로 정하는 바에 따라 관할청이 부과·징수한다.〈개정 2013. 5. 22.〉

[본조신설 2012. 3. 21.]

부칙

〈제19737호,2023. 9. 27.〉

이 법은 공포한 날부터 시행한다.

◆ 교육기본법

1. 국회 제안이유

법치국가에서의 법 문장은 일반국민이 쉽게 읽고 이해함으로써 법을 잘 지킬 수 있도록 하여야 함은 물론이고 국민의 올바른 언어생활을 위한 본보기가 되어야 한다. 그런데 우리의 법 문장에는 일상생활에서 흔히 사용하지 않는 생소한 한자어와 전문용어 및 권위적인 법률표현이 여전히 남아있어 국민의 일상적인 언어생활과 거리가 있다는 지적이 있다.

한편, 교원의 생활지도, 수업 및 평가, 학교폭력 등과 관련하여 학부모 등 보호자의 민원, 교육활동 침해행위 등으로 인해 학교교육활동이 위축되면서 교권과 다른 학생의 학습권까지 침해되는 상황이 발생하고 있다.

현행법은 부모 등 보호자의 보호하는 자녀 또는 아동이 바른 인성을 가지고 건강하게 성장하도록 교육할 권리와 책임, 교육에 관하여 학교에 의견을 제시할 수 있으며, 학교는 그 의견을 존중하여야 함은 규정하고 있지만, 보호자의 학교에 대한 의무가 규정되어 있지 않다. 이에 보호자가 학교의 정당한 교육활동에 협조하고 존중할 의무를 명확하게 규정하여 교육활동을 보호하려는 것이다.

2. 개정이유 및 주요내용

부모 등 보호자가 학교의 정당한 교육활동에 협조하고 존중할 의무를 명확하게 규정하는 등 현행 제도의 운영상 나타난 일부 미비점을 개선·보완하였다.

3. 신·구조문대비표

[법률 제19697호, 2023. 9. 14., 일부개정]	[법률 제19736호, 2023. 9. 27., 일부개정]
제12조(학습자) ①·② (생 략) ③ 학생은 학습자로서의 윤리의식을 확립하고, 학교의 규칙을 준수하여야 하며, 교원의 교육·연구활동을 방해하거나 학내의 질서를 문란하게 하여서는 아니 된다.	제12조(학습자) ①·② (현행과 같음) ③ 학생은 학습자로서의 윤리의식을 확립하고, 학교의 규칙을 지켜야 하며, 교원의 교육·연구활동을 방해하거나 학내의 질서를 문란하게 하여서는 아니 된다.
제13조(보호자) ①·② (생 략) 〈신 설〉	제13조(보호자) ①·② (현행과 같음) ③ 부모 등 보호자는 교원과 학교가 전문적인 판단으로 학생을 교육·지도할 수 있도록 협조하고 존중하여야 한다.

4. 전문

교육기본법

[시행 2023. 9. 27.] [법률 제19736호, 2023. 9. 27., 일부개정]

제1장 총칙 〈개정 2007. 12. 21.〉

제1조(목적) 이 법은 교육에 관한 국민의 권리·의무 및 국가·지방자치단체의 책임을 정하고 교육제도와 그 운영에 관한 기본적 사항을 규정함을 목적으로 한다.

[전문개정 2007. 12. 21.]

제2조(교육이념) 교육은 홍익인간(弘益人間)의 이념 아래 모든 국민으로 하여금 인격을 도야(陶冶)하고 자주적 생활능력과 민주시민으로서 필요한 자질을 갖추게 함으로써 인간다운 삶을 영위하게 하고 민주국가의 발전과 인류공영(人類共榮)의 이상을 실현하는 데에 이바지하게 함을 목적으로 한다.

[전문개정 2007. 12. 21.]

제3조(학습권) 모든 국민은 평생에 걸쳐 학습하고, 능력과 적성에 따라 교육 받

을 권리를 가진다.

[전문개정 2007. 12. 21.]

제4조(교육의 기회균등 등) ① 모든 국민은 성별, 종교, 신념, 인종, 사회적 신분, 경제적 지위 또는 신체적 조건 등을 이유로 교육에서 차별을 받지 아니한다.

② 국가와 지방자치단체는 학습자가 평등하게 교육을 받을 수 있도록 지역 간의 교원 수급 등 교육 여건 격차를 최소화하는 시책을 마련하여 시행하여야 한다.

③ 국가는 교육여건 개선을 위한 학급당 적정 학생 수를 정하고 지방자치단체와 이를 실현하기 위한 시책을 수립·실시하여야 한다.*〈신설 2021. 9. 24.〉*

[전문개정 2007. 12. 21.] [제목개정 2021. 9. 24.]

제5조(교육의 자주성 등) ① 국가와 지방자치단체는 교육의 자주성과 전문성을 보장하여야 하며, 국가는 지방자치단체의 교육에 관한 자율성을 존중하여야 한다. *〈신설 2021. 9. 24.〉*

② 국가와 지방자치단체는 관할하는 학교와 소관 사무에 대하여 지역 실정에 맞는 교육을 실시하기 위한 시책을 수립·실시하여야 한다.*〈개정 2021. 9. 24.〉*

③ 국가와 지방자치단체는 학교운영의 자율성을 존중하여야 하며, 교직원·학생·학부모 및 지역주민 등이 법령으로 정하는 바에 따라 학교운영에 참여할 수 있도록 보장하여야 한다.*〈개정 2021. 9. 24.〉*

[전문개정 2007. 12. 21.]

제6조(교육의 중립성) ① 교육은 교육 본래의 목적에 따라 그 기능을 다하도록 운영되어야 하며, 정치적·파당적 또는 개인적 편견을 전파하기 위한 방편으로 이용되어서는 아니 된다.

② 국가와 지방자치단체가 설립한 학교에서는 특정한 종교를 위한 종교교육을 하여서는 아니 된다.

[전문개정 2007. 12. 21.]

제7조(교육재정) ① 국가와 지방자치단체는 교육재정을 안정적으로 확보하기 위하여 필요한 시책을 수립·실시하여야 한다.

② 교육재정을 안정적으로 확보하기 위하여 지방교육재정교부금 등에 관하여 필요한 사항은 따로 법률로 정한다.

[전문개정 2007. 12. 21.]

제8조(의무교육) ① 의무교육은 6년의 초등교육과 3년의 중등교육으로 한다.

② 모든 국민은 제1항에 따른 의무교육을 받을 권리를 가진다.

[전문개정 2007. 12. 21.]

제9조(학교교육) ① 유아교육·초등교육·중등교육 및 고등교육을 하기 위하여 학교를 둔다.

② 학교는 공공성을 가지며, 학생의 교육 외에 학술 및 문화적 전통의 유지·발전과 주민의 평생교육을 위하여 노력하여야 한다.

③ 학교교육은 학생의 창의력 계발 및 인성(人性) 함양을 포함한 전인적(全人的) 교육을 중시하여 이루어져야 한다.

④ 학교의 종류와 학교의 설립·경영 등 학교교육에 관한 기본적인 사항은 따로 법률로 정한다.

[전문개정 2007. 12. 21.]

제10조(평생교육) ① 전 국민을 대상으로 하는 모든 형태의 평생교육은 장려되어야 한다. *〈개정 2021. 9. 24.〉*

② 평생교육의 이수(履修)는 법령으로 정하는 바에 따라 그에 상응하는 학교교육의 이수로 인정될 수 있다.*〈개정 2021. 9. 24.〉*

③ 평생교육시설의 종류와 설립·경영 등 평생교육에 관한 기본적인 사항은 따로 법률로 정한다.*〈개정 2021. 9. 24.〉*

[전문개정 2007. 12. 21.] [제목개정 2021. 9. 24.]

제11조(학교 등의 설립) ① 국가와 지방자치단체는 학교와 평생교육시설을 설립·경영한다. *〈개정 2021. 9. 24.〉*

② 법인이나 사인(私人)은 법률로 정하는 바에 따라 학교와 평생교육시설을 설립·경영할 수 있다.*〈개정 2021. 9. 24.〉*

[전문개정 2007. 12. 21.]

제2장 교육당사자 *〈개정 2007. 12. 21.〉*

제12조(학습자) ① 학생을 포함한 학습자의 기본적 인권은 학교교육 또는 평생교육의 과정에서 존중되고 보호된다. *〈개정 2021. 9. 24.〉*

② 교육내용·교육방법·교재 및 교육시설은 학습자의 인격을 존중하고 개성을 중시하여 학습자의 능력이 최대한으로 발휘될 수 있도록 마련되어야 한다.

③ 학생은 학습자로서의 윤리의식을 확립하고, 학교의 규칙을 지켜야 하며, 교원의 교육·연구활동을 방해하거나 학내의 질서를 문란하게 하여서는 아니 된다.⟨개정 2023. 9. 27.⟩

[전문개정 2007. 12. 21.]

제13조(보호자) ① 부모 등 보호자는 보호하는 자녀 또는 아동이 바른 인성을 가지고 건강하게 성장하도록 교육할 권리와 책임을 가진다.

② 부모 등 보호자는 보호하는 자녀 또는 아동의 교육에 관하여 학교에 의견을 제시할 수 있으며, 학교는 그 의견을 존중하여야 한다.

③ 부모 등 보호자는 교원과 학교가 전문적인 판단으로 학생을 교육·지도할 수 있도록 협조하고 존중하여야 한다.⟨신설 2023. 9. 27.⟩

[전문개정 2007. 12. 21.]

제14조(교원) ① 학교교육에서 교원(敎員)의 전문성은 존중되며, 교원의 경제적·사회적 지위는 우대되고 그 신분은 보장된다.

② 교원은 교육자로서 갖추어야 할 품성과 자질을 향상시키기 위하여 노력하여야 한다.

③ 교원은 교육자로서 지녀야 할 윤리의식을 확립하고, 이를 바탕으로 학생에게 학습윤리를 지도하고 지식을 습득하게 하며, 학생 개개인의 적성을 계발할 수 있도록 노력하여야 한다.⟨개정 2021. 3. 23.⟩

④ 교원은 특정한 정당이나 정파를 지지하거나 반대하기 위하여 학생을 지도하거나 선동하여서는 아니 된다.

⑤ 교원은 법률로 정하는 바에 따라 다른 공직에 취임할 수 있다.

⑥ 교원의 임용·복무·보수 및 연금 등에 관하여 필요한 사항은 따로 법률로 정한다.

[전문개정 2007. 12. 21.]

제15조(교원단체) ① 교원은 상호 협동하여 교육의 진흥과 문화의 창달에 노력하며, 교원의 경제적·사회적 지위를 향상시키기 위하여 각 지방자치단체와 중앙에 교원단체를 조직할 수 있다.

② 제1항에 따른 교원단체의 조직에 필요한 사항은 대통령령으로 정한다.

[전문개정 2007. 12. 21.]

제16조(학교 등의 설립자·경영자) ① 학교와 평생교육시설의 설립자·경영자는

법령으로 정하는 바에 따라 교육을 위한 시설·설비·재정 및 교원 등을 확보하고 운용·관리한다. 〈개정 2021. 9. 24.〉

② 학교의 장 및 평생교육시설의 설립자·경영자는 법령으로 정하는 바에 따라 학습자를 선정하여 교육하고 학습자의 학습성과 등 교육의 과정을 기록하여 관리한다.〈개정 2021. 9. 24.〉

③ 학교와 평생교육시설의 교육내용은 학습자에게 미리 공개되어야 한다. 〈개정 2021. 9. 24.〉

제17조(국가 및 지방자치단체) 국가와 지방자치단체는 학교와 평생교육시설을 지도·감독한다. 〈개정 2021. 9. 24.〉

[전문개정 2007. 12. 21.]

제3장 교육의 진흥 〈개정 2007. 12. 21.〉

제17조의2(양성평등의식의 증진) ① 국가와 지방자치단체는 양성평등의식을 보다 적극적으로 증진하고 학생의 존엄한 성(性)을 보호하며 학생에게 성에 대한 선량한 정서를 함양시키기 위하여 다음 각 호의 사항을 포함한 시책을 수립·실시하여야 한다. 〈개정 2021. 9. 24.〉

1. 양성평등의식과 실천 역량을 고취하는 교육적 방안
2. 학생 개인의 존엄과 인격이 존중될 수 있는 교육적 방안
3. 체육·과학기술 등 여성의 활동이 취약한 분야를 중점 육성할 수 있는 교육적 방안
4. 성별 고정관념을 탈피한 진로선택과 이를 중점 지원하는 교육적 방안
5. 성별 특성을 고려한 교육·편의 시설 및 교육환경 조성 방안

② 국가 및 지방자치단체와 제16조에 따른 학교 및 평생교육시설의 설립자·경영자는 교육을 할 때 합리적인 이유 없이 성별에 따라 참여나 혜택을 제한하거나 배제하는 등의 차별을 하여서는 아니 된다.〈개정 2021. 9. 24.〉

③ 학교의 장은 양성평등의식의 증진을 위하여 교육부장관이 정하는 지침에 따라 성교육, 성인지교육, 성폭력예방교육 등을 포함한 양성평등교육을 체계적으로 실시하여야 한다.〈개정 2021. 9. 24.〉

④ 학교교육에서 양성평등을 증진하기 위한 학교교육과정의 기준과 내용 등 대통령령으로 정하는 사항에 관한 교육부장관의 자문에 응하기 위하여 양성평등교육심의회를 둔다.〈개정 2008. 2. 29., 2013. 3. 23., 2021. 9. 24.〉

⑤ 제4항에 따른 양성평등교육심의회 위원의 자격·구성·운영 등에 필요한 사항은 대통령령으로 정한다. *〈개정 2021. 9. 24.〉*

[전문개정 2007. 12. 21.] [제목개정 2021. 9. 24.]

제17조의3(학습윤리의 확립) 국가와 지방자치단체는 모든 국민이 학업·연구·시험 등 교육의 모든 과정에 요구되는 윤리의식을 확립할 수 있도록 필요한 시책을 수립·실시하여야 한다.

[전문개정 2007. 12. 21.]

제17조의4 삭제 *〈2021. 9. 24.〉*

제17조의5(안전사고 예방) 국가와 지방자치단체는 학생 및 교직원의 안전을 보장하고 사고를 예방할 수 있도록 필요한 시책을 수립·실시하여야 한다.

[본조신설 2015. 1. 20.]

제17조의6(평화적 통일 지향) 국가 및 지방자치단체는 학생 또는 교원이 자유민주적 기본질서를 확립하고 평화적 통일을 지향하는 교육 또는 연수를 받을 수 있도록 필요한 시책을 수립·실시하여야 한다.

[본조신설 2016. 5. 29.]

제18조(특수교육) 국가와 지방자치단체는 신체적·정신적·지적 장애 등으로 특별한 교육적 배려가 필요한 사람을 위한 학교를 설립·경영하여야 하며, 이들의 교육을 지원하기 위하여 필요한 시책을 수립·실시하여야 한다. *〈개정 2021. 3. 23.〉*

[전문개정 2007. 12. 21.]

제19조(영재교육) 국가와 지방자치단체는 학문·예술 또는 체육 등의 분야에서 재능이 특히 뛰어난 사람의 교육에 필요한 시책을 수립·실시하여야 한다. *〈개정 2021. 3. 23.〉*

[전문개정 2007. 12. 21.]

제20조(유아교육) 국가와 지방자치단체는 유아교육을 진흥하기 위하여 필요한 시책을 수립·실시하여야 한다.

[전문개정 2007. 12. 21.]

제21조(직업교육) 국가와 지방자치단체는 모든 국민이 학교교육과 평생교육을 통하여 직업에 대한 소양과 능력을 계발하기 위한 교육을 받을 수 있도록 필요한 시책을 수립·실시하여야 한다. *〈개정 2021. 9. 24.〉*

[전문개정 2007. 12. 21.]

제22조(과학 · 기술교육) 국가와 지방자치단체는 과학 · 기술교육을 진흥하기 위하여 필요한 시책을 수립 · 실시하여야 한다.

[전문개정 2007. 12. 21.]

제22조의2(기후변화환경교육) 국가와 지방자치단체는 모든 국민이 기후변화 등에 대응하기 위하여 생태전환교육을 받을 수 있도록 필요한 시책을 수립 · 실시하여야 한다.

[본조신설 2021. 9. 24.] [종전 제22조의2는 제22조의3으로 이동 〈2021. 9. 24.〉]

제22조의3(진로교육) 국가와 지방자치단체는 모든 국민이 자신의 소질과 적성을 바탕으로 진로를 탐색 · 설계할 수 있도록 진로교육에 필요한 시책을 수립 · 실시하여야 한다.

[본조신설 2023. 9. 14.] [종전 제22조의3은 제22조의4로 이동 〈2023. 9. 14.〉]

제22조의4(학교체육) 국가와 지방자치단체는 학생의 체력 증진과 체육활동 장려에 필요한 시책을 수립 · 실시하여야 한다.

[전문개정 2007. 12. 21.] [제22조의3에서 이동 〈2023. 9. 14.〉]

제23조(교육의 정보화) ① 국가와 지방자치단체는 정보화교육 및 정보통신매체를 이용한 교육을 지원하고 교육정보산업을 육성하는 등 교육의 정보화에 필요한 시책을 수립 · 실시하여야 한다.

② 제1항에 따른 정보화교육에는 정보통신매체를 이용하는 데 필요한 타인의 명예 · 생명 · 신체 및 재산상의 위해를 방지하기 위한 법적 · 윤리적 기준에 관한 교육이 포함되어야 한다.

[전문개정 2018. 12. 18.]

제23조의2(학교 및 교육행정기관 업무의 전자화) 국가와 지방자치단체는 학교 및 교육행정기관의 업무를 전자적으로 처리할 수 있도록 필요한 시책을 마련하여야 한다.

[전문개정 2007. 12. 21.]

제23조의3(학생정보의 보호원칙) ① 학교생활기록 등의 학생정보는 교육적 목적으로 수집 · 처리 · 이용 및 관리되어야 한다.

② 부모 등 보호자는 자녀 등 피보호자에 대한 제1항의 학생정보를 제공받을 권리를 가진다.

③ 제1항에 따른 학생정보는 법률로 정하는 경우 외에는 해당 학생(학생이

미성년자인 경우에는 학생 및 학생의 부모 등 보호자)의 동의 없이 제3
자에게 제공되어서는 아니 된다.

[전문개정 2007. 12. 21.]

제24조(학술문화의 진흥) 국가와 지방자치단체는 학술문화를 연구·진흥하기 위
하여 학술문화시설 설치 및 연구비 지원 등의 시책을 수립·실시하여야 한다.

[전문개정 2007. 12. 21.]

제25조(사립학교의 육성) 국가와 지방자치단체는 사립학교를 지원·육성하여야
하며, 사립학교의 다양하고 특성있는 설립목적이 존중되도록 하여야 한다.

[전문개정 2007. 12. 21.]

제26조(평가 및 인증제도) ① 국가는 국민의 학습성과 등이 공정하게 평가되어
사회적으로 통용될 수 있도록 학력평가와 능력인증에 관한 제도를 수립·실시
할 수 있다.
② 제1항에 따른 평가 및 인증제도는 학교의 교육과정 등 교육제도와 상호
　연계되어야 한다.

[전문개정 2007. 12. 21.]

제26조의2(교육 관련 정보의 공개) ① 국가와 지방자치단체는 국민의 알 권리와
학습권을 보장하기 위하여 그 보유·관리하는 교육 관련 정보를 공개하여야 한다.
② 제1항에 따른 교육 관련 정보의 공개에 관한 기본적인 사항은 따로 법
　률로 정한다.

[전문개정 2007. 12. 21.]

제26조의3(교육 관련 통계조사) 국가와 지방자치단체는 교육제도의 효율적인 수립
·시행과 평가를 위하여 교육 관련 통계조사에 필요한 시책을 마련하여야 한다.

[본조신설 2017. 3. 21.]

제27조(보건 및 복지의 증진) ① 국가와 지방자치단체는 학생과 교직원의 건강
및 복지를 증진하기 위하여 필요한 시책을 수립·실시하여야 한다. *〈개정 2008.
3. 21.〉*
② 국가 및 지방자치단체는 학생의 안전한 주거환경을 위하여 학생복지주
　택의 건설에 필요한 시책을 수립·실시하여야 한다.*〈신설 2008. 3. 21.〉*

[전문개정 2007. 12. 21.]

제28조(장학제도 등) ① 국가와 지방자치단체는 경제적 이유로 교육받기 곤란한
사람을 위한 장학제도(獎學制度)와 학비보조제도 등을 수립·실시하여야 한다.

② 국가는 다음 각 호의 사람에게 학비나 그 밖에 필요한 경비의 전부 또는 일부를 보조할 수 있다.〈개정 2021. 3. 23.〉

　1. 교원양성교육을 받는 사람

　2. 국가에 특히 필요한 분야를 국내외에서 전공하거나 연구하는 사람

③ 제1항 및 제2항에 따른 장학금 및 학비보조금 등의 지급 방법 및 절차, 지급받을 자의 자격 및 의무 등에 관하여 필요한 사항은 대통령령으로 정한다.

[전문개정 2007. 12. 21.]

제29조(국제교육) ① 국가는 국민이 국제사회의 일원으로서 갖추어야 할 소양과 능력을 기를 수 있도록 국제화교육에 노력하여야 한다.

② 국가는 외국에 거주하는 동포에게 필요한 학교교육 또는 평생교육을 실시하기 위하여 필요한 시책을 마련하여야 한다.〈개정 2021. 9. 24.〉

③ 국가는 학문연구를 진흥하기 위하여 국외유학에 관한 시책을 마련하여야 하며, 국외에서 이루어지는 우리나라에 대한 이해와 우리 문화의 정체성 확립을 위한 교육 · 연구활동을 지원하여야 한다.

④ 국가는 외국정부 및 국제기구 등과의 교육협력에 필요한 시책을 마련하여야 한다.

[전문개정 2007. 12. 21.]

부칙

〈제19736호,2023. 9. 27.〉

이 법은 공포한 날부터 시행한다.

제2편

교원의 학생생활지도에
관한 고시 해설

이 해설은 2023년 9월 1일부터 시행하는 교육부고시 제20
23-28호 「교원의 학생생활지도에 관한 고시」를 해설한 교육부
에서 배포한 자료를 참고하였습니다.

제1장 총칙

제1조(목적) 이 고시는 「초·중등교육법」 제20조의2 및 「초·중등교육법시행령」 제40조의3에서 학교의 장과 교원에게 부여한 학생생활지도 권한의 범위 및 방식 등에 관한 기준을 정함을 목적으로 한다.

---

1. 해설

① 이 고시는 「초·중등교육법」의 적용을 받는 학교에서 학교의 장과 교원이 학생을 대상으로 실시하는 생활지도에 대한 구체적인 범위, 방식 등에 대한 사항을 규정한 것임

② 이 고시에는 학교의 장 및 교원의 학생생활지도에 필요한 지침과 학생의 바람직한 학교생활을 위한 교육 3주체(학생·학교의 장과 교원·보호자)의 책무 등이 규정됨

③ 학교의 장 및 교원은 학업 및 진로, 보건 및 안전, 인성 및 대인관계, 기타 분야에서 생활지도를 할 수 있으며, 그 지도 방법은 조언, 상담, 주의, 훈육, 훈계, 보상 등이 있음

2. 지도요령

① 모든 초·중등학교에서 실시되는 생활지도는 이 고시의 적용을 받으며, 학교의 장과 교원은 이 고시의 범위 내에서 학생생활지도를 하여야 함

② 이 고시의 내용은 학교의 장 및 교원의 정당한 학생생활지도의 기준이 되며, 이에 따른 학교의 장 및 교원의 학생생활지도 행위는 법령에 의한 행위로 정당행위임

※ 형법 제20조(정당행위)

　법령에 의한 행위 또는 업무로 인한 행위 기타 사회상규에 위배 되지 아니하는 행위는 벌하지 아니한다.

※ 정당행위 예시

　○ 법령에 의한 행위

　　– 형의 집행

- 범인에 대한 체포행위
○ 업무에 의한 행위
  - 의사가 환자의 다리를 절단
  - 감염병 환자의 격리 조치
○ 기타 사회상규에 위배되지 않는 행위
  - 아래 사항을 고려하여 개별적으로 판단
  1) 행위의 동기나 목적의 정당성
  2) 행위의 수단이나 방법의 상당성
  3) 보호이익과 침해이익과의 법익 균형성
  4) 긴급성
  5) 해당 행위 외 다른 수단이나 방법이 없다는 보충성
  ※ 사회상규에 위배되지 아니하는 행위라 함은 법질서 전체의 정신이나 그 배후
    에 놓여 있는 사회윤리 내지 사회통념에 비추어 용인될 수 있는 행위를 말함

3. 관련 판례

- 정당행위의 요건 및 사례 -

"형법 제20조 소정의 '사회상규에 위배되지 아니하는 행위'라 함은 법질서 전
체의 정신이나 그 배후에 놓여 있는 사회윤리 내지 사회 통념에 비추어 용인
될 수 있는 행위를 말하고, 어떠한 행위가 사회상규에 위배 되지 아니하는 정
당한 행위로서 위법성이 조각되는 것인지는 구체적인 사정 아래서 합목적적,
합리적으로 고찰하여 개별적으로 판단되어야 할 것인바, 이와 같은 정당행위
를 인정하려면 첫째 그 행위의 동기나 목적의 정당성, 둘째 행위의 수단이나
방법의 상당성, 셋째 보호이익과 침해이익과의 법익 균형성, 넷째 긴급성, 다섯
째 그 행위 외에 다른 수단이나 방법이 없다는 보충성 등의 요건을 갖추어야
한다." *(대법원 98도2389 판결, 2001도5380 판결)*

4. 참고

① "학교의 장"이란 「초·중등교육법」제20조 제1항에 따른 교장의 임무를
  부여받거나 제2항에 따라 교장의 직무를 대행하는 교원을 말함
  - 학교의 교장 또는 교장 직무대리로 임용된 사람, 학교에서 일시적으
    로 교장 직무에 대한 위임을 받은 교직원을 포함한 개념임

② "교원"이란 「초·중등교육법」제 19조 제1항에 따라 학교에 두는 교장·교감·수석교사 및 교사를 총칭함
  - 교사는 「초·중등교육법」 제21조제2항의 자격을 갖추고 교사로 임용된 사람으로서 소속 학교에서 그 임용형태(기간제, 시간제 등), 담당과목, 담당직무(보건교사, 영양교사, 전문상담교사, 사서교사 등)와 무관하게 동일한 학생생활지도 권한을 부여받음

※ 산학겸임교사·명예교사 또는 강사 등(이하 '산학겸임교사 등'이라 한다)은 「초·중등교육법」 제2조에서 교원과 구분하고 있으므로, 「초·중등교육법」 제20조의2에 따라 학생생활지도 권한을 행사할 수 있는 교원으로 보기 어려움

제2조(정의) 이 고시에서 사용하는 용어의 뜻은 다음과 같다.

1. "학생"이란 「초·중등교육법」 제2조에 따른 학교에 재학 중인 사람을 말한다.
2. "특수교육대상자"란 「장애인 등에 대한 특수교육법」 제2조제3호에 따른 사람을 말한다.
3. "교육활동"이란 「학교안전사고 예방 및 보상에 관한 법률」 제2조제4호에 따른 활동을 말한다.
4. "학생생활지도"란 학교의 장과 교원이 교육활동 과정에서 학생의 일상적인 생활 전반에 관여하는 지도 행위(이하 "생활지도"라 한다)를 말한다.
5. "조언"이란 학교의 장과 교원이 학생 또는 보호자에게 말과 글로 (정보통신망을 이용한 경우를 포함한다) 정보를 제공하거나 권고하는 지도 행위를 말한다.
6. "상담"이란 학교의 장과 교원이 학생 또는 보호자와 학생의 문제를 해결해 나가는 일체의 소통활동을 말한다.
7. "주의"란 학교의 장과 교원이 학생 행동의 위험성 및 위해성, 법령 및 학칙의 위반 가능성 등을 지적하여 경고하는 지도 행위를 말한다.
8. "훈육"이란 학교의 장과 교원이 지시, 제지, 분리, 소지 물품 조사, 물품분리보관 등을 통해 학생의 행동을 중재하는 지도 행위를 말한다.
9. "훈계"란 학교의 장과 교원이 학생을 대상으로 바람직한 행동을 하도록 문제행동을 지적하여 잘잘못을 깨닫게 하는 지도 행위를 말한다.
10. "보상"이란 학교의 장과 교원이 학생의 바람직한 행동을 장려할 목적으로 유형·무형의 방법으로 동기를 부여하는 지도 행위를 말한다.

1. 해설

① 학생 : 「초·중등교육법」 제2조에 따른 학교인 초등학교·공민학교, 중학교·고등공민학교, 고등학교·고등기술학교, 특수학교, 각종학교에 학적(學籍)을 두고 있는 사람을 말함
② 특수교육대상자 : 특수교육이 필요한 사람으로 진단·평가되어 특수교육대상자로 선정된 사람을 말함
  • 교육활동 : 학교안전사고 예방 및 보상에 관한 법률」 제2조제4호에 따른

활동으로서, 구체적으로 다음과 같은 활동이 포함됨

〈교육활동의 구체적 사례〉

○ 수업 · 특별활동 · 재량활동 · 과외활동 · 수련활동 · 수학여행 등 현장체험활동 또는 체육대회 등의 활동

○ 학교장이 인정하는 각종 행사 또는 대회 등에 참가하여 행하는 활동

○ 통상적인 경로 및 방법에 의한 등 · 하교 시간의 활동

○ 휴식 시간 및 교육활동 전후의 통상적인 학교 체류 시간의 활동

○ 학교장의 지시에 의하여 학교에 있는 시간의 활동

○ 학교장이 인정하는 직업 체험, 직장 견학 및 현장실습 등의 시간의 활동

○ 기숙사에서 생활하는 시간의 활동

○ 학교 외의 장소에서 교육활동이 실시될 경우 집합 및 해산 장소와 집 또는 기숙사 간의 합리적 경로와 방법에 의한 왕복 시간의 활동

③ 학생생활지도 : 학교의 장과 교원이 학생의 인권을 보호하고 교원의 교육활동을 위하여 필요한 경우에 법령과 학칙으로 정하는 바에 따라 학생을 지도하는 행위로서, 법령의 근거가 있는 합법적인 지도 행위임

• '학생의 인권을 보호'한다는 것은 학교폭력, 위해·위험요인 등으로부터 학생의 안전을 보장하고, 학생의 학습권 등 학생의 권리가 보호되도록 하려는 취지임

○ 고시에 따른 "학생생활지도"의 정의는 학문적으로 정의하는 생활지도와 달리, 생활지도의 주체, 시기, 지도범위, 방법의 요소를 제시하고 있음

〈법령 및 고시에 따른 학생생활지도〉

○ (주체) 학교의 장과 교원

○ (시기) 교육활동 과정 중으로서 고시 제2조(정의) 제3호에 따른 활동을 하는 동안을 의미함. 다만, 고시 제10조제5항에 따라 사전에 협의된 일시 및 방법에 따른 상담은 교육활동 과정의 연장으로 볼 수 있음

•「학교안전사고 예방 및 보상에 관한 법률」제2조제4호에 따른 활동

○ (지도범위) 학생의 일상적인 생활 전반이며, 보다 구체적으로 고시 제5조부터 제8조까지 그 지도범위를 정하고 있음

○ (방법) 학생생활지도는 징벌이 아닌 "지도 행위"임을 분명히 함.「초·중등교육법시행령」제40조의3에 의한 생활지도 방법은 조언, 상담, 주의, 훈육·훈계 등이며, 이에 따른 구체적 지도방식을 고시 제3장에서 정하고 있음

④ 조언 : 말과 글로 정보를 제공하거나 권고하는 지도 행위로서, 당사자에게 대면하여 전하는 말과 글뿐만 아니라 전화, 인터넷 등 정보통신망을 이용한 형태를 모두 포함함

⑤ 상담 : 학생생활지도로서의 "상담"은 학생의 인권을 보호하고 교원의 교육활동을 위하여 학생의 문제를 해결해 나가는 일체의 소통 활동임

    - 학생의 문제가 애착이나 외상 사건 등 발달사적으로 복잡하게 얽힌 결과로서 드러난 것이라고 판단되는 경우, 전문가에 의한 심리상담을 권장할 수 있음

⑥ 주의 : 학생 행동의 결과로 위험 및 위해가 예측되거나 법령 및 학칙을 위반하게 될 것으로 예견되는 경우, 그 행동에 대한 위험성 및 위해성, 법령 및 학칙 위반 가능성을 지적하여 경고하는 것을 의미하며, 말과 글을 포함한 다양한 방식으로 행해질 수 있음

⑦ 훈육 : 학생의 바람직한 행동을 위하여 학생 행동을 중재하는 적극적인 지도 행위로서, 지시, 제지, 분리, 소지 물품 조사, 물품분리보관 등의 방식으로 이루어지는 생활지도의 한 방법임

〈고시에서 정한 훈육 방식〉

○ (지시) 특정한 과업을 부여하거나 특정한 행위를 하도록 요구하는 행위

○ (제지) 법령과 학칙에 따른 금지된 행동 등을 학생에게 중지하도록 하는 행위로서, 말에 의한 제지와 물리력을 사용하는 물리적 제지로 구분될 수 있음

○ (분리) 학생이 현재 머무르고 있는 공간적 위치에서 학생을 분리하는 것으로서 다른 좌석이나 위치, 장소로 이동하여 머무르도록 하는 것을 의미함

○ (소지 물품 조사) 학생이 특정 물품을 소지하였는지를 확인하기 위하여 필요한 범위 내에서 조사하는 행위

○ (물품 분리보관) 학생이 소지한 물품을 학생으로부터 분리하여 특정 장소에 일정 시간 내지, 기간 동안 보관하는 것을 의미함

⑧ 훈계 : 학생의 문제행동을 지적하여 잘잘못을 깨닫게 하는 지도행위로서, 말과 글을 이용하거나 훈계 사유와 관련된 과제 부여를 통해 학생이 자신의 잘못된 언행을 깨닫고 바람직한 행동을 하도록 할 수 있음

⑨ 보상 : 학생의 바람직한 행동을 장려할 목적으로 유형·무형의 방법으로 동기를 부여하는 지도 행위로서, 칭찬, 상점, 상장, 상품 등 다양한 방법으로 이루어질 수 있음

2. 지도요령

① 특수교육대상자 선정은 학교장 및 교원이 임의적으로 판단해서는 안되며, 「장애인 등에 대한 특수교육법」제15조에 따라 교육감 또는 교육장이 시·도 또는 시·군·구에 설치된 특수교육운영위원회의 심사를 거쳐 결정하여야 함

② 법령과 고시에서 정한 학생생활지도 용어 정의는 일상적인 어휘가 가진 의미와 차이가 있을 수 있으므로, 학교의 장 및 교원은 이를 명확히 숙지하는 것이 필요하며, 학생과 보호자에게도 충분히 안내하여야 함

③ 보상의 기회는 누구에게나 공평하게 주어져야 하며, 일관적이고 공정한 방법으로 제공되는 것이 필요함

3. 참고

○ Q&A

Q. 「평생교육법」 제31조(학교형태의 평생교육시설)에 의해 설립된 학교도 이번 생활지도 고시의 내용이 적용되나요?

A. 이번에 제정된 교원의 「학생생활지도에 관한 고시」는 「초·중등교육법」 제2조*에 따른 학교에만 적용이 됩니다. 「평생교육법」 제31조에 의해 설립된 학교는 법적 근거가 다르므로 이 고시의 적용 대상에 포함되지 않습니다.

• 초등학교, 중학교·고등공민학교, 고등학교·고등기술학교, 특수학교, 각종학교

Q. 전문상담사도 학생생활지도에 참여할 수 있나요?

A. 학교의 장은 「초·중등교육법」 제20조제1항에 의거 교무를 총괄하므로 학생 분리지도 등에 대한 생활지도에 관한 사항을 전문상담사 등 교직원(학교장이 인정한 교육활동 보조 인력 등)에게 분장할 수 있습니다. 따라서 전문상담사도 학생생활지도에 부여된 임무에 따라 참여할 수 있습니다.

Q. 정당한 생활지도란 무엇이며, 고시와 학칙에 따라 학생에 대해 생활지도를 하였다면 학생이나 학부모의 아동학대 신고로부터 자유로

울 수 있나요?

A. 법령의 위임을 받은 고시와 고시의 위임에 따라 정한 학칙에 의거
하여 이루어진 교원의 생활지도는 '법령에 의한 행위'로써 형법 제
20조(정당행위)에 의거 벌하지 않습니다. 그러나, 교원의 학생생활
지도가 법령·고시·학칙이 정한 범위를 벗어난 경우 또는, 고시가
정한 학생생활지도의 범위를 벗어나 규정하고 있는 학칙에 근거하
여 생활지도가 이루어진 경우에는 법적 문제가 발생할 수 있으므
로, 학칙을 제·개정할 때는 이 점에 대해 유의할 필요가 있습니다.

〈형법 제20조(정당행위)〉

▶ 법령에 의한 행위 또는 업무로 인한 행위 기타 사회상규에 위배 되지 아
니하는 행위는 벌하지 아니한다.

제3조(교육 3주체의 책무) ① 학생, 학교의 장과 교원, 학부모 등 보호자(이하 "보호자"라 한다)는 상호 간에 권리를 존중하고 타인의 권리를 부정하거나 침해하지 않도록 노력해야 한다.
② 학생은 학칙을 준수하고 학교의 장과 교원의 생활지도를 중하며 따라야 한다.
③ 학교의 장과 교원은 생활지도를 통해 학생의 건강한 성장과 발달을 지원하고 학내의 질서를 유지하기 위하여 노력해야 한다.
④ 학교의 장은 학생 및 보호자와 교원 간의 상호 소통 증진을 위하여 노력하며, 교원의 원활한 생활지도를 위하여 시설, 인력 등 제반 여건을 갖추도록 지원해야 한다.
⑤ 보호자는 학교의 장과 교원의 전문적인 판단과 생활지도를 존중해야 하며, 학생이 학칙을 준수하도록 지도하여 교육활동이 원활히 이루어지도록 협력해야 한다.

1. 해설

① 교육 3주체 : 학생, 학교의 장과 교원, 학부모 등 보호자(이하 '보호자'라 한다)
   - 학생 :「초·중등교육법」제2조에 따른 학교에 재학 중인 사람
   - 학교의 장과 교원 :「초·중등교육법」제19조 제1항에 따라 학교에 두는 교장(직무대리 임용자를 포함한다)·교감·수석교사 및 교사
   - 보호자 : 학생에게 친권을 행사할 권리와 의무가 있는 '학생의 부모'(학부모), 친권자가 없는 경우 학생의 후견인, 기타 학생을 실질적으로 보호·양육하고 있는 사람
② 학생이 학교의 장 및 교원의 정당한 생활지도에 불응 시 징계 또는 교권 침해에 대한 조치를 받을 수 있으며, 폭력행위 등에 대해서는 법적 책임을 질 수 있음
③ 학교의 장이 교원의 원활한 생활지도를 위하여 갖추도록 지원해야 하는 제반여건에는 1)학부모 교육상담실 마련, 2)도전 행동 학생에 대한 긴급 대응을 위한 비상벨 시스템 구축, 3)SPO 및 병원 등 긴급 협력 대응체계 구축 등이 포함됨
④ 학교의 장 및 교원의 정당한 생활지도로 이루어지는 학부모에 대한 조

언, 상담 요청 등을 정당한 사유 없이 기피하거나 거부하는 경우 교권 침해 보호자에 대한 조치를 받을 수 있음

2. 지도요령

단위 학교는 법령과 고시의 범위 내에서 교육 3주체의 책무를 보다 상세화하거나 구체화하여 학칙으로 정하여 지도할 수 있음

3. 참고

① Q&A

Q. 고시 제정에 따른 학칙 개정 시, 표준안을 기준으로 개정하거나, 학칙개정 심의위원회 등 관련 절차 일부를 생략 또는 간소화할 수 있나요?

A. 학칙 개정은 「초·중등교육법」 제32조제1항제1호* 및 같은 법 시행령 제9조제4항, 제59조의4에** 따른 절차를 준수하는 것이 원칙입니다. 고시 해설서의 예시나 법령의 범위내에서 각 시도교육청이 정한 표준안(학생생활규정, 선도규정 등에 대한 시도표준안)에 따라 개정하더라도 절차를 준수해야 합니다. 다만, 시도교육청의 관련 세부 지침 및 학교의 학칙에 따라 별도규정(학생생활규정 등)을 두거나 일부 절차가 상이할 수 있으므로 소속 교육청의 지침과 소속 학교의 학칙을 추가적으로 확인하시기 바랍니다.

〈관련 법령〉

* 제32조(기능) ① 학교에 두는 학교운영위원회는 다음 각 호의 사항을 심의한다. 다만, 사립학교에 두는 학교운영위원회의 경우 제7호 및 제8호의 사항은 제외하고, 제1호의 사항에 대하여는 자문한다.

1. 학교헌장과 학칙의 제정 또는 개정

** 제9조(학교규칙의 기재사항 등) ④ 학교의 장은 제1항제7호(학업 중단예방에 관한 사항은 제외한다)부터 제9호까지의 사항에 관하여 학칙을 제정하거나 개정할 때에는 학칙으로 정하는 바에 따라 미리 학생, 학부모,

---

교원의 의견을 듣고, 그 의견을 반영하도록 노력해야 한다.

제59조의4(의견 수렴 등) ① 국·공립학교에 두는 운영위원회는 다음 각 호의 어느 하나에 해당하는 사항을 심의하려는 경우 국립학교의 경우에 는 학칙으로, 공립학교의 경우에는 시·도의 조례로 정하는 바에 따라 미리 학부모의 의견을 수렴해야 한다.

1. 법 제32조제1항제1호, 제5호, 제6호, 제9호 또는 제10호에 해당하는 사항

(중략)

② 국·공립학교에 두는 운영위원회는 다음 각 호의 어느 하나에 해당하는 사항을 심의하기 위하여 필요하다고 인정하는 경우 학생 대표 등을 회의에 참석하게 하여 의견을 들을 수 있다.

1. 법 제32조제1항제1호, 제6호 또는 제10호에 해당하는 사항
2. 그 밖에 학생의 학교생활에 밀접하게 관련된 사항

③ 국·공립학교에 두는 운영위원회는 국립학교의 경우에는 학칙으로, 공립학교의 경우에는 시·도의 조례로 정하는 바에 따라 학생 대표가 학생의 학교생활에 관련된 사항에 관하여 학생들의 의견을 수렴하여 운영위원회에 제안하게 할 수 있다.

② 모두의 학교 문화 만들기 책임 규약
  - 학교의 장은 교육 3주체의 권리와 책임을 인식하고 존중하는 학교문화 조성과 생활지도 책무성 제고를 위하여 학교 규칙 등에 대한 교육·연수를 제공하고 '모두의 학교 문화 만들기 책임 규약' 서명 운동을 운영할 수 있음

※ 학생생활지도에 대한 보호자의 원활한 협조를 위해, 학생 문제행동 발생 시 학교조치 이행 동의서 등을 책임 규약에 포함할 수 있음

[학교 규칙 등에 대한 교육·연수 운영 예시]

대상	횟수	방법
학 생	연 1회 이상	■ 학기 초 학급 단위로 실시하여 학칙과 바른 태도 등을 사전에 안내하도록 함 ■ 교과 및 창의적 체험활동 교육과정을 활용하여 실시함
교직원	연 1회 이상	■ 생활지도 관련 법령, 생활지도의 요건과 예시 상황, 학생 대상 생활지도 사전 교육 방법 등을 포함함
보호자	연 1회 이상	■ 학부모 연수, 가정통신문, 핸드북 배부 등의 방법으로 실시할 수 있음 ■ 가정에서의 인성교육과 기본 생활교육에 관한 사항을 포함함

③ 모두의 학교를 위한 책임 규약 서명 운동이란?
 - 모두의 학교를 위한 책임 규약이란 학교의 교육 3주체(학생, 교원, 보호자)의 책임과 학교규칙을 인식하고 존중하며, 함께 실천하는 문화를 만들기 위해 실시하는 캠페인 성격의 활동임
 - 책임계약 서명운동은 학칙 및 생활지도에 관한 내용과 각 주체의 책임을 인식하고 실천해 나가는 문화를 조성하는 것이 목적이며, 법령과 고시에서 부여받은 학생 및 학부모의 권리를 제한하는 법적 구속력이 있는 것은 아닙니다.
 - 책임규약 서명운동의 운영 단위 및 시기, 방법 등은 학교의 여건에 따라 결정할 수 있음

구분	세부 내용(예시)
운영 단위	학교 단위, 학년 단위, 학급 단위 등
운영 시기	학년 초, 학기 초, 특정 교육주간 등
운영 방법	학교 구성원 의견 수렴 및 캠페인, 결과 공유회 등

제4조(수업 중 휴대전화 사용) 학생은 수업 중에 휴대전화를 사용해서는 안 된다. 다만, 교육 목적의 사용, 긴급한 상황 대응 등을 위하여 사전에 학교의 장과 교원이 허용하는 경우에는 휴대전화를 사용할 수 있다.

1. 해설

○ 학교에서 수업 중 휴대전화 사용은 원칙적으로 금지됨
 - 휴대전화는 개인 통신용 스마트폰 뿐만 아니라, 정보통신 기능을 가진 스마트워치, 태블릿PC, 노트북 등의 휴대용 전자기기도 포함됨
 - 휴대전화(정보통신 기능을 가진 휴대용 전자기기를 포함한다)를 이용하여 음성·영상·문자 등의 정보를 주고받는 행위, 정보 검색·열람 또는 생성·저장하는 행위는 휴대전화를 사용하는 것으로 간주함
 ※ 정보통신 기능을 가진 휴대용 전자기기를 활용한 음성 또는 영상 통화, 메시지 주고 받기, 음성 녹음, 영상 촬영, 메시지 검색·열람 등을 포함함
 - 학생이 수업중 휴대전화를 사용하려면, 사전에 교육 목적 사용, 긴급한 상황 대응 등을 위하여 휴대전화 사용이 부득이한 것인지를 적시하여 학교의 장과 교원에게 허가받는 절차를 거쳐야 함
 ※ 한국어가 미숙한 중도입국 청소년이나, 청각장애를 가진 학생 등이 휴대전화를 이용하여 번역, 음성의 문자변환 등을 목적으로 사용하는 경우는 교육목적 사용으로 인정함
 - 교원이 수업 중 휴대전화 사용이 필요하다고 판단하는 경우, 별도의 절차 없이도 휴대전화 사용을 구두로 일시 허가할 수 있음

2. 지도요령

① 학생이 수업 중 휴대전화를 사용하는 것은 원칙적으로 금지되며, 정보통신 기능을 가진 휴대용 전자기기도 휴대전화로 간주된다는 것을 명확히 인식할 수 있도록 학교 구성원들에게 충분히 안내하여야 함
② 학교의 장과 교원은 부득이하게 수업 중 휴대전화를 사용하려는 학생들을 위한 사용 허가 절차를 마련하고, 학생 및 보호자에게 사전에 안내하여야 함
※ 수업 중 휴대전화 사용 허가에 필요한 절차, 신청서 및 구비 증빙자료 등에 관한 사항을 학칙으로 정하여 운영할 수 있음

※ 학칙의 규정 예시

제○조(수업 중 휴대전화 사용) ① 학생은 수업 중에 휴대전화(정보통신 기능을 가진 휴대용 전자기기를 포함한다)를 사용해서는 안 된다. 다만, 사전에 학교의 장과 교원이 허용하는 경우에는 휴대전화를 사용할 수 있다.

② 학생이 제1항에 따라 수업 중 휴대전화를 일시적으로 사용하고자 할 때에는 지도 교원에게 구두로 요청하여 허가를 받을 수 있다.

③ 학생이 제1항에 따라 수업 중 휴대전화를 1일 이상 지속하여 사용하고자 할 때에는 사전에 〈별표1〉의 신청서와 증빙자료를 구비하여 담임교사에게 신청하여야 한다. 이 경우, 담임교사는 3일 이내에 허용 여부를 학생에게 알려야 한다.

③ 수업 중 학부모·학생의 녹음 행위 관련 가이드라인(교육부 학교교수학습혁신과)
  ○ (금지) 학부모의 비밀 녹음 또는 실시간 청취
  - 학부모 등 제3자가 교사의 동의 없이 녹음기, 스마트폰 앱 등을 활용하여 수업내용(교사-학생 간 대화, 학생 간 대화, 학생과 제3자와의 대화 등)을 녹음 또는 실시간으로 청취
  ☞ 「통신비밀보호법」을 위반한 행위가 될 수 있고, 「교육활동 침해행위 및 조치 기준에 관한 고시」에 따라 교육활동 침해행위에 해당될 수 있으며, 교육활동 침해행위를 보고받은 관할청이 「교원지위법」에 따라 수사기관에 고발할 수 있음.
  ○ 관련 법령 및 지침 등
  ▶ 「통신비밀보호법」 제14조(타인의 대화비밀 침해금지)
  - ① 누구든지 공개되지 아니한 타인간의 대화를 녹음하거나 전자장치 또는 기계적 수단을 이용하여 청취할 수 없다.
  ▶ 「교원의 지위 향상 및 교육활동 보호를 위한 특별법」 제15조(교육활동 침해행위에 대한 조치)
  - ④ 제3항에 따라 보고받은 관할청은 교육활동 침해행위가 관계 법률의 형사처벌규정에 해당한다고 판단하면 관할 수사기관에 고발할 수 있다.
  ▶ 「교육활동 침해행위 및 조치 기준에 관한 고시」 제2조(교원의 교육활동 침해 행위)
  - 교원의 교육활동(원격수업을 포함한다)을 부당하게 간섭하거나 제한하는 행위는 다음 각 호와 같다.

3. 교원의 정당한 교육활동에 대해 반복적으로 부당하게 간섭하는 행위

5. 교육활동 중인 교원의 영상·화상·음성 등을 촬영·녹화·녹음·합성하여 무단으로 배포하는 행위

○ (예외적 허용)학생의 개별 학습을 위한 녹음

- 학생이 복습 등 개인적 학습, 기타 교육 목적으로 녹음기, 스마트폰 앱(어플) 등을 활용하여 수업내용과 교사의 발언을 녹음하는 행위

☞ 「통신비밀보호법」에 따라 당사자 간의 녹음은 위법이 아님. 다만, 교사의 동의 없이 수업 내용을 학생이 일방적으로 녹음하는 행위는 헌법에서 보장하는 교사 및 타 학생의 인격권(음성권), 사생활의 비밀과 자유를 부당하게 침해할 소지가 있음.

☞ 아울러, 「교원의 학생생활지도에 관한 고시」에 따르면 수업 중 휴대전화 사용은 원칙적으로 금지되고 있으며, 교육 목적 등으로 교사의 허락을 득한 경우에 한하여 예외적으로 허용하고 있음.

☞ 이에, 학생이 개별 학습의 목적으로 수업 내용을 녹음하기 위해서는 반드시 수업 전에 교사에게 녹음을 신청하고 허가를 득해야 함. 다만, 교사의 허가를 득한 경우에도 녹음파일이 허가된 목적 외로 활용될 소지가 있다고 판단되면 교사는 녹음을 중단시킬 수 있으며, 녹음 파일의 무단 배포 시 교육활동 침해 행위에 해당될 수 있음.

[관련 참고 자료]

학생의 휴대전화 사용 제한 관련 국가인권위원회 결정문(2020.4.7.)

따라서 수업의 평온성 유지 등 학교 생활질서 확보 차원에서 휴대전화 소지 사용 제한의 필요성이 인정되는 경우라고 할지라도, 수업시간 중에만 사용을 제한하고 점심시간 또는 휴식시간 등에는 사용을 허용하는 등 학생의 기본권 침해를 최소화 하면서도 교육적 목적을 달성할 수 있는 다른 방법을 고려할 수 있음에도, 학교에서 학생의 휴대전화 소지 사용을 전면적으로

제한하는 조치는 그 제한이 과도하여 헌법 제37조 제2항에 따른 과잉 금지 원칙에 위배된다 할 것이다.

제2장 생활지도의 범위

제5조(학업 및 진로) 학교의 장과 교원은 학업 및 진로와 관련하여 다음 각 호의 사항에 대해 학생을 지도할 수 있다.
　1. 교원의 수업권과 학생의 학습권에 영향을 주는 행위
　2. 학교의 면학 분위기에 영향을 줄 수 있는 물품의 소지 · 사용
　3. 진로 및 진학과 관련한 사항

1. 해설

① 교원의 수업권과 학생의 학습권에 영향을 주는 행위에 대해 생활지도가 가능함
　○ 행위 예시
　　- 교육내용 및 방법에 대한 정당하지 않은 요구
　　- 정당한 과제지시에 따르지 않는 행위
　　- 수업에 늦게 들어오거나 무단으로 이동하는 행위
　　- 수업 중 엎드리거나 잠을 자는 행위
　　- 해당 수업과 관련 없는 타 교과 공부 또는 개인과제를 하는 행위
　　- 수업 중 교사에 대한 폭언 및 위협적 행위
　　- 교원에 대한 모욕행위
　　- 수업 중 부적절한 행동으로 주의를 분산시켜 원활한 수업에 지장을 주는 행위
　　- 학습을 위한 모둠활동에 참여하지 않거나 다른 학생의 학습을 방해하는 행위
② 학생이 학업에 전념하는 데 지장을 주어 학교의 면학 분위기에 영향을 줄 수 있는 물품의 소지 · 사용에 대해 생활지도가 가능함
　○ 소지 금지 물품 예시
　　- 도박 물품(포커카드, 마작, 화투 등)
　　- 과다한 소음을 발생시키는 도구 또는 장치
　　- 휴대용 게임기
　　- 선정적 사진이나 영상물 등
③ 학생의 진로 및 진학과 관련한 전반적인 사항에 대해 생활지도가 가능함

2. 지도요령

① 수업권은 교사의 권한이지만, 학생의 학습권을 보호하고 보장하기 위한

것임. 따라서 수업권의 범위는 학습권의 보호 및 보장이라는 전제하에
서만 행사될 수 있음
② 학습권은 인격을 형성하고, 인간으로서의 존엄과 가치를 실현하며 성장·발
달해 나가는데 필수적인 권리이므로 교사의 교육권 또는 수업권에 우선함

[관련 판례]

교원의 수업권과 학생의 학습권

교원의 수업권은 교육권의 포괄적 개념 가운데 교사가 학생들을 대상으로 가르
치는 권리(헌법재판소 2001. 11. 29. 2000헌마278 결정)로 피교육자의교육받을
권리(학습권)의 보장에 필수적인 것으로 법적으로 보장되는 교육상의 직무권한임

※ 교원의 수업권은 교육기본법 등의 법령의 범위와 교사의 전문성을 토대로
   학생에게 적합한 교육내용과 방법을 자유롭게 행사할 수 있는 권한임

(대법원 2005다25298 판결)

3. 참고

① 창의적 체험활동 진로활동 수업시간 외에 학교관리자 및 담임교사, 교과
   담임교사 등이 학생을 대상으로 실시하는 진로관련 활동*은 생활지도의
   범주에 포함할 수 있음
   • 상급학교 진학 등과 관련한 진로심리검사, 진로탐색, 진로체험, 진로설계 등
② Q&A

   Q. 수업 중 졸거나 엎드려 잠을 자는 행위에 대해 생활지도가 가능한가요?
   A. 학생이 수업 중 졸거나 엎드려 잠을 자는 것은, 비록 적극적으로
      수업을 방해하는 행위가 아니더라도 교실의 면학 분위기에 영향을
      줄 수 있으므로 지도가 가능합니다.

   Q. 학생이 원치 않는 경우에도 진로 및 진학 관련 생활지도가 가능한가요?
   A. 교원은 학생이 원하지 않은 경우에도 학생의 진로 및 진학과 관련하여
      고시에 따라 생활지도를 할 수 있습니다. 다만, 교원은 자신의 개인적
      신념, 가치 등이 학생생활지도에 미칠 수 있는 잠재적 영향에 대해 인
      식하고, 자신의 신념과 가치를 학생에 강요하지 않아야 합니다.

제6조(보건 및 안전) 학교의 장과 교원은 보건 및 안전과 관련하여 다음 각 호의 사항에 대해 학생을 지도할 수 있다.
1. 자신 또는 타인의 건강에 영향을 주는 사항
2. 건전한 성장과 발달에 영향을 미치는 사항
3. 자신 또는 타인의 안전을 위협하거나 위해를 줄 우려가 있는 행위

1. 해설

① 보건 및 안전과 관련된 생활지도의 범위는 학생과 교직원의 신체적·정신적 건강을 보호·증진하고 건전한 성장과 발달을 지원하며, 각종 안전사고와 질병을 예방하고 대응하는 사항들이 포함됨

② 학생 자신 또는 다른 학생 및 교직원의 신체적·정신적 건강에 영향을 줄 수 있는 각종 행위를 포함한 사항에 대해 생활지도를 할 수 있음
  ○ 생활지도 상황 예시
  - 식습관 등 급식지도
  - 흡연 및 약물 오남용 예방
  - 사이버 중독·감염병 예방 등

③ 학생이 자신의 삶을 책임감 있게 가꾸어 나가고 조화로운 사회구성원이 되도록, 건전한 성장과 발달에 영향을 미칠 수 있는 부적절한 행위 등에 관한 사항에 대해 생활지도를 할 수 있음
  ○ 부적절한 행위 예시
  - 도박 및 사행성 게임을 하는 행위
  - 공격성 및 공격적 행동
  - 사회적 통념에 어긋나는 반사회적 행위
  - 가출, 기타 아동·청소년으로서 부적절한 행동 등

④ 학교 안팎에서 자신의 안전뿐만 아니라 타인의 안전을 위협하거나 위해를 줄 수 있는 행동 등에 대한 예방 및 대응에 관한 사항에 대해 생활지도를 할 수 있음
  ○ 생활지도 상황 예시
  - 통학방법, 학교 내 통행 예절
  - 위험한 장난감 및 흉기 소지 금지
  - 용도를 벗어난 시설물이나 장치의 이용 등

2. 지도요령

① 교육활동 중 학생의 일상생활에서 학생 자신뿐만 아니라 타인의 보건과 안전에 위협·위해가 예견되는 학생 행동 전반에 대하여 생활지도 가능
② 학교의 장과 교원은 생활지도를 통해 학생에게 안전에 대한 인식을 일깨워 사고를 미연에 예방할 수 있도록 독려하여야 함

3. 참고

○ 학교안전사고의 예방에 관한 책무
  - 학교의 장은 학교안전사고를 예방하고 학교시설을 안전하게 관리·유지하기 위하여 노력해야 할 책무가 있음

〈「학교안전법」제5조(학교안전사고의 예방에 관한 책무)〉

① 교육부장관, 특별시·광역시·특별자치시·도 및 특별자치도(이하 "시·도"라 한다. 이하 같다)의 교육감(이하 "교육감"이라 한다), 학교장 및 「사립학교법」의 규정에 따라 사립학교를 설치·경영하는 자(이하 "학교장등"이라 한다)는 학교안전사고를 예방하고 학교시설을 안전하게 관리·유지하기 위하여 노력하여야 한다.

제7조(인성 및 대인관계) 학교의 장과 교원은 인성 및 대인관계와 관련하여 다음 각 호의 사항에 대해 학생을 지도할 수 있다.
1. 전인적 성장을 위한 품성 및 예절
2. 언어 사용 등 의사소통 행위
3. 학교폭력 예방 및 대응, 학생 간의 갈등 조정 및 관계 개선

1. 해설

① 학교의 장과 교원은 인성 및 대인관계와 관련하여 생활지도를 할 수 있음
  - 인성 : 학생의 내면을 바르고 건전하게 가꾸고 타인·공동체·자연과 더불어 살아가는 데 필요한 인간다운 성품과 역량
  - 대인관계 : 교육활동 중에 발생하는 학생 간 또는 학생과 교원 등 타인간의 상호작용 및 심리적 관계
② 전인적 성장을 위한 품성 및 예절이란 전인적 인격체를 완성하기 위해 학생으로서 바른 마음가짐이나 사람됨을 나타내는 태도와 행동, 예절에 관한 전반적인 사항을 의미함
  ○ 품성 및 예절 예시
    - 친절, 봉사
    - 협동, 근면, 성실
    - 인사하기, 공손하게 대하기 등
③ 학교의 장과 교원은 교육활동 중에 일어나는 학생들의 부적절한 언어 사용(사이버 공간을 포함한다) 등 의사소통 행위에 대해 생활지도를 할 수 있음
    - 비록, 교육활동 중이 아닌 시간(하교 시각 이후)에 발생한 학생들 간의 부적절한 의사소통은 교원의 보호·감독 의무 범위에 속하지 아니하나, 교사가 지도가 필요하다고 판단 한 경우 교육활동 중에 생활지도가 가능함
  ○ 부적절한 의사소통 행위 예시
    - 학생 간의 욕설 및 비방
    - 특정 학생을 대화에서 소외시키고 따돌리는 행위
    - 교직원에 대한 반말, 욕설 등의 행위
    - 기타 상대방이 모욕감, 수치심 등을 느끼게 하는 의사소통 행위 등
④ 학교폭력 예방 및 대응, 학생 간의 갈등 조정 및 관계 개선을 위한 생

활지도 가능

- 학교폭력 예방 및 대응에 대한 생활지도는 학교폭력 예방을 위하여 학생의 부적절한 행위 및 태도 등을 지도하는 것, 학생들이 학교폭력에 바르게 대응하도록 지도하는 것, 학교폭력 사안 발생 시 사건을 파악하는 등의 지도 행위를 포함함
- 학교의 장과 교원은 학생 간의 갈등 상황이 학교폭력에 해당하지 않거나, 학교폭력이라 하더라도 경미하다고 판단되는 경우 학생간의 갈등 조정 및 관계 개선을 위한 생활지도를 할 수 있음

2. 지도요령

① 학생 간의 갈등이 학교폭력으로 신고·접수된 이후에는 반드시 「학교폭력예방법」에 따른 처리를 하고, 경미한 경우에만 갈등조정 및 관계 개선 지도를 할 수 있음
- 경미한 경우란 「학교폭력예방법」 제13조의2에서 규정한 학교의 장의 자체해결 요건을 충족하는 경우를 말함

※ 「학교폭력예방법」 제13조의2(학교의 장의 자체해결)

① 제13조제2항제4호 및 제5호에도 불구하고 피해학생 및 그 보호자가 심의위원회의 개최를 원하지 아니하는 다음 각 호에 모두 해당하는 경미한 학교폭력의 경우 학교의 장은 학교폭력사건을 자체적으로 해결할 수 있다. 이 경우 학교의 장은 지체 없이 이를 심의위원회에 보고하여야 한다.

1. 2주 이상의 신체적·정신적 치료가 필요한 진단서를 발급받지 않은 경우
2. 재산상 피해가 없거나 즉각 복구된 경우
3. 학교폭력이 지속적이지 않은 경우
4. 학교폭력에 대한 신고, 진술, 자료제공 등에 대한 보복행위가 아닌 경우

② 학교의 장 및 교원의 생활지도만으로 학생의 인성 및 대인관계 문제를 해결하는 데 한계가 있는 사항은 관계기관 인계 또는 외부 전문가의 도움을 받을 수 있도록 하는 것이 바람직함
- 시도교육청 및 교육지원청은 학생의 인성 및 대인관계 문제해결 지원

을 위한 지역사회의 자원(관계기관 및 전문가 인력풀)을 적극적으로 발굴하여 학교에 안내하고, 이와 관련한 예산 편성이 이루어질 수 있도록 지원하여야 함

3. 참고

○ Q&A

Q. 학교의 장 및 교원의 생활지도만으로 학생의 인성 및 대인관계 문제를 해결하는 데 한계가 있는 사항이란 구체적으로 어떤 것인가요?

A. 학생의 인성 및 대인관계 문제로 발생한 절도, 도박, 폭력행위와 같은 범법 행위, 반사회성 성격장애와 품행장애 등 정신병리적 문제가 있다고 의심되는 경우를 예시로 들 수 있습니다. 범법 행위에 대해서는 수사기관 등에 연계하고, 정신병리적 문제가 의심되는 경우에는 전문가의 검사·상담·치료를 보호자에게 권고하여 적절한 치료를 받도록 하는 것이 필요합니다.

제8조(그 밖의 분야) 학교의 장과 교원은 제5조부터 제7조까지에서 규정한 사항 외에 다음 각 호의 사항에 대해 학생을 지도할 수 있다.
1. 특수교육대상자와 다문화학생에 대한 인식 및 태도
2. 건전한 학교생활 문화 조성을 위한 용모 및 복장
3. 비행 및 범죄 예방
4. 그 밖에 학칙으로 정하는 사항

1. 해설

① 학교의 장과 교원의 학생생활지도는 교육활동 중 학생의 생활 전반과 관련하여 이루어지는 것이 교육적 측면에서 바람직함
  - 고시 제8조의 그 밖의 분야는 고시 제5조부터 7조까지의 범위에 포함되지 않는다고 해석하거나 오해될 수 있는 사항을 명시적으로 규정하고, 그 밖의 생활지도의 사각지대가 없도록 하려는 취지에서 규정된 것임
② 특수교육대상자와 다문화학생에 대한 인식 및 태도에 관한 사항은 「장애인복지법」 제25조, 「다문화가족법」 제5조제5항에 따라 학교에서 이루어져야 하는 교육활동이며, 학교의 장과 교원은 이에 관한 사항에 대하여 생활지도를 할 수 있음

※ 「장애인복지법」 · 「다문화가족법」

▶ 「장애인복지법」 ① 국가와 지방자치단체는 학생, 공무원, 근로자, 그 밖의 일반국민 등을 대상으로 장애인에 대한 인식개선을 위한 교육 및 공익광고 등 홍보사업을 실시하여야 한다

▶ 「다문화가족법」 제5조(다문화가족에 대한 이해증진) ⑤ 교육부장관과 특별시 · 광역시 · 특별자치시 · 도 · 특별자치도의 교육감은 「유아교육법」 제2조, 「초 · 중등교육법」 제2조 또는「고등교육법」 제2조에 따른 학교에서 다문화가족에 대한 이해를 돕는 교육을 실시하기 위한 시책을 수립 · 시행하여야 한다.

③ 학교는 교육을 하는 곳으로서 교육적 이상과 비전을 가지고 교육 3주체가 공유하는 건전한 학교생활 문화를 조성하여 교육적 효과를 높일 수 있음

- 학교의 장과 교원은 단위 학교가 추구하는 건전한 학교생활 문화를 조성하기 위하여 학생의 교복 착용 등 복장에 관한 사항과 바람직한 용모 등을 지도할 수 있음

○ 복장 및 용모 지도 사례
- 학교가 정한 교복을 미착용하거나 규정에 맞지 않게 착용하지 않도록 지도
- 특정 종교·인종·집단에 대한 혐오를 과도하게 표현하는 복장을 착용하지 않도록 지도
- 과도한 노출 등 학교가 추구하는 문화에 부적합한 복장 착용을 하지 않도록 지도 등

④ 학생의 비행 및 범죄는 안전하고 평화로운 학교생활을 저해하고 학교 부적응, 학업 중단, 반사회적 범죄 등으로 이어질 수 있는 사항이므로 경미한 사안이라 하더라도 예방을 위한 지도를 할 수 있음

⑤ 학교의 장은 그 밖에 단위 학교 및 지역사회의 특성과 여건, 교육 3주체의 요구 등을 고려하여 학생생활지도에 필요한 내용을 학칙으로 정하여 운영할 수 있음

○ 그 밖의 학칙으로 규정하는 생활지도 사례
- 학교시설물 이용 관련 규정
- 학생으로서 지역사회에서 지켜야 할 바람직한 행동 예절
- 학교 내 개인물품 관리에 관한 사항 등

2. 지도요령

① 학교가 추구하는 문화에 부적합한 복장과 용모에 대한 사항은 가급적 교육 3주체가 공유할 수 있도록 학칙으로 세부적으로 정하여 실시하는 것이 바람직함

② 사회적 규범을 어긴 심각하고 명백한 학생의 비행 및 범죄에 대해서는 학교 지도만으로 한계가 있으므로 수사기관 등 관계기관에 연계하여 협력 지도하는 것이 필요함

③ 교원의 학생생활지도 등 보호·감독 의무는 학교 내에서의 학생의 생활 관계 전체에 미치는 것이 아니고, 학교에서의 교육활동 및 이와 밀접·불가분의 관계에 있는 학생의 생활 관계 범위 내에서만 의무를 짐

교원의 보호·감독 의무와 범위

"지방자치단체가 설치·경영하는 학교의 교장이나 교사는 학생을 보호·감독할 의무를 지는데, 이러한 보호·감독 의무는 교육법에 따라 학생들을 친권자 등 법정감독 의무자에 대신하여 감독을 하여야 하는 의무로서 학교내에서의 학생의 모든 생활 관계에 미치는 것은 아니지만, 학교에서의 교육활동 및 이와 밀접 불가분의 관계에 있는 생활 관계에 속하고, 교육활동의 때와 장소, 가해자의 분별 능력, 가해자의 성품과 행실, 가해자와 피해자의 관계, 기타 여러 사정을 고려하여 사고가 학교생활에서 통상 발생할 수 있다고 하는 것이 예측되거나 또는 예측 가능성(사고발생의 구체적 위험성)이 있는 경우에는 교장이나 교사는 보호·감독 의무 위반에 대한 책임을 진다고 할 것이다."

(대법원 2005다24318 판결)

제3장 생활지도의 방식

> **제9조(조언)** ① 학교의 장과 교원은 학생의 문제를 인식하거나 학생 또는 보호
> 자가 도움을 요청하는 경우 학생 또는 보호자에게 조언할 수 있다.
> ② 학생의 사생활에 관한 조언은 비공개를 원칙으로 한다.
> ③ 학교의 장과 교원은 학생의 문제 개선을 위하여 전문가의 검사·상담·치
> 료를 보호자에게 권고할 수 있다.

1. 해설

① "조언"이란 학교의 장과 교원이 학생 또는 보호자에게 말과 글로(정보통
신망을 이용한 경우를 포함한다) 정보를 제공하거나 권고하는 지도 행
위를 말함
② 조언의 요건
학교의 장과 교원이 학생의 문제를 인식하여 학생과 보호자에게 적절한
정보 제공을 통해 문제를 개선하고자 하는 경우 등 언제든지 조언이 가
능함
③ 조언의 상황 예시
- 학생 또는 보호자가 학습·진학 등과 관련한 도움을 요청하는 경우
- 교사가 학생 면담 또는 관찰 시 교우관계·학습 등에 대한 어려움을
발견한 경우
- 학교 내에서 실시하는 정서행동검사 결과 학생에게 심리상담 또는 치
료가 필요하다고 판단된 경우
- 학생의 건강한 신체적 발달, 문제행동 개선 등을 위해 학교 및 관련
분야 전문가로부터 검사·상담·치료 등이 필요하다고 판단되는 경우
- 학생 또는 보호자가 가정 환경 및 취업 등에 대하여 교원에게 정보
제공, 해결방안 제시 등 도움을 요청하는 경우
- 해결책을 제시했음에도 동일한 내용으로 지속적·반복적 상담을 요구
하는 경우 등

④ 조언의 절차

원인분석	정보 탐색	장소 선택	조언	사후 관리
학생 면담, 기록을 바탕으로 문제 상황 분석	도움에 필요한 관련 정보 탐색, 교사의 경험, 전문가 활용 등	조언 내용에 따라 공개 또는 비공개 장소 선택	교사의 전문적 판단하에 문제해결 지원	학생의 상황을 확인하고 상황에 따라 필요시 전문 기관 연계

2. 지도요령

① 학생과 보호자에게 문제 상황을 설명할 충분한 기회를 제공하고, 원활한 의사소통이 이루어지도록 분위기를 조성하는 것이 좋음
② 학생의 문제 해결을 돕고, 교육적 성장을 이끌어낼 수 있도록 행동개선 방안을 제시하는 등 건설적인 조언을 하는 것이 바람직함
③ 자세하게 조언하되 실천할 수 있는 시간적 여유를 제공하는 것이 좋음
④ 개인정보 보호를 위해 사생활과 관련된 조언의 내용은 상호 비공개를 원칙으로 함
⑤ 조언 시 과정 중에 가정폭력·학교폭력·성폭력 등의 징후 발견 시 관련 법에 따라 대응해야 함
  - 공개적인 조언은 모멸감이나 수치심을 주는 평가나 비난이 되지 않도록 유의할 필요가 있음

3. 참고

○ Q&A

Q. '조언'에 해당하는 특정 요건이 있나요?
A. 조언은 학교의 장과 교원이 학생 또는 보호자에게 말과 글로 정보를 제공하거나 권고하는 지도 행위로 어느 때든지 조언할 수 있습니다. 조언은 학생생활지도 중 많이 활용되는 방식으로 특정 요건이 존재하는 것은 아니며, 학교 교육활동에서 수시로 이루어지는 가장 광범위한 생활지도 방식입니다.

Q. '성장을 이끌어내는 건설적인 조언'이란 무엇인가요?

A. 학생의 문제를 해결하는 방안과 그에 따라 학생과 학부모가 실천할 수 있는 구체적 지침이 담긴 조언을 의미합니다. 학생에 대한 부정적 감정의 표현이 아닌, 학생의 문제 해결을 도울 수 있는 방안이 담겨야 올바른 조언이라 할 수 있습니다.

제10조(상담) ① 학교의 장과 교원, 학생 또는 보호자는 학생의 문제를 해결하기 위한 원인 분석, 대안 모색 등이 필요한 경우 누구든지 상담을 요청할 수 있다.

② 상담은 수업시간 외의 시간을 활용함을 원칙으로 한다. 다만, 진로전담교사 또는 전문상담교사에 의한 상담, 학교의 장과 보호자 간의 상담 등은 예외로 한다.

③ 상담의 내용은 해당 학생 또는 보호자 외의 제3자에게 누설해서는 안 된다. 다만, 다른 법령에 특별한 규정이 있는 경우에는 그 법령에서 정하는 바에 따른다.

④ 학교의 장과 교원, 보호자는 상호 간에 상담을 요청할 수 있고, 상대방의 요청이 있는 경우 명백한 사유가 없으면 이에 응해야 한다.

⑤ 제4항에 따른 상담의 일시 및 방법 등은 학교의 장이 정하는 바에 따라 사전에 협의해야 한다.

⑥ 제4항에도 불구하고 학교의 장과 교원은 다음 각 호의 상담을 거부할 수 있다.

1. 사전에 목적, 일시, 방법 등이 합의되지 않은 상담

2. 직무범위를 넘어선 상담

3. 근무 시간 외의 상담

⑦ 학교의 장과 교원은 학생 또는 보호자의 폭언, 협박, 폭행 등의 사유로 상담을 지속하는 것이 불가능하다고 판단하는 경우 상담을 즉시 중단할 수 있다. 이 경우 학교의 장과 교원은 교직원에게 도움을 요청하거나 주변 학생에게 신고를 요청할 수 있다.

1. 해설

① 학생생활지도 방식으로서의 상담*은 학생의 학습 및 학교생활에 적응을 돕기 위해 학교의 장과 교원, 학생 또는 보호자가 함께 문제를 해결해 나가는 소통의 과정을 의미함

 * 진로 체험의 날, 진학 설명회, 학부모 상담 주간 등 교육(지원)청 또는 학교의 행사 및 일정에 의해 진행되는 상담은 포함하지 않음

② 상담은 학생의 문제 예방, 발달과 성장, 문제 해결을 달성하는 것을 목표로 함

2. 상담의 요건

- 학교의 장 또는 교원, 학생 또는 보호자가 상호 간에 학습, 교우관계, 진로 등에 대한 상담을 요청하는 경우
- 상담의 목적, 주제, 방식(유선, 대면, 서면 등), 일시*, 장소 등에 대하여 상호 간에 합의가 이루어진 경우
* 학부모 상담은 수업 시간 외, 근무 시간 내의 시간을 활용하는 것이 원칙임

※ 유선으로 상담을 진행할 경우 교사의 개인 휴대전화 번호가 노출되지 않도록 학교 전화 '착신전환' 설정 확인 필요

○ 상담 거부 상황 예시
- 학생이 긴급한 사유 없이 수업 시간 중 상담을 요청하는 경우
- 사전연락 없이 보호자가 학교로 찾아와 상담을 요청하는 경우
- 보호자 개인의 문제로 상담을 요청하는 경우
- 보호자가 직장 업무 처리 등을 사유로 야간 또는 주말에 SNS 등으로 상담을 요청하는 경우
- 보호자가 폭언 또는 민원 등을 활용하여 상담을 강요하는 경우

3. 상담 장소

① 상담이 이루어지는 공간은 상담자와 내담자의 신뢰 관계 형성 및 상담 내용 비밀보장 등을 위해 별로로 구분하여야 하며 이에 필요한 시설도 함께 갖추는 것이 필요함
② 긴급 지원 요청을 위한 비상벨 시스템 및 전화기, 상담 시간 확인을 위한 알람 시계, 녹음* 장비 등 상담 시 교원의 안전 등을 위한 시설 등 구비 필요(학교의 장은 관련 예산을 적극 편성하여 지원)
* 녹음이 필요할 경우 사전 고지 상담에 참여한 모든 사람이 동의할 경우 사용

4. 지도요령

① 학생에게 교사의 의견을 강요하지 않아야 하며, 학생이 자신의 가치와 신념을 탐색하도록 격려하는 것이 바람직함
• 상담 중 대화 내용이 주변 사람에게 들리지 않도록 주의할 필요가 있으며, 상담 내용이 제3자에게 누설되지 않도록 함

※ 단, 상담 중 아동학대, 성폭행, 학교폭력 등의 사실이 의심되거나 발견된 경우 관련 법 및 가이드라인에 따라야 함

② 초등학교 저학년 학생을 상담하는 경우 필요시 보호자의 참여도 고려할 수 있음

③ 보호자와의 상담인 경우에는 상담 시작 전에 핵심 주제, 기대 목표, 상담 시간 등을 정하고 시작하는 것이 좋음

• 필요한 경우 학교관리자나 외부 전문가와 함께 공동으로 상담을 진행할 수 있음

- 교원이 학교관리자와 공동 상담을 요청하는 경우 학교관리자는 적극 참여하도록 노력해야 함

5. 참고 1

○ 주요 Q&A

Q. 상담 기록을 반드시 남겨야 하나요?

A. 공식 요청에 의한 상담인 경우에는 기록을 남기는 것을 권장합니다. 학생의 발달 과정을 파악하는데 도움이 되고, 교원의 학생생활지도 근거 자료로도 활용할 수 있습니다. 다만, 학생과의 가벼운 상담인 경우에는 개인 메모 형태로 핵심만 기록하는 것도 가능합니다.

Q. 상담을 녹음 및 녹화하려는 경우에 허용해야 하나요?

A. 사전에 녹화 및 녹음이 허용된 장소 및 공지된 경우에는 가능합니다. 그러나 그렇지 않은 경우 상담에 참여한 사람이 모두 동의한 경우에만 녹음 및 녹화는 허용됩니다. 동의하지 않은 녹음 및 녹화가 진행됨을 인지한 경우 상담을 중단할 수 있습니다. 다만, 학교 안전을 위해 상담실 등에 설치된 CCTV 등을 통해 영상녹화는 가능합니다.

Q. 제10조 ③항과 관련하여 '다른 법령'에 의한 경우는 무엇인가요?

A. 상담 내용을 공개해야 하는 경우는 해당 내담자의 동의를 구한 경우 (형법 제24조), 상담자, 내담자 또는 제3자의 생명, 재산 등에

대한 급박한 침해 또는 위난을 방지하고자 하는 경우(형법 제20, 21조), 법적으로 상담 자료 등을 제공하여야 하는 경우(형법 제19조) 등에 해당합니다.

Q. 제10조 ⑥항의 '직무범위'를 넘어선 상담의 무엇인가요?

A. 상담 관련 직무범위는 수업 및 학생 지도와 관련된 영역 등이 해당됩니다. 직무 범위를 넘어선 상담은 교사가 관여하지 않는 학생이나 학급 또는 본인이 담당하지 않는 행정업무와 관련된 요구 등이 있습니다.

Q. 제10조(상담) 제4항에 해당하는 '명백한 사유'란 무엇인가요?

A. 상담 요청을 거절할 수 있는 사유로는 제6항, 제7항과 같이 사전에 합의되지 않았을 때, 직무 범위를 넘어섰을 때, 근무시간 외에 상담을 요청했을 때, 보호자의 폭언 등으로 상담이 불가능할 때 등이 있습니다.

Q. 상담 실시를 위한 사전 협의는 어떻게 진행하나요?

A. 제10조(상담) 제5항에 따르면 상담의 일시 및 방법 등은 학교의 장이 정하는 바에 따라 사전에 협의해야 합니다. '상담 요청서 작성·제출', '상담 사전 신고제' 등의 방법을 활용하여, 각 학교의 학칙에 따라 상담을 위한 사전 협의를 진행합니다.

6. 참고 2

교원과 보호자의 교육상담 가이드라인

★ 일반 원칙

① 교원과 보호자는 상담을 하는 경우 상호존중을 바탕으로 상호 예의를 지키고, 사용하는 구어와 문장은 경어를 사용한다.

② 교원과 보호자의 상담내용은 학생의 건강한 성장·발달을 위한 학생의 교육과 관련된 사항으로 한다.

③ 교원과 보호자는 사전에 상호 간에 상담 일시 및 방법 등을 협의해야 하며, 상담은 상호 협의된 시간과 방법에 따른다.

④ 교원과 보호자는 교원의 근무 시간 중 상호 협의된 시간 내에서 상담을 한다.

⑤ 교원과 보호자는 교원이 수업중인 시간에 상담을 하여서는 아니 된다.

★ 대면 및 전화 상담 원칙

① 교원과 보호자는 상호 간에 사적인 사항에 대해 질의하지 않도록 해야 하며, 이에 대한 답변을 거부할 수 있다.

② 대면 상담은 안전 등이 확보된 학교의 장이 지정한 장소에서 하는 것을 원칙으로 한다.

③ 보호자는 전화 상담을 하려는 경우, 학교의 전화를 통해야 한다. 다만, 사전에 교원이 동의한 경우 교원의 개인 전화로 상담할 수 있다.

★ 문자 및 SNS 상담 원칙

① 교원과 보호자는 동일한 내용의 글을 반복적으로 상대에게 보내서는 아니 된다.

② 문자 및 SNS 상담은 교원의 근무 시간 내에 하는 것을 원칙으로 한다.

③ 교원과 보호자는 상호 간에 주고 받은 문자를 불특정 다수가 볼 수 있는 인터넷 등에 공개하여서는 아니 된다.

④ 교원과 보호자는 상담의 내용과 관련이 없는 사진, 동영상 등의 미디어를 보내서는 아니 된다.

★ 이메일 상담 원칙

① 교원과 보호자는 상대방의 이메일 메시지에 성실히 답하도록 노력해야 한다. 다만, 동일한 내용의 반복적인 이메일에 응답하지 아니할 수 있다.

② 보호자가 이메일 상담을 하고자 하는 경우, 이메일에는 상담 요청자 및 용건이 분명히 나타날 수 있도록 하여야 한다.

③ 교원과 보호자는 상호 간에 주고받은 이메일의 내용을 불특정 다수가 볼 수 있는 인터넷 등에 공개하여서는 아니 된다.

④ 교원과 보호자는 상담의 내용과 관련이 없는 사진, 동영상 등의 미디어를 이메일에 포함하여 보내서는 아니 된다.

★ 상담의 제한

① 교원은 상호 협의된 상담이더라도, 상담하려는 보호자가 다음 각 호의 경우에 해당하는 경우에는 사유를 밝히고 상담을 거부 또는 중단할 수 있다.
- 술 또는 약물에 취한 상태인 경우

- 교원이 위협을 느끼는 도구, 흉기 등의 물건을 소지하고 있는 경우
- 교원에게 폭언, 욕설, 협박 등을 하는 경우
- 교원 등에게 물리력 또는 폭력을 행사하는 경우
- 교원의 직무 의무가 없는 사항을 요구하는 경우
- 교원을 괴롭힐 목적으로 계속·반복적으로 질의·요구하는 경우
- 상호 협의된 시간 및 방법을 벗어난 상담을 요구하는 경우
- 근무 시간 이외의 상담을 요구하는 경우

★ 학교의 장 및 교원의 책무

① 학교의 장은 교원의 상담 활동에 필요한 상담시설을 구비 하도록 노력하여야 하며, 상담 활동 운영에 참여하여야 한다.
② 교원은 상담을 위한 최신의 과학적이고 전문적인 정보와 지식을 습득·유지하기 위해 교육과 연수의 필요성을 인식하고 적극적으로 참여해야 한다.

제11조(주의) ① 학교의 장과 교원은 학생의 행동이 학교 안전 및 교내질서 유지를 저해할 소지가 있는 경우 학생에게 주의를 줄 수 있다.

② 학교의 장과 교원은 수업 중 휴대전화를 사용하거나 그 밖에 수업에 부적합한 물품을 사용하는 학생에게 주의를 줄 수 있다.

③ 학교의 장과 교원이 주의를 주었음에도 학생의 행동에 변화가 없거나, 학생의 행동으로 교육활동에 지장을 받을 경우 제12조에 따른 훈육 또는 제13조에 따른 훈계를 할 수 있다.

④ 학교의 장과 교원이 주의를 주었음에도 학생이 이를 무시하여 인적·물적 피해가 발생한 경우, 사전에 주의를 준 학교의 장과 교원은 생활지도에 대한 책무를 다한 것으로 본다.

1. 해설

① 학교의 장과 교원은 교육활동 중 학생이 위험한 행동을 하거나 자신과 타인에게 위해를 끼칠 수 있는 상황 등에서 학생에게 지적과 경고를 할 수 있음

② 교원이 학생에게 지도할 수 있는 주의의 종류에는 지적과 경고가 있음

2. 주의의 요건

- 자신과 타인의 정서·신체적 안전에 영향을 주거나 위해를 끼칠 수 있는 경우
- 수업 중 휴대전화를 사용하거나 부적합한 물품을 사용하는 경우
- 법령 및 학칙의 위반 가능성을 알리거나 중단시켜야 할 필요가 있는 경우
- 주의를 줄 수 있는 상황 예시
  - 학생이 수업 중 교사의 사전 허락 없이 녹음기, 전자기기, 화장품 등 수업과 관련 없는 물품을 사용하는 경우
  - 학생이 수업 시간에 잠을 자거나, 과제를 이행하지 않을 경우
  - 학생이 봉사 시간(청소 시간 등)에 자신의 역할을 이행하지 않을 경우
  - 학생이 지나친 장난을 하거나 타인의 물건을 허락 없이 사용하는 경우
  - 교실, 급식실, 특별실 등에서 지켜야 할 규칙을 위반하려고 하는 경우
  - 학생이 욕설과 비속어 모욕적인 말 등 상대방을 존중하지 않는 언어를 사용하는 경우

– 학생이 신체적인 폭력을 사용하려 하는 경우 등

3. 지도요령

① 주의는 학생의 문제행동이 발생한 즉시 시행하되, 문제행동의 정도와 지속성 등을 고려하여 실시하는 것이 바람직함
② 주의는 간결하고 명확한 언어를 사용하여 학생이 주의를 받는 목적과 이유를 확실히 이해할 수 있도록 노력해야 함
③ 학생에게 공개적으로 주의를 줄 경우 경멸, 비난, 조롱, 타인과의 비교 등 학생의 인권을 침해하는 언행을 하지 않도록 유의해야 함

4. 관련 판례 1

교육적 목적을 위한 주의

동아리 도우미(학부모)가 학교 합창부 연습실에서 아동이 자리를 몰라 어디에 앉아야 할지 물어보자 다른 아이들과 달리 아동에게만 "빨리 앉아"라고 소리치며 위협적으로 말하여 정서적 학대

⇨ (학대 불인정) 합창부 담당교사의 요청에 따라 학부모 도우미 활동을 하면서 합창부원들을 조용히 시키거나 연습에 집중하도록 할 목적이 확인되어 학대행위에 해당된다고 단정하기는 어려움 *(광주고법 2021노1162)*

5. 관련 판례 2

공개적인 장소 및 주의 반복

교사가 아동A(7세)가 작성한 일기를 검사하던 중 자신에 대한 내용이 적혀 있어 기분이 나쁘다는 이유로 아동의 일기를 다른 급우들이 듣도록 크게 읽은 후 아동에게 "내가 뭘 했다고 말 공격해? 얘들아 선생님이 말 공격했니? 혼내야 돼? 안 혼내야 돼?"라고 말하고, 아동B(7세)가 반 친구들에 대해 부정적인 태도를 보일 때면 반 친구들로 하여금 아동에게 '똥 묻은 개가 겨 묻은 개 나무란다'는 속담을 여러 번 반복하여 말하도록 시키는 등 정서적 학대

⇨ (학대 인정) 교사가 초등학교 1학년에 불과한 피해자들을 상대로 범행을 반복한 점(피해아동들 4명) 등 고려 *(서울중앙지법 2022고단3627)*

제12조(훈육) ① 학교의 장과 교원은 제9조에 따른 조언 또는 제11조에 따른 주의로 학생에 대한 행동 중재가 어려운 경우 훈육할 수 있다.
② 학교의 장과 교원은 학생이 바람직한 행동변화를 위하여 노력하도록 특정한 과업을 부여하거나, 특정한 행위를 할 것을 지시할 수 있다. 이 경우 학생의 인권을 존중해야 하며 법령과 학칙의 범위에서 지시가 이루어져야 한다.

1. 해설

학교의 장과 교원은 학생이 수업을 방해하거나 조언, 주의 등 정당한 생활지도에 불응하거나 긍정적 행동 변화가 없을 경우 학생에게 지시, 제지, 분리, 물품 분리보관을 할 수 있음

2. 지도요령

① 생활지도를 위해 훈육이 필요한 경우에는 법령과 학칙으로 정하는 바에 따라 실시하며 학생의 인격이 존중되는 교육적인 방법으로 실시해야 함

[관련 판례]
인격이 존중되는 생활지도

"「초·중등교육법」 및 그 근간이 되는 교육기본법에 따르면, 학교교육은 학생의 창의력 계발 및 인성 함양을 포함한 전인적 교육을 중시하여 이루어지고, 그 과정에서 학생의 기본적 인권이 존중되고 보호되어야 하며, 교원은 학생 개개인의 적성을 계발할 수 있도록 노력하여야 하고(교육기본법 제9조, 제12조, 제14조), 이러한 학교교육을 위하여 필요한 경우에는 법령과 학칙으로 정하는 바에 따라 학생을 징계할 수 있되, 그 징계는 학생의 인격이 존중되는 교육적인 방법으로 하여야 한다[구 「초·중등교육법」(2021. 3.23. 법률 제17954호로 개정되기 전의 것, 이하 같다) 제18조 제1항 및 같은 법 시행령 제31조 제2항]. 그렇다면 의무교육대상자인 초등학교·중학교 학생의 신분적 특성과 학교교육의 목적에 비추어 교육의 담당자인 교원의 학교교육에 관한 폭넓은 재량권을 존중하더라도 법령상 명문의 규정이 없는 징계처분의 효력을 긍정함에 있어서는 그 처분 내용의 자발적 수용성, 교육적·인격적 측면의 유익성, 헌법적 가치

와의 정합성 등을 종합하여 엄격히 해석하여야 할 필요가 있다."*(대법원 2022두 39185)*

② 학교의 장 및 교원은 수업 방해 등 문제 학생 행동을 훈육하기 위하여 법령과 학칙 내에서 적절한 교육 방법을 선택할 권한이 있음

※ 학교·학급의 학칙과 교육환경, 학생의 유형·특성 등을 종합적으로 고려하여 해당 생활지도 방법의 적절성 판단

[관련 판례]
교원의 생활지도 방법 선택

"학급 담당교사는 수업 방해 등 문제를 일으키는 학생의 행동을 고치기 위하여 어떤 방법을 사용할지를 결정할 권한이 있으므로, 교사가 장애학생에대하여 시행한 교육 방법이 위와 같은 보호감독 의무를 위반한 것으로 볼수 있기 위해서는 당해 학교 및 학급의 교육환경, 학생의 장애의 유형 및 정도, 채택한 교육방법에 따른 효과와 부작용 등에 비추어 그 교육방법이 당해 학생에게는 사용할 수 없는 방법에 해당되거나 장애학생의 인권을 침 해하는 행위에 해당하는 등 객관적 정당성을 상실하였다고 인정될 정도에 이른 경우이어야 하며, 단지 특수교육 이론상 최선의 방법이라거나 효과적인 방법이라고 보기 어렵다는 사정만으로 위와 같은 보호감독 의무를 위반한 것이라고 할 수는 없다."*(대법원 2012다95134)*

③ 학생들을 훈육할 경우 학생들의 인격을 무시하는 폭언 및 체벌은 하지 않도록 하여야 함

[관련 판례]
폭언 및 폭력의 금지

교사가 아동이 수업시간에 말을 듣지 않고 장난을 친다는 이유로 "너 같은 애는 이 세상에서 필요 없어, 쓸모없는 아이야, 너 같은 건 여기 없어도 돼, 이 세상에서 사라져 버려"라는 등의 폭언을 하고, 아동의 책가방과 신발가방을 복도에 집어 던지고 아동의 목덜미와 손목을 잡고 강제로 복도에서부터 계단까지 끌고 가는 등 폭행해 신체적 학대

⇨ (학대 인정) 비록 훈육의 필요성이 있고 훈육의 의도가 있다고 하더라도 행위태양 자체로 아동은 상당한 정신적 충격을 받았을 것이고, 교사의 행위의 내용과 정도, 아동의 나이, 교사의 지위에 비추어 볼 때 행위가 정당화될 수 없음*(대전지방법원 2018고정465)*

3. 지시

① 지시는 학생의 긍정적 행동을 증가시키고 부정적 행동을 감소시키는데 도움이 되는 교육적 조치를 내리기 위한 목적으로 활용
② 과제를 부여하는 지시를 할 경우 학생의 수준에서 수행이 가능한 과제를 부여하여야 하고, 과제 수행 완료 이후 그에 따른 교육적 지도가 함께 이루어져야 함

4. 지시의 요건

학생의 학업과 진로의 성장 및 발전, 안전한 학교생활 등 교육적 목적 달성을 위한 교육적 조치가 필요한 경우

○ 지시 상황 예시
- 교육활동 중 친구와의 지나친 잡담·장난을 중단하도록 지시
- 수업 시간에 늦어 일과 시간을 준수하도록 지시
- 등·하교시 안전한 이동 수단을 활용하여 통학하도록 지시
- 수업 시간에 주어진 과제를 수행하도록 지시
- 상대방에게 불쾌감을 주는 언어 사용을 중지하도록 지시
- 안전사고 위험이 있는 해당 놀이를 금지시키거나 적당한 장소로 이동을 지시
- 수업과 관련이 없는 질문이나 정당한 질문에 대한 말대꾸, 비아냥 등 중지 지시
- 과제를 요구한 기간 또한 시간 내에 작성하지 못한 경우 쉬는 시간, 점심 시간 등을 활용하여 해당 과제를 완료하도록 지시 등

5. 지도요령

① 지시는 학생의 학습권 보장, 안전사고 예방, 건강 등 교육적 목적을 달성하기 위한 목적으로 이루어져야 함

[관련 판례]

학생의 건강을 위한 정당한 지시

교사가 월요일마다 아동들에 대하여 소변검사 키트에 의한 소변 검사를 받게 해 정서적 학대

⇨ (학대 불인정) 지속적으로 흡연 문제가 제기되어 왔고, 교사가 아동들의

흡연이 의심되는 상황에서 흡연 여부를 확인하고 지도를 하기 위하여 소변검사를 실시하였던 점, 소변검사는 소변 중 코티닌량을 측정함으로써 흡연여부를 확인할 수 있는 효율적인 수단이고 소변검사 외에 이를 확인할 수 있는 방법은 사실상 없다고 보이는 점, 소변검사가 통상적인 건강검진과 같이 아동들이 직접 소변을 종이컵에 받아 이를 교사에게 제출하면 교사가 키트를 이용해 검사를 하는 방식으로 이루어졌던 점, 소변 검사로 아동들의 이익이 침해되는 것은 사실이나 소변 검사를 통한 흡연여부 확인과 그에 따른 지도로 청소년의 흡연 확산 방지 및 건강 보건 증진의 목적 달성 기대됨(춘천지법 강릉지원 2017노406)

② 지시로 인한 과제 수행시에도 식사, 화장실 이용 등 기본적인 쉬는 시간은 보장될 수 있도록 해야 함

6. 참고

○ Q&A

Q. 학교급별, 학생별 지시는 어떻게 달라야 하나요?

A. 학교급별, 학생별로 성장 발달 단계가 다릅니다. 그리고 그 영역에 대한 최고 전문가는 현장 교사입니다. 개별 교사별로 기준을 잡는 것이 어려운 경우에는 동학년 협의회 또는 전체 교사 협의회를 통해 학년 규정, 학교 규정을 마련하고 정기적으로 수정 보완하는 것도 필요합니다.

Q. 정당한 지시와 부당한 지시의 기준은 무엇인가요?

A. 형식적으로는 교칙 등에 언급 여부로 판단할 수 있습니다. 그러나 교육의 목적은 단순히 교사의 말을 잘 듣는 학생을 기르는 것이 아닙니다. 따라서 이러한 지시가 학생의 지적·정의적·행동적 능력을 함양하여 전인적인 인간으로 발달하는데 도움이 되는지를 판단해야 합니다.

제12조(훈육)

③ 학교의 장과 교원은 법령과 학칙에 따른 금지된 행동을 하는 학생을 발견한 경우, 이를 즉시 중지하도록 말로 제지할 수 있다.

④ 학교의 장과 교원은 자신 또는 타인의 생명·신체에 위해를 끼치거나 재산에 중대한 손해를 끼칠 우려가 있는 긴급한 경우 학생의 행위를 물리적으로 제지할 수 있다. 이 경우 학교의 장과 교원은 교직원에게 도움을 요청하거나 주변 학생에게 신고를 요청할 수 있다.

⑤ 제4항에 따른 물리적 제지가 있는 경우, 해당 교원은 이를 학교의 장에게 지체 없이 보고해야 하며, 학교의 장은 그 사실을 보호자에게 신속히 알려야 한다.

■ 제지

1. 해설

① 학생이 법령과 학칙에 위반되는 문제행동을 하거나 자신 또는 타인의 안전을 위협하는 등의 상황에서 구두 제지 및 물리적 제지를 할 수 있음

※ 물리적 제지는 길을 가로막는 행위처럼 소극적 수준의 행위, 학생의 신체 일부를 붙잡는 행위와 같이 적극적인 행위가 포함되며, 대표적으로 자해, 학교폭력, 안전사고, 교육활동 침해, 특수교육대상자의 문제행동 등 긴급한 상황에서 인명 보호를 위해 학생에 대한 물리적 제지를 실시할 수 있음

[관련 판례]

정당한 물리적 제지

교사가 아동이 같은 학급 여자아이들과 싸워 훈계하던 중임에도 본인 자리로 돌아가자 쫓아가 아동의 왼쪽 팔뚝 부위를 세게 잡아 아동에게 약 2주간의 치료를 필요로 하는 찰과상 등을 가해 신체적 학대

⇨ (학대 불인정) 교사는 아동들을 학교 내 괴롭힘 등으로부터 보호하고 기본적인 질서와 규칙을 훈육하여야 할 의무가 있다고 판단되고, 다른 아동에게 위해를 가할 우려가 있고 말로 제어가 되지 않는 아동의 양팔을 잡고 그와 같은 행위를 제지하는 정도의 유형력의 행사는 사회통념상 허용되는 행위로서 학대라 보기 무리 *(대전지법 2021.고정992)*

- 교육활동 중 구두 제지는 교사의 전문적 판단에 이루어질 수 있으며 별도의

학교장 보고, 보호자에게 알려야 할 의무는 없음
② 교육활동 중 물리적 제지가 있는 경우 학교의 장에게 즉시 지체 없이 보고해야 하며, 학교의 장은 그 사실을 신속하게 보호자에게 알려야 함
※ '물리적 제지'와 '체벌'은 엄연히 다른 것으로, 체벌은 여전히 엄격히 금지됨. 물리적 제지는 긴급한 상황에서 학교 구성원의 위해를 감소하기 위함이므로, 과거 훈육을 위해 일상적인 상황에서 실시되었던 체벌과 무관함

2. 제지의 요건

- 법령과 학칙에 따른 금지된 행동을 하는 학생을 발견한 경우
- 자신 또는 타인의 생명·신체에 위해를 끼치거나 재산에 중대한 손해를 끼칠 우려가 있는 긴급한* 경우

* 긴급한 상황은 대상 학생이 피해를 끼친 정도나 끼칠 가능성, 흉기나 위험한 물건 소지 및 사용 여부, 기타 현장 상황 등을 고려하여 현장에 있는 교원의 판단에 의하여 결정할 수 있음

○ 제지 상황 예시
- 복도 및 계단 난간 등 위험한 장소에 올라가거나 뛰는 경우
- 도구 등을 활용하여 자해를 하는 경우
- 공구(실습실), 화학물품(과학실 등), 흉기 등 위험한 물건을 소지하고 휘두르는 경우
- 인화성 물질과 화기를 이용한 사고가 예상되는 경우
- 마약성 물질 등 위험한 물질을 흡입하는 경우
- 타인에게 정서적·신체적 폭력을 가할 것으로 예상되거나 가하는 경우 등

3. 지도요령

① 구두 제지를 할 경우 감정적이거나 모욕적인 언어를 사용하지 않아야 함
② 구두 제지시에는 문제 행동에 대해서만 짧고 명료하게 실시하여야 함

※ 제지 시 호루라기, 전자 호루라기 등을 활용할 수 있음

③ 당장 피해가 발생하지 않았더라도, 피해를 끼칠 우려가 있다고 판단될 경우에도 선제적으로 제지할 수 있음
④ 물리적 제지를 하기 전에 먼저 주위 다른 학생을 정확히 지정하여 교장, 교감, 주변 교실의 교사들을 불러오도록 지시할 수 있음

⑤ 심각한 폭행 및 위협 행위가 발생한 경우 112, 119에 우선적으로 신고할 수 있음

⑥ 물리적으로 신체를 제지할 경우에는 학생의 부상위험을 최소화하는 방식으로 하되, 상황을 고려하여 합리적인 수준으로 사용하여야 함

⑦ 위급한 상황시 교사는 주위 학생이나 교사에게 휴대전화로 동영상 촬영 또는 녹음을 하도록 하여 추후 증빙자료로 활용할 수 있음

※ 녹화, 녹음한 자료가 다른 곳에 유포되지 않도록 주의 필요

[관련 판례]

생활지도 상황 촬영의 필요성

"개인의 사생활과 관련된 사항의 공개가 사생활의 비밀을 침해하는 것이더라도, 사생활과 관련된 사항이 공공의 이해와 관련되어 공중의 정당한 관심의 대상이 되는 사항에 해당하고, 공개가 공공의 이익을 위한 것이며, 표현내용·방법 등이 부당한 것이 아닌 경우에는 위법성이 조각될 수 있다. 초상권이나 사생활의 비밀과 자유를 침해하는 행위를 둘러싸고 서로 다른 두방향의 이익이 충돌하는 경우에는 구체적 사안에서 여러 사정을 종합적으로 고려한 이익형량을 통하여 침해행위의 최종적인 위법성이 가려진다. 이러한 이익 형량과정에서 첫째, 침해행위의 영역에 속하는 고려 요소로는 침해행위로 달성하려는 이익의 내용과 중대성, 침해행위의 필요성과 효과성, 침해행위의 보충성과 긴급성, 침해방법의 상당성 등이 있고, 둘째, 피해이익의 영역에 속하는 고려요소로는 피해법익의 내용과 중대성, 침해행위로 피해자가 입는 피해의 정도, 피해이익의 보호가치 등이 있다."

(대법원 2020다227455)

4. 참고

○ Q&A

Q. 학생을 훈육할 때 반드시 조언, 상담, 주의 단계를 순차적으로 거친 후 제지 또는 분리를 실시 할 수 있나요?

A. 일반적인 교육활동 상황에서는 조언이나 상담 또는 주의를 했음에도 불구하고 학생에 대한 행동 중재가 어려운 경우에 한하여 훈육을 실시해야 합니다.

훈육 전에 실시하는 조언이나 상담, 주의는 사전에 이루어지면 충분한 것으로 반드시 당일에 이루어질 필요는 없습니다. 다만, 학칙에 따른 금지 행동을 하는 학생에게는 구두 제지를 바로 할 수 있고, 생명·신체에 위해를 끼치는 등의 긴급한 경우에는 곧 바로 물리적 제지도 할 수 있습니다.

Q. 물리적 제지가 발생 된 이후 학교의 장은 보호자에게 어떠한 방법으로 알려야 하나요?

A. 학교의 장은 학교의 상황 및 환경 등을 고려하여 유선전화, 문자메시지 등을 활용하여 해당 학생의 보호자에게 안내*할 수 있습니다. 아울러, 학교의 장은 교원이 교육활동 중 물리적 제지가 필요한 상황이 발생한 경우 신속하게 도움을 받을 수 있도록 사전에 교원 및 직원, 외부 관계기관 등 지원인력 지정 및 대응 절차 등을 마련하여 안내하여야 합니다.

* 안내사항 : 물리적 제지가 발생한 일시, 구체적인 상황에 대한 내용 등

제12조(훈육)

⑥ 학교의 장과 교원은 학생이 교육활동을 방해하여 다른 학생들의 학습권 보호가 필요하다고 판단하는 경우, 다음 각 호의 방법에 따라 해당 학생을 분리할 수 있다. 다만, 제3호 및 제4호에 따른 분리장소·시간 및 학습지원 방법 등의 세부사항은 학칙으로 정한다.

1. 수업시간 중 교실 내 다른 좌석으로의 이동

2. 수업시간 중 교실 내 지정된 위치로의 분리(실외 교육활동 시 학습 집단으로 부터의 분리를 포함한다)

3. 수업시간 중 교실 밖 지정된 장소로의 분리

4. 정규수업 외의 시간에 특정 장소로의 분리

⑦ 학교의 장은 제6항제3호 및 제4호에 따른 분리를 거부하거나 1일 2회 이상 분리를 실시하였음에도 학생이 지속적으로 교육활동을 방해하여 다른 학생들의 학습권 보호가 필요하다고 판단하는 경우, 보호자에게 학생인계를 요청하여 가정학습을 하게 할 수 있다.

■ 분리

1. 해설

① 분리는 학생이 교육활동을 방해하여 다른 학생들의 학습권 보호가 필요하다고 판단되는 경우 실시함

※ 긴급한 상황에서 도움을 요청할 수 있도록 각 교실에 비상벨 시스템 등을 설치하여 운영할 수 있음

   - 고시 12조(훈육)제6항제3내지제4호 및 제⑦항에 의한 분리는 징계조치로서의 분리와는 구분되는 것으로, 학교의 장 및 교원의 판단하에 일시적으로 다른 장소로 이동하여 학습을 이어나가는 것이므로 출석으로 처리함

② 훈육으로서의 분리는 학생이 지속적으로 교육활동을 방해하여 다른 학생의 학습권 보호가 필요한 경우 해당 학생을 일시적으로 분리하기 위한 지도 방법으로 징계로 인한 분리, 출석정지 등과는 다름

※ 고시 12조(훈육)제⑥항에 따른 '학생 분리'는 「학교생활기록의 작성 및 관리지침」 제8조(출결상황)에 해당되지 않으며, 학교에서 별도의 '분리학생

조치 현황 대장' 등을 통해 분리 학생의 학습 장소를 기록·관리하여야 함

2. 분리의 요건

- 학생이 수업 중 잡담, 장난, 고성, 수업 거부, 기타 돌발행동 등으로 다른 학생의 학습을 방해하는 경우
- 교사의 정당한 생활지도를 거부하거나 타인의 안전에 위해를 끼치는 경우

3. 지도요령

① 고의적으로 교실 밖으로 분리조치 되려는 것을 방지하기 위해 분리 장소 선정 시 학생들의 선호 장소는 가급적 제외하는 것이 좋으며, 분리 공간의 환경과 안전(시설, 위험 도구 등) 등을 확인해야 함

[관련 판례]

학생 분리 환경 고려 및 방임

피해 아동이 장난을 친다는 이유로 당일 온도가 최고 33.8도에 이르는 상황임에도 불구하고 10시 25분경 피해 아동을 복도로 내보내고 아무런 조치를 취하지 않고 12시경까지 교실 안으로 들어오지 못하도록 함

⇨ (학대 인정) 사안에서 법원은 피고인이 자신의 보호·감독을 받는 아동의 기본적 보호·양육·치료 및 교육을 소홀히 하여 방임한 것으로 보고 신체적 학대, 정서적 학대와 경합하여 벌금 500만 원을 선고함*(대구지방법원 2018고단1137)*

② 학칙으로 적절한 분리 시간과 장소를 정하여 실시하고 필요 이상의 지나친 분리는 자제하는 것이 좋음

[관련 판례]

분리 시간 및 조건의 적절성

▶ 교사가 피해아동을 '컵타' 수업에 참여시키지 않고 약 40분간 책상에 혼자 엎드려 있게 해 정서적 학대

⇨ (학대 불인정) 장기적 관점에서 보다 적절하고도 근본적인 훈육 방식을 강구하지 않은 채 피해아동의 정서적 안정에 대한 충분한 배려 없이 이

루어진 것이라고 볼 여지는 있으나, 이를 넘어 정신적 폭력이나 가혹행위로서 아동의 정신건강 또는 복지를 해치거나 정신건강의 정상적 발달을 저해할 정도 혹은 그러한 결과를 초래할 위험을 발생시킬 정도에 이르는 것이라고 보기 어려움*(의정부지법 고양지원 2020고정520)*

▶ 교사가 수업 시간 중에 피해 아동을 복도로 내쫓은 후 교실 문을 닫아 다른 학생들과 차단시키고 수업을 받지 못하게 하여 정서적 학대

⇨ (학대 불인정) 피해아동들이 복도에 서 있던 시간이 길지 않고, 그 사이 교실에서는 자습이 이루어졌을 뿐 교사가 적극적으로 수업을 진행하지는 않았던 것으로 보이며, 피해아동들이 복도에 서 있는 외 다른 신체적 또는 정서적 부담이 있는 행동을 하게 된 것은 아니었음*(대구지법 김천지원 2019고단1707)*

③ 분리가 실시되는 동안 학생만 특정 공간에 방치하지 않아야 함

  ○ 학생 분리 지도 공간 안전 확인 사항
   – 교실 바닥 및 벽체 부착물의 안전상태
   – 출입문 레일 및 손 끼임 방지 시설
   – 창호 안전상태(유리, 추락방지 보호시설 등)
   – 칠판, 사물함, 책걸상 상태
   – 안전수칙 및 대응 요령 게시 상태
   – 위험한 물품, 교구 등의 유무
   – 지도인력의 학생 안전 지도 관리 여부 등

④ 학생이 분리 중에 지켜야 할 행동을 학칙으로 정할 수 있으며, 행동수칙(과제 등)을 분리 장소에 게시하여 학생이 숙지할 수 있도록 할 수 있음

[관련 판례]
사전 안내 후 분리 필요

▶ 교사가 피해아동을 혼내는 과정에서 교실 밖 복도로 피해 아동을 쫓아 내고 명심보감을 쓰는 벌을 주는 등 정서적 학대

⇨ (학대 불인정) 피해 아동만 쫓아내거나 명심보감을 쓰게 한 것이 아니라 다른 아동들에게도 행해진 행위로 차별적 행위라 보기 어렵고, 아동의 행위를 지적하기 위한 목적으로 개인감정 있다고 보이지 않아 학대라 보기에 무리*(의정부지법 고양지원 2015고단2572)*

▶ 교사가 아동이 손을 들지 않고 발표하였다는 이유로 아동에게 '너 감금이야'라고 말하면서 수업이 끝난 후 교실에 남아 밖으로 절대 나가면 안 된다고 말하는 등 정서적 학대

⇨ (학대 불인정) '수업 전에 떠들거나 수업 중에 잘못을 하면 교실에 남아 생각하는 시간을 갖게 하겠다'고 미리 말한 다음 아동들을 30분~1시간 30분간 교실에 남게 하였고, 교실 안에서 이 행동을 크게 제약하지 않은 점, 다른 아동들 진술에 따르면 교실 안의 분위기가 지나치게 강압적이거나 폭력적이던 것은 아니라고 보이는 점 등 고려*(광주지법 순천지원 2019고단 554)*

⑤ 학교별 여건을 고려하여 교실 밖 일시적 분리조치를 위한 별도 공간을 구성하여 활용할 수 있음

※ (별도 공간 예시) 교무실·생활지도실·학년실 등의 실내에 별도 자리를 마련하거나, 학교 내 유휴 교실이나 학생 수업 시간 중 활용되지 않는 학부모 상담실 등의 겸용 가능한 특별실 등

4. 참고

○ Q&A

Q. 교실 내 지정된 위치에 이미 다른 학생이 있는 경우 추가로 교실 내 지정된 위치로 분리하려면 어떻게 하나요?

A. 교원의 판단에 따라 기존의 지정된 위치 외에 다른 위치를 지정하여 분리할 수 있습니다.

[참고] 수업중 교실 내 분리 관련 인권위 권고

▶ 통상적인 앞자리 배치 등의 방법으로 학생의 인격권 침해를 최소화 하는 방식을 선택할 필요가 있음에도, 집중을 못한다는 등의 이유로 학생을 7일동안 통상적인 자리가 아닌 교탁 옆에 홀로 배치한 것은 다른 학생들과 구분 짓게 한 것으로, 학생에 대한 사회적 평가에 부정적인 영향을 미치는 과도한 정서적 체벌로, 「헌법」제10조의 인간의 존엄과 가치로부터 유래하는 학생의 일반적 인격권을 침해한 것으로 판단(국가인권위원회 2020. 6. 30. 19진정0807000 결정)

Q. 학생이 교실 내 분리를 거부하거나 교실 내 분리를 했음에도 문제

행동을 반복하면 어떻게 하나요?

A. 그런 경우 교실 밖 지정된 장소로의 분리 또는 정규수업 이외 시간에 특정 장소로의 분리를 시행할 수 있습니다(학칙에 의한 징계도 가능).

Q. 수업을 방해하는 학생을 별도 장소에 분리하지 않고 학부모에게 바로 인계를 요청할 수 있나요?

A. 교실 밖 지정된 장소로의 분리 또는 정규수업 외의 시간에 특정 장소로의 분리를 거부하거나, 1일 2회 이상 분리를 실시하였음에도 불구하고 학생이 지속적으로 교육활동을 방해하는 경우 학교의 장은 보호자에게 인계를 요청할 수 있습니다.

Q. 고시 제12조제6항 제4호에 따라 '정규수업 외의 시간에 특정 장소로의 분리'의 정확한 의미는 무엇이며, 만약 분리 조치한 학생에 대한 보호자 인계가 필요하여 요청하였으나 학부모가 이를 거부할 시에는 어떻게 조치할 수 있나요?

A. '정규수업 이외의 시간'은 일과 중 매교시별 수업 시간이 아닌 쉬는 시간 및 점심시간, 모든 수업이 종료한 일과 후의 시간을 의미하며, '특정 장소로의 분리'는 교무실, 특별활동실 등 분리조치를 위해 학칙으로 정한 별도의 장소를 의미합니다.

만약 학부모에게 학생 인계를 요청하였으나 반복적으로 학부모가 이를 거부할 경우 사안에 따라서는 「교원의 지위 향상 및 교육활동 보호를 위한 특별법」 제15조제1항제4호 및 「교육활동 침해행위 및 조치 기준에 관한 고시」 제2호제4호에 근거하여 보호자가 정당한 교원의 생활지도에 불응하여 의도적으로 교육활동을 방해하는 행위로서 교육활동 침해 행위로 보아 이에 대한 조치를 취할 수 있습니다.

Q. 교육활동을 방해하는 학생을 교실 밖으로 분리한 상태에서 발생한 안전사고 등에 대한 관리 책임은 누구에게 있나요?

A. 학교의 장은 학교 상황을 고려한 교실 밖 분리 학생 지도 계획을 마련해야 하며, 이 계획에 따른 업무 분장 등에 따라 안전사고 관

리책임 주체가 달라질 수 있습니다.

Q. 학생 분리 지도 시, 분리 장소 및 인계·담당 주체 등 세부적인 사항은 학교에서 어떻게 정할 수 있나요?

A. 학생 분리 지도를 위한 절차 및 장소, 인계 또는 담당 주체 등 세부적인 사항은 학생, 학부모, 교원의 의견을 들어 학교장이 학칙으로 정할 수 있습니다.

Q. 물품 분리보관, 학생 분리 지도 등을 위한 대장의 관리 주체는 누구인가요?

A. 생활지도에 따른 각종 대장 등 문서의 총괄 관리 주체는 학교의 장입니다. 다만, 각 문서의 실무적인 관리 주체는 학교에서 정한 업무분장 및 위임규정 등에 따라 달라질 수 있습니다.

제12조(훈육)

⑧ 학교의 장과 교원은 학생이 자신 또는 타인의 생명·신체에 위해를 끼치거나 재산에 중대한 손해를 끼칠 우려가 있는 물품을 소지하고 있다고 의심할 만한 합리적 이유가 있는 경우 필요한 범위 내에서 학생의 소지 물품을 조사할 수 있다.

⑨ 학교의 장과 교원은 학칙으로 정하는 바에 따라 다음 각 호의 물품을 학생으로부터 분리하여 보관할 수 있다.

  1. 제11조제2항에 따라 2회 이상 주의를 주었음에도 학생이 계속 사용하는 물품

  2. 학생 및 교직원의 안전과 건강에 위해를 줄 우려가 있는 물품

  3. 관련 법령에 따라 학생에게 판매될 수 없는 물품

  4. 그 밖에 학칙으로 정하여 소지·사용을 금지한 물품

⑩ 교원은 제6항제3호·제4호 및 제9항에 따라 생활지도를 한 경우 지도의 일시 및 경위 등을 학교의 장에게 보고해야 하며, 학교의 장은 그 사실을 보호자에게 알려야 한다.

⑪ 「초·중등교육법 시행령」 제36조의5에 따른 학급담당교원은 학생 및 학부모의 의견을 들어 학급의 생활지도에 관한 세부 사항을 법령과 학칙의 범위에서 학급생활규정으로 정하여 시행할 수 있다. 다만, 특수교육대상자가 배치된 학급에서는 보호자 또는 특수교육교원의 의견을 듣고 이를 반영할 수 있다.

■ 물품 조사 및 분리보관

1. 해설

① 학교의 장과 교원은 학생과 교직원의 안전한 교육환경을 마련을 위해 필요한 범위 내에서 학생의 소지 물품을 조사할 수 있으며, 학칙으로 정하는 바에 따라 특정 물품을 학생으로부터 분리 보관할 수 있음

[관련 판례]

학생 물품 분리 보관

"원고는 2019. 10. 22. ①수업 중 화장실을 간다는 이유로 교사의 허락을 받은 후 교실 밖 복도에 앉아 휴대전화를 이용하여 카카오톡 메신저로 문자메시

지를 주고받다가 생활지도 담당교사에게 적발된 사실, ②생활지도담당교사는 원고에게 휴대전화의 제출을 요구하였으나, 원고는 해당 교사를 쳐다보거나 대답하지도 아니한 채 계속하여 휴대전화를 사용하였고, 이에 해당 교사가 원고에게 '생활지도 교사로서 지도를 하는 것이고, 지도를 듣지 아니하면 지시 불이행이 된다.'는 취지로 경고하면서 휴대전화의 제출을 2회 더 요구하였음에도 원고는 휴대전화를 제출하지 아니한 사실, ③해당 교사의 연락을 받은 학생부장 교사가 원고에게 이와 같은 사실을 확인하는 중에도 원고는 휴대전화를 사용하면서 대답을 하지 아니하였고, 학생부장 교사가 원고에게 '휴대전화를 제출하라.'는 취지로 말하는 중에도 원고는 휴대전화를 제출하지 아니하면서 '이런 분이셨구나. 학생들이 선생님에 관하여 말을 많이 하는데'라는 취지로 말한 후 휴대전화를 가지고 교실로 들어간 사실, 피고는 2019. 11. 5. '수업 시간 중 핸드폰 휴대 및 사용, 교사지시 불이행 및 지도 불응'을 이유로 원고에게 ○○중학교 학교생활규정 제8조 제2항, 제3항, ○○중학교 학생생활협약 1. 제3항, 강원도교육청 교권침해사안 처리규정 제4조 제4호에 따라 교내봉사 2시간(교내환경정화활동 1시간, 사과편지작성 1시간)의 징계처분을 한 사실을 알 수 있다. 원심은 이러한 사정을 바탕으로 하여 판시와 같은 이유로, 원고의 행위가 '학교 내의 봉사'를 명하는 징계사유에 해당하고, '학교 내의 봉사'에 '심성교육'이 포함된 이상 '사과편지 작성'도 징계내용에 포함되므로, 이 사건 처분이 적법하다고 판단하였다." *(대법원 2022두 39185)*

② 학급담당교원은 학급생활규정을 정할 때 학급 구성원으로서 특수교육대상 학생을 다른 급우들과 동등하게 고려하여야 함. 다만, 특수교육대상자의 장애 특성에 따른 학급생활규정에 대한 조정 또는 추가적 지원 필요성을 고려하여 특수교육교원 또는 보호자의 의견을 수렴하고 이를 반영할 수 있음

2. 물품 조사 및 분리보관의 요건

- 자신 또는 타인의 생명·신체에 위해를 끼치거나 재산에 중대한 손해를 끼칠 우려가 있는 물품을 소지하고 있다고 의심할 만한 합리적인 이유가 있는 경우
- 학교의 장과 교원이 수업 중 휴대전화를 사용하거나 그 밖에 수업에 부적합한 물품을 사용하는 학생에게 2회 이상 주의를 주었음에도 학

생이 계속 사용하는 물품
○ 물품 조사 상황 예시
 - 담배, 라이터, 술, 화학약품, 레이저포인터, 인화성 물질, 흉기 등의 물품 소
   지신고가 들어왔거나 목격한 경우
 - 학교폭력, 비행(도박, 오토바이, 절도, 향정신성의약품 관련) 등에 사용될 수
   있거나 사용한 물품에 대한 소지 신고가 들어왔거나 목격한 경우
 - 자해 또는 자살 등의 가능성이 있는 물품 소지 신고가 들어왔거나 목격한 경우
 - 약물 오남용 등의 가능성이 있거나 목격한 경우
 - 그 외 학칙에서 금지한 물품 소지 신고가 들어왔거나 목격한 경우 등

3. 지도요령

① 학생의 물품을 조사하고 분리 보관하는 과정에서 물품 손상 및 분실이
   발생하지 않도록 시건장치가 부착되어있는 지정된 장소에 보관하여야
   함. 여러 학생으로부터 비슷한 물건을 분리 보관하는 경우, 학교는 물
   품의 주인을 명확하게 표시하여야 함
② 학생의 물품을 조사할 때 신체접촉이 발생할 가능성이 있는 경우 해당
   학생과 동성인 교직원의 도움을 받아 조사할 수 있음
③ 학교의 장과 교원은 학칙을 제정할 때 금지된 물건과 이후 절차 등의
   내용을 자세하게 명시하고 물품 조사 및 분리 보관시 그 사유에 대하여
   명확하게 안내하여야 함
④ 생활지도를 위해 학생 물품을 조사할 때에는 불확실한 목적을 가지고
   불특정다수의 학생을 대상으로 실시할 수 없음
⑤ 학생의 물품을 조사할 때, 물품 조사 과정에서 학생 개인 신상정보를
   침범하거나 개인의 정보가 드러나지 않도록 유의하여야 함

4. 참고

○ Q&A
Q. 2교시 쉬는 시간에 약 다섯명의 학생들이 화장실에서 나온 뒤 흡
   연 정황이 신고되었습니다. 해당 학생들을 대상으로 물품 조사를
   할 수 있나요?
A. 흡연 정황이 신고 된 객관적인 사실이 있어 화장실을 사용한 학생

들이 흡연했을 것으로 의심되므로 해당 학생을 대상으로 흡연 물품 소지 여부를 확인하기 위한 물품 조사가 가능합니다.

Q. 확인된 물건 중 폭발물, 마약류 등 현행법상 안전을 위협하는 물품이라면 학교가 보관을 해야 하나요?

A. 현행법상 안전을 위협하는 물건으로 분류되는 물건일 경우 24시간 이내에 가까운 경찰관서에 신고하여야 하며, 그 지시에 따라야 합니다(총포화약법 제23조, 마약류 관리에 관한 법률).

Q. 가위, 칼과 같은 학용품을 위험하게 사용하는 경우 고시 제12조 제9항을 근거로 학용품을 학생으로부터 분리 보관할 수 있나요?

A. 학생이 가위, 칼과 같은 학용품을 위험하게 사용하는 경우 교원은 고시 제11조①항에 따라 학생에게 주의를 줄 수 있으며, 그럼에도 불구하고 계속해서 위험한 행동을 하는 경우 고시 제12조⑨항1호에 따라 분리보관 할 수 있습니다.

5. 112 신고 시 정당한 생활지도 판단 기준

① 법령과 학칙
  ◦ 「초·중등교육법」 제20조의2(학교의 장 및 교원의 학생생활지도)
  ◦ 「유아교육법」 제21조의3(학교의 장 및 교원의 유아생활지도)
  ◦ 「초·중등교육법 시행령」 제40조의3(학생생활지도)
  ◦ 「교원의 학생생활지도에 관한 고시」
  ◦ 「유치원 교원의 교육활동 보호를 위한 고시」
  ◦ 학칙 및 그 외 관련 법령
② 「교원의 학생생활지도에 관한 고시」 해설서
③ 학급 규칙 및 교육주체 간 협약
④ 교원-학부모와의 사전 협의 사항 등

※ 출처 :「교원 대상 아동학대 조사·수사 시 교육감 의견 제출 매뉴얼」(교육부 교육복지정책과, 2023.)

제13조(훈계) ① 학교의 장과 교원은 제9조에 따른 조언, 제10조에 따른 상담, 제11조에 따른 주의, 그리고 제12조에 따른 훈육 등에도 불구하고 자신의 잘못을 인정하지 않거나 잘못된 언행의 개선이 없는 경우 학생에 대해 훈계할 수 있다.
② 학생을 훈계할 때에는 그 사유와 바람직한 행동 개선방안을 함께 제시해야 한다.
③ 학교의 장과 교원은 학생을 훈계할 때에는 훈계 사유와 관련된 다음 각 호의 과제를 함께 부여할 수 있다.
 1. 문제행동을 시정하기 위한 대안 행동
 2. 성찰하는 글쓰기
 3. 훼손된 시설·물품에 대한 원상복구(청소를 포함한다)

1. 해설

훈계는 학생의 잘못된 의지와 태도를 바로잡아 스스로 옳고 그름을 구분하고 판단하며 자신의 권리뿐만 아니라 의무와 책임 의식을 함께 가지도록 지도하는 것임

2. 훈계의 요건

 - 학생생활지도에 따른 조언, 상담, 주의, 훈육 등에도 불구하고 자신의 잘못을 인정하지 않거나 언행의 개선이 없는 경우
 ○ 훈계의 예시
 - 수업 준비가 되지 않은 학생에게 수업 시작 전 교과서 등을 미리 준비해 착석하여 기다리도록 해야 할 경우
 - 자신의 잘못이 명백함에도 불구하고 잘못을 인정하지 않을 때 자신의 행동과 타인의 기분 등에 대하여 글로 작성해보도록 해야 할 경우
 - 친구의 우유를 쏟은 학생에게 청소도구를 활용하여 닦도록 해야 할 경우
※ 훈계의 과제 부여(대안행동, 성찰하는 글쓰기, 훼손된 시설·물품에 대한 원상복구)는 단계적으로 실시하는 것이 아니라 생활지도 상황에서 교사가 학생의 교육적 지도를 위해 필요에 따라 선택 또는 병행하여 조치를 취할 수 있음. 단 특정 행위에 대해 벌을 주기 위한 '벌청소(지각한 학생에

게 교무실 청소를 시키는 것, 과제를 하지 않은 학생에게 화장실청소를 시키는 것 등)'는 해당되지 않음

3. 지도요령

① 훈계는 학생의 잘못에 대한 '응징' 또는 '처벌'이 목적이 아니라, 잘못을 수정해주거나 바람직한 행동으로 인도해 주는 것이 중요함
② 평소 사제 간에 신뢰를 형성하여 효과적인 훈계가 될 수 있도록 노력하여야 함
③ 감정의 기복에 따라 훈계하거나 일회적인 훈계보다는 학생의 잘못이 수정될 때까지 장기적인 훈계의 계획을 세우는 것이 필요함
④ 훈계 시 수치심 주기, 경고와 위협, 회유, 비교, 비난, 평가와 판단을 하지 않도록 유의해야 함
⑤ 대안행동, 성찰하는 글쓰기, 시설·물품에 대한 원상복구 시 교원이 현장에서 학생과 함께하며 지도해야 함

4. 참고

○ Q&A

Q. 교무실, 화장실이 아닌 모두가 함께 사용하는 교실을 학급 규칙으로 정하여 벌청소하도록 하는 것은 훈계에 포함되나요?

A. 징벌 목적의 벌청소는 훈계에 포함되지 않습니다. 다만, 자신의 행동과 직접 관련(예: 친구의 음료수를 바닥에 엎지른 경우, 벽에 낙서를 한 경우 등)되어 청소가 필요한 상황이 발생한 경우에는 훈계 조치로서 청소와 같은 과제를 부여할 수 있습니다. 아울러, 학급 전체 학생에게 역할을 부여하여 실시하는 학급 내 환경 정리 등 학생의 바람직한 행동 변화를 위하여 노력하도록 생활지도 목적의 청소 지시(제12조②항)는 가능합니다.

Q. 반성문을 쓰도록 하는 것은 인권위 권고를 위반하는 사항인데, 훈계 시 학생들에게 성찰하는 글을 쓰도록 할 수 있나요?

A. 학생에게 강제로 잘못을 시인하게 하는 반성문과는 달리 성찰하는

글쓰기는 자신의 행동과 타인의 기분을 돌아보기 위한 시간과 기회를 갖도록 하는 것입니다. 따라서 학생을 훈계할 때에는 훈계 사유와 관련된 성찰하는 글을 쓰도록 할 수 있습니다.

※ (반성문과 성찰문 차이) 반성문은 어떤 행위에 대한 외부적 판단에 근거하여 학생에게 그 판단을 인정하고 맞추도록 하는 성격이 강한반면, 성찰문은 학생 내면의 생각이나 감정을 깊이 있게 생각하여 돌아보도록 함으로써 자신의 행동에 대한 개선점을 찾도록 도와주는 것이라 할 수 있음

> **제14조(보상)** 학교의 장과 교원은 학생에게 동기를 부여하는 칭찬, 상 등의 적절한 수단을 활용하여 보상할 수 있다.

1. 해설

학교의 장과 교원은 학생의 모범적인 행동과 바른 인성 함양에 대한 동기 부여를 위해 적절한 방법으로 보상할 수 있음

※ 교원은 학급 운영에 필요하다고 판단할 경우, 교육적 목적 달성을 위한 보상체제 운영할 수도 있음

2. 보상의 요건

- 학생의 바람직한 행동을 장려하고 촉진 시킬 필요가 있을 경우
- 교원의 정당한 생활지도에 의해 학생이 바람직한 행동을 하고자 노력하거나 행동이 교정되었을 경우
○ 보상 상황 예시
- 수업 시간 등 교육활동 중 다른 학생들에게 모범이 되는 태도를 보여준 학생
- 교원에 대한 존중과 존경을 바탕으로 교직원에게 공손한 태도를 보인 학생 등
- 학교 외부에서 바람직한 행동과 인성으로 학교의 이미지에 긍정적인 기여를 하였다고 판단되는 학생
- 학교폭력 예방교육에 적극적으로 참여하여 바른 인성을 함양하거나 학교폭력 예방에 기여한 학생
- 창의적인 프로젝트를 완료하거나 독창적인 아이디어의 제시 등 창의성을 발휘한 학생
- 노력을 기울여 이전에 부족한 점을 개선했거나 발전한 학생 등

3. 지도요령

① 생활지도에 대한 보상은 학력 수준 또는 수상 실적과 관련 없이 바람직한 행동과 인성에 대해서 보상할 수 있어야 함
② 보상으로 인해 학생 간 지나친 경쟁이 발생되지 않도록 적절한 범위 내에서 보상을 하여야 함
③ 학생들을 자극할 수 있는 지나친 고가의 물품, 상품권, 기타 학생에게 부적합한 물품은 보상의 수단으로 활용하지 않음

제4장 기타

제15조(특수교육대상자의 생활지도) ① 학교의 장과 교원은 특수교육대상자의 특성을 고려한 생활지도가 이루어질 수 있도록 노력해야 한다.

② 학교의 장은 「초·중등교육법」 제59조에 따라 통합교육을 실시하는 경우 교직원을 대상으로 하는 장애이해 및 특수교육 관련 연수 실시, 통합학급의 학생 수 감축, 특수교육교원과 통합학급 담당 교원의 협력 등을 위하여 노력해야 한다.

③ 학교의 장은 심각한 문제행동을 보이는 특수교육대상자의 경우 「장애인 등에 대한 특수교육법」 제22조제2항에 따른 개별화교육계획에 행동 중재 지원에 관한 사항을 포함해야 한다.

1. 해설

① 학교의 장과 교원은 특수교육대상자가 학교규칙과 학급생활규정에 따라 기본적인 공중도덕과 질서 의식을 생활화할 수 있도록 지도하여야 함

② '특수교육대상자의 특성을 고려한 생활지도'는 특수교육대상자가 지닌 장애의 특성으로 학교규칙 또는 학급생활규정을 다른 학생들과 동일하게 적용하는 것이 어렵다고 판단될 경우 적용하여야 함

2. 특수교육대상자의 생활지도 예시

- 생활지도에 필요한 사항을 쉬운 글 또는 그림이나 사진 등 시각적 단서로 제공
- 원활한 의사소통을 위하여 점자, 확대 문자, 수어, 자막 등을 활용 - 수업 참여를 목적으로 음성-자막 변환 프로그램 사용이 필요한 경우, 수업 시간 중 전자기기 활용 허용

① 학교의 장과 교원은 「장애인차별금지 및 권리구제 등에 관한 법률」에 따라 장애를 사유로 정당한 사유 없이 제한·분리·거부 등 차별적 생활 지도가 이루어지지 않도록 유의하여야 함

② 학교의 장과 교원은 특수교육대상자의 생활지도 시 학교와 가정, 사회 간 연계 지도가 원활하게 이루어질 수 있도록 지원하여야 함

③ 「초·중등교육법」에 따른 각급학교는 「장애인복지법」 제25조 및 동법 시

행령 제16조에 따라 교직원 대상 장애인식개선교육을 연 1회 이상(학기별 1회 이상 권장) 실시하여야 함

④ 학교의 장은 특수교육대상자가 배치된 학급의 담임교사, 교과 담당교사 등이 특수교육대상자에 대한 이해증진과 지도 역량을 강화*할 수 있도록 노력하여야 함

  * 장애유형별 교수·학습 지도 방법, 긍정적 행동 지원, 보조공학기기 활용, 통합학급 운영 등

⑤ 학교의 장은 특수교육교원과 통합학급 담당교원의 원활한 생활지도를 위하여 특수교육대상자의 장애 정도와 특성, 학교 여건 등을 고려하여 통합학급의 학생 수를 1~3명 감축 조정을 위하여 노력하여야 함

⑥ 학교의 장은 일반학교에 배치된 특수교육대상자의 생활지도를 위해 특수교육교원과 통합학습 담당교원이 동일한 책무성을 가지고 학생을 지도할 수 있도록 교원 간의 협력을 위하여 노력하여야 함

⑦ 학교의 장은 특수교육대상자의 문제행동에 대한 행동 중재 지원이 필요하다고 판단될 경우, 이를 개별화교육계획에 포함하여야 함. 단, 일상적인 생활지도로 충분히 가능한 사항까지 개별화교육계획에 일괄적으로 포함하지 않도록 유의할 것

  - 학교의 장은 행동중재 지원이 필요한 학생을 대상으로 시도교육(지원)청에서 운영하는 행동중재지원단의 지원을 받거나 교·내외 전문가*로 구성된 별도의 행동중재지원팀을 구성할 수 있음

  * 교수, 교육전문직, 특수교육교원(행동중재 관련 연수 이수 또는 자격 소지 교사 등), 치료사, 상담교사(상담사), 의사 등

⑧ 학교의 장은 장애 유형·정도 및 심리·정서적 특성을 고려하여 문제 행동의 유형과 심각성 수준에 따른 개별 지원 요구사항을 파악하기 위하여 전문가의 학교 또는 가정 방문, 교사, 보호자 면담 등을 실시할 수 있음

⑨ 학생의 행동 중재 지원 정도에 따라 시도교육(지원)청 행동중재지원단, 전문기관 및 가정 연계 지원 등에 관한 사항을 개별화교육계획에 포함할 수 있음

⑩ 학교의 장은 특수교육대상자의 생활지도 시, 대상 학생의 결함에만 초점을 두지 않도록 유의하여야 하며 강점을 인식하여 긍정적 역할 모델을 제공할 수 있도록 지원하여야 함

3. 유의 사항

① 학교의 장은 특수교육대상자가 학급에서의 문제행동으로 「교원의 학생 생활지도에 관한 고시」 제11조 제6항에 따라 별도 공간에 분리가 필요하다고 판단될 경우, 학생의 안전과 건강, 정서적 안정 등을 고려하여 운영할 필요가 있음

② 또한, 특수교사의 교육활동 보호를 위하여 상시적으로 수업이 이루어지고 있는 특수학급이 임의적 분리 조치 공간으로 활용되지 않도록 유의하여야 함

제16조(생활지도 불응시 조치) ① 학교의 장은 학생 또는 보호자가 생활지도에 불응하여 의도적으로 교육활동을 방해하는 경우, 「교원의 지위 향상 및 교육활동 보호를 위한 특별법」 제15조에 따른 교육활동침해 행위로 보아 이에 대한 조치를 취할 수 있다.
② 교원은 지속적인 생활지도에 불응하는 학생에 대하여 학교의 장에게징계를 요청할 수 있다.

1. 해설

① 학교의 장 및 교원이 이 고시에 근거하여 생활지도를 하였음에도 학생이 불응하여 의도적으로 교육활동을 방해하는 경우에는 '교육 활동 침해 행위'에 해당되어 학생 및 피해 교원에 대해 관련 조치를 취할 수 있음

※ "교원의 정당한 생활지도에 불응하여 의도적으로 교육활동을 방해하는 행위"(「교육활동 침해 행위 및 조치 기준에 관한 고시」 제2조제4호)는 「교원지원법」 제15조제1항에 따른 '교육활동 침해행위'로 규정되어 있음.

② 현행 「교원지위법」은 학교의 장이 교권침해 학생에 대하여 학교교권보호위원회의 심의를 거쳐 ㉠학교에서의 봉사, ㉡사회봉사, ㉢학내외 전문가에 의한 특별교육 이수 또는 심리치료, ㉣출석정지, ㉤학급교체, ㉥전학, ㉦퇴학처분 중 어느 하나의 조치를 할 수 있도록 하고 있음(제18조)

③ 아울러, 피해를 입은 교원에 대하여는 치유와 교권회복에 필요한 조치(심리상담 및 조언, 치료 및 치료를 위한 요양, 그 밖에 치유와 교권회복에 필요한 조치)를 취하도록 하고 있음(제15조제2항)

④ '생활지도에 불응하여 교육활동을 방해하는 경우'는 학생 또는 학부모가 교원의 정당한 생활지도에 특별한 사유 없이 거부하거나 불응하여 교원의수업 등 교육활동을 방해한 경우를 말함. 이러한 행위에 대하여 교원은 학생 및 학부모에 대한 조치를 요구할 수 있으며, 학교의 장은 「교원지위법」에 따른 조치를 할 수 있음

⑤ 교원은 생활지도에 불응하는 학생에 대하여 학교의 장에게 징계를 요청할 수 있으며, 학교의 장은 학칙에 근거하여 학생을 징계할 수 있음

2. 학부모의 교육활동 침해에 관한 관련 법령

▶「교원지위법」

제19조(교육활동 침해행위) 이 법에서 "교육활동 침해행위"란 고등학교 이하 각급학교에 소속된 학생 또는 그 보호자(친권자, 후견인 및 그 밖에 법률에 따라 학생을 부양할 의무가 있는 자를 말한다. 이하 같다) 등이 교육활동 중인 교원에 대하여 다음 각 호의 어느 하나에 해당하는 행위를 하는 것을 말한다.

1. 〈생략〉
2. 교원의 교육활동을 부당하게 간섭하거나 제한하는 행위로서 다음 각 목의 어느 하나에 해당하는 행위

   가. 목적이 정당하지 아니한 민원을 반복적으로 제기하는 행위

   나. 교원의 법적 의무가 아닌 일을 지속적으로 강요하는 행위

   다. 그 밖에 교육부장관이 정하여 고시하는 행위

제26조(교육활동 침해 보호자 등에 대한 조치) ① 고등학교 이하 각급학교의 장은 소속 학생의 보호자 등이 교육활동 침해행위를 한 사실을 알게 된 경우에는 지역교권보호위원회에 알려야 한다.

② 지역교권보호위원회는 제1항에 따라 교육활동 침해행위를 한 보호자 등에 대하여 다음 각 호의 어느 하나에 해당하는 조치를 할 것을 교육장에게 요청할 수 있다.

1. 서면사과 및 재발방지 서약
2. 교육감이 정하는 기관에서의 특별교육 이수 또는 심리치료

③ 지역교권보호위원회는 제2항 각 호의 어느 하나에 해당하는 조치를 교육장에게 요청하기 전에 해당 보호자 등에게 의견을 진술할 기회를 주는   등 적정한 절차를 거쳐야 한다.

④ 교육장은 제3항에 따른 요청을 받은 날부터 14일 이내에 해당 조치를 하여야 한다.(2023.9.27. 교원지위법 제26조 개정)

▶「교육활동 침해 행위 및 조치 기준에 관한 고시」

제2조(교원의 교육활동 침해 행위) 교원의 교육활동(원격수업을 포함한다)을 부당하게 간섭하거나 제한하는 행위는 다음 각 호와 같다.

1. ~3. 〈생략〉
4. 교원의 정당한 생활지도에 불응하여 의도적으로 교육활동을 방해하는 행위

3. 지도요령

지속적인 생활지도에 불응하는 학생을 징계할 수 있도록 학칙에 생활지도에 대한 학생의 불이행 및 거부에 대해 징계할 수 있는 규정을 구체적으로 정하여 운영하는 것이 바람직함

▶ 학칙 규정 예시

제○조(생활지도 불응시 조치) ① 학교의 장은 교원의 지속적인 생활지도에 학생이 불응하는 각 호의 경우에 대하여 교원의 요청에 따라 학생을 징계할 수 있다.

1. 학생이 교원으로부터 문제행동에 대해 2회 이상 주의를 받았음에도 이에 불응하여 교원 또는 다른 학생에 대해 2주 이상의 신체적·정신적 치료가 필요한 상해(진단서를 발급받은 경우로 한다)를 입힌 경우
2. 학생이 수업을 방해하여 교원이 조언 또는 주의를 주고 분리지도(가정학습을 포함한다)를 함에도 불구하고 학생이 정당한 사유 없이 이를 거부하거나 이행하지 않는 경우
3. 학생이 교원의 정당한 학생 소지 물품조사 또는 물품분리 보관 지도에 불응하여 교원이 2회 이상 이행을 지시하였음에도 정당한 사유 없이 이를 거부하거나 이행하지 않는 경우
4. 학생이 교원의 훈계를 통해 부여받은 과제를 정당한 사유 없이 거부하거나 이행하지 않는 경우

4. 참고

○ Q&A

Q. 지속적인 생활지도에 불응하는 학생에 대하여 교원이 학교의 장에게 징계를 요청하게 한 이유는 무엇인가요?

A. 학생이 교원의 지속적인 생활지도에 불응하였는가의 판단은 학생의 특성과 지도 상황을 종합적으로 고려하여 판단해야 하는 사항이므로, 이를 잘 파악하고 있는 지도 교원의 판단에 따라 이루어져야 하기 때문입니다.

제17조(이의제기) ① 학생 또는 보호자는 학교의 장과 교원의 생활지도가 부당하다고 판단하는 경우 학교의 장에게 14일 이내에 이의를 제기할 수 있다.
② 학교의 장은 제1항에 따른 이의제기에 대해 14일 이내에 답변해야 한다. 다만 동일한 내용으로 정당한 사유 없이 반복적으로 이의를 제기하는 경우 2회 이상 답변하고 그 이후에는 답변을 거부할 수 있다.

1. 해설

① 학생과 보호자는 교원의 생활지도가 부당하다고 판단하는 경우, 그 사유를 적시하여 학교장에게 14일 이내에 유선, 면담, 서면 등의 방식으로 이의를 제기하고 답변을 요구할 수 있음

② 학교의 장은 접수된 이의제기에 대하여 관계 교원으로부터 생활지도가 이루어진 상황, 지도 필요성, 지도 방식 등을 파악하고 이에 대한 적절성 여부 등을 확인하여 14일 이내에 답변하여야 함

③ 동일한 내용의 이의제기가 정당한 사유 없이 반복적으로 이루어지는 경우, 학교의 장은 2회 이상 답변하고 그 이후에는 답변을 거부하고 답변을 하지 않을 수 있음

2. 지도요령

① 이의제기의 접수 및 답변은 그 내용과 관련이 있는 개별 교원이 처리하지 않도록 유의하고, 단위 학교에서 대응체계를 구축하고 창구를 일원화하여 처리하는 것이 바람직함

② 학교의 장 및 교원의 생활지도에 관한 이의제기는 관련되는 지도행위가 발생한 날로부터 14일 이내에 이루어져야 함을 교육 3주체가 명확히 인식할 수 있도록 적극적인 홍보가 필요함

3. 참고

○ Q&A

Q. 이의제기 및 답변 기한인 "14일 이내"에는 주말 및 공휴일도 포함되나요?

A. 주말과 공휴일도 포함됩니다. 다만, 14일째가 토요일 또는 공휴일에 해당한 때에는 그 익일까지 답변을 할 수 있습니다.

※ (근거) 「민법」 제161조(공휴일 등과 기간의 만료점) 기간의 말일이 토요일 또는 공휴일에 해당한 때에는 기간은 그 익일로 만료된다.

제18조(그 밖의 생활지도의 범위 및 방식) 학교의 장은 이 고시에서 학칙으로 위임한 사항 및 그 밖에 생활지도에 필요한 세부적인 사항을 학칙으로 정하여 시행할 수 있다.

1. 해설

학교의 장은 이 고시에서 학칙으로 위임한 다음의 사항과 그 밖에 생활지도에 필요한 세부적인 사항을 학칙으로 정하여 시행할 수 있음

▶ 「교원의 학생생활지도에 관한 고시」에서 학칙으로 위임한 사항

① 생활지도의 범위와 관련하여 제8조(그 밖의 분야) 제4호 '그 밖에 학칙으로 정하는 사항'

② 생활지도의 방식과 관련하여 제12조(훈육)에 따른 제6항의 분리지도시 제3호 수업시간 중 교실 밖 지정된 장소로의 분리와 제4호 정규수업 외의 시간에 특정 장소로의 분리에 따른 '분리 장소 · 시간 및 학습지원 방법 등의 세부사항'

③ 생활지도의 방식과 관련하여 제12조(훈육)에 따른 제9항(학생 물품분리 보관)에서 규정한 학생이 소지·사용을 금지하는 물품과 물품분리 보관 절차·기간 등에 관한 사항

④ 제18조(그 밖의 생활지도의 범위 및 방식)에 따른 그 밖에 생활지도에 필요한 세부적인 사항

2. 지도요령

① 고시는 학생생활지도에 대한 전국적인 기준을 규정한 것으로서, 학교마다의 여건과 실정이 다르기 때문에 고시에서 학칙으로 위임한 사항을 획일적으로 적용하는데 한계가 있음

② 단위 학교의 자율성과 교원의 전문적 판단이 존중될 수 있도록 학교실정과 교육3주체의 의견을 고려하여 고시에 위임한 사항과 그 밖에 생활지도에 필요한 상세한 사항은 학칙으로 정하는 것이 필요함

③ 법령의 위임을 받은 「학칙」의 내용이 법적 효력을 갖기 위해서는 그 내용이 상위 법령의 범위를 벗어나지 말아야 하며, 그 제정 절차도 법령 및 학칙에서 규정한 절차를 준수하여야 함

※ 법령에서 규정한 절차 : 학교의 장은 --〈생략〉--- 학칙을 제정하거나 개정할 때에는 학칙으로 정하는 바에 따라 미리 학생, 학부모, 교원의 의견을 듣고, 그 의견을 반영하도록 노력해야 한다(「초중등교육법시행령」 제9조제4항).

3. 참고

▶ 학칙으로 위임한 사항에 대한 학칙 규정 예시

제○장 학생생활지도

제○조(생활지도의 범위) 학교의 장과 교원은 「교원의 학생생활지도에 관한 고시」(이하 '생활지도고시'라 한다) 제5조제1호부터 제8조제3호 이외에도 다음 각 호의 사항에 대\해 학생생활지도를 할 수 있다.

  1. 신체의 피부를 뚫어 장신구를 삽입하는 피어싱의 금지에 관한 사항

  2. -------- 〈학교에서 생활지도가 필요한 사항을 정함〉 ---------

  3. 제○조(교실 밖 분리 방법 등) 생활지도고시 제12조제6항의 제3호 및 제4호의 분리는 〈별표1〉에 따라 지도한다.

제○조(물품소지·사용 제한 및 분리 보관) ① 학생은 〈별표2〉의 물품을 교육활동 중에 소지·사용해서는 안된다.

② 학교의 장과 교원은 생활지도고시 제11조제2항에 따라 2회 이상 주의를 주었음에도 학생이 계속 사용하는 물품과 학생이 소지 또는 사용이 금지된 다음 각 호의 물품을 학생으로부터 분리 보관할 수 있다.

  1. 학생 및 교직원의 안전과 건강에 위해를 줄 우려가 있는 물품

  2. 관련 법령에 따라 학생에게 판매될 수 없는 물품

  3. 제1항에 따라 학생이 소지·사용하는 것이 금지된 물품

③ 교원이 생활지도고시 제11조제2항에 따라 2회 이상 주의를 주었음에도 학생이 계속 사용하는 물품을 분리 보관할 때에는, 지도 교원의 감독이 이루어지는 교실에서 지도시간 이내로 보관하고, 지도시간이 종료되면 학생에게 돌려주어야 한다.

④ 교원이 제2항 제1호부터 3호까지의 물품을 분리 보관 지도를 하는 경우, 교원은 지체없이 학교장에게 분리한 물품을 인계하고 지도일시, 물품명·사양, 지도사유를 '물품 분리보관 기록부'에 기재하여 보고하여야 한다.

⑤ 학교의 장은 제4항에 따라 인계받은 물품을 안전한 곳에 3일간 보관하고, 학생의 보호자에게 그 사실을 알려야 한다. 다만, 학교장은 보호자가 불가피한 사유로 반환을 요청하는 경우 3일 이전이라도 보호자에게 물품을 반환할 수 있다.

⑤ 학교의 장은 3일간 분리 보관한 물품을 보호자가 분리 보관 종료일로부터 7일 이내에 반환받도록 알려야 하며, 보호자가 기한 내에 반환받지 않을 경우 해당 물품을 폐기할 수 있다.

제○조(수업 중 휴대전화 사용) ① 학생은 수업 중에 휴대전화(정보통신 기능을 가진 휴대용 전자기기를 포함한다)를 사용해서는 안 된다. 다만, 사전에 학교의 장과 교원이 허용하는 경우에는 휴대전화를 사용할 수 있다.

② 학생이 제1항에 따라 수업 중 휴대전화를 일시적으로 사용하고자 할 때에는 지도교원에게 구두로 요청하여 허가를 받을 수 있다.

③ 학생이 제1항에 따라 수업 중 휴대전화를 1일 이상 지속하여 사용하고자 할 때에는 사전에 〈별표1〉의 신청서와 증빙자료를 구비하여 담임교사에게 신청하여야 한다. 이 경우, 담임교사는 3일 이내에 허용 여부를 학생에게 알려야 한다.

제○조(생활지도 불응시 조치) ① 학교의 장은 교원의 지속적인 생활지도에 학생이 불응하는 각 호의 경우에 대하여 교원의 요청에 따라 학생을 징계할 수 있다.

1. 학생이 교원으로부터 문제행동에 대해 2회 이상 주의를 받았음에도 이에 불응하여 교원 또는 다른 학생에 대해 2주 이상의 신체적·정신적 치료가 필요한 상해(진단서를 발급받은 경우로 한다)를 입힌 경우

2. 학생이 수업을 방해하여 교원이 조언 또는 주의를 주고 분리지도(가정학습을 포함한다)를 함에도 불구하고 학생이 정당한 사유 없이 이를 거부하거나 이행하지 않는 경우

3. 학생이 교원의 정당한 학생 소지 물품조사 또는 물품분리 보관 지도에 불응하여 교원이 2회 이상 이행을 지시하였음에도 정당한 사유 없이 이를 거부하거나 이행하지 않는 경우

4. 학생이 교원의 훈계를 통해 부여받은 과제를 정당한 사유 없이 거부하거나 이행하지 않는 경우

제○조(○○○○) -------- 〈그 밖에 학교에서 필요한 생활지도에 관한 세부사항 등을 규정함〉

제19조(재검토기한) 「훈령·예규 등의 발령 및 관리에 관한 규정」에 따른 이 고시의 재검토기한은 2023년 9월 1일을 기준으로 매 3년이 되는 시점(매 3년째의 8월 31일까지를 말한다)으로 한다.

부 칙

제1조(시행일) 이 고시는 2023년 9월 1일부터 시행한다.

제2조(학칙에 관한 특례) 제8조제4호, 제12조제6항 및 제9항, 제18조에 따라 학칙으로 정하도록 위임한 사항이 학칙에 반영되지 않은 경우, 한시적으로 학교의 장이 정하는 바에 따라 시행할 수 있다. 다만, 학교의 장은 2023년 10월 31일까지 이 고시에서 위임한 사항을 학칙으로 정하여야 한다.

1. 해설

① 이 고시는 「훈령 · 예규 등의 발령 및 관리에 관한 규정」에 따라 3년마다 재검토를 거쳐, 개선이 필요한 사항에 대해 개선조치 등을 할 수 있음
② 3년 주기로 현장 교원 및 관계기관 등의 의견을 들어 종합 검토될 예정이며, 긴급히 고시 개정이 필요한 사유가 있는 경우에는 재검토기한과 관계없이 개정이 이루어질 수 있음
③ '학칙에 관한 특례' 규정은 이 고시가 2023. 9. 1일자로 시행·공포됨에 따라, 고시에서 위임받은 사항을 학칙으로 미리 반영하지 못하는 법체계적 미비점을 보완하려는 취지임
④ 학교의 장이 학칙으로 정하도록 위임받은 사항을 학칙의 제·개정이 이루어지기 전까지 학교장이 정하는 바에 따르도록 하여, 법적 미비점이 해소함으로써 교원의 정당한 생활지도를 보장하려는 것임

2. 지도요령

① 학교의 장 및 교원은 이 고시의 시행 과정에서 고시의 적절성 등을 수시로 검토·기록하여 재검토기간에 의견이 제출될 수 있도록 노력할 필요가 있음
② 학교의 장은 학칙으로 정하도록 위임받은 사항에 대하여 학교여건 및

학생실태 등을 고려하여 우선 정하고 내부결정 과정을 거쳐 시행

③ 아울러, 학교의 장은 이 고시에서 위임받은 사항이 학칙에 반영될 수 있도록 학칙 개정 절차를 진행

제3편

초등학교 학부모
교권침해 민원 사례

　이 사례는 전국초등교사노동조합이 전국 초등학교 교사 2077명으로부터 제보받은 학부모 교권침해 사례 중 극히 일부입니다. 모두 현직 초등학교 교사들이 직접 작성한 교권침해 사례입니다.

▶ "선생님, 하루에 칭찬 한 번씩 꼭 해주세요. 심부름은 우리 아이만요"

새학기 첫날, 학생은 결석하고 학교 전화로 전화와서 "우리 아이 자리 픽스해 놓으셨나요? 앞쪽으로.", "심부름은 우리 아이만 시켜주세요.", "하루에 칭찬 한번 꼭 해주세요. 칭찬 안들었다고 하던데요?"

▶ 아동학대 법 조항 문자로 보내며 교사 협박….

학교폭력 관련 일로 상담 중, 자신의 뜻대로 일이 해결되지 않자, 교사는 도대체 한 것이 뭐냐며 아동학대 법 조항을 저에게 문자로 보내며 이거 아시죠 선생님? 하며 협박하였습니다.

▶ 내 애가 남의 애 패도 담임교사 너 때문이야!, 교사가 전화 안 받고 뭐하니? 흡사 비서….

담임이 현장에 없어 대처할 수 없는 방과 후에 일어난 학폭까지도 담임에게 무한 책임을 묻는 사태가 계속되고 있음. 또한 담임에게 책임을 묻는 과정에서 욕설을 하거나 위력을 행사하거나 소송을 거는 일들이 생겨나고 있음.

1. 학폭

a와 b 학생이 축구를 하고 놀다가 a 학생이 b 학생을 깔아뭉개고 뒤통수를 때린 사안 발생. b학생 부모는 a학생 담임교사에게 '당신도 그래. 당신이 a 담임이지?'라고 눈을 부라리며, a학생 부모는 '내가 누군지 알아, 그러고도 당신이 담임이야? 씨발!!'이라며 협박. 대체 일년 간 안전지도, 생활지도 한 공은 어디로 갔는지 의문임. 교사는 때리라고 한 적이 없음.

2. SNS 개설 관련 학폭

교사가 모르는 SNS를 개설하여 c학생이 d학생을 헐뜯는 경우 발생. d학생 학부모는 '선생님이 미리 그런 걸 생각해서 대처하셨어야 하는 것 아닌가요?' 라고 따짐. 세상에 많고 많은 게 SNS고, 연령을 지키지 않고 가입하게 방조한 것은 가정인데 왜 담임이 모든 책임을 져야하는지 의문임. 교사는 학생인권보호를 이유로 핸드폰 검사를 할 수 없음.

3. 퇴근 후 연락 강요

퇴근 후 연락을 받지 않자 교장실에 민원 넣음. 6시 반 이후로도 담임교사와 연결되게 해달라며 생떼를 써서 교장실에 불려 감.

▶ 학급 붕괴 일으킨 학생, 교장실에서 따로 지도하니 학생 차별, 수업권 침해라며 민원

ADHD도 아닌 학생이 매 수업시간마다 수업, 방해 목적으로 큰 소리로 노래를 부르고 책상, 의자를 던지거나 책상에 올라가 바닥에 우유를 뿌리는 일 등이 몇 달 동안 반복됨.

제지하려 어깨에 손만 살짝 닿아도 아동폭력이라고 주장함. 수업이 아예 불가능한 상황이어서 교장에게 협조를 구해, 수업방해가 지극히 심할 때만 교장실에서 교장 선생님이 지도. 이에 보호자가 교장실에 찾아가 '우리 아이를 따로 분리시키는 건 아이를 차별하는 일이다, 수업권을 침해했다'고 소리지르며 민원을 넣음. 이후 담임교사는 그 아이를 온전히 학급에서 감내해야 했고, 우울증이 지극히 심해져 자살 위기 직전에 의사와 상의 후 휴직함.

▶ "선생님 우리 애 학원 차 2시에 와요." / ○○ : "학교는 2시 10분에 끝나는데요?"

학교 끝나고 10분 가량 청소하게 했더니 왜이리 늦게 끝내냐

며 민원 넣으시던 학부모님. 학원 차량 놓치면 어떻게 할거냐 말에 학원 차량이 몇 시까지 오냐고 물었더니 학원차량이 2시에 온대요. 하교시간은 2시 10분인데 말이죠.

▶ "우리도 학폭 열어야겠어요."-가해 학부모 왈

일년내내 수업방해, 친구들 괴롭힘, 폭력 등으로 힘들게 한 학생이 있었으나, 딱히 제재할 수단도 없고 수업시간은 학습권 때문에 지도를 못하고 쉬는 시간은 이동수업 등으로 바쁘고, 방과후에는 바로 학원가야 하는 아이들이기에 크게 혼낼 수 있는 환경이 조성되지 못했음. 하지말라 하고 사과시키고 해도 그때뿐이고 늘 자기만 즐겁고 낄낄거리고 교사도 조롱하며 그렇게 지냈음. 어느 날 학급의 다른 학생 학부모님이 아이가 스트레스를 못견디겠다며 학폭을 열고 싶다고 하자, 가해 학생의 학부모님은 오히려 우리 아이가 따돌림을 당하는것 같다며 자기도 학폭을 열어야겠다고 하심. 양측 모두 실제로 학폭을 열지는 않았지만 차라리 학폭으로 넘어가는게 담임에게는 나음. 양쪽이 중재될 때까지 피말리는 시간임.

▶ 한글 미해득 학생 부모 "한글교육은 담임 책임제인거 아시죠?"

2학년이지만 한글 미해득 학생, 방과후 지도시키고 싶다하니 학원 스케쥴이 안 맞아 불가능. 따로 한글 교재사서 쉬는 시간에 공부하고 집에서 읽기 연습 부탁드리자 "뉴스에 한글 해득은 담임 책임제라고 나오던데요?" 하던 부모..

▶ 학생들끼리 다툼 후 "도끼로 학교를 피바다로 만들겠다며.. 밤길 조심하라고"

4학년 학생이 다른 학생을 밀고 커터칼로 찌르려는 시늉을 함.

나머지 학생은 모두 교실밖으로 도망가서 밖에서 지켜봄. 말리고 지도함. (다행히 지금처럼 아동학대법이 악용되지 않는 시절이었음. 지금 같으면 해당 학생이 다치더라도 나는 가해 학생을 말릴 수 없음. 말린다고 손대면 아동학대가 될테니..) 지도 당일 가해 학생 아빠가 교실로 찾아옴(군인 출신으로 코가 없으며..덩치가 매우컸음) 본인은 여교사. 그리고는 아이가 기분이 나쁘면 그렇게 하라고 가르쳤다며, 내 지도 방식에 동의할 수 없다는 식으로 폭언을 함. 하지만 해당 학부모의 의견은 도저히 교실에서 받아들여질 수 없기에 의견을 굽히지 않자, 차에 가서 도끼를 가져오겠다고 함. 온 학교를 피바다로 만들겠다며 입에 담지 못할 폭언과 욕설을 함. 너무 무서웠음. 하지만 교실의 특성상 나를 도와주거나 도움을 요청할 수가 없었음. 그 후 밤마다 전화를 해서 2-3시간씩 전화를 끊지 않고 협박 및 개인사를 호소함. 결국 정신병에 걸릴 것 같아 변호사 자문을 구하고 법적 다툼까지 불사하겠다고, 그리고 방관한 교장선생님과 교감선생님께도 책임이 있는 것 같다고 하자, 그제서야 나서서 해결하려고 노력함. 전학을 감으로써 마무리가 되었지만 그 학생을 맡을 다른 학교 선생님이 너무 안쓰럽고 죄송했음.

▶ 그만 맞고 싶어요.

1. 날마다 때려서 그날은 머리를 손으로 감싸고 얼굴을 책상에 숨겼어요. 그러자 제 머리채를 잡아서 얼굴을 책상에 마구 박았어요.

2. 주먹으로 코를 맞아서 병원가니 코뼈가 멍든 상태고 더 맞으면 곧 코뼈가 부러질 것이라고 말하던 의사가 이런 자폐인을 교실에 있게 할 수 있냐고 분개했어요.

3. 주먹으로 눈을 맞아서 안경은 부서지고 눈에 통증이 있었어요.

학부모에게 말하니 콘택트렌즈 끼지 왜 안경을 끼냐고 했어요

4. 발령받은지 얼마 안 되어 옆 반 학부모가 옆 반 교사와 저를 앉혀 놓고'우리 애들 때문에 돈 버니 제대로 하세요.'라고 하고 돌아 갔어요.

5. 방학 직전에 학부모가 찾아와 '교장선생님에게 이야기 했으니 방학 중 출근하세요.'라고 말하고 갔어요. 근무는 하지 않았어요.

6. 밤 11시경 학부모가 전화해서 '애가 우는데, 학교에서 어떻게 했길래 애가 우냐?'라고 항의하더군요.

▶ 설사까지 치워줬는데 돌아오는건 항의뿐

수업 중 아이들이 이상한 냄새가 난다고 함. 교실에서 똥 냄새가 나는데 돌아다니면서 살펴보니 B에게 나는 거였음. B에게 화장실에 가서 확인해보라고 한 뒤 의자를 닦아보니 변이 묻어있었음. 아이를 바로 집으로 귀가시킬 수 없기에 학부모에게 연락을 하고 답이 오기를 기다렸으나 2시간 가량 회신이 오지 않았음. 시간이 흐르고 학부모에게 전화가 와서는 "우리애 그런 애 아니고 혼자서 다 할 수 있는데 왜 오물을 깔고 앉게 그대로 교실에 냅뒀냐, 왜 빨리 처리하지 않고 방치하냐"며 화를 냄. 학부모 전화를 끊고 아이를 귀가시킨 뒤 교실 곳곳에 남은 변을 처리하고, 아이들에게 친구의 실수를 감싸준 교사에게 고맙다, 미안하다는 말은 커녕 돌아온 것은 항의뿐이었음.

▶ 아이폰 쓰지 마라. 애들이 보고 사달라 조른다.

선생님의 최신형 아이폰을 보고 사달라고 조른다. 아이폰 쓰지 말아달라.

▶ 우리 애가 하루에 5번 싸우면 5번 전화를 해야 할거 아냐!

고학년 남학생이 피해의식과 친구를 통제하려는 욕구가 심하여 하루에 여러 번 싸우는 일이 반복되었음. 담임교사로서 꾸준히 전화 및 문자상담을 하고 학생 상담기록을 남겨둠.

일년간 전혀 변화하지 않고 더 심해져 결국 학기 말에 학교폭력 가해자로 신고가 됨. 학부모는 1) "담임은 왜 알려주지 않았냐"→ 2) (지금껏 학부모님과 제가 상담한 것들은 다 무엇이냐, 정말 많이 상담하고 알려드렸다고 답변하니) "애가 하루에 5번 싸웠다는데! 그러면 저한테 하루에 5번을 전화를 주셨어야죠! "라며 담임교사 업무를 수행하며 절대 할 수 없는 행동을 요구하며 소리를 지름 3) 담임교사와 교감, 교장, 학폭담당교사의 앞에서 "저도 다른 아버지들처럼 학교 찾아와서 개판 쳐 볼까요? 그래야 제 말을 들으시겠어요?" 라고 소리지름

▶ 학부모가 보낸 '선생님이 잘못하는 것 10가지' 쪽지

첫 기간제 할 때, 30명의 고학년 학생들을 맡았습니다. 이틀에 한 번 주먹질이 일어났고, 수업 시간에는 집중하는 아이들이 거의 없는 그런 반이었습니다.

어느 날 저희 반 학생 한 명이 저에게 쪽지를 전해주었습니다. "저희 엄마가 이거 선생님 읽어보래요" 라면서요. 쪽지를 펼치자 "선생님이 잘못하는 것 10가지가 번호를 매겨 쓰여져 있었습니다.

첫째, 아이들을 통솔하지 못한다. 둘째, 아이들 잘잘못을 가리지 못한다. 셋째, 시험을 자주치지 않는다 등, 내용은 아주 주관적인 것이었습니다. 저는 그 편지를 끝까지 읽을 수도 없을 정도로 가슴이 탁 하고 막혔습니다. 내가 무슨 죄로 일을 하다가 나를 모

욕하는 편지를 받아야 하는지 이해가 되지 않았습니다. 그리고 그 편지를 건네며 싱글벙글 미소짓던 그 아이의 표정이 잊혀지지 않습니다. 저는 그 학생과 학부모님께 놀잇감이 된 듯한 느낌마저 들었습니다

그 이후, 방광염에 걸려 새벽 내내 그치지 않는 3시간에 넘는 복통에 응급실에 2번 방문하였고, 교실에서 실례를 하기도 하였습니다. 또한, 수업 중 숨이 쉬어지지 않아 헉헉 거리며 수업을 하였고, 공황장애라는 진단을 받았습니다. 수업 중 공황장애가 와도 저를 도와줄 어떠한 장치도 없었습니다. 저는 이 사회의 9등 시민이라는 사실을 처절히 느꼈습니다. 저희 반 아이들을 두고 교실을 나올 수 없어 아이들 시력검사를 쓰러진 상태에서 진행하였습니다. 저는 바닥에 쓰러져 호흡을 조절하였고, 반장에게 '아이들 시력 검사 좀 도와달라고' 부탁하며 그 자리를 끝까지 지켰습니다. 아직도 그 상처는 낫지 않아 비슷한 학부모 민원이 들어올 때마다 숨이 잘 쉬어지지 않으며, 2년째 상담을 다니고 있는 중입니다. 또한 화장실 용변을 잘 참지 못하게 되었습니다.

▶ 일요일에 "학교 공사소리때문에 너무 시끄러워요" 영상찍어보내 와.

평일엔 학교교육때문에 공사못해 학교에서 주말위주로 공사진행, 공사소리시끄럽다며 영상과 함께 시정요구

▶ 개인번호 알아내 개학식날 저녁 8시에 전화한 학부모

개학식 날 개인번호를 알려주지도 않았는데 알아내 저녁 8시에 전화가 왔습니다. 이유는 자기 4학년인 본인 자녀가 학교가면 적응을 잘 못할 거 같아 등교 거부를 했다는 내용이었습니다. 전학생도 아니었지만 단순히 걱정되어 수소문해 개인번호를 알아내 전화를 했다는 사실이 너무 소름끼쳤습니다.

▶ 나 빵에서 나온 지 얼마 안됐는데…어? 이번에 다시 들어갈까? 협박

학폭 업무 교육청 이관전 학폭 담당으로 순전히 업무처리만 중립적으로 했음에도 가해학생 삼촌에게 전화가 와서 "내가 빵(감옥)에서 나온 지 얼마 안됐는데…. 어? 이번에 다시 들어갈까? 선생님 어디 살아?"를 시전

▶ '시험문제 직접 출제하여 내미는 학부모'

본인의 자녀가 매번 시험을 못 봐서 속상해 하니, 이 문제를 내서 자기 자녀의 기를 살려 달라며 본인이 만든 시험지를 내미는 학부모가 있었습니다. 물론 단호하게 거절했지만 너무나 황당하고 어이없었던 평가권 침해 사례였습니다.

▶ 행동발달을 왜 이렇게 쓰셨나요?

행동발달 사항에 좋은 것 장점들 많이 적어 두고 큰 지적도 아니고 교우관계에 대해 노력이 필요하다고 적었는데 행동발달에 대해 왜 이렇게 쓰셨나요? 저의 아이가 뭐했나요? 라고 따지기 시작 해당 아이는 저학년이지만 친구와 감정이 상하면 뒤에 가서 발로 차는 아이였음.

▶ 알림장이 불친절해요.

퇴근후 한 시간동안 하이콜로 전화-하이특 알림장 내용을 이해 못하겠다. 나밀고 다른 부모님들도 같은 내용이다. 자세하게 써달라. 숙제 안 해 온 애들한테 뭐라 하지마라. 아동학대다. 이런 식이면 아동학대 신고하겠다.

▶ 학교폭력 가해 사실 안내하자 '**,우리 애만 잘못했어? 죽이고 싶네' 욕설

반 아이의 학교폭력 가해 신고가 접수되어, 가해자로 지목된

학부모에게 유선전화로 상황 안내하는 도중에 "** 우리 애만 잘못했어? 그 새끼 어디살어? 내가 찾아가 죽이고 싶네"라며 폭언과 욕설을 내뱉었습니다.

▶ 선생님 엄마들끼리 얘기해서 교원평가 최하점 주기로 했어요.

문제행동을 하는 학생이 있어 여러차례 가정에 지도를 부탁드리자 학부모가 학교에 찾아와서 "선생님 엄마들끼리 교원평가 최하점 주기로 했어요"라고 함.

▶ 선생님만 삼다수 먹냐.

왜 선생님만 집에서 삼다수 가져와서 마시냐. 아이들에게도 줘라.

▶ 한 놈만 걸려봐라 하던 중에 선생님이 걸리셨다.

출근하자마자 교장실에서 호출이 와서 가보니 특수교육대상자 학부모가 아이를 데리러 학교에 왔는데 커피를 대접해 주지 않아 무시당하는 기분이 들었다는 민원이 접수되었다고 했다. 학부모의 요구 사항은 교사를 해임시키거나 내 앞에 무릎 꿇리고 사과하는 것이었고 학교장은 당시 20대 후반의 나에게 학부모가 원하는 대로 해주고 넘어가라고 했다.

비통한 심정으로 학부모의 상한 기분에 공감하며 사과를 했는데, 학부모는 나에게 이런 말을 했다.

"선생님! 어제 아침부터 너무 기분이 나빠서 누구든지 한 놈만 걸려라, 하고 있다가 학교에 갔는데, 마침 선생님이 걸리신 거예요. 너그럽게 이해해 주세요"

나는 머리를 세게 얻어 맞은 것처럼 한 동안 아무말도 못하고 그 자리에 주저 앉아 있었다. 이 이야기를 주변 부장님과 교감 선생님께 알렸으나 아무도 조치를 하지 않았다.

▶ 내가 선생님 문제 삼을 수 있는 거 알죠?

방과후 시간 학급 학생이 시비걸다가 다른 반 학생에게 맞았음. 담임교사는 당연히 방과후와는 전혀 관련없음. 다음 날 부모 둘 다 담임에게 찾아와 애가 맞은 거 따지며 내가 선생님 문제 삼으려면 삼을 수 있는 거 알죠 라며 협박함.

▶ 교실 다 엎어 버리겠다, 교무실에 전기충격기 가지고 방문, 담임 교사에게 칼 사진을 찍어보내며, 협박

문제학생이 전학왔습니다. 이 학생이 이전 학교에서 문제가 있었다는 걸 몰랐어요. 그 어떤 연락도 받지 못했습니다. 이 학생은 교실에 들어온지 1시간 반이 채 되지 않았을 때 옆자리에 앉은 학생의 복부를 이유 없이 주먹으로 때렸습니다. 맞은 아이의 고통 이해합니다.

맞은 아이의 부모님께 즉시 연락했고 때린 아이는 그 즉시 아이의 엄마에게 연락해 할머니가 데려갔어요. 다음 날 맞은 아이는 저에게 다가와 "선생님 다음에 한 번만 더 이런 일 있으면 교실로 와서 다 엎어 버릴거라고 아빠가 선생님한테 전하래요."

그 날 이후 전 때린 아이가 화장실 갈 때마다 손잡고 쫓아가야 했고 저도 심하게는 아니지만 맞은 적이 있습니다. 또한 제 이야기는 아니나 학교 저연차 선생님에게 학부모가 칼 사진을 찍어보내면서 자신이 칼 들고 다니니 조심하라고 문자를 보냈으며 이 학부모는 전기충격기를 들고 교무실에 찾아와 행패를 부린 바 있습니다.

▶ 아침일찍 교실에 학생 어머니 내연남 찾아와서 행패

아침 7시30분 출근했는데, 술냄새가 풍기는 자칭 "삼촌"이라는 사람이 자기 조카가 따돌림을 당하고 있다며 나에게 삿대질을 하며 따짐. 남자교사인 것을 알고 약간 주춤했으나 큰소리를 지르며 행패부림. 교감이 데리고 가서 설득하고 돌려보냈으나= 나중에 알고보니 친삼촌이 아니고 학생 어머니의 내연남이었으며, 학생에게 학교생활을 물어보던 도중 "친구들이 잘 안놀아준다"고 하여 화가 나서 학교 찾아옴. 해당학생은 집안형편이 어려워 다른 아이들이 잘 도와주고 챙겨주던 아이였음.

▶ 학교에서 뭘 가르쳤길래 우리 애가 야동을 보냐.

학교에 전화가 와서, 우리 애가 '집에서' 야동을 보는데 학교에서 뭘 가르쳤냐고 묻던 학부모. 제가 보라고 했겠습니까?

▶ 술주정하는 학부모

1. 코로나 시기, 교육부 방침대로 온라인수업을 진행하였으나 "선생님 우리 학부모들이 뒤에서 욕하고 있는거 아시죠?"라는 전화를 받음.

2. 새벽 4시에 전화하여 술주정함.

3. 학생이 핸드폰을 잃어버림. 학부모가 소리를 고래고래 지르며 "우리 애가 도대체 왜 핸드폰을 잃어버린거죠?"라고 함. 핸드폰을 찾아주기 위해 어떤 노력을 했는지 말하라고 함.

▶ 내 전화 안 받았다며 교사를 아동학대로 고소한 학부모

문제를 일으키기로 유명했던 아이가 있었음. 교사와의 관계는

괜찮았지만 다른 학생들이 그 학생 때문에 매우 힘들어함. 그래서 아이 학부모님께 이 문제를 논의하려 전화하였는데 해당 어머님이 전화를 받고 이야기를 듣더니 소리를 지르며 폭언을 함.

이후 지속된 폭언에 트라우마를 가지고 정신과 약까지 복용함. 겨우 버티는데 이후 갑자기 그 학부모가 자기 아이가 왕따를 당하고 있다고 하면서 학교폭력위원회를 열어달라고 함. 교사가 어떤 내용인지, 교실에서 관찰된 바가 없으니 알려달라고 함.

그 이후로 화살이 교사에게 돌아오기 시작하고 퇴근 시간 이후 계속된 전화. 아침 출근 전 전화. 교감, 교무실에 민원 전화넣고 경찰서에도 신고해서 연락받음. 다른 학부모에게도 말도 안 되는 소문을 퍼뜨림.

그리고 결국 교사를 아동학대로 고소함. 이유는 아이가 아프다는데 보건실을 안 보냈다, 본인에게 전화를 주지 않는다는 이유. 검찰에서 무혐이 나왔으나 교사는 떨면서 취조를 받음.

▶ 왕따 주도자에게 '학교폭력일 수 있다'고 했더니 어떻게 우리 애한테 그런 말을…

A학생이 B학생을 왕따시킴. A학생 상담 2차례 진행. 재발 방지 약속 및 학부모 상담 진행. 재발. A학생에게 너가 하는 행동이 학교폭력이다 라고 말함. A학생 학부모 두명 학교에 찾아와 '선생님이라는 사람이 우리 아이에게 어떻게 학교폭력이라는 단어를 쓸 수 있냐' 며 폭언.

▶ 학생끼리 주먹질 다툼 뒤 '교사 너도 운동장에 맞아봐야…' 삼촌까지 찾아와

A학생 B학생이 운동장에서 싸움. A학생이 다침. 이 학교에서

는 이렇게 싸우라고 가르치냐. 선생님도 바닥에 눕혀져서 얼굴 발로 맞아봐야 아냐. 학교에 학부모, 삼촌이 찾아와 폭언. 교감 아무것도 안 하고 뒤에 서서 지켜봄.

▶ 교사의 말투가 마음에 안 든다. 교사야 애들 보는 앞에서 공개사과해라.

갈등이 생겼을 때 교사에게 와서 억울한 말투로 친구들이 자신에게 한 것만 이야기 하고 해당 학생은 자신의 잘못은 항상 모른 채 다른 친구 탓. 기억 안 난다. 로 말합니다. 이런 일이 반복되다 보니 교사는 냉정하게 앞뒤 정황을 보고 얘기해라. 친구들 이야기 들으면 너도 같이 한 행동 아니냐. 너만 그렇게 혼자 당한거라면 목격한 주변 친구를 데리고 오라고 말했습니다. 이후 부모 민원이 학교. 교육청에 민원 제기하고 신문고 직전까지 갔습니다. 교사의 말투가 마음에 안 든다고요.

우리 아이 말만 믿지 않는다고요. 그 학부모는 작년에도 그 전에도 계속해서 아이와 같은 성향으로 본인 아이가 남을 다치게 한 거에 대해선 유감이라는 말로.. 친구가 자기 아이를 조금이라도 힘들게 하면 애들 보는 앞에서 공개 사과를 요구했습니다. 이런 부모도 있는 세상입니다

▶ 선생님, 우리 애가 학원 숙제하고 원격 수업에서 잔다는데 왜 아이를 푸쉬하세요?

"내일 상담하고 싶은데 가능하세요?"

"네 가능합니다. 그런데 어떤 일로?"

"그건 내일 말씀드릴게요."

다음날,

용건: 코로나로 인한 원격수업에 참여하지 않고 잠만 자고 학

원숙제만 하는 자기자식한테, 담임이 전화해서 무섭게 학습을 푸쉬하는 바람에 애가 겁먹었다.

▶ 똥오줌 못 가려도 선생 탓

고학년임에도 불구하고 대소변을 가리지 못할 정도로 생활에 어려움이 많아 검사를 권했으나 자신의 아이를 부정적으로 바라본다며 아동학대로 협박

▶ 학부모들끼리 단톡방을 만들고 싸운 내용을 교사에게 공론화 시켜 해결해 달라고 퇴근 후 전화

다른 반 교사가 자기를 아동학대범이라 불렀다고 카더라 통신만을 듣고 교사에게 퇴근시간 이후 전화 및 문자 폭주, 그리고 관리자는 나 몰라라 교사 혼자 학부모 응대

▶ 학생의 수업방해 부모에게 알리자 '우리애 칭찬할 점은 없느냐'

수업 중 큰 소리로 노래, 소리 지르기, 싸우기 등 수업방해로 힘든 아이의 생활모습을 부모에게 사실 위주로 기술하여 전달하자 아이와 상담해 볼건데 담임선생님이 나쁜 얘기만 했다고 하면 좀 그러니 우리애 칭찬할 점은 없냐고 되물음. 이후 같은 반 학부모들이 나에게 "우리애 칭찬 좀 많이 해줘라"요지로 연락이 오는 건 기분 탓인가.

▶ 교사자격 없다, 우리 애 왜 메디폼 안 붙였냐?

학생이 팔에 상처 0.5센티 정도 친구가 실수로 손톱에 긁어서 났는데 보건선생님이 연고만 발라주시고 하교 후 학부모 전화와서 왜 메디폼 안 붙이고 연고 발랐냐 흉터지면 니가 책임질꺼냐 폭언을 수십분동안 퍼부음. 교사자격없다라는 말도 얼마 전 학생에게 들음.

▶ 학급경영평가에 악담

학급 경영평가할 때 익명인데 우연히 누가한 지 알게 됨. 평가점수 최하 다 해놓고 서술형도 악담./선생님이 본인 몸 생각해서 에어컨 못틀게 했다는 학생이 교장에게 민원. 교장 나한테 확인하고 잔소리. 애들 말만 믿고 교사못믿는 교장. 학부모 편에 서는 교장.

▶ 방과 후 자기 집 아파트 놀이터에서 싸운 일로 아침부터

자기 집 앞 놀이터에서 다른 반 친구와 싸운 일을 다음 날 아침 교사에게 해결해서 해결한 결과를 자기에게 연락하라고 함. 본인이 지도하려고 했으나 말을 안 들으니 학교에서 지도해달라고 하면서 선생님이 착해서 애들이 그런거라고 함.

수업권 보장을 위해 쉬는 시간 점심 시간을 사용해 해결하고 5교시 후 결과를 전화로 안내하였으나 왜 늦게 전화했냐고 물음... 수업을 해야 하고 옆 반 친구도 수업 시간에 부를 수가 없었다고 하니 그러나며 자기 아이에게 사과를 한게 맞냐고 묻고는 다시는 말도 걸지 말라고 전달하라고 함.

▶ 애 거짓말에 지도에 망신줬다고 막말

쉬는 시간에 개인적으로 불러 지도했으나 애들 있는데 그랬다고 망신이라 함. 많은 아이들이 목격한 사실이라고 하자 그럼 여럿이 보면 없던 일이 사실이 되는거냐 억지. 사과하고 끝남

▶ 선생님 우리 아이 좀 깨워 주세요. "초인종 눌러서요"

출근길에 자기 집에 들러서 초인종 눌러서 아이를 깨워달라는 요구를 들은 적 있습니다. 본인은 일찍 출근했는데 아이랑 남편이 자고 있는거 같다고요…

▶ 우리 아이는 원래 말투가 그래, 교우관계를 위해 중재했더니 자기 아이 사과하라고 했다고 민원

두 아이가 서로 다투고 A가 B에게 문자로 절교하자고 한 후 연락을 모두 차단하여 B가 교사에게 교우관계 중재를 요청함. A가 연락을 모두 차단하여 대화가 불가하니 교사가 A에게 전화하여 B의 생각이 이러한데 학교에서 같이 대화나누고 서로 사과할 부분은 사과하고 화해하는게 어떻겠냐고 함. 학생 휴대폰의 전화 내용을 모두 녹음했다가 들은 학부모가 왜 본인 자녀에게 사과를 종용하냐며 민원전화. 자녀가 절교하는 것을 희망하는지 물으니 우리 애는 원래 말투가 저러해서 잘못이 없다고 함. 자기 애 입장은 알지도 못하면서 선생님이 사과해라 마라 한게 기분이 나쁘다며 자기 자녀에게도 사과했으면 좋겠다고 함.

▶ 아동학대 신고로 교실까지 찾아와 쌍욕, 밀침

아이를 1학년부터 6학년까지 6년 내내 학교에서 1교시 이후 조퇴해줄 것을 요구. 사유는 매번 달랐으나 6학년 담임을 맡았을 때는 본인 몸이 안 좋아 아이가 간병해야 한다는 이유. 1교시 이후 조퇴하면 정작 아이는 놀이터에서 놀거나 킥보드 타고 논다는 얘기를 아이들에게 들음. 5학년 담임이 부모를 아이 방조로 아동학대 신고를 하고 6학년으로 아이가 진급하자 그제서야 아동 집에 아동학대 조사 차원에서 사람들이 찾아갔고 그것에 대해 책임을 묻겠다며, 6학년 담임을 찾아옴. 어떤 년놈이 나를 아동 학대로 신고했냐며 교무실에서 폭언과 고성을 일삼음. 이후에도 조퇴는 계속됐으며 안 시켜줄 시 담임을 신문고에 신고하겠다고 협박함. 1년 내내 비슷한 이유로 시달리고, 관리자는 불러서 6학년 담임에게 수업을 재밌게 해 봐라는 식의 기만하는 말을 일삼음.

▶ 학생끼리 욕설문자 주고받아 지도했더니, 학폭 신고하면서 교사도 신고하려고 했다고 민원

학생 간 매우 심한 욕설이 담긴 문자를 서로 주고 받으며 싸운 사실이 확인됨. 이에 학폭예방을 위해 해당 학생들 상담 및 서로 대화의 시간을 갖도록 하고 해당 문자는 지우고 다시는 서로에게 욕하지 않도록 지도하고 학부모에게도 그런 사건이 있었으니 휴대폰 사용에 지도가 필요함을 안내함. 학부모가 자기 자녀가 더 심한 욕을 들은 것 같다며 문자를 지우라고 한 것이 학폭 은폐에 해당한다고 교사도 함께 신고하고 싶다고 민원 제기.

▶ 아빠 돌아가셔서 출근 5일 못 했는데, 학기초부터 왜 이렇게 오래 쉬냐고

- 아빠 돌아가셔서 출근 5일 못 했는데 학기초부터 왜 이렇게 오래 쉬냐고 아빠 돌아가신거 아는 학부모한테 연락옴.
- 서류 학생 편에 보냈더니 서류 봉투에 안 넣었다고 전화
- 학생이 학교 끝나고 10분 공부했는데 고래고래 소리치면서 전화

▶ 중입배정업무 처리를 위해 등본내라고 하자 쌍욕하며 무차별 욕설

중입배정업무 처리를 위해 등본을 제출해야 하는데 등본을 제출하지않아 언제까지 보내달라고 부모에게 전화하자 모는 받지 않고 부가 받아 ★★년아 니가 그게 왜 필요하냐 개 같은 ★아.

(너무 충격적이라 여기까지는 정말 정확히 기억이 납니다) 라고 소리지르고 그 뒤에도 교사의 설명은 듣지 않고 10여분간 욕설을 퍼부음.

▶ 담임 맘에 안 드는데 어떻게 방법없겠냐고 교무실로 아침마다 전화

아이가 사회성이 부족한 상태. 친구 및 교사와 계속해서 갈등 일으킴. 교사가 지도했으나, 지도과정에서 침묵하거나 반항을 함. 하지도 않은 욕설을 교사가 했다고 보호자에게 얘기함(지도 할 때 다른 보호자가 교실밖에서 대기중이라 욕은 할 수 없는 상황). 교사가 자신의 말을 들어주지 않는다며 잠잘때마다 교사를 찾으며 발작일으키고, 식사도 거부한다며 교무실에 "담임이랑 안 맞는거 같은데 방법 없냐"하는 전화를 하였습니다.

▶ 익힘책 먼저 풀지 말라 한 교사에게 넌 교사 자격없다.

익힘책을 진도에 맞지 않게 풀면 안 된다. 한 마디 지도하고 나서 당일 학부모에게 우리에게 무슨 일이 있는 것이냐. 교사인 나는 너무나도 당연한 지도를 하였기 때문에 아무 일 없었다. 답변함. 그랬더니 학부모가 우리아이가 집에서 이렇게 우는 데 교사인 너는 왜 아무 것도 모르냐. 상담 진행하자 너는 내 말을 듣지 않는다. 교사 자격이 없다. 악담을 함. 다음날 학교 아침에 찾아오며 우리 아이가 너 때문에 트라우마에 걸렸다. 정서 학대로 신고하겠다 협박함.

▶ 학생이 다른 학생 때려 학부모에 연락했더니 '당신같은 교사에게 내 아이 교육시키고 싶지 않으니 자리 가장 뒤 구석으로 빼고 내 아이에게 아무것도 하지 말아라' 교실로 찾아와.

A학생이 다른 학생을 때릴 때마다 A학생 학부모에게 연락하여 해당 사실을 알렸습니다. 이것이 반복되자 학부모가 학교로 찾아와 '당신은 내 아이에게 낙인을 찍었고 나는 당신같은 교사에게 내 아이를 교육받게 하고 싶지 않으니 자리를 제일 뒤 구석으로 빼고 내 아이는 건드리지 말아라'는 말을 들었습니다.

▶ 애 아빠가 화가 많이 났어요

전화로 교무실, 교장실, 저에게 전화하여 예의 없는 말투(반말 +~요체 섞임, 빈정대는 말투)로 자기 자식이 학교에서 괴롭힘 당한다고 말함. 애 아빠가 화가 많이 나서 뒤엎는다는 것을 자기가 먼저 전화했다고 함. 교육청에도 찌르고 학교폭력위원회도 열것이라고 협박함. 원하는게 뭐냐고 물어봐도 정확히 말하지 않음. 학생을 어떻게 지도했는지 말하고 가정에서도 지도 부탁드린다고 하자 아이도 정신병원 다니며 우울하다고 하며 가정에서의 책임을 회피함. 작년에 애 담임을 병휴직으로 들어가게 했다는 말을 함 (내가 난리치면 너도 똑같이 만들어줄 수 있다는 협박으로 들림).

▶ 애가 문제 행동 일으키고 말하니 "교사가 애들 어떻게 키운거야!"

학교에서 문제 일으킨 아이 학부모에게 해결위해 전화하니 교사에게 애를 어떻게 키우는 거냐고 (본인 애를) 교사를 윽박지르고 협박함.

▶ 선생님의 눈빛이 마음에 안 든다.

10년전 선생님의 눈빛이 무서워서 아이가 학교에 가기 싫어한다며 주말에 전화하신 학부모님. 그 이후 나는 아이들을 제대로 쳐다볼 수가 없었습니다.

▶ 생활지도 했더니 '여기가 사회주의 종교집단이냐'

학생들을 생활지도하기 위해 정상수업 후 10분 가량 남겨 학급의 문제에 대해 이야기를 한 적이 있습니다. 그 날 바로 학부모 한 분으로부터 '왜 아이들을 남기냐' '여기가 사회주의 종교집단이냐'라는 민원을 받은 적이 있습니다. 교사가 아이들을 생활지도하는 것의 어떻게 이런 식으로 매도될 수 있을까요? 학급에 문제가 생겼을 때 생활지도를 하지 말라는 뜻인가요?

▶ 당신한텐 사과했는데 왜 얘기하나요?

학생에게 막말을 지속적으로 듣다 하루는 학부모에게 연락하자 아이가 사과했다는데 왜 얘기하냐고 함.

▶ 친구들에게 욕해서 존댓말 쓰는 규칙을 지키는 아이 마음이 속상해 민원 넣은 학부모

반에서 아이들끼리 욕하는 것이 불편하여 아이들이 직접 존댓 말쓰기 규칙을 만들어서(모두가 동의함) 자정활동을 하고 있었는 데, 친구에게 닥쳐라고 욕한 아이가 존댓말 쓰기 규칙을 하게 되 었고 그 학생이 집에 가서 친구들에게 존댓말 하는게 속상하고 짜 증난다고 학부모에게 얘기함. 학부모는 금요일날 저녁 7시에 아이 와 관련해서 상담하고 싶다고 연락하였고 담임교사는 월요일날 9 시~10시 사이에 연락함. 학부모는 존댓말 규칙은 너무 과하다고 하였고, 닥쳐가 욕이냐고 교사에게 반문함. 존댓말 규칙 없애면 안되냐고 하고 본인 아들이 다른 친구들에게 상처준 것은 생각 안 하고 자신의 아들이 존댓말을 해서 다른 친구들로 부터 자존심이 상하는 것만 생각하여 존댓말 규칙이 너무 과하다고 열변을 토함. 그리고 존댓말 규칙 안하게 하면 안되냐고 얘기함으로써 교사가 학교에서 아이들을 지도할 권리에 대해 침해함.

▶ 학교폭력 가해 추정 연락에 '학교에 불 질러 버릴라. 배때지 쑤셔 버 린다.' 등 협박성 발언

해당 학생은 여러 차례 학교폭력 가해 추정 학생으로 신고가 되었던 상황입니다. 담임교사로 학교폭력 신고가 되었음을 전달하였는데 '별 것도 아닌 일로 뭐만 하면 학폭이래.'라고 소리를 지르며 '씨발, 개새끼들'과 같은 욕설과 '학교에 불 질러 버릴거야. 지금 바로 찾아간다. 배때지를 쑤셔 버릴라.'와 같이 협박성 발언을 하였습니다. 이러한 발언에 아무런 대응도 할 수 없어 가만히 듣고만 있었던 경험이 있습니다.

▶ 작년 있던 학폭이라며 가지고 와서, 교사가 뭐한거냐고 몇달 내내 괴롭힘.

전년도 학폭을 가지고 교사보고 왜 몰랐냐고 하면서 끝없는 전화와 폭언으로 교사를 괴롭힘.

▶ 코로나 시국 앱 오류 민원

앱이 오류나서 온라인 수업과 관련된 자료가 전송이 되지 않고 소통이 안되는데 교사에게 왜 그것도 모르냐고 폭언을 했었습니다. 앱 오류까지 교사가 어떻게 할 수 있는 부분이 아니잖습니까?

▶ 복도에서 뛰는 아이 지도했더니 하지 말라고 함.

개인적으로 복도에서 일어나는 사고에 민감한 편이라 3월부터 복도안전에 대해 끊임없이 이야기함. 한 학생이 12월까지 복도에서 뛰어서 수시로 혼남. 참다참다가 3일간 쉬는 시간동안 자리에 앉아서 책 읽으라고 함. 다음날 점심시간에 학부모가 하이톡 함. 그 벌이 가혹하니 당장 풀어주라고, 내가 내일부터 주의주고 그만하겠다 하니 당장 지금 하라고함. 참고로 이 여자는 학기초에 내가 만만한 상대인지 보기 위해 교실을 방문하고, 나를 보고 인사도 안 했음. 젊은 여교사는 만만한 상대인가 봄.

▶ 아이가 수업시간에 교사에게 욕한 사실을 전달하자, 학부모 日 '선생님이 평소에 차별해서 우리 애가 욕하게 만든 거 아닌가요?

교사가 수업시간에 학생에게 '시X' '지X'등 욕을 들었습니다. 이에 대해 학부모에게 전달하자 교사가 아이를 차별해서 아이가 욕을 하게끔 유도한 거 아니냐며 오히려 공개사과를 하라고 나왔습니다.

▶ 무조건 공개사과 요구, 떼쓰는 학부모

사례 1) 반 아이가 지속적인 괴롭힘을 당했다며 담임에게 수차례 상담. 상담하는 과정에서 상대편 아이의 공개사과 요구, 그건 학폭 조치 열어야한다 하니 무조건 공개사과시키지 않으면 가만 안 있겠다 말함. 이후 교육청에 본인 아이가 괴롭힘당하고 있는데 담임교사가 방관하고 있다 민원 올림.

사례 2) 알림장에 아동학대 주의사항 문구 올리니 본인 것이라고 생각하며 수업 중에 2차례나 내려달라 요구함

▶ 하교 후 학생들간 다툼에 대해 수시로 민원 전화 및 학교방문

그 당시 일주일간 학부모 민원 전화에 시달렸습니다. 학부모는 교사의 이야기는 듣지않고 계속 자신의 이야기만 쏟아 내었습니다. 갑자기 수업 중 학교로 찾아오는 일도 잦았습니다. 학교로 찾아와서도 마찬가지로 흥분한 상태로 교사에게 폭언을 쏟아붓고 갔습니다. 이후에도 여러 번 반복이었습니다. 전화를 받고싶지 않았는데 받을 때까지 전화를 걸고 받은 후에는 소리를 지르며 감정적인 폭언만 이어갔습니다.

▶ 학생 10분 남겨서 공부 시켰다고 '우리 애가 집에 와서 짜증내잖아요." 극성 학부모 등쌀에 우울증 약까지 먹어야 하나 고민하는 교사

기초학력 미달학생을 10분 가량 남겨 시험을 보게 했다는 이유로 학부모가 전화로 30분가량 폭언을 퍼부었다. "우리 애가 집에 와서 짜증을 낸다. 공부 못하는거 상관 없으니까 남기지 말라고 몇 번 말해. 선생님 지금 나한테 시비 트는 거에요? 기분 드러우세요? 그럼 제가 참 죄송하네요"하며 비아냥대며 사과. 학기 초부터 계속되었던 민원 전화는 계속해서 지속되고 있고 모욕적인 언사에 교사의 자존감은 무참히 꺾여만 가는 중이다.

▶ 우리 아이 마음 다치니 받아쓰기 틀린 것 빗금치지 마세요..교장실 찾아와서 소리질러

저학년 받아쓰기 지도때 틀린 것을 빗금표시하니 민원전화를 넣음. 우리 아이 마음다치는데 어떻게 빗금표시를 하냐, 별표시 해라! 우리 아이만 못하는데 우리 아이가 너무 불쌍하지 않냐!. 관련하여 클래스팅 등에 빗금표시는 아이들의 마음을 다치게 할 의도가 없으며, 아이들은 실패의 경험을 통해서 성장한다. 그러나 마음이 불편하면 개별적으로 연락주시면 그 아이만 다르게 표시해 드리겠다. 등 설명문을 올림. 그러자 민원 학부모가 교장실로 찾아가서 본인을 표적질한 알림장이라며 소리를 지르고 학부모회장까지 동행하여 교장실+담임 교실에 가서 소리지름. 관리자는 학급 담임에게 일방적인 사과를 종용하였음. 교사편을 전혀 들지 않고, 어떻게 받아쓰기를 하냐며 질책함(학기초 학부모총회때 학부모들이 받아쓰기 시험을 모두 희망하였음)

▶ 선생님이 아침마다 깨워주시죠?

코로나 원격수업할 때 아이가 계속 줌 수업에 참여하지 않아 엄마에게 전화했더니 선생님이 매일 모닝콜좀 해주시면 어떻겠냐고 해서 제가 모닝콜 하는 사람은 아니지요. 다른 아이들도 있는데 어렵습니다. 라고 했더니 선생이 어떻게 그럴 수 있냐며 교육청에 전화. 애가 밤에 게임하고 안 일어날 때 엄마도 집에 있었던 걸 뻔히 아는데….

▶ 본인 아이 일기장에 별표(칭찬) 못 받았다고….

일기장에 표현이 좋은 경우나 생각이나 느낌을 잘 쓴 경우 별표로 칭찬해줌. 본인 아이 일기장에 별표가 없어서 마음이 상했다며 민원.

▶ 학생끼리 다투고 화해했음에도 교사에게 '왜 전화가 안 되냐… 우리 애의 자존감이 무너진 것에 대해 책임져라'

쉬는 시간 중 A학생이 B학생이 놀고 있는 것에 대해 시비를 걸어 B학생이 A학생을 발로 찼음. A학생과 B학생 각각 상담하고 화해 후 하교함. A학생 학부모는 우리 애가 다른 아이들이 보는 앞에서 B학생에게 맞았는데 교사는 뭐하고 있었으며, 교사는 왜 애가 집에 와서 말하기 전까지 학부모에게 먼저 연락을 하지 않았냐고 수차례 전화를 걸었음. 교장선생님에게 찾아가겠다, 교육청에 신고하겠다, 아이 아빠가 화가 많이 났다고 함. A학생은 보건실에 다녀올 때도 이상이 없다고 했고 병원에 다녀왔던 것도 교사가 인지하지 못한 많이 다친 부분이 있느냐 했는데 크게 다치지는 않았다고 함. 하지만 우리 애가 자존감이 다친 부분에 대해 사과하라고 악성 민원을 수차례 넣었음.

▶ 학폭신고해 놓고 사안조사 중에 찾아와 "왜 우리애 상처주냐"

학교폭력담당교사 부교사입니다. 정교사 선생님이 학폭신고가 들어온 피해관련학생을 사안조사하는 교실에 함께 있었습니다. 갑자기 해당 학생의 아버님이 연락도 없이 교실문을 벌컥 열고 들어와 언성을 높이시며 왜 아이가 더 상처받게 하냐며 꼭 사안조사해야 하는거냐며 따지셨습니다. 사건 관련하여 경찰신고를 하신 상태였는데 경찰에게 진술서를 받으라는 등의 말씀을 하셨습니다. 다행히 정교사 선생님께서 남자분이시고 침착하게 대응해주셔서 마지막엔 화를 누그러뜨리셨으나, 연차도 낮고 여교사인 저 혼자 있었으면 어떻게 대응했을지 모르겠습니다. 심장이 두근대고 이제는 안전의 위협도 느껴가며 이 일을 해야 하나 힘들었고 우울증 진단받고 이 학폭사건 정리되기 전에 병가냈습니다.

▶ 잠시만요..우선 우리 애 혼내셨나요?

아이가 단톡방에서 상대 어린이에게 심한 욕설을 해서 지도하고 난 뒤 학부모에게 전화를 했는데 :어머님 ~이런 일이 있어서 전화드렸습니다 했더니….아 ! 선생님 잠시만요! 그런데 우리 아이 혼내셨나요? 그 말부터 듣고 제가 얘기할께요. 진짜 답 없더라….

▶ '받아쓰기가 어려워서 자존감이 떨어져…'민원

받아쓰기 5번까지는 연습한 문장, 나머지 5번까지는 국어책에 나온 문장 당일에 받아쓰기를 봄. 매번 100점을 맞던 애가 받아쓰기가 어려워 100점을 못 받아서 자존감이 떨어진다며 민원.

▶ 매일매일 퇴근직전에 전화걸어서 1~2시간씩 항의전화 해

매일매일, 30분은 기본, 1~2시간씩 항의전화를 합니다. 이유는

아주 갖잖은 것들(옆반과 진도가 다르다, 옆반과 수업내용이 다르다-교사의 수업재량권을 무시함, 교사가 학생중심으로 교실운영하는 것에 학생들이 뭘 아냐며 훈수질함-교사의 수업권 무시, 자기 자식이 독서감상화대회 상 못받은 것에 대해 한 시간동안 언변을 토함, 학부모 대면상담기간에 제일 마지막 타임 신청해서 1시간씩 자기 할 말만 하고 감.

▶ 교사에게 책 던지고 욕한 학생. 학부모는 우리 아이에게 어떠한 지도도 하지 말아달라.

학급에 게임중독 및 분노조절 장애 학생이 있었음. 그 학생은 수업시간마다 엎드려 있었고 이를 지도하면 담임교사에게 책을 집어던지거나 욕을 함. 과제 제출도 절대 하지 않음. 학급 물건도 아무렇지 않게 도둑질함

관련해서 학부모에게 문자 및 전화를 하였으나 돌아온 답변은 "우리 아이에게 어떠한 지도도 하지 말아달라. 칭찬도 혼내는 것도 하지 말라"

결국 학기 중 담임교사는 해당 학생을 지도할 때(역시 또 담임교사에게 욕하고 물건 집어 던짐) 기절하여 보건실로 실려 감. 혈압이 상당히 높게 측정됐고 이후 정신과 진료를 받음. 진료결과 : 우울증 및 무기력증

▶ 아이 문제행동 전화하니 "선생님이 엄하지 않아서.."

아이가 하교 후 아파트 단지 내에서 욕설을 하여 학교로 민원 전화가 왔음. 해당 일에 대해 학생을 지도한 뒤 학부모 전화드려 이러한 일이 있었다 말씀드리니 대뜸 '우리애가 그럴리가요?' '선생님이 엄하지 않아서 그런 것 같아요. 엄하게 지도해주세요.'라고 적반하장의 태도를 보임.

▶ 자기 물건 잘 챙기자 한마디 했다가

지갑 하교 전에 책상 위에 올려두었는데 앞의 친구 가방에서 찾음(앞친구는 도둑질을 본인은 인정 안 함). 찾는 과정에서 잃어버린 학생에게 본인 물건 잘챙기자 지갑같은거 미리 꺼내지 말고 올려두지마 -> 학부모 민원. 본인 딸은 피해자인데 본인 딸의 잘못으로 이야기함. 예민해서 상처받음. 학부모 전화중에 우리 아이는 예민해서 상처받는다. 학교가기 싫어한다. 학교를 싫어한다 라고 말하면 교사는 무조건 약자가 되네요.

▶ '내 아이만 친구들의 칭찬스티커를 못 받아…'

동료평가의 일환으로 친구들과 활동결과를 함께 살펴보며 칭찬 스티커 붙여주기 활동을 함. 내 아이는 스티커를 잘 못받는다고 상처받는다 민원을 넣음.

▶ 다른 반 학부모가 학교로 전화와 중입 관련 문의를 한 뒤 매년 바뀌는 사항 설명하니 '월급받고 하는게 뭐냐…'

다른 반 학부모가 학교로 전화와서 6학년 부장인 제가 전화를 넘겨받았습니다. 중입에 대해 묻길래 매년 바뀌는 사항이 많고 아직 공고가 뜨지 않아 자세하게는 설명이 어렵고 교육청에 문의해라니까 "월급 받고 하는게 뭐냐? 50까지 살아본 내가 너에게 조언한다.

그딴 식으로 일할거면 빨리 다른 직업 찾아봐라. "그리고 그 지역은 인근 광역시에서 출퇴근이 많은데 저에게 "그 지역에서 학교 나왔느냐? 그러면 지금 학교가 있는 이 지역은 잘 모르겠네. 선생님은 왜 말씀이 어눌하냐? (질문에서 진상 느낌 바로 받고 대답 실수하면 바로 뭐라할 느낌나서 천천히 대답하니까) 결혼은 했느냐? 애는 낳아봤느냐? 자기가 시간은 다 뺏어놓고는 끊을 때 다 되서는 이 기회비용을 봐라."

▶ 수업 중인 교실에 불쑥 들어와 나간 전구 개수를 세는 학부모

수업 중 학부모 세분 가량이 복도를 서성이고 뒷문이 열리길래 무슨 일일까 궁금해했는데, 수업을 마치고 학부모님을 발견한 다른 선생님의 이야기를 전해 들었습니다. 학부모님께서는 교실에 전구가 여러 개 나갔는데 확인하려 오셨다고 점검차 들렀다고 말씀하셨고, 선생님께서 수업중이니 학교에서 잘 확인하겠다고 이야기 후 돌려보냈다고 합니다. 쉬는 시간에 이 이야기를 전해 듣고 이게 도대체 무슨 일인지 황당했고 불쾌했습니다.

▶ 애가 준비물을 안 챙겨갔으면 저한테 연락을 주셨어야죠.

생존수영 인솔 얼마나 힘든지 교사들은 다 아실겁니다. 생존수영 가는 날 버스를 타려는데 아이가 수영복 가방을 통채로 집에 놓고 왔다고 급하게 말했고, 저는 인솔도 해야 하고. 아이들 수영복도 갈아 입혀야하니 선생님들 대기 공간(수영장 안 카페)에서 그 날은 수업참관만 하도록 좋게 지도했습니다. 그 날 해당학생 어머니에게 전화가 왔고 자신에게 전화를 했으면 자신이 수영장까지 갔을텐데 대체 왜 연락을 안 주셨냐며 따지셨습니다.

▶ 학부모, 교사를 유기 및 방임죄로 고소하겠다며 교장실 찾아가

2학년(9살)을 데리고 현장 체험학습을 다녀왔습니다. 끝나고 인원 체크 후 도보로 이동중, 학생 1명이 무단으로 이탈하였고 체험학습 장소 내에서 그 학생을 찾아서 학교로 데려왔습니다. 하지만 자신의 아이를 제대로 챙기지도 않았다, 학생수를 세지도 않고 출발했다며 학생의 어머니가 교장실을 방문하였습니다. 담임교사

를 아동 유기 및 방임죄로 고소하겠다고 말하며 강하게 항의했습니다. 본인의 아이를 챙기지 않은 담임교사를 탓하며 잘못을 나무랐고, 결국 저는 병가 3주를 쓰고 2학기부터 휴직에 들어가기로 했습니다. 마지막까지 찾아와, 학생 학부모가 반대표를 그만 두려고 했는데 선생님이 그만 두니 반대표를 계속해도 되겠다고 말하더군요.

▶ 빼빼로 데이에 선물 안 받아준다고 아이를 무시했다며 등교거부해…

빼빼로 데이날 이었습니다. 그 전부터 늘 '선생님은 어떠한 선물도 받지 않음'을 교육해 왔기 때문에 빼빼로 데이에도 역시 한 여학생이 가져온 빼빼로를 그대로 돌려보냈습니다. 선물을 받을 수 없는 상황을 설명해주고 속상할 수 있는 아이의 마음을 달래주는 말도 했지요. 그러나 그 다음날 학부모로부터 전화를 받았습니다. "아이의 선물을 거절해 아이가 속상해한다. 학교에 보내지 않겠다." 는 민원이었습니다. 학부모에게도 설명을 충분히 했으나 학부모는 '본인 아이의 속상한 마음만 강조'할 뿐이었고 계속 학교에 보내지 않았습니다. 장기결석의 경우 담임교사가 상황을 파악하고 조치를 취해야하기 때문에 어쩔 수 없이 학부모에게 전화를 걸어 '죄송하다. 아이가 등교하면 마음을 달래주겠다.'고 사과를 해야 했습니다.

▶ 선생님 신문에 나고 싶어요? 뭐 저런게 선생이야.

6학년 담임하던 어느 해, 학폭신고가 들어왔고 조사하던 중 가해학생 학부모가 선생님 신문에 나고 싶어요? 라면서 협박을 했다. 7, 8년이 지났지만 그 말만 기억이 나고 그 이후로는 그 아이 눈도 쳐다보지 않으려 했으며 완전 기계적으로 응대했다. 몇 년 뒤 농산어촌으로 이동했는데 비정상적인 상황에서 태어난 금쪽이,

화난다고 유리창을 주먹으로 쳐서 깨거나 지속적인 수업방해, 나에 대한 악의적인 트집. 그래서 무관심 무대응을 했더니 면전에서 뭐 저런게 선생이야. 라고 함.

▶ 쉬는 시간에 불쑥 찾아온 학부모, 교사에게 고함 질러…

수업 시간에 복도에서 아이를 혼냈고, 그 아이는 쉬는 시간에 엄마한테 챙겨오지 못한 준비물을 받으러 감. 그 때 울면서 거짓말로 엄마한테 선생님이 자기한테 욕했다고 함. 엄마는 애 말만 믿고 쉬는 시간에 애들 다 있는 교실 문을 쾅하고 열며 당신이 우리 애한테 욕했냐고 큰소리로 고함을 침. 전혀 그런 일이 없다는 것을 이야기하고 사과를 받았으나, 나중에 학부모들에게 저 선생님은 폭력적인 선생님이라는 소문을 내고 다님.

사소한 민원으로는 방과후 시간에 학교 운동장에서 아이들끼리 놀다가 안경이 떨어졌는데, 오후에 바로 전화와서 선생님은 뭐하셨냐? 아이들을 어떻게 가르치셨냐? 하고 민원전화 옴.

또 하나 더의 사소한 민원으로는 아이가 눈이 나빠져서 안경을 써야 하는데, 씌우기 싫다며 자리 앞에 앉혀달라고 함. 그건 다른 학생들과의 공평성에 어긋나 안 된다고 했더니 말하는 중간에 그냥 끊어버림.

▶ 매일같은 악성민원(국민고)에 답변의 의무가 있는 교사.

매일매일 국민신문고에 교사를 고발하는 내용을 올림

고발 내용:

- 교사가 마스카라를 했다. 교사가 뾰족한 옷을 입어서 내 아이가 다칠 뻔했다.(트위드자켓), 교사가 아이에게 사탕을 줬다.(사탕으로 성폭행할 수도 있고, 알레르기를 있는 학생을 죽일 수

도 있다고 함.) 등 말도 안되는 내용 매일 반복

- 이에 대해 교사는 국민신문고에 답변의 의무가 있어 매일 초과 근무를 하며 성실하게 답변해야 했음. (시정하겠습니다. 단정한 옷차림을 하겠습니다. 등)

- 교실을 수시로 감시함(텐트 의자를 가지고 오심), 심지어는 교실 창문 밖에서 사진도 찍어감. 어머니께 사진을 왜 찍냐고 물어보니 지금 수업중인데 수업 안 하시고 왜 나오냐고 함.

- 교사 및 학교를 비난하는 내용으로 유튜브를 매일 같이 올림 (현재 내려감. **초 교사 *** 선생님을 고발합니다라는 제목) 실명을 김교 김학 이런식으로 공개함.

- 말도 안되는 민원으로 장학사, 교육장 등에게 전화함.

- 학부모가 무리한 요구를 해 ***가 안된다고 선을 긋자 경찰서에서 휘발유를 두르며 분신자살 소동을 벌임. 이때 손을 잡으며 말린 경찰 2명을 성추행으로 고발함.

○ 이 내용을 매일같이 견뎌내야 했습니다. 유튜브에 교사를 고발하는 내용을 올리며 실명 비슷하게 언급을 하지만, 실명을 언급하지 않았다는 이유로 명예훼손죄를 적용하기도 어려웠습니다.

- 2017년의 일입니다. 악성민원인을 대상으로 교사가 할 수 있는 것은 시정하겠다라고 답변하는 것 뿐이었습니다. 매일같이 신문고를 올렸기 때문에 그에 대해 답변하는 것이 정말 시간, 정신 소모가 많이 되었습니다.

- 그 학부모가 정신적으로 문제가 있음에도 이미 경찰서, 동사무소 등 모든 기관에서는 당하기만 할 뿐 조치할 수 있는 것이 없었습니다.

○ 이런 악성민원인은 공공기관에 민원을 넣으면 성실하게 답변이

오는 것으로 강화가 됩니다.

▶ 학생이 온라인 수업에 참여하지 않아 학부모님께 전화드렸더니 '선생님은 교사 자격도 없어'라고 대응

학생이 온라인 수업(Zoom)에 참여하지 않아 아침에 전화를 드렸습니다. 아이가 받으면서 '아버지가 주식해야 해서 컴퓨터를 못 써요'라고 말하더군요. 제가 '아버지 바꿔달라'고 아이에게 말한 후, 아버지와 통화를 했습니다. '아버님~ ○○이가 온라인 수업에 참여할 수 있게 컴퓨터 좀 아이에게 주시면 안 될까요?'라고 말하니.. '선생님은 교사 자격도 없으면서'라고 소리를 지르며 제게 폭언을 하였습니다.

▶ 아이가 친구 외모비하했는데 '선생님이 우리 아이에게 상처줬어, 그 아이도 우리 애한테 사과해야.'

학생이 다른 친구의 외모가 못생겼다며 눈이 마주치면 헛구역질을 하고 "넌 급식이 목에 안 넘어가겠다"며 낄낄댐. 상처받은 학생이 모둠활동에 참여하지 않고 말을 무시해 담임교사가 사건을 알게 되고 학교폭력에 해당하는 일이니 이런행동을 하면 안 된다고 지도함. 교사 말을 잘못 이해한 학생이 엄마에게 가서 '선생님이 나 학교폭력으로 신고한대'라고 울며 이야기하자 학부모가 연락없이 바로 찾아옴. 이유없이 친구 외모를 비하했다고 이야기했고 아이도 이유없이 그런 것이 맞다고 인정하자 아무 말 못하고 돌아갔으나, 다음날 아침 일찍 문자하여 "우리 아이도 사과하겠지만 모둠활동에 참여안하고 말을 무시한 그 아이도 우리 애한테 사과해야 한다. 그리고 선생님이 아이에게 학교폭력 운운하여 우리 아이에게 씻을 수 없는 상처를 주었다"고 주장함.

▶ 우유 안 먹는 학생은 하녀인가요?

교실에 1인 1역할을 아이들 명수대로 정해두고 운영했습니다. 일주일씩 한 역할씩 맡아 했습니다. 역할 중 하나는 우유박스 가져오기였습니다. 우유를 안 먹는 친구들도 돌아가며 그 역할을 했습니다. 우유 안 먹는 친구가 우유박스 가져오기 1역할을 하는 날 해당 어머니께 전화가 왔습니다. 우유를 안먹는데 우유먹는 친구들을 위해서 박스를 가져오는 것이 부당한 것 같다구요. 우유먹는 친구들의 하녀냐구요.

▶ 교사가 과일 깎아 간식 제공하라 해.

1학년 담임 시절 학부모가 자신의 아이가 배고파하니 직접 과일을 깎아 제공할 것을 요구함.(다툼의 원인을 제공한 아이의 학부모가 왜 자기 아이가 사과해야 하냐 따져)

"○○이가 사회생활을 한 유치원때부터 지금까지 친구에게 사과할 일을 단 한 번도 한 적이 없었습니다. 저는 ○○이가 사과할 일을 했다고 생각하지 않고, 쌍방의 사과가 맞는 것인지 의문입니다."

▶ 우리 애가 일기를 썼는데 감히, 칭찬 도장을 안 찍어?

대뜸 오후 5시경 하이톡이 왔음. 우리 애(2학년) 일기를 썼는데 선생님이 검사를 안하시더라고요. 칭찬도장이나, 코멘트를 적어줘야 되는거 아니에요? 당황한 담임교사, 도장찍어줬는데 몇개 빠진 것 같네요. 검사하겠습니다. 했더니, 주말에 학교 앞에 일기장 두고 갈테니 검사해 달라함.

▶ 결석후 출석인정해 달라.

질병 및 여러가지 이류로 결석임에도 체험학습으로 출석인정해 달라.(언어폭력 피해 학부모의 요구)

'인생을 똑바로 살아라 그렇게 살다 간 너 옆에 친구 없어진다'는 이야기를 들은 아이의 어머니가 학폭을 당했다며 학폭을 열어 달라고 함.

학폭을 열어주라고 하니, 내가 정말 학폭을 열어달라기는 이야기냐 하며 본인의 요구 조건(가해 학생 학부모가 내 앞에 무릎꿇고 사과하게 해라)을 이야기함

주 2~3회 저녁 7~9시 사이에 전화해서 한시간에서 두시간씩 아이 아빠가 알게 될 경우 문제가 커진다며 협박조로 전화함

▶ 학부모가 초등 수행평가지를 찢고 낙서한 사건

초등 3학년 도덕 수행평가에서 일주일동안 실천하고 싶은일을 정하고 실천하는 활동이었음. 아이가 일주일동안 매일 책 1권을 읽을거라고 계획세우고 일주일동안 실천했다고 표시해서 매우잘함 평가결과를 줬고 부모님께 사인받아오라고 가정으로 보냈음. 다음날 제출한 평가지에는 크게 볼펜으로 X표가 쳐있고 한쪽 끝이 찢어져 있었음. 그리고 아버지가 담임과 상담하고 싶어한다는 메세지를 받음. 아버지와 통화해보니 하루에 1권 책읽기는 지키지 못할 계획이라며 아이에게 이야기 하고 시험지에 표시를 하려고 하자 아이가 시험지에 글씨를 못쓰게 했음. 선생님이 시험지에는 다른거 쓰지말라고 했다고 전함(하지만 담임은 연필로 고치면 채점 오류로 착각할 수 있으니 연필을 제외한 펜을 쓰라고 했음). 시험지에 체크를 못하게 하자 화가난 아버지는 내가 왜 시험지에 뭘

쓰면 안되는거냐? 내가 찢고 낙서를 해도 아무일도 일어나지 않는다며 그렇게 했다고 함. 그리고 사과 한마디 없이 뻔뻔하게 전화 끊음.

▶ 사서 선생님을 책을 훔친 도둑으로 몰아.

학생이 개인 구매한 책을 학교에 가져왔는데 잃어버리자 부모에게 사서교사가 책을 학교도서관 책으로 흡수하여 가져갔다고 이야기함. 학부모는 해당 진술이 사실인지 고민조차 않은 채 담임교사에게 책 돌려받을 수 있게 지도해달라고 요구. 학교 도서는 모두 시스템에 기록되며 바코드 라벨링 처리를 하여 개인 도서는 도서실에 반납이 불가한 것이 당연한 상식임.

▶ 학교에서 다쳐서 병결. '담임교사가 집에 와서 보충지도해라'

여기도 갑지 학교입니다. 부모 민원으로 유명한 지역이죠. 학교에서 학생이 다쳐서 깁스를 했습니다. 그 학부모는 병결로 수업권이 박탈되므로 담임교사가 집에 와서 보충지도를 해달라고 민원을 넣었습니다. 교장·교감은 그렇게 하라고 교사를 떠밀었고, 교사는 가정방문 보충지도를 했습니다. (맘카페에서 퍼진 소문으로 적어주세요.)

▶ 니가 내 딸을 밖에서 재웠냐. 애가 그 이후로 잠을 못잔다.

신규 시절 2학기가 시작하고 우리 반 여학생의 할아버지가 술에 취한 채로 소주병을 들고 교무실로 찾아왔습니다. 그리고 하는 소리가 1학기 수련활동에서 애를 밖에서 재워서 애가 감기에 걸렸고 지금도 밤에 잠을 잘 못잔다라는 민원이었습니다. 물론 밖에서 잠을 재웠을리 없었고 시일도 한참 지나서 그 술주정을 담임이라는 이유로 제가 받았어야 했습니다. 이런 생떼까지 담임교사의 책임으로 넘겨야 하나요?

▶ 왜 내 아이를 안아주지 않냐.

학폭 발생으로 가해 아이(다른 반)와 피해 아이(우리 반)를 불러 가해 아이 반 선생님께서 조사 및 교육적 지도(본인은 방과후에 학생들 돌보고 있었음.) 이후 피해 아이 학부모 전화와서 왜 다른 반 선생님에게 혼나도록? 했냐. 아이가 무서워했다. 담임교사는 왜 그 자리에 없었냐. 서운하다 토로. 학교에서 우리 아이가 맞아도 아무도 '안아주는' 사람이 없었다. 왜 선생님이 우리 아이 안아주지 않냐. 한 대 때린 가해자 보기 무서우니 가해 아이 다른 층 다른 반으로 옮겨라. 6학년까지 다른 반 배정해라. 방과후 2분기에 같은 수업듣게되니 학교에서 이 사태? 알았냐 같이 수업 안 들었으면 좋겠다!

▶ 학생의 문제 행동에 관한 상담 후 복도에서 매일 감시하는 보호자

문제 행동(수업 시간에 교과서 대신 학원 숙제와 문제집 꺼내 풀기, 수업 도중 일어나서 교실 돌아다니거나 괴성 지르기- 자리에 앉으라고 수차례 이야기해도 듣지 않음, 친구의 외모 놀리기, 교실문 발로 차기, 화장실 수도꼭지 잠그지 않은 채로 두고 물 넘치게 하기 등등)으로 보호자와 몇 번의 상담이 있었고 아이의 문제 행동에 관해 구체적으로 전달함. 그 후부터 담임교사가 아이를 품어주지 않아서 그렇다느니, 교사의 경력이 짧아 아이에 대한 이해가 없다느니, 아이가 영재인데 아이의 특출한 행동을 이해하지 못하는 수준 낮은 교사라느니 교장실과 교무실에 민원을 넣기 시작함. 동시에 매일 학교에 와서 창문으로 일과 시간 내내 교사의 행동을 감시함.

보호자로부터 아동 학대가 의심되는 정황(다른 학생들도 목격)이 있어 아동학대로 신고. 보호자가 흥분한 상태로 전화가 와서

신고하지 않았다고 얘기했으나(매뉴얼대로) 정황상 교사밖에 없다며 술에 취해 욕하며 소리지르는 전화가 매일 옴. 온전히 담임교사 혼자서 감당해야 했음. 또 교사에 대한 보복으로 아동학대로 신고당할까 걱정함. 잘못한게 없지만 정당한 지도조차도 아동학대로 신고될 수 있으므로 지옥 같은 시간을 보냄.

▶ 너 내가 돈을 안 줘서 그러니?

2학년 담임을 할 때 일입니다. 아이는 자리에 앉아 있지 못했고 자리에 앉으라고 자주 지도하였습니다. 이에 학부모는 서운해하며 친구들이 우리 애를 괴롭힌다. 우리 애 물건을 숨긴다 라는 민원을 자주 제기하였고 전화통화를 통해 너한테 돈을 안 줘서 우리 애를 괴롭히냐는 악성 민원을 제기 하였습니다. 아직도 그때 되받아 치치 못한 것이 가슴에 남아 이제 고학년이 된 그 아이를 볼 때면 그 아이 아버지가 겹쳐 보입니다.

▶ 학부모 체육시간에 운동장에 들어와.

체육수업 중 운동장에 들어와 개인적 사정을 이야기하면서 수업이 지체되자 저희 반 남학생들이 뛰어놀지 못하니 원성이 자자하게 되고 거친 말이 나왔습니다. 저보고 아이들을 똑바로 가르치라고 하시더라구요. ㅠㅠ. 저희 학교 미저리 엄마라고 유명합니다. 온갖 이유로 신고를 합니다.

▶ 학부모의 생활기록부 수정 요청

1학년 담임을 맡았던 시절 1학기 생활기록부를 작성하여 생활통지표가 학부모에게 배부된 상태였습니다. 해당 여학생은 분노조절이 잘 안되었으며 지나치게 예민하고 타인에게 짜증적인 모습을 보이며 이기적인 모습을 보였습니다. 하지만 생기부 행동특성 종합의견에 이를 곧이 곧대로 쓰면 안 된다는 것을 알기에 최대한 순화하고 발전가능성이 있도록 썼습니다. 갈등이 종종 있으나 해결하려는 의지가 있고 자신의 잘못을 인정하고 사과할 수 있다는 식으로요. 그럼에도 2학기 전화상담에서 생기부 내용을 바꿔달라는 요구를 받았습니다.

▶ 우리 아이 상태 일일이 보고 안 하나? 방학동안 지속된 괴롭힘.

한 학생이 종이에 낙서하다가 종이에 손가락 3mm 정도 베였다. 피도 나지 않을 정도였는데 그 날 밤 학부모 전화가 왔다. "우리 아이가 다쳤는데 왜 바로 전화를 안 했나? 선생 자격이 없다." 바로 보건실에 보냈고 아이가 괜찮다고 하여 전화를 드리지 못했다. 앞으로 전화를 잘 드리겠다고 하니 지켜보겠다고 했다. 매번 오늘은 아이 상태가 어땠는지, 친구들이랑은 잘 지냈는지 하이톡 (학급 문자)으로 연락이 왔다. 선생님 말과 아이의 말이 다르다며 꼬투리를 잡기 시작했다. 한 번은 그 아이가 거짓말해서 아이들과 멀어지게 되었는데 방학 내내 울면서 전화를 했고 선생님이 우리 아이를 미워하는 것 같다는 말도 했다. 전화를 받지 않으면 선생님이 잘못이 있어 받지 않는 거냐 문자 폭탄이 왔다. 거의 반년동안의 괴롭힘에도 아무 것도 할 수 있는 게 없었고 결국 정신과에 다니기 이르렀다.

▶ 애 아빠가 화가 나서 학교 쫓아가겠다고 협박해….

말을 명확하게 하지 못하고 약간 느린 친구입니다. 해당 학부모가 자기 아이가 왕따당한다며 교실로 전화해 애 아빠가 화가 나서 학교 쫓아가겠다는 것을 겨우 말렸다라고 하였습니다. 이 학부모는 작년에도 아이의 언어치료를 권유하는 담임교사에게 "우리 애 말을 왜 애들이 못 알아듣냐?"고 적반하장의 태도를 취하였고 올해도 학교 밖에서 본 담임교사에게 인사도 하지 않고 본체만체 하였습니다. 젊은 여교사에게 애 아빠가 화가 나서 학교에 쫓아가려는 것을 말렸다는 것은 성인 남성이 교실로 쫓아갈테니 겁먹어라 하는 협박입니다.

▶ 금요일 저녁 퇴근 시간 이후 온 연락 받지 않았다고 '아프다고 연락 안 받냐.. 내 식대로 처리하겠다'고 협박

코로나 백신 접종 시기였던 금요일, 예약해둔 백신을 접종하고 고열이 나 귀가 후 요양 중이었습니다. 고열이라 정신없어 금요일 저녁 7~8시경 걸려오는 전화를 받지 못했습니다. 그때 카톡이 오더군요. 학생이 방과후 학교 운동장에서 다른 반 학생에게 언어폭력을 당했다구요. 상황 인지 후 바로 전화를 걸어 '퇴근 시간 이후라 연락이 제대로 되지 않은 점 사과드린다. 학교폭력으로 접수하실 수 있으나 금요일 저녁이고, 주말이 지나야 학폭 담당 부장님께 연락을 드릴 수 있다. 빠르게 상황을 인지하지 못한 점 정말 죄송하다'고 사과드렸습니다.

그랬더니 그 학부모는 '담임이 돼서 본인 아프다고 아이가 당한 폭력 무시하는 거냐'면서 '내 식대로 처리할테니 선생님 주말 푹~쉬세요.'하고 전화를 뚝 끊었습니다. 조롱과 폭언이 섞인 말을 듣고.. 도대체 학교폭력의 범위는 어디까지이며, 담임으로서 금요일 퇴근 시간 이후에 오는 연락까지 받아야 하는건지…. 그럼 나의 건강과 생활은 누가 보장해 주는건지…. 이 직업에 회의감이 드는 순간이었습니다. 결국 그 학부모는 경찰에 직접 학생이 당한 폭력을 신고했고, 경찰에서는 학교폭력으로 신고하라는 답변을 받아 학교에서 이 일을 처리하였습니다.

▶ 내 아이 장염이예요.. 죽 끓여 먹이세요.

아이가 장염이라고 담임에게 죽 끓여 먹이라고 함. 담임이 죽을 끓일 수 없다고 하자 그럼 사다 먹이라고 함.

▶ 방과후 돌봄 니가 왜 책임이 없어 내 세금으로 세금먹는 벌레야.

1학년 입학식날 결석. 정신없는 와중 아이들 앞에 앉히고 교사가 전화함.

가족끼리 놀러가고 있는 길. 학교가 안내를 안 해줘서 입학식에 못 온건데 전화를 친절하지 않게 급히 끊었다고 기분 나쁘심. 입학식에 1학년 교사가 얼마나 정신없는지 설명못함.

돌봄을 신청했는데 돌봄에 관한 불만을 담임교사에게 계속 화내면서 전화.

돌봄 선생님 번호를 알려드리자, 담임이 자기 할일 안하고 미룬다고 격노하심.

▶ 세금 먹는 벌레라 하며 폭언.(본인 수급자이심)

아이가 한글을 잘 읽지 못하여 방과후 보충지도 지속함. 아이가 난독인데 왜 기관같은데서 다른 사람들 지원해 주는데 지원 안해줬냐고 민원.

1학년이라 다들 읽지 못하고 담임이 지도하고 있다고 했으나 교육청까지 민원. 교육청에서 이 아이 특별하게 난독 지원 신청 다시 받아줌.

한 번도 9시 전에 학교에 오지 않고 매일 연락드림(교사 연락 안할 수 없음). 찜질방에서 자서 못 간다. 자서 전화를 못 받았다. 가고 있다. 다양한 이유로 10시경이 될지, 급식시간이 될지 아이가 올 시간을 모름.

강당 수업, 다른 교실 수업 때마다 담임교사 왔다갔다 반복함. 아이가 혼자 와서 기다릴까봐. 문자에 본인은 하트표 붙이는데 딱딱하게 답장한다고 기분 나빠서 학교 상담시 아빠와 함께 와서 소리소리 지르며 폭언하심.

아이가 학교에서 부당한 일을 당했다고 화내셔서 객관적인 상황 설명했으나 듣지 않고 자기 딸 이야기만 계속 반복함.

교장·교감 찾아가서 난리 치고 전학가겠다고 함. 교육청에서 또 원하는대로 해주라고 함. 주소지 아니어도 전학 허가했으나 안감.

학교 지원금으로 학생의 정서행동특성 검사 후 상담치료 연결하자 엄마 상담도 지원해달라고 요구함. 또 요구 들어드리라고 함.

이게 1학년 1학기 안에 모두 일어난 일임.

친구들과 잘 지낼리 없으나 생활지도에 대한 이야기를 아예 나누지 못함.

체험학습을 마음대로 냄. 일주일 전 규정이 있으나 그냥 당일에 내겠다고 함. 이걸 안해주면 또 민원 발생된다고 그냥 받아주라고 함. 학교 교육청.

그러면 다른 부모님도 왜 나는 안되냐고 함.

교육청에 전화하면 다 받아줌. 그걸 교사가 모든 아이에게 다 받아 줘야한다는 사실을 아는지 모르는지. 교사가 할 수 있는 게 없냐고 교육청에 물으면 학교 규정 정하라고 함. 교장은 규정 정할 때 아동 학대의 소지가 있으므로 수업권 침해 소지가 있으므로 몸 사림.

▶ 소리지르며 학교에 찾아오겠다.

교사 개인번호를 공개. 개인 휴대전화로 늦은 저녁 학생 아빠가 전화옴. 그 날 낮에 학생이 다른 친구 뒷담하다가 걸린 상황에 대해 지도함. 애 아빠가 전화로 소리지르며 "나는 내 애가 다른 애한테 당하고 오면 똑같이, 더 심하게 대하라고 가르친다. 내가 회사를 하는데 회사 직원들에게도 그렇게 말한다."며 자기 아이에게 다른 친구가 그러더라도 그러면 안된다고 지도한 저에게 소리지름. 계속 큰 소리로 다음번에는 학교에 찾아오겠다며 소리지름. 다행히 학교에 찾아오는 일은 없었지만 이 일로 두려움을 느꼈고 그 이후로 학생 생활지도를 제대로 할 수 없었음.

▶ 가해자 학부모가 '우리 아이가 왜 그랬는지 마음은 들어보셨나요?'

작년에 아이가 친구들에게 놀림을 받아서 걱정이라는 식으로 학부모가 학기 초에 말을 해주어서 A학생을 교사로서 매우 신경 써서 지켜보았습니다. 그런데 다행히 좋은 학급구성원들을 만나 아이는 매우 밝고, 또 학생 무리의 일원으로 즐겁게 쉬는 시간마다 친구들과 시간을 잘 보냈습니다. 물론 제가 신경 써서 친구들과 잘 지낼 수 있도록 알게 모르게 관여한 것도 있습니다. 그러면서 다른 성별의 친구에게 유독 짓궂은 장난을 치기도 하여 몇 번 지도를 했습니다. 친구와 사이 좋게, 편안하게 잘 지내는 방법을 잘 모르는지 서툴고 약간은 과격한 느낌이 있었습니다. 몇 개월 지켜 보았는데, 유독 한 학생(B)을 놀려서 그 학생이 속상해서 교사를 찾아오는 일이 잦았고, 불러서 상담을 하거나 둘이 화해를 하거나 하며 놀리는 일이 반복되었습니다. 몇 개월 간 지켜보니 성별이 다른 B학생 자리에 계속 가있고, 쉬는 시간에 그 주변에서 관심을 끌고, 그러다 돼지라는 둥 놀리고 그런 일이 반복되었습니

다. 그러다가 A학생이 B학생을 대상으로 하는 지령 쪽지(예: B
와 뽀뽀하기, B를 껴안기 등)를 써서 학급 친구 반 이상에게 돌리
면서 실천하라고 하는 놀이를 하다 걸려 교사에게 엄중하게 생활
지도를 받는 일이 발생했습니다. 이 부분은 성적부분으로도, 친구
를 괴롭히는 일로도 학폭 사안이 되기 충분할 정도이므로 교사는
학부모에게도 전화를 걸어 A가 친구들과 잘 어울리고 활발해져서
보기가 좋다. 그런데 친구에게 관심은 많지만 대하는 것이 서툴러
그 방법적 부분에 대한 이야기가 필요한 것 같다. 며 상담을 시작
하였습니다. 처음에는 깜짝 놀라며 그 학생과 학생 부모에 죄송하
다하였습니다. 그런데 다음 날 태도를 바꾸어 학교로 전화하더니,
우리 아이와 이야기해보니 그 학생도 우리 아이에게 싫은 행동을
했다더라. 우리 아이 마음은 생각해 보았냐는 등. 아이에게 선입
견을 갖지 말고 양쪽 이야기를 다 들으라고 따졌습니다.

　　양쪽 이야기 다 듣는 것은 교사로서 기본 아닌가요? 황당했습
니다. 심지어 몇 개월간 관찰하고 모든 사안에서 양쪽 이야기 다
듣고 지도하여 더 이상 교사만의 지도로 어려운 큰 일이 생겨 상
담 전화를 한 것인데. 그리고 저는 A아이가 잘 적응하게 도와주고
싶은 마음이 더 큰 상태로 상담을 하였기 때문에 전혀 비난하거나
하는 어투도 아니었습니다. 그런데 집에와서 자기 아이가 부모에
게 혼날 것 같으니 걔도 그랬어~ 한 것을 가지고….

▶ 아이야 당연히 그런말 하는 것 아닌가요. 부모가 그런 걸 분별있게 듣
　고 아이를 제대로 지도해야 하는데 교사한테도 자기 아이 마음 들어
　달라는 요구나 하니 행동이나 방법적인 교정이 가능할까 싶었습니다.

　　그 학부모는 다른 일에서도 늘 민원 톡이 잦습니다. 작년 담임
운운하며 그 담임은 이래서 싫었는데, 올 해는 그러지 말아달라는
등. 그러면서 아이 숙제나 준비물은 잘 챙겨주지도 않습니다. 본

인이 정작 아이를 위해 해야할 일이 무엇인지조차 모르고 있다는 생각이 듭니다. 숙제 안해오는 이유를 물어보면 엄마가 학원 숙제부터 하라 해서 그런 식 입니다.

▶ 밤 11시에 걸려 온 학부모의 성희롱 전화에 화냈더니, 다음날 선생님을 혼내주겠다고 교장실에 난입한 아버님.

어느날 밤 11시 학부모의 전화에 혹시 아이가 다쳤을까 화들짝 놀라 통화 수신 버튼을 누른 것은 큰 실수였습니다.

동네 장사를 하는 동네 유지이자 학부모회에서 적극적으로 활동하시는 아버님이 술이 취하셔서 저에게 질문을 하더군요.

"같은 반 학부모가 자꾸 장사하는 가게에 찾아와서 은근히 자신의 허벅지를 만지는데 선생님 이럴 때는 제가 어떻게 대처하는게 좋을까요? 자꾸 만지니까 저도 흔들립니다."

나원참….원래도 휴일이건 낮이건 퇴근 후 저녁이건 사소한 것을 질문하며 전화하시는 분이었지만 할 말을 잃고 제가 언성을 높여 화를 내고 정색을 했습니다.

"지금 저한테 무슨 소리 하시는 거에요? 자녀와 관련된 일이 아니면 전화 끊겠습니다."

다음날 교감선생님을 찾아가 이러한 일이 있었다 교권보호위원회를 열어달라(그당시 이 제도가 생긴지 얼마 되지 않았던 것으로 기억합니다.) 요구했더니 교감선생님께서 열어 줄 수 있지만 그렇게 되면 이 학부모님의 부인이 오해할 수도 있지 않냐 둘이 밤에 통화한 것도 이상하고…. 라며 말끝을 흐리셨습니다. 2차로 할말을 잃었습니다.

이 일이 끝일리 없지요. 교권보호위원회를 열어달라고 한 요구를 들은 건지 이 학부모님은 갑자기 그날 오후 3시에 자신의 아이와 손을 잡고 학교를 들어오며 학교 근처에 있는 아이들에게 "지금 선생님을 혼내주러간다 인성교육이 필요하다 그 선생은~" 고래고래 소리를 지르며 교장실에 난입하셨습니다.

제가 아이에게 책을 집어던지고 폭언을 했다고 교장선생님께 난리를 쳤다고 합니다. 더 황당한 것은 자신의 아이에게 본인의 시나리오를 읊도록 강요했는지 아이가 제가 책을 던졌다고 말하고 있었습니다.

아이에게 다가가 눈을 바라보며 "선생님이 너에게 책을 던졌다고?" 라고 말하니 아이가 그제서야 "선생님이 책을 던진건 아니고 책상 위에 쌓인 책들을 떨어뜨리셨는데…. 제가 맨 앞에 앉아 있어서" 라며 동공지진을 일으켰습니다.

교감선생님은 저를 보호해주지 않았지만 다행히 교장선생님께서는 그 말을 듣고 학부모에게 단호하게 말씀해 주셨습니다. "아이의 교육을 위해서 이게 맞는 행동이냐? 담임선생님이 고생하고 계신데 이런 식으로 행동하는 것이 부끄럽지 않으시냐?"

그 아버님께서는 씩씩거리면서 사과는 당연히 하지 않고 돌아가셨습니다. 지금까지도 제일 화나는 점은 어리고 무지했던 제가 아무런 대응을 하지 않았다는 사실입니다. 알콜중독자 마냥 그 일을 겪고 3개월간 술독에 빠져서 건강만 망쳤죠. 아 아동학대로 저를 고소하지 않아서 감사해야 했을까요?

▶ 복도에서 친구를 깔고 뭉개 지도하였는데 아이들의 인권을 생각하지 않은 조치라며 교육청 등에 고발하겠다며 협박 전화함.

복도에서 친구를 깔고 뭉개는 등의 장난을 하여 지도하였는데 아이들의 인권을 생각하지 않은 조치라며 교육청 등에 고발하겠다며 협박 전화함.

급식실로 가던 중 다른 반 푯말을 고의로 쳐서 망가트림. 본 사건에 대해 학부모에게 전화하자 '그냥 키가 큰걸 어떻게 하냐' '그 나이때 이것저것 만지면서 크지 않냐' 등의 말을 함.

▶ 친구를 둘러싸고 가위로 옷을 자른 학생을 지도했는데, 아동학대 교사로 고소당했다.

2학년 한 학급에서 있었던 일입니다. 친구 한 명을 둘러싸고 4명의 학생들이 "너를 저주하겠다."며 친구의 이름이 적힌 종이를 들고 와 가위로 애워싼다. 가위로 종이에 적힌 친구 이름을 세 번 자르면 저주라며 친구의 이름을 보는 앞에서 자르고, 친구의 옷 가까이에도 가위를 가져다 댄 아이들. 친구 옷에는 가위질 구멍 자국이 났다.

담임선생님은 이를 확인하고, 사안 확인을 위해 아이들에게 질문한다. 누가 먼저 시작했는지, 왜 그랬는지, 가위는 누가 들고 있었는지, 이름은 누가 적었는지, 옷은 누가 잘랐는지, 왜 그랬는지, 다치지는 않았는지. 학생들은 서로 거짓말을 한다. 선생님은 학생 각자 말이 다르고 서로 다른 애가 먼저 했다고 탓하니 종이에 적어보라고 한다. 하교 후, 학부모에게 걸려온 전화. "선생님, 우리 아이를 때리셨나요? 가만있지 않을거에요!" 흥분한 학부모. 자신의 아이가 친구를 저주하고 옷에 가위질 한 이야기는 못들으신건지, 그리고 교사가 학생을 때렸다는 건 또 무슨 소리인지. 담임교사는 그런 일은 없었다. 그리고 있을 수도 없다며 오늘 일을 설명드리고, 학생들의 잘못을 이야기하고 사과를 해야 한다는 취지의 상담을 하고 상처받은 친구의 어머니께도 잘 전화드리며 사과문자도 드리셨다고 잘 마무리 되는 듯 했다.

그러나 주말에 모인 4명의 학부모들이 입을 맞추더니 사과했던 말들을 다시 취소하고 그 다음주 월요일부터 등교거부를 시작한다. 담임의 폭언과 폭행에 정신적 충격을 받아 아이를 보낼 수 없단다. 경찰서에서 전화가 왔다. 아동학대 혐의로 신고가 들어왔다고. 아이들을 지도하는 과정에서 담임이 거칠게 아이들 잡아당겼다고 한다. 그리고 칭찬스티커 붙여주었던 걸 훈육하면서 다시 떼었다고 정신적 학대를 가했다고 한다. 담임교사는 매일밤 잠을 자지도 못하고 밥도 입에 들어오지 않지만, 꾸역꾸역 출근을 한다.

다른 아이들을 교실에 두고 차마 병가를 내지 못해서. 친구에게 가위질을 한 아이들을 지도했다가 아동학대 신고를 당한 교사가 되었다. 변호사를 선임하고 경찰 조사 출석 준비를 한다. 일에 손에 잡히지 않고 아이들을 보면 눈물이 나고 숨이 막힌다. 이 일을 얼마나 더 할 수 있을까? 막막하다.

▶ 내 애가 다쳤으니 담임교사 너 책임이야.

A친구가 교실 뒤편에서 넘어져서 팔이 부러짐. 교사는 교실에서 다른 친구 학습지도 중. A친구는 B친구가 밀어서 넘어졌다고 하고 B친구는 그런 적 없다고 함. 주변에서는 본 아이들이 없음. 일단 A친구를 보건실로 데려간 뒤 학부모가 와서 아이를 데려감. 이때부터 갑질 시작. 교사가 분명 학부모에게 전화했고 학부모가 아이를 데려갔고 추후 학부모에게 전화까지 하여 괜찮냐고 물어봤지만 학부모는 교사의 진심어린 걱정이 없다며 말도 안되는 억지를 부리며 교사자격을 운운함. 병원에 병문안 안온다고 또 난리침. 교사가 아이들 관리도 못하는 교사자질도 없는 사람이라고 하며 교장실에 찾아와서 교사가 무릎꿇고 사과하라고 함. 교사는 정말 하나도 잘못한게 없고 아이들끼리의 일이지만 학부모가 경찰, 교장, 교육청에 신고를 다 한 상황. 교사의 방임으로. 이후 장학사가 전화하여 왜 그런 식으로 행동했냐고 질책함. 교장은 사과하라고 종용. 교사는 자존심을 굽히지 않고 싶었으나 무릎꿇고 사과는

하지 않은채 학부모에게 사과함. 사과를 하니 결국은 경위서를 작성하는 끔찍한 결과를 가져옴. 이후 트라우마가 생김.

▶ 아동학대 신고했다 역으로 아동학대로 신고당할 뻔하다.

우리 반 아이가 아침부터 양호실에 가고 싶다고 했다. 몇 차례 다녀오고서도 계속 팔이 아프다고 한다. 그래서 팔을 덮은 긴 소매를 올리니 양 팔에 시퍼런 멍자국이 가득했다. 너무 놀라 사진을 찍어 동료 교사들과 교감선생님께 보여드리고 어떤 상황인지 파악하기 시작했다. 그 사진을 본 모든 사람이 명백한 아동학대라고 이야기했다. 학교차원에서 아동학대 신고가 들어갔고 갑자기 경찰과 유관기관 담당자들이 학교로 찾아와 아이를 인터뷰했다. 학교에서는 교육청에서 배포한 아동학대 대응 메뉴얼대로 모든 절차를 밟아나갔다.

그러나 학부모는 '어떻게 부모에게 확인하지 않고 신고할 수 있느냐.'며 학교로 찾아 왔다. "신고자가 누구냐. 거짓말할 생각하지 말고 똑바로 말하라. 나도 교사다. 학교에서 아동학대 신고가 어떻게 이루어지는지 다 알고 있다."며 교사들을 거짓말쟁이로 몰며 오히려 거센 민원을 넣었다. 놀랍게도 그 학부모도 교사였다. 더 심한 문제는 한 달 후에 시작됐다. 검찰의 조사 끝에 무혐의 결론이 났다고 했다. 학부모는 더 기세등등하게 '학교에서 한 신고로 내가 어떤 고초를 겪었는지 아느냐. 우리 가족이 얼마나 힘든 시기를 보냈는지 아느냐.'며 이 일의 원인을 학교로 돌렸다. "그 때 신고한 사람이 누구인지 사실대로 말하면 넘어가주겠다. 나는 다 알고 있다." "이제는 오히려 우리 가족을 힘들게 하려고 학교에서 아동학대로 신고한 게 아닌지 의심스럽다. 그런 정황으로 보이는 증거를 갖고 있다."며 협박했다.

그리고 끝내는 담임교사였던 나에게 상담을 받아야겠다고 갑자기 학교로 찾아오겠다고 했다. 말이 상담이지 실제로는 사과를 받아내겠다. 화풀이를 하고야 말겠다는 협박이었다. "이에 응하지 않으면 전교직원을 소집해 당신이 한 짓을 까발리겠다."고 했다. 이 학부모에게 그럴 권리가 없음은 알고 있다. 하지만 학부모의 민원을 대하는 학교 관리자와 교육청의 태도가 어떠한지 알고 있었다. 그래서 그냥 똥물 한 번 뒤집어쓰고 끝내자 마음먹었다. 그 학부모는 학대 신고자로 의심되는 생활인성부장님, 보건교사까지 한 가지에 모으라고 내게 명령했다. 관련자들이 모여 머리를 조아리고 또 조아렸다. 눈을 맞추면 "죄송하다는 분이 어찌 감히 내 눈을 볼 수 있냐. 진성성이 의심된다."고 했다.

그래서 고개조차 들지 못했다. 당신이 아이 몸에 낸 멍으로 생긴 일이고, 나는 아동학대 신고 의무자로서 메뉴얼에 따라 신고했을 뿐인데 어느새 가해자가 되어 학부모에게 머리를 숙이고 있었다. 나는 아직도 모르겠다. 아이의 몸에 선명한 멍자국을 보고 아동학대의심으로 신고하고 메뉴얼대로 조치를 취했을 뿐인데 왜 내가, 다른 교사들이, 학교가 학부모에게 죄송하다고 해야하는지. 그리고 그 학부모는 당시 사건에 연루되었으나 육아휴직으로 직접 만나지 못한 보건교사를 만나 이야기를 해야겠다고 학교에 연락을 해오고 있다.

▶ 혼자 화장실 갈 수 있는 아이 기저귀 떼라고 했더니 '교육청에 민원 넣겠다'며 폭언

특수반 학생 혼자 화장실 갈 수 있음, 부모가 독특한 육아방식을 가지고 있어서 애기처럼 키울려고 하는 상황, 초 2때 친구들이 '왜 너는 기저귀차냐'하면서 놀리는 걸 교사가 목격, 교사가 부모에게 기저귀 떼자고 이야기함, 부모가 교사에게 삿대질하며 '어디서 교사가 이래라 저래라 하냐' ' 교사가 학부모 말대로 안하냐' '

교육청에 민원넣겠다'라며 폭언을 내뱉음, 이후 동료 교사들에게 '
oo선생이 애를 바보 만들어놨다' ' 애를 똑바로 안 가르친다'라며
루언비어 터트리고 다님.

▶ 학교에선 선생님이 엄마잖아요!

항상 숙제를 안 해오고 준비물을 안 가져오던 아이. 학부모 상
담전화를 했더니 학교 숙제는 중요하다고 생각하지 않습니다.가
답이었음. 그런 아이가 과학 대회에 참여했고 담당선생님이 일정
안내하고 자신이 만든 작품을 가져오라고 했는데 그 아이는 안가
져와서 참석을 못함. 엄마가 전화해서 왜 아침에 전화해서 준비물
가져오라고 안했냐! 학교에선 선생님이 엄마 아니냐! 아침에 전화
를 했어야지 왜 안하냐!! 당장 민원넣겠다!! 라고 협박함.

▶ 학생끼리 사과하고 해결된 일로 상대방 학부모에게 고성 및 폭언 '너는 애를 왜 그렇게 키우냐'

A학생과 B학생이 있습니다. A학생이 B학생과 다른 학생들과
놀고 있었습니다. B학생과 다른 학생들은 함께 놀이하며 자신에게
중복된 장난감이 있는 경우 없는 친구들에게 나눠주었습니다. 받
은 친구에는 A학생도 포함되어 있었습니다. 놀다보니 자신의 장난
감 몇 개가 없어진 것을 확인, A학생의 손에 들려있는 것을 발견
하자 "이거 내 거 아니야?"라고 하였고, A학생은 "장난이야"라고
하며 돌려주었다고 합니다.

허락 없이 친구의 물건을 가져가고 친구들이 발견하고 돌려달
라고 하면 장난이라고 하는 상황이 여러 번 반복되었고 이에 B학
생이 "너 도둑이야?"라고 하였습니다. 함께 놀고 있던 다른 학생들
이 A학생에게도 허락 없이 친구의 물건에 손 댄 것, B학생에게도
친구가 상처받을 만한 말을 한 것을 사과하자고 하여 서로 사과하

였습니다. 하지만 그 다음날 A학생의 학부모는 어떻게 자기 딸한테 도둑년이라고 할 수 있냐며 강력한 민원을 제기하였습니다. 교사가 상황을 파악해보니 친구들끼리 이미 사과하고 넘어간 것, A학생이 먼저 여러차례 친구의 허락 없이 친구의 물건에 손 댄 것, A와 B학생 이외에도 함께 놀던 모든 학생들이 A학생이 먼저 가져갔다고 한 것을 확인하고 해당 학부모에게 전달하였습니다.

하지만 A학부모는 우리 애가 진짜로 가져간 것도 아닌데 왜 도둑년이라고 하냐. B 학부모는 자식 교육을 어떻게 시키는거냐며 B 학부모의 전화번호를 요구하였습니다. B학부모의 동의를 받아 전화번호를 A학부모에게 알려주었습니다. A학부모가 B학부모에게 전화해 '애가 생각이 없다, 자식교육을 어떻게 시켰냐' 등 본인 자녀의 잘못은 생각하지도 않고 B학생의 욕을 하고 소리치다가 전화를 끊어 B학부모님은 한 마디의 말도 못 했다고 합니다.

▶ 서늘한 가을 날씨에도 '왜 에어컨 안틀어줘 XX년아' 부모 욕설

9월 서늘한 날씨였고, 흐린 날이어서 덥지 않은 날이었습니다. 겉옷을 챙겨 온 친구도 있었고 실내 온도는 25도 가량이었습니다. 공공기관 에어컨 가동 권장 온도는 섭씨 28도씨, 백화점 가동 권장 온도는 25도씨로 알고 있습니다.

학생 한 명이 쉬는 시간에 복도에서 열심히 뛰다 들어와서 더우니 '에어컨을 틀어달라'고 요구했습니다. 저는 "오늘은 덥지 않은 날이고, 다른 친구들은 덥지 않다고 느끼고 있다. 에어컨을 틀어줄 수 없으니, 덥다면 물을 마시거나 화장실에 가서 세수를 해라."고 이야기 했습니다.

그날 저녁 8시 경 학부모는 저에게 전화를 해서 다짜고짜 "XX년아"라고 욕설을 하더군요. 애가 덥다고 하는데 에어컨을 틀어주지 않은 것은 아동학대이며 교육청에 신고하라고요. 제가 상황을 설명했음에도 무작정 "교무실과 교육청에 신고하겠다. 네가 짤리는 것을 봐야겠다."라며 폭언을 퍼부었습니다.

▶ 치료중인 아이 축구 자제 의견 묻자 쌍욕한 학부모

첫 담임했을 때의 일입니다. 발목을 삐어서 침을 맞으러 간다며 한 달 정도 병지각이 반복중인 아이가 있었습니다. 아직 낫지 않은 것이 분명한데 괜찮다고 주장하며 체육시간 축구는 참여하는 것이 의문이었습니다. 평소 자주 발을 삐어 본 교사의 경험상 한동안 조심해야 할텐데, 의사 선생님의 주의를 지키지 않고 있는 것으로 보였습니다.

그래서 학부모의 동의을 받고 휴식시키고자 전화하여 상황을 설명했더니, 씨발것이 선생질을 한다 등 알아듣기 힘든 괴성과 욕설을 담아 소리를 지르셨습니다. 차분하게 말씀해 달라고 요청해도 계속 소리를 지르시다가 휙 끊어버렸습니다.

스카우트 활동으로 에버랜드 숙박행사가 있었습니다. 출발 전에 아픈 사람을 확인해 보니, 전날 장염을 앓았던 아이가 있었습니다. 아버지께 전화를 드려 인근에 병원이 없으며 교사가 데리고 이동하기 어려움을 설명하였지만 아이가 가고 싶어한다며 끝내 참여시키셨습니다. 아이는 기운없이 참여하여 같은 팀 친구들의 많은 배려가 필요했습니다. 학대가 아닌가 싶었지만 그때 고작 2급 정교사, 아는 게 없었습니다. 수익자 부담이니 무조건 갑의 말을 들어야 한다고 생각했었습니다. 그 이후로도 손을 삐어 부어 있는데 병원 진료를 받지 않은 채 보낸 학부모, 의무로 다녀와야하는 건강검진/치과검진에 끝끝내 데려가지 않는 학부모 등 무책임하게 교사에게 떠넘기는 경우가 많았습니다.

지금은 생활부장으로 학교폭력책임교사입니다. 한 학부모는 저를 선생님이라 칭하지 않고 아가씨라고 부르십니다. 애 있냐 묻더니 아가씨가 아이를 안 낳아 봐서 모른다고 말씀하시더군요. 학교가 한 일이 뭐냐 지랄한다 등 위협적으로 욕하신 학부모도 있었습니다.

▶ 책이 연체되어 대출이 불가하다고 아이 마음에 상처를 줬으니 사과하라고 했어요.

1학년 아인데 학교 도서관에서 대출 받은 책이 연체가 되어 "누구야, 지난번에 빌려간 책들을 아직 돌려주지 않은게 있구나. 그래서 오늘은 대출이 안 될 것 같아." 라고 설명 후 하교함. 화가 난 아이 아빠가 전화와서 "친구들 있는데서 연체가 되었다고 책을 안 빌려주면 어떡하냐,. 우리 애 마음에 난 상처를 어떻게 책임질 거냐, 당장 공개 사과하라." 는 폭언을 들었습니다.

▶ 학교폭력 절차대로 처리하자 '교육자도 아니다'

학교폭력 처리과정에서 피해관련 학생이 학교폭력신고시 "즉시 분리" 신청함. 교감에게 같은 학년 학급 학생이 분리를 신청하는 경우임을 알리고 대책을 상의하자 "그걸 왜 나한테 묻냐. 6학년에서 발생한 일이니 6학년에서 알아서 대책을 세워오라"고 함. 교육청에 신체폭력이 없었고 경미한 사안이나 학생이 "보기 싫다"는 이유로 분리 신청하고 있음을 알렸으나 피해 관련 학생이 원하면 무조건 분리해야 한다는 답변을 받음. 절차대로 3일간 "즉시 분리"처리됨을 가해 관련 학생 측 학부모에게 고지함. 분리될 가해관련 학생 수업권이 침해당하지 않게 하기 위해 해당 학년 담임교사들과 전담교사들 전체가 시간표에맞게 별도 수업 계획하였음을 함께 고지함. 가해관련 학생 학부모가 퇴근 시간 이후 교사에게 전화하여

"교육자 맞냐"고 항의하여 학교측에서 긴급 분리할 상황이라고 판단한 것이 아니라 절차대로 따라야해서 어쩔 수 없는 상황임을 설명하였으나 "상급 기관에 질의하는 것은 공무원들이 책임 안 지려고 하는 짓거리"이며 학교폭력책임교사가 "교육자 맞냐"고 폭언함.

▶ 컨닝한 학생 지도하자 "선생님도 애 낳아보시면 알거에요."

시험 도중에 시험지 모서리를 찢어 친구와 답을 공유한 학생을 발견하고 조용히 지도함. 학생 어머니가 학교에 오셨을 때 이런 일이 있어 지도했음을 알리자 갑자기 교사의 손을 잡으며 "선생님도 애 낳아보시면 알 거에요." 애는 이미 낳았고 뭘 알아야 하는지 여전히 모름.

▶ 등교 중 교실에 안 온 아이를 찾지 못했다고 "선생 자격 없는 사람 대신 내가 선생하겠다"며 소리질러

반에 경계성 지능(으로 주장하나 검사 거부로 판명되지 않은 특수 아동으로 추정됨)의 아이가 있었음. 이 아이는 원래 배정된 학급을 '5학년이지만 아이가 소변을 못 가린다. 담임교사가 남자면 아이를 보내는 것이 걱정된다."는 이유로 거부하여 해당 학급으로 재배정받은 상태였음. (심지어 해당 반으로 등교도 했었는데 관리자가 요청해서 우리 반으로 반이 바뀌게 됨) 아이는 대화를 잘 못하고 교사 앞에서는 한 마디도 하지 않으며, 자기 자리청소도 하지 않고 책을 펴는 것도 하지 않는 상태였음. 3월 2일에 5학년 교실로 찾아와야 함에도 4학년 때 학급으로 등교해서 해당 학급 선생님이 손을 잡고 5학년 교실로 데려다 줄 정도였음.

경계성 지능이 의심되는 상황에서 열의를 가지고 가르쳐 보려 어머니와 소통도 자주 했고, 그 과정에서 이런 저런 교육적 협조 (특수반에서 검사를 받아보는 것이 좋겠다. 5학년 교과 내용을 억

지로 가르치려 강요하지 마시고 수준에 맞춰 저학년 공부부터 시작하는 것이 좋겠다. 스스로 자신을 챙길 수 있게 훈련을 시키는 것이 좋겠다.)를 요청함. 그에 대한 불만이 교사를 향하고 있음을 알아채지 못하고 내 나름으로 열의를 가지고 소통한 것이 화근이었음.

어느 날 급한 안건으로 1교시 시작 전에 동학년 교사들이 짧은 회의를 하다 수업 시작 5분 전에 교실로 돌아가는데 뭔가 분위기가 이상했음. 해당 아동의 어머니가 교실 문 앞에서 아이들과 대치하고 있었고, 나를 보자 흥분한 상태로 화를 내기 시작했음. 이유인즉슨 아이를 1층 현관에 데려다 주었는데 그 뒤에 용건이 생각나 교실로 찾아 왔더니 아이가 없었고, 다른 아이들에게 행방을 물어도 몰랐다는 것이었음. 알고 보니 아이는 교실로 와서 가방을 내려놓고 도서관으로 가야 하는 규칙을 무시하고 바로 도서관으로 향한 것이었음. 나나 다른 아이들이 아이의 행방을 알 수가 없는 것이 당연했음.

그런데 그 어머니는 아이들에게 고래고래 소리를 지르며 '친구 자격도 없다'고 화를 내고, 자리에 없던 교사를 '너희 담임은 교사 자격이 없으니 내가 오늘부터 너희의 선생님이다'라고 고함 섞어 헐뜯으며 교실을 공포 분위기로 만든 것이었음. 내가 교실로 오자 서로 말다툼이 벌어졌고, 그 어머니는 내 팔을 세게 잡아끌며 '교장 선생님에게 선생님을 혼내주라고 할테니 교장실로 가자'며 행패를 부렸음.

나도 '다른 사람의 몸에 손대면 폭행이다 놓아라. 교장선생님 무섭지 않다 난 떳떳하다.'등의 항의를 하며 옥신각신했음. 한참을 실강이하다 다른 학급 선생님들이 와서 말리고, 자기 아이가 돌아와서 문제는 소강상태가 되었으나. 추후 교무실에 가서 나를 '고

자질'했고, 관리자는 나를 불러다 학부모의 마음을 알아주라고 조언?을 했음. 다행히 그 뒤로 아동 학대로 고소당하거나 하는 일은 없었지만, 아이를 지도할 기회는 영영 사라져버렸음.

▶ 학생의 발전을 위한 피드백에 '쓰레기같다고 했냐' 소리지르며 전화

학생 평소 역량보다 낮은 수준으로 수업 중 활동을 해오자 3-4번 다시 해오라고 지도함. 이 과정에서 학생은 계속해서 연필로 세게 교과서에 계속해서 낙서를 함. 이에 불만을 가진 학생이 집에가서 전하자 '내 자식 활동보고 쓰레기같다고 말했냐'며 전화해서 다짜고짜 소리지름. 상황을 알려주자 '처음한 활동이 학생의 최선일 수 있는데 왜 엉망이라고 애를 혼내냐'며 말함.

▶ 학교 교육활동 관련 안내에 'xx년이 말귀 x나 못 알아쳐먹네'

학교에서 이루어지는 교육활동에 관한 안내 전화에 아동을 참여시키고 싶지 않은 학부모가 있어 정규 교육과정은 이수해야 함을 재차 안내하자 'xx년이 말귀 못 알아쳐먹네.'라고 함.

▶ '왜 복도에서 우리 애한테 인사 안 하세요?' 밤 9시 도 넘은 민원

전년도에 맞았던 학급 학생의 학부모 21시 경 연락함. 내용은 왜 우리 애한테 복도에서 인사 안 하냐. ○○이한테는 눈웃음 쳐주고 그런다던데 우리 애한테 아는 척 좀 해라.

▶ 학폭 민원, 고소 압박

학부모들로부터 선생은 뭐했냐는 고소 압박을 학폭문제가 종결되기 전까지 계속 넣었고, 현재도 언제 민사소송을 넣을지 몰라 불안함.

▶ 결석계 안 낸 특수학생 결석할까봐 결석계 대신 써서 냈으나…

결석계(결석 처리를 위해 필요한 서류)를 내지 않아 무단결석 위기에 처한 도움반 학생이 글씨를 잘 쓰지 못하여, 옆에서 도움을 주면서 결석계를 써서 제출하였으나 학부모가 이를 알고 교장실과 교무실에 민원을 넣으며 '공문서 위조' 라고 고소한다고 함. 교감과 교장은 교사에게 힘들겠지만 사과하라고 함

▶ 학부모가 수업시간에 교실문을 쾅 하고 열더니 너 나와 시전

맘카페 종이컵 갑질 사건으로 유명한 모 신도시에서 있었던 일. 6학년 자신의 딸이 왕따를 당한다며 3일간 학교를 보내지 않더니 3일째 되던날 갑자기 학부모가 수업중에 찾아와 교실문을 쾅 열고 들어오더니 왕따 주동자라고 생각되는 아이보고 너 나와 라고 함.(실은 6학년 여자아이들 10명 가량 정도가 돌아가면서 서로 왕따 시키는 형태. 본인의 딸도 다른 아이들을 왕따시키는 것을 가담했다는 사실은 끝까지 부인했음.)

▶ 코로나 걸린 담임교사에게 '교사에 대해 지금 안 좋은 소문 돌고 있다 협박'

1. 작년 4월 코로나에 걸려 일주일 간 격리 조치 받은 후 다시 출근했을 때 있었던 일입니다. 당시 학교에 방문할 일이 있던 학부모와 마주쳐 인사를 건넸는데, 왜 코로나에 걸린 것을 학급에 공지하지 않았냐고 따졌습니다. 또, 선생님에 대한 안 좋은 얘기를 학부모들 끼리 나누고 있으니 앞으로 행동 똑바로 하라고 하였습니다. 교감선생님께서 제 학급에 방문하여 아이들에게 충분한 안내를 하였고, 다른 선생님들께서 오셔서 보결을 하셨으니 아이들이 상황을 이해했을 것입니다. 실제로 제가

다시 출근했을 때 혼란스러워하지 않았고 여상히 받아주었고요. 부당하게 협박 받아 당황스럽고 모멸스러웠습니다.

2. "선생님은 아이를 낳은 적 없어 이해 못하신다. 내 자녀 못 맡기겠다." 아이가 코로나이후 찐 살 때문에 힘들어 한다는 말에, 스트레스 받겠네요, 하고 공감해주었습니다. 그랬더니 스트레스 정도가 아니라며 위의 말로 저에게 의도적으로 상처 주는 말을 하셨습니다. 저는 양육자가 아니라 교육자입니다. 출산 여부는 중요하지 않습니다.

3. 아이가 다쳤는데 선생님께서 직접 연락주시지 않는다고 화를 냈습니다. 저희 학교는 아이들이 다쳤을 때 보건선생님께서 연락을 해주십니다. 다치게 된 경위부터 처치한 방안, 사후처리 모든 내용을요. 다 알고도 담임이 연락해주지 않아 기분이 상한다며 저에게 다짜고짜 화를 내었습니다. 기분에 따라 막 대할 수 있는 사람이 아닙니다. 저희도 사람입니다.

▶ 아이가 학교에서 울었다며 전화해서 첫마디가 "야 이 씨x년아 니가 뭔데 우리 애를 학교에서 울려?"라고 시작

씨x년아 라고 하며 확 찾아가서 조져버린다고 협박함(평소 똥을 팬티에 싸서 뒤처리도 해줌. 친구와의 사소한 의견차이로 운 것 뿐임. 맞거나 놀리거나 한 것이 전혀 아님).

▶ 졸업식 전날 새벽 전화와서 폭언하는 학부모

졸업식 전 날 새벽 학폭위를 열어달라 열면 교사 당신도 피해 입을 것이다 가만두지 않겠다 폭언과 협박 학교 찾아와 난리

▶ 우리 애한테 '야'라고 불렀어?

6학년 졸업식을 찾아온 우리 반(우리 반은 당시 3학년이었습니다) 아이의 중학생 언니가 10살짜리 아이를 협박했습니다. 그래서 중학생 아이에게 찾아가 '얘 우리 ○○이한테 뭐라고 했니?' 라고 물어보았고, 졸업식에 같이 찾아온 학부모가 미친년, 씨발년 온갖 입에 담지 못할 욕을 하면서 자기 아이를 '야'라고 불렀다고 화를 냈습니다. 저는 교실에 있는 25명의 아이들 앞에서 미친년, 씨발년 소리를 들었습니다. 6학년 졸업식을 보러 온 학부모들이 복도에 많은 상황에서 어떻게 다른 아이에게 '야!' 라고 화를 냈을 상황입니까?

종업식이라 마지막 인사하시러 온 저희반 학부모님께서 말려주셔서 사건은 마무리 되었습니다. 욕을 들은 것으로 신고를 하고 싶었지만 오히려 제가 아동 학대로 신고 당할까봐 신고하지 못하고 몇 년째 마음의 병으로 남아있습니다.

▶ 수업시간 검색시키지 마세요.

2023년 교실에서 핸드폰(학교 태블릿)을 이용한 검색 수업을 하지 말라는 교무실 민원이 들어왔습니다. 70년대도 아니고 백과사전 가져와서 자료 찾아야합니까?

▶ 친구를 뒷담화하는 아이를 훈계했는데 교사가 폭언

몇년 전, 저희 반에 오픈채팅방에서 친구들을 모아 한 학생을 뒷담화한 사건이 벌어졌습니다. 오픈채팅방에 있는 저희 반 아이들을 알아내어 집단으로 사이버공간에서 누군가를 비난하는 일은 절대로 있어서는 안된다고 훈계하였습니다. 사이버공간에서 일어난 일인만큼 가정에서도 지도를 부탁드린다고 해당 학부모들에게 연락을 취했습니다. 그 중 처음 그 오픈채팅방을 만든 아이의 학부모가 자신의 아이가 이런 일을 주동했다는 사실이 믿기지 않는다며 계속해서 억울함을 호소하였습니다.

밤낮 가리지 않고 퇴근이 한참 지난 후인 오후 10시, 11시에도 통화 및 문자 연락은 계속되었습니다. 처음에는 다른 아이에게 나쁜 영향을 받은 것 같다는 말을 계속해서 하다가 제가 그 학생을 주동자로 몰아가고 상처받게 했으니 자신의 아이에게 사과하라고 하셨습니다. 저는 그 아이에게 크게 혼을 내거나 폭언한 적이 없습니다. 단지 누군가를 따돌리고 뒷담화하는 것이 잘못된 일임을 말해주고 다시는 그런 일을 하지 않는 것에 초점을 맞추고 훈계했습니다. 옳지 못한 일을 알려주는 것보다 당장의 훈계로 인해 마음이 속상한 것이 더 중요한 것이란 말입니까? 몇주간 너무나 고생하고 지금까지 그 일을 생각하면 참담했던 기억이 납니다.

▶ 원격학습 때 왜 아이와 자신에게 안부 전화를 하지 않냐며 항의 전화

2021년 교직생활할 때였습니다. 코로나로 원격 학습을 하자 매일 저녁 5시 쯤 전화하여 '오늘 왜 안부전화하지 않았냐'며 화를 내던 부모가 있었습니다.

▶ 학교 끝나는 시간인데 우리 애가 어디에 있나요? 매일 문자와 전화

매일 지각하는 학생이 있어서, 상담 때도 가정지도 부탁한다고 말씀드리고 지각 할 때마다 9시에 맞춰서 학생이 출발했는지, 무슨 일이 있어서 학교에 못 오는 것은 아닌지 확인하는 문자를 보냈습니다. 답장은 올 때가 거의 없었고, 학생은 매번 9시가 넘어서 학교에 왔어요.

교사는 학생이 학교에 안오면 의무적으로 확인을 해야 하잖아요?

계속되는 지각에 학생이 걱정되었고 가정 환경이 어떤지에 대한 의구심도 들었습니다. 그래서 매번 시간 맞춰서 학생이 안 올 때마다 문자를 보냈습니다. 그랬더니 이 학부모님께서 평소에는 전화도 안받고 문자 답장도 안하시다가 어느 날인가부터 하교 시간에 맞춰서 본인 애가 학원가야 되는데 어디 있는지 아는지 물어보는 문자가 오기 시작합니다. 저는 학생들 하교지도 해서 보내고 업무를 보고 있는데 거의 매일 전화와 문자를 해서 본인 애가 교실에서 나간게 확실하냐, 학교 어디에 있냐? 물어봅니다.

제가 어떻게 압니까.. 수업 끝나고 보냈으면 끝이지 학원차 타는 데까지 데려다 줘야합니까? 4학년이었는데 말이죠. 처음에는 별 생각 없었는데 이게 계속 반복되니까 알겠더라구요. 제가 아침에 9시 맞춰서 문자 보내니까 학부모도 끝나는 시간 맞춰서 저한테 문자를 보낸 거라는 것을…. 어이가 없었지만, 학생 거처를 물어보는 학부모 문자라 답장을 안할 수도 없고 매번 학생 찾아서 학교 한바퀴 씩 돌았어요. 그러고 나면 나중에 학원 차 탔대요~ 이렇게 문자가 띡 오고…. 개념없는 학부모 때문에 매우 기분도 더럽고 스트레스도 받았는데 딱히 조취를 취할 수가 없었네요.

▶ 학생들끼리 운동장에서 다툰 사건으로 학부모의 악성민원

첫 발령을 받고 3학년 담임이 되었습니다. 저녁시간에 친구와 함께 저녁을 먹고 있는데 어떤 학부모 한 분이 전화가 와서 고성을 지르며 악을 쓰셨습니다. 민원의 요지는 자기 아들이 같은반 학생과 점심시간에 운동장에서 다투었고 그 사건으로 인해 자기 아들이 너무 스트레스를 받아서 머리카락을 많이 뽑아 탈모가 올 지경이라는 것입니다. 학부모는 어떻게 교사가 학생이 다툰것도 모를 수 있냐며 교사인 나를 고소할거고, 지금 당장 집으로 찾아갈테니 주소를 부르라며 악을 썼습니다. 저는 너무 놀라서 손을

덜덜 떨었고 그래도 최대한 침착하게 대응하기 위해 네 어머니 그런 일이 있었나 보네요..라고 이야기를 했습니다.

그랬더니 어떻게 그렇게 침착할 수 있냐며 니 자식이면 그렇게 되냐며 고래고래 소리를 질렀습니다. 다음날 학교에 가서 보니 그 학생은 언제 그랬냐는 듯이 자기와 다투었다는 친구와 즐겁게 놀고 있었습니다. 학생에게 무슨 일이 있었냐고 하니 별일 아니라는 듯이 어제 점심시간에 장난치다가 싸웠어요 라고 말했습니다. 방과후 교실로 찾아온 학부모에게 저는 정말 죄송하다고 사죄했습니다. 첫 담임이었고 그래야만 하는 건줄 알았습니다. 담임이라면 학생이 어디서 다투든지 간에 다 알아야 하는 건 줄 알았습니다. 학부모께 머리를 조아렸고 학부모는 다시는 이런일 없게 자기 아들에게 신경을 쓰라며 기세등등하게 사라졌습니다.

▶ ADHD 약먹는 학생, 너무 흥분해서 날뛰길래 연구실에 데려와서 부모에게 연락했더니, 지금 우리 애를 포기한거냐고 소리지름.

ADHD 약을 먹는다고 했는데, 약이 잘 안드는지, 먹다가 멈췄는지 목소리가 쩌렁쩌렁하고 자기 마음대로 안되면 울고 불고, 소리지르는 학생이 있었습니다. 매 시간 다른 학생들과 싸우는건 기본이고 쉬는 시간에 다른 반, 학년 학생들과 툭하면 시비가 붙는데 자기보다 어리면 목을 조르고 배를 발로 차는 등 과하게 폭력적인 행동을 했어요.

달래도 말을 안 듣고 난폭하게 행동하길래 우선 연구실로 학생을 격리하고 부모님께 바로 연락을 드렸어요. 지금 벌어진 상황에 대해 엄마에게 전화로 이야기를 했더니 갑자기 소리를 지르면서 선생님 지금 우리 아이를 차별하는 건가요? 저한테 데리고 가라구요? 우리 애를 포기하는거예요? 이러면서 엄마도 난리를 치더라구요. 그 이후로는 학생이 학교에서 무슨 짓을 해도 전화를 안 받고 교원평가 점수를 최하로 줬다는 소식을 학생을 통해서 들었습니다. 제가 무슨 잘못을 한거죠?

▶ 학년 마지막날 찾아와 "통지표 수정해줘, 너 같은 건 교사하면 안돼" 고함치며 핸드폰 던진 학부모

제가 의욕+애들에 대한 애정 넘치는 신규교사일 때 첫 담임 맡은 아이들이었습니다. 생활기록부+통지표 행특 메뉴얼에 따라 31명의 아이들에 대한 내용을 복붙도 하지 않고 하나하나 다 생각하며 밤새 썼습니다. 그 아이도 마찬가지였고, 평소 욕설(꺼져, 닥쳐, 새끼 등)+ 장난같은 폭력을 친구들에게 했던 친구라 "다소 폭력적인 성향을 보일 때가 있지만 지도하면 곧잘 반성하고 개선의 여지가 있다"고 한 줄이 들어갔고, 나머지는 이 아이가 교우관계가 원만하다, 수업시간 태도가 바르다, 학급규칙을 잘 지킨다 등등의 장점이 5~6줄이었습니다.

방학식날 아이들 편으로 통지표가 전달되었고, 방학식 후 학부모가 교장실로 찾아왔다고 전화를 받았습니다. 교감님의 부름+지시에 따라 강제로 "학부모님께서 마음에 안 드는 부정적인 한 줄"을 지워서 다시 통지표를 출력해오라고 하셨습니다.

신규교사였던 저는 그래도 되나 하는 판단도 없이 교감님이 시키니까 통지표를 수정+ 출력해서 교장실로 해당 학부모를 만나러 갔습니다. 교장실에는 팔짱 낀 학부모만 있으셨고, 제가 제 의지와는 상관없이 출력한 통지표를 탁자에 놓자마자 "싸가지 없는 년"이라고 소리소리를 지르기 시작했습니다. 제가 한손으로 통지표를 던졌다며, "너 같은 건 교사 자격도 없다, 돈 때문에 교사 하지? 너를 보고 애들이 배울까봐 겁난다, 너 같은 건 영상 찍어서 올려야 한다"며 소리소리를 지르시길래 "제가 언제 그랬어요? 제가 왜요? 제가 뭘 잘못했나요?"라고 대답하자 악을 쓰며 본인이 가지고 있던 핸드폰을 저에게 던졌습니다.

다행히(지금 생각하면 맞을 걸 그랬어요) 핸드폰은 저를 빗겨갔고, 교장실 바로 옆 회의실에서 회의하던 부장선생님, 교장, 교감이 쫓아나와 저를 그냥 끌고 나왔습니다. 해당 학부모, 아동은 추후 알고보니 다음 학년도부터는 타지역으로 이사+전출 예정이었다고 하네요. 해당 학부모에게는 교감이 아주 싹싹 빌며 사과하고 잘 타일러서 돌려보냈다고. 제 잘못이라고 몇 년을 공식 교직원회의에서 "담임교사로서 저렇게 학급운영을 하면 안되는 예"로 몇 번이나 공개적으로 저를 처형하셨습니다.

▶ 매뉴얼대로 가정폭력 아동학대로 신고 후 교사에게 '가족간 살인 일어나면 당신이 살인자다' 운운하며 전화 민원

매뉴얼대로 가정폭력 확인하여 경찰에 신고하였을 뿐인데, 신고자에 대한 비밀 유지도 지켜지지 않았고 교사에게 전화해 이 일로 가족 간에 살인 일어나면 교사가 책임져야 한다. 교사가 살인자 되는건데 사람 죽으면 책임질거냐. 교사 자질이 없다. 등의 민원 전화를 4~5통 받았음.

▶ 학기말 통지표에 1차 도달 아닌 2차 도달이라고 민원

학기말 통지표가 나갈 때 학생이 특정 과목에서 2차 도달을 받았습니다. 평가 기준에 따라 채점했으나 해당 학부모는 교실에 찾아와 "왜 자기 아이가 이번 학년에서 2차 도달을 받느냐, 1학년 때부터 4학년 때까지는 늘 1차 도달만 받았다. 선생님이 잘 못가르치는 것 아니냐?"라며 조롱하였습니다.

▶ '교장실에 찾아가야 입 열래?'

학교폭력 실태조사 설문에서 나온 내용을 바탕으로 쉬는 시간에 사실 확인을 했음. 쉬는 시간에 사실 확인을 했다는 이유로 1시간 가까이 붙들고 '우리 아이를 낙인 찍었다. 선생님은 왜 메뉴얼대로만 하냐. 교사라면 메뉴얼보다도 아이들 입장에서 생각해야 되는 것 아니냐.' 이해할 수 없다는 식으로 말함. 설문 조사에서 나왔으면 확인하는 것이 교사의 역할이다, 확인을 안할 수는 없다 말해도 전혀 듣지 않고 추후에는 '교장실에 가야 입 열래?!'라고 소리를 지르며 가만두지 않겠다고 내일 교장실에서 보자고 말함. 사실 확인을 할 때 '가해자' '피해자' 단어를 언급한 적도 없음. 아이와도 대화를 잘 마무리한 상황. 어머니가 전화 후 아버지도 전화.

▶ 현관문 유리문 파손시켜 친구 다친 이야기를 하자 '그래서 유리값 물어달라고요?'

친구와 장난하며 학교 현관 유리문이 파손되어 다른 친구가 팔에 상처를 입고 출혈이 있었던 일에 대해 학부모에게 전화하여 상황 설명을 하자 첫 마디가 "그래서 유리값 물어달라고요?"

▶ 전화 상담시 밝은 목소리 기분 나빠

학부모 전화상담 중 나는 지금 기분 나쁜데 왜 밝은 목소리로 통화하냐 교육청 민원 넣겠다. 실제로 교육청 민원까지 들어감.

▶ 한 달이 넘도록 연필 챙겨오지 않은 학생에게 연필 챙겨오라고 했다고 교육청에 민원 넣음.

지도를 하면 지도를 했다고 아동 학대, 지도를 안 하면 안 했다고 아동 학대. 대체 교사더러 어쩌라는겁니까. 정당한 지도를 할 수 있도록 교권 보호에 힘써주세요. 교육부라는 조직은 대체 어떻게 된 조직이길래 교원을 옥죄는 부서는 째고 빠졌으면서 교원을 보호하는 교권보호를 위한 조직은 없답니까. 이런 조직에 속해있다는 사실이 참 개탄스럽습니다.

선진국형 교육을 입버릇처럼 말할거면 아이들의 생활교육에 있어서도 선진국처럼 하세요. 문제 학생 및 학부모 상대는 교장이 하고 지속된 문제 행동 시에는 학부모의 방임으로 고소할 수 있는 미국의 방침처럼 말입니다.

교육부라는 이름을 달고 교사를 벼랑 끝으로 모는데 앞장서는 교육부와 교육청은 반성하세요.

▶ 늦은 시간 전화 안 받았다고 민원

늦은 시간 개인 휴대폰으로 걸려온 민원 전화 받지 않았다고 교육청 민원 넣음. 교육청에서는 전화 좀 받아주지 왜 안 받아 줬냐며 교사 타박.

▶ 학교폭력을 모두 교사와 학교 탓으로 돌리는 학부모들

5학년 남학생으로 70kg가 넘고 분노조절장애 증상이 있어서 수시로 학교에서 폭력을 행사하는 덩치 큰 남학생 학부모에게 학생의 폭력 행위가 심각하다고 알리는 연락을 할 때마다, "애들은 원래 싸우면서 크잖아요.", "아휴, 제가 안 그러라고 할게요." "오히려 같은 반 학부모나 학생들이 저희를 차별하고 따돌려요." 라고 피해의식을 강력하게 표현하며 억울하다고 호소함.

거구의 남학생이 같은 반 학생들을 밀치거나 때리고, 의자를 발로 차거나 집어던지며 교실 뒷문과 휴지통을 박살내는 등 심각한 폭력 행위가 계속 될 때마다 말리는 교사가 대신 주먹질과 발길질을 당함.

폭력 가해 학생의 지속적인 분노조절장애 행위를 참다 못한 같은 반 피해 학생 학부모가 학폭 신고를 하겠다고 하자 가해 학부모는 "담임선생님이 아이 행동이 그렇게 심각한지 제게 안 알려주셨어요. 저는 담임선생님이 말 안해주셔서 몰랐을 뿐이에요." 라며 계속 담임교사 탓을 함.

피해 학부모의 경우, "우리 애가 그렇게 당하는데 학교에서 해주는 게 뭐냐, 그냥 폭력을 당하고 위협당하면서 참고 살라는 것이냐" 라며 학교를 탓함. 폭력 상황을 가해자 학부모에게 알리고, 폭력 상황을 막기 위해 가해 학생에게 맞고 발로 차인 담임교사는 억울하고 상처입은 마음일 뿐임.

해당 가해 학생은 6학년이 된 후, 담임교사에게 물통을 던지는 등 더욱 심한 폭력행위를 가함. 해당 교사가 문제의 심각성을 강력하게 주장하자 가해학생 학부모는 "제가 그랬나요? 저희 애가 그랬는데 왜 저한테 뭐라고 그러세요? 선생님 어른이시잖아요. 선생님이 스스로 해결하셔야죠." 라며 배째라는 태도를 보임.

▶ 자녀에게 욕하지 말란 교사에게 욕(협박)하며 학교로 찾아와

출근하여 수업 준비 중 당시 학생의 아버님께 전화가 왔습니다. 아버님은 어제 저희 애가 다른 애랑 싸웠다고 하시며 우리 애가 맞은 것을 선생님이 알고 있냐며 물으셨습니다. 그래서 해당 사건은 어제 일과가 끝나려는 즈음에 일어났고, 서로 하는 주장이 달라 사건 진위 여부를 파악하기가 힘들었을 뿐더러 서로 방과 후 스케줄이 걸려 이야기를 끝맺지 못하고 오늘 등교하여 다시 이야기하려고 했던 사건이다. 라고 전해드렸습니다.

그 후 아버님은 옆에 있던 학생(자녀)에서 욕을 하시며 화를 내셨고, 저는 아버님께 크고 단호한 목소리로 아버님 그렇게 00이에게 욕하시면 안됩니다. 라고 말씀드렸습니다. 그러자 그 아버님

께서는 "너 이 좆만한 년이 어디다 대고 소리질러, 야 너 어디야, 너 내가 전화로 이야기 하니까 만만해 보이나? 너 지금 어디야 내가 당장 찾아갈테니까" 라고 말씀하셨습니다.

저는 학교에 있다고 말씀드렸고 오시고 싶으시면 교무실로 오시면 된다고 말씀드렸습니다. 그 후 아버님은 한차례 더 전화가 와 "네가 어디라고? 네가 직접 내 얼굴을 보고도 그렇게 큰 소리칠 수 있나 보자. 내가 간다니까 갑자기 목소리가 부드러워지셨어요?" 하며 저를 조롱했고 학교로 정말 찾아오셨습니다. 저는 두손이 덜덜 떨리고 그 아버지와 단 둘이 마주치는 것이 끔찍히도 두려웠습니다. 이를 교감선생님께 말씀드렸고 교감선생님은 너무도 고맙게도 저를 교실로 보내주셨습니다.

그리고 그 아버님은 학교로 찾아와 교감선생님과 독대하셨고 그 장면을 실무사님이 실시간으로 촬영하고 계셨습니다. 저는 아이들과 1교시 수업을 시작했기에 교무실에서 어떤 일이 일어났는지는 정확히 설명드릴 수 없으나 아버님께서 교감선생님의 팔을 부러뜨려 버린다는 등의 폭언과 욕설을 하신 것으로만 전해들었습니다. 교감선생님과의 기나긴 독대 후 저는 아버님의 사과를 받을 수는 있었지만 사과를 받을 때의 저는 이미 엉엉 울고 있었습니다. 이 이야기를 작성하면 그 아버님이 저에게 다시 찾아올까 두렵습니다.

▶ 상대 학부모한테 돈을 얼마나 받았냐. 상대 학부모가 학부모 회장이냐? 선생님을 가만두지 않겠다.

1. 학생 A와 B가 싸움.

학생 B가 A를 바닥에 때려눕히고 아이의 얼굴에 주먹질을 하여 A의 입술이 터짐. 평소 B학생은 학생들에게 욕설을 자주 하고 폭력적인 일이 자주 엮여있던 학생이었고, A학생의 상태가 많이 좋지 않아 A학생과 B학생 학부모에게 전화함. B학생의 학부모가 "선생님 상대 학부모한테 얼마나 받으셨길래 그 학생 편을 드세요? 상대 학부모가 학부모 회장이에요? 우리 아이 목은 확인해보셨어요? 목에 긁힌 자국 있던데, 그건 확인 안하시고 A학생 말만 드는 거에요? 선생님 애 키워보셨어요? 학부모님들은 상담기간에 자기 애 잘하는 이야기 듣고 싶어서 오지 선생님처럼 나쁜 이야기 들으러 오는 게 아니거든요. 근데 선생님은 학부모 상담 주간에 아이 나쁜 이야기만 하더라고요." 교사가 대답할 순간도 없이 한도없이 오히려 따짐. 그리고 선생님이랑 말하기 싫으니 상대 전화번호를 달라고 함.

A학생 학부모에게 전화번호를 전달해도 되겠냐고 물었고, A학부모는 B학부모와 만나고 싶지 않았으나 아이 상처를 보니 안되겠다며 전화번호를 전달해달라고 함. B학생 학부모에게 A학생 학부모 전화번호를 전달하니 "선생님, 지금 A학생 학부모랑 저랑 싸움 붙이시려는 거에요? 전화번호 달라고 했더니 진짜 그걸 갖다줘요?" 하며 화냄. 다음 날 B학생의 목을 확인해보았지만 목에는 긁힌 자국 하나 없이 깨끗함. 학생에게 물어보니 아프지도 않음.

2. 초등학교 6학년 담임을 맡음.

학부모 상담 기간에 A학생 학부모가 전화를 받고 "우리 아이가 4학년 때 학교폭력을 당한 적이 있습니다. 아이의 얼굴에 상처가 있는데 내가 그 땐 교장선생님께서 부탁하시고 사정사정하시니 그냥 넘어갔습니다. 그런데 올해 이런 일이 벌어진다면 선생님을 가만두지 않을 것입니다." 라고 말함.

A학생이 커터칼을 가지고 다른 학생들에게 흔들기도 하고 A학생 집에서 야동을 보았다는 친구들의 제보. 및 5학년 학생의 물건

을 가져가 찢었던 정황이 파악됨. 이로인해 A학생 지도 및 학부모에게 연락.

"4학년 때 나는 참았는데 지금 우리 아이만 잘못했다고 말씀하시는 겁니까. (5학년 학생도 잘못이 있지만 화가 난다고 상대의 물건을 훼손하면 안된다고 말함.) 유치원때 우리 아이가 놀림 당한 적이 있는데 제가 그럴 땐 상대를 벽으로 밀어버리라고 가르쳤고 아이는 그렇게 했습니다. 지금 우리 애만 잘못했다고 말씀하시는 것 같으니 학교로 찾아가겠습니다. (재차 5학년 학생도 잘못했지만 물건 훼손한 부분은 A학생도 그렇게 다루어선 안된다고 말함.)"

▶ 똥싼 학생 치우고 바지사서 입혔더니 바지값으로 민원

현장학습을 가다 학생이 거의 도착할 무렵 버스에서 똥을 쌈. 현장학습장소가 농촌체험장소여서 외진 곳에 있었음. 아이를 씻기고 옷이 없어서 현장학습장에 있는 사람에게 간신히 부탁하여 그분이 읍내로 나가서 문방구에 걸린 흰 츄리닝 바지를 사다가 입힘. 이것 때문에 교사는 점심식사도 못하고(구역질이 나서, 아이 다 씻김, 아이 속옷도 맨손으로 다 빰) 현장학습에서 돌아옴. 아이를 보내고 학부모에게 바지값 2만원을 보내라고 했더니 '왜 흰바지를 샀느냐? 왜 비싼 바지를 샀느냐?'고 민원을 받음. 기가 막힘.

▶ 줌 수업 시 열심히 하지 않는 학생을 나무랐더니 '공개사과'하라 함.

5학년 학생을 지도할 때 줌 수업마다 다른 짓을 하고 과제도 제출하지 않아 수업 중 야단을 쳤더니 옆에서 부모가 듣다가 득달같이 전화함. 애들 있는데서 자기 아이 자존감을 건들었다며.. 전체 아이들 있는데서 공개사과하라함.

▶ 분노조절장애 학부모 '선생님때문에 우리 애가 더 심해졌다'

1학년부터 4학년때까지 그 학생의 이름을 모르는 선생님이 없을 정도로 유명한 분노조절장애와 adhd를 앓고 있는 학생이 있었다. 본인이 하고 싶은 대로 되지 않으면 소리를 지르고 욕하고 때리는 행동이 일상인 학생이었다. 5학년 담임으로 그 학생을 처음 만났고 부모도 처음엔 아이의 잘못을 인정하고 지도하겠다는 표현을 했었다.

2학기 11월 쯤 그날도 그 학생은 자기 말을 안 들어주고 화가 난다며 집에 가겠다고 난리를 쳤다. 겨우 달래서 교실로 데려와 부모와 전화상담을 하는데 부모는 '선생님이 우리 애의 상태를 더 안좋게 하는 것 같다.' 라며 본인 아이의 잘못을 교사의 잘못된 지도 때문이라고 교사 탓을 하기 시작했다. 그때 나는 고작 3년차 교사였다. 6개월 넘게 시달려온 나는 그날 교무실에서 울고 교실로 올라갔고 울고난 후 나의 모습을 본 다른 착한 학생들이 편지를 써서 나를 달래주었다. 매일 출근하는 것이 지옥같았고 사고가 나면 학교에 출근하지 않아도 될텐데 라는 생각을 하기도 했는데 그때 이후로 정상적이지 않은 학생이나 학부모에 대해서 대응을 하거나 성의껏 지도하려는 마음은 사라졌다.

▶ 교정해서 씹지 못하니까 반찬 잘게 잘라다라는 학부모

교정인지 이를 뺐는지 기억이 나지 않지만 치과치료로 인해서 음식을 잘 씹지 못한다고 급식반찬을 잘게 잘라달라고 했던 학부모가 생각나네요. 영양사선생님께 말씀드리니 매일 소독한 가위로 그 학생이 급식받을 때마다 잘라주셨습니다. 그 때 영양사 선생님이 제 20년 교직생활중 정말 최고로 좋으신 분이였고 급식실에서 급식을 했으며 학교인원이 학년당 3반 정도라 가능한 일이였지만

지금생각해도 참 황당한 민원이었습니다. 이 학부모 아침에 약통 보내면서 냉장고에 보관하고 점심에 먹여달라는 민원도 했었죠···. 참 대단한 학부모 였습니다.

▶ 퇴근시간 이후 전화 연결이 안되자 학부모가 '선생님은 우리 애한테 관심이 없네요. 왜 전화 안받냐.'며 장문의 문자메세지 보냄.

개인 휴대전화와 업무용 휴대전화를 따로 쓰는 나는 가끔 업무용 휴대전화를 학교에 놓고 가곤 한다. 그날도 깜빡하고 업무용 휴대전화를 학교에 두고 갔고 다음날 학교에 와서 휴대전화를 확인해 보니 장문의 문자가 여러 개 와 있고 전화도 몇통 와있었다. 메세지 내용인 즉슨 '선생님. 00이 엄마입니다. 전화주세요.' 부터 시작해서 계속 전화연결이 안되자 '선생님은 우리애에게 관심이 없으시네요.' '왜 전화 무시하냐' 등등 본인이 전화한 목적에 대한 내용은 전혀 없이 공격적인 메세지만 보내놓았다. 정말 어이가 없고 화가 났지만 예의를 차려 전화를 하자 전화를 한 목적은 '우리 애 중학교 원서 언제 내냐' 라는 것이었다. 더군다나 그 부모는 아이와 함께 살고있지도 않았다. 전화를 한 시각은 저녁 7시. 아이는 열심히 하고 나름 예쁜 학생이라 생각했는데 부모의 몰상식한 행동으로 정이 뚝 떨어졌다.

▶ 담임선생님 그렇게 안 봤는데 실망이에요.

2월 학기말 방학 중 교무실에서 새학기 교육과정 협의회 하고 있었음. 작년학년 종업식날 개인 사정으로 학교에 안 온 학생의 학부모한테 문자 옴. 지금 학교로 새학년 교과서 받으러 가겠다고. 네 교실 아이 사물함에 넣어 뒀으니 교과서 챙겨가시라고 답장 보냄.

잠깐 휴대폰 확인하지 못한 사이에 전화가 오고 문자가 막 와 있음. 자기가 교실 왔는데 우리아이 사물함이 잠겨있어서 본인이 화났다 이거임. (자기 아이 사물함은 자기가 잠겼는지 열쇠가 필요한지 알아서 자기가 챙겼어야지. 왜 종업까지 시킨 작년 담임한테 따지는거지? 자기를 학교로 오라 해놓고 얼굴도 안비치냐 화났음. (작년 담임이 학부모 한명왔다고 협의회도 내팽겨치고 마중 나가야 된단 말인가? 본인을 위해 내가 직접 교실문 열어주고 사물함 열어주고 하란 소리인가?) 담임선생님 일년동안 우리 애한테 너무 잘해 줘서 좋게 봤는데 실망했단 문자 받고 내가 할 수 있는 일은 노여움 푸시라고 다시 전화해서 사과하는 것(교감이 시켰음. 뭐 어떡해 선생님이 전화해서 사과드려) 교사는 제일 하층민 노예, 욕받이 입니다.

▶ 저녁 8시 넘어 상습 문자

저녁 8시 넘어서 지속적으로 전화를 하는 학부모님이 계셨습니다. 동학년에 물어보니 흔한 일이라고 하더군요. 문의 내용은 지극히 간단합니다.

"체험학습 써도 되나요?"

"결석하는데 서류 뭐 필요해요?"

익일 아침에 해도 되는 질문을 구태여 늦은 시간에 전화로 물어보셨지요.

문제는 이런 학부모가 매년 한 명씩 있다는 겁니다.

올해도 3월부터 일요일 밤 8시에 "병원 가니까 체험학습 신청서 날짜 수정해주세요."라는 요청 문자를 받았습니다. 겨우 1년 경력 쌓였다고 이젠 무시할 수 있게 되었어요.

▶ 선생님 처녀죠?

학교에서 기피중의 기피로 매일 수업시간에 뛰쳐나가고 교사의 지도에 피식 피식 비웃음을 날리는 남학생이 있었습니다. 도저히 일과 중에 지도가 안되어 학생 어머님께 전화를 드렸습니다. 이러 이러한 이유로 인해 아이와 상담 후 집에 보내겠다구요. 그러자 대뜸 한말이 "선생님, 처녀시죠? 선생님 애는 낳아보셨어요? 나이 든 남자 선생님이 애들을 잘 잡는데. 애 학원가야하니까 잡고 있지말고 바로 보내 주세요." 라는 말을 들었습니다. 저는 그 이후로 그 아이를 지도하지 못했고 1년 내내 반 분위기를 망치는 걸 지켜봐야만 했어요.

▶ 아이들 등교시간에 다짜고짜 쳐들어와 '교장실로 가겠다' 협박하는 학부모

분노를 조절하지 못하고 다른 학생의 목을 조르거나 다른 학생을 향해 물건을 던지는 학생이 정작 가정에서는 아무 이유 없이 아이들이 자신과 놀아주지 않는다고 이야기함. 그 이야기를 들은 부모가 사전 연락 없이 등교시간에 교실로 찾아오고, 담임교사는 아이들 아침맞이와 안전지도를 하지 못하는 상태로 계속 학부모를 응대해야 했음. 학급의 다른 학생들은 모르는 어른들이 찾아와 화내고 있는 모습을 보고 놀라고 불안해 함. 부모가 교사에게 교장실에 찾아가겠다고 말해도 교사가 동요하지 않고 학급에서 아이의 난폭한 행동에 대한 교사의 제지를 무시하는 상황과 그로 인해 다른 아이들이 고통받는 상황을 전달하자 '우리 아이가 잘못했다는 것이냐'고 소리 지름.

아동이 부모의 장기적인 아동학대에 대해 증언하여 아동학대 신고가 들어가자 담임교사를 신고자로 의심하여 아동보호전문기관에 오히려 담임교사의 아동학대 정황을 조사하라고 요구하고, 아동학대 혐의가 밝혀지자 각종 관련 기관에 지속적인 민원을 넣으며 담임교사의 교원능력개발평가 서술형 문항에 인신공격성 내용(인성 파탄자, 선생 자격이 없다 등)을 적음.

다른 아이들을 밀치고 손으로 때리는 행동을 하는 아이에게 그러면 다른 아이들이 다칠 수 있다고 단호히 지도하자, 하교 후 학부모가 담임교사에게 전화하여 '담임교사가 그렇게 이야기해서 아이가 기분이 나쁘다고 한다. 내일 아이에게 사과하라'고 요구하여 그 다음 날 담임교사는 아이에게 사과함.

▶ 우리 애도 잘못하긴 했는데 선생님도 똑같이 우리 애한테 사과해주세요.

지속적인 친구들 괴롭힘, 욕설, 폭력을 일삼는 아이를 교사는 당연히 지도해야 되는거 아닌가? 욕할 때 욕하지 말라하고 친구 때리면 때리지 말라고 하고 수업 방해하고 자기 할 일 안하면 당연히 하지 말라고 잘못된 행동을 지적하고 올바른 행동을 제시해주는 것이 교사의 역할이 아닌가? 그랬다고 우리애도 잘못한 거 알겠지만~ 선생님도 우리 애 혼낸 거 사과해달라. 본인 애가 잘못해서 교사로서 당연히 해야 할 일을 했을 뿐인데 오히려 집에서 안가르친 인성교육 학교에서 마음 상해가며 감정노동해 가며 상담하고 이야기 나누고 약속하고 지도해줬더니 사과하라니? 무엇을 사과해야 하죠? 선생님이 선생님의 역할을 충실히 해서 너를 부모도 놓아버린 네 인생을 위해 마음 써가며 지도한 게 너에게 상처가 됐다니 미안하다 할까요?

▶ 학폭진행 중인데 피해자 아버지가 담임에게 툭하면 폭언을 함-교권이 추락하는 것은 교사가 만든 것이다 싸다.

학폭진행사항이 마음에 안든다며 교권침해의 폭언을 함-교권이 추락하는 것은 교사가 만든 것이다. 40년전이나 지금이나 달라진 게 없다. 학부형이 학교를 무시해도 당해도 싸다. 따라다니면서 민원을 넣겠다

▶ 학생들끼리의 주먹 다툼 이후 연락하니 '당신이 아직 애를 안 키워봐 서 모르는데' 라고 함.

가만히 있던 남자A 학생을 남자B 학생이 주먹으로 때림. A학 생이 반격하기 위해 B를 때리자 B는 자신이 순결한 피해자인 것 처럼 자기가 마지막으로 때려야 복수가 성공하는 것이라며, 또 다 시 A를 때리며 서로 주먹 다툼을 함. 그 와중에 B의 손등이 손톱 에 의해 3cm 정도 긁힌 상처가 남. 이러한 일련의 과정을 B의 학부모에게 전달하니 '당신이 아직 애를 안 키워봐서 모르나본데, 가해자 피해자가 어딨냐'는 식으로 교사에게 훈계함.

▶ '내 딸 코로나 걸리면 니가 어떻게 책임질건데…' 신규교사에게 폭언

코로나 시기, 원격 수업 체제로 학교가 운영되고 있을 때, 동 학년 회의를 통해 교사 개인번호 공개가 필요없다고 의견을 모음. 이에 학부모 알림장에 교실 내선 번호만 공개함. 해당 학부모는 교실에 전화와서 자기가 경험한 모든 학원, 유치원, 기관 등이 개 인번호를 공개하는데 초등 담임이 공개 안 하는 게 말이 되냐. 우 리 애가 새벽에 코로나 걸리면 책임 어떻게 질 거냐. 어디로 연락 하냐고 소리지름.

▶ 오후 11시 연락 안되는 담임, 인성교육 할 인성맞아?

11시에 전화를 받지 않아 인성을 운운하며 인성교육, 학교폭력 예방교육 등을 할 자격이 없으며 우리 아이에게 사과문을 써서 제 출하라고 교장실에서 강요받음. 그렇지 않으면 고소하겠다고 함.

▶ 우리 애 아빠가 화가 많이 났어요

주말 저녁 11시 문자 폭탄이 쏟아집니다. 학생이 이런 저런 친구들과의 갈등으로 학교 등교를 거부한다네요. 등교하면 학생들과 이야기해보고 사과받을 수 있는 자리 마련해드린다고 하니 학생은 사과도 원하지 않고 등교도 안 할 거래요. 그럼 무엇을 원하냐고 수백 번을 여쭤봐도 애들이 괴롭힌다고 고자질만 하네요. 문자로 답이 없어보였는지 "우리 애아빠가 화가 많이 났어요." 라는 문자 한통과 함께 전화가 옵니다. 주말 저녁 11시에요. 이 대한민국에서 도대체 어떤 공공기간이 주말 저녁 11시에 민원을 받습니까?

다음날 오전 6시 문자 한 통이 또 옵니다. 이번엔 다른 친구가 약올린 게 기억이 난대요. 학교는 안 올거래요. 사과할 수 있게 마련해드린다 해도 사과도 필요없고 학교도 안 온대요…. 도대체 뭘 원하는지 알 수가 없어요. 마찬가지로 대한민국에서 도대체 어떤 기관이 오전 6시에 민원 받나요?

왜 교사들만 업무 시간 외에도 민원 받아야 하나요?

저녁 6~7시 정도면 학부모님들 퇴근 시간 고려해서 백번 양보해서 이해됩니다. 그런데 주말, 저녁 11시, 오전 6시요? 왜 교사들만 이렇게 민원에 맨날 시달려야 합니까. 덕분에 전화공포증까지 생겼어요. 휴대폰 진동이 울리기만 해도 멀쩡했던 사람 불안감이 미친듯이 올라갑니다.

▶ '우리 애가 누워 편히 쉴 수 있는 공간 만들어' 어느 학부모의 이상한 요구

해당 학생은 경계성 특수아동으로 폭력성향이 짙으며 주변 친구들, 선생님들을 지속적으로 괴롭게 함. 수업 때 난동을 부리며 큰 소리를 내어 수업을 방해하는 것을 놀이로 삼음. 이러한 방해 행동을 전달했을 때 학부모는 아이의 마음을 알아주는 사람이 없

어서 그런다, 애가 힘들어하면 교실에서 누워 쉴 수 있는 공간이 있으면 좋겠다 등의 요구를 함.

▶ 더 이상 우리 애가 가난하고 한부모 가정인 애들한테 치이는 걸 볼 수 없겠네요. 우리애만 최고로 이뻐해 달라구요 그게 이해가 안돼요?

다른 학생에게 '돼지같은 게'라고 이야기했다고 들어서 가해자 학생에게 정말 그런 말을 했는지 물어보니 안 그랬다고함. 들은 친구가 있는지 물어보니 10명이 넘는 학생이 들었다고 해서 아는 내용을 다 적으라고 했음. 그걸 보고 가해자 학생이 자기가 그런 말을 한게 맞다고 함. 그 날 그 엄마한테 전화와서 우리 애가 잘 못한게 맞지만 앞으로 또 이런 일이 있을 때 친구들한테 사실 확인하지 말라고 함. 자기 애는 믿어주기만 하면 된다고 함.

학부모 공개수업때 교사의 질문에 대답을 잘 못한 학생이 한 명 있어 수업이 끝날 때쯤 다시 한 번 발표 기회를 준 것 가지고 일년 내내 차별한다고 괴롭힘. 더이상 우리 애가 가난하고 한부모 가정인 애들한테 치이는 걸 볼 수 없다며 우리 애만 최고로 이뻐해달라는 내 말이 어디가 이해가 안되냐며 소리 지름.

▶ 심부름 학생에게 사탕줬는데, 왜 나는 안 줘 학부모 민원 폭발, 학부모 찾아와 난동

학급에서 심부름 다녀온 학생이나, 칭찬의 도구로 사탕이나 츄잉껌을 주곤 했습니다. 그런데 한 학생이 자기도 먹고 싶다고 하길래 이건 심부름 한 학생에게만 준 것이다 다음에 심부름하면 주겠다 라고 친절하게 알려주었으나.. 돌아온 건 학부모의 민원전화 ^^ 그리고 수업 중 찾아와 소리를 고래고래 부르는 난동이었습니다. 결국 이 건으로 고소도 당했습니다. 학생인권 침해로 해바라기에서 인정되어서 검찰로 넘어갈 뻔 했으나 검찰은 정상이었는지

기각되었습니다. 학교에는 이런 일이 비일비재합니다. 오히려 학교 수업 중 찾아와 소리를 지르는 난동은 오히려 교권침해이나, 우리 교직사회에서는 교권은 없고 학생인권만 있는 곳이어서 저는 그렇게 병휴직을 했고, 지금은 복직하여 다른 지역에 있습니다.

▶ 너 내일 내가 죽이러간다.

1학년 학생이 2학기에 전학을 왔고, 그 학생은 매일 11시가 넘은 시각에 등교를 했음. 빠르면 10시, 늦으면 12시에 오는 날이 허다했고 엄마와 통화를 했으나 고쳐지지 않음. 집에 젖먹이 어린아이가 있어서 아이가 돕느라 힘들다고만 함. 이 학생이 매일 수업 중간에 들어오면 수업의 흐름이 끊기고 지장이 생김. 모둠활동이라도 하는 날이면 중간에 끼워 줄 수 없음(학습도 당연히 엉망이었음). 엄마가 깨워주지 않으면 스스로 일어나보라고 알람시계도 선물해주고 사용방법도 알려줬지만, 그 뒤로도 계속 지각함. 어느 날은 12시가 다되어 등교했는데, 이 시간에 와서 밥만 먹고 집에 가는 건 학교에 오지 않은 것이나 다름없다고 말함.

그 날 그 엄마는 교사에게 전화하여 '아이가 몇 시가 되었건 학교에 간건 사실인데 왜 학교에 오지 않은 것이랑 똑같다고 했냐며'따지기 시작함. 여차저차 아이를 잘 케어해 보자고 통화를 마무리했는데 그 날 오후 퇴근 시간 무렵부터 그 엄마에게서 계속해서 전화가 옴. "너 몇살 쳐먹었냐?" "너 내일 죽이러 간다" "왜 학교에 간 애를 안 갔다고 하냐." "우리 애가 무서워서 교실에 못가겠다고 한다." 등등 새벽까지 계속 전화를 하여 핸드폰을 꺼두고, 다음날 교장 교감에게 요청하여 그 엄마를 상대해달라고 함. 다음날 그 엄마는 학교에 찾아왔고 교장선생님과 면담 후 집으로 되돌아갔으나, 그 날 이후로는 담임선생님에게 사과하고 싶다며 계속해서 연락을 요구하여 지옥같은 학기말을 보냄.

▶ 저는 학부모님 감정 쓰레기통이 아닙니다.

신규시절 매일 수시로 전화하여 1~2시간 동안 자신의 삶의 어려움과 남편이 자기에게 어떻게 대하며 시댁이 자꾸 속을 썩인다며 하소연을 쏟아내던 학부모가 있었습니다. 근무시간이 아닌데도 전화를 계속해대고 받지 않으면 받을 때까지 전화하였습니다. 신규라 어떻게 해야 할지도 모르는데 한 번은 술을 마시고 전화를 한 경우도 있었고요, 아이를 위한 하소연이라면 어떻게든 들어드리겠는데 본인 인생의 하소연을 지속적으로 하였고 저는 너무 힘들어서 돌려 돌려 말씀드려 겨우 끊어냈습니다. 제가 학부모 개인 상담사도 아니고 감정쓰레기통도 아닌데 학생들을 위해 번호를 공개하다보니 이런 식으로 자신의 상담 혹은 감정 쓰레기통으로 이용하는 경우가 발생합니다.

▶ 우리 애 물 안 싸갖고 갔으니 보안관에 맡겨둔 물통 찾아서 전해주세요.

쓰고보니 다른 분들에 비하면 새발의 피지만, 수업 중 전화가 와서 무슨 일인가 받았더니 우리 애 물 안 싸갖고 가서 보안관실에 물통 맡겼으니 찾아가서 전달해달라고….

▶ '우리 아이 혼내지 마세요' 아이가 거짓말한 내용 그대로 믿고 교사에게 이래라 저래라.

갑자기 아이가 저녁에 울면서 학교가 가기 싫다고 해서 물어보니 무단횡단했다고 선생님이 혼낼거라고 학교 가기 싫다고 했답니다. 제가 잘 타일렀으니 선생님은 혼내지 말라네요. 제가 방과후에 길 건너는 걸 어떻게 보고, 뭘 혼낸다고 했다는지 모르겠다고 했습니다. 저녁에 내가 애를 만난 것도 아니고 무단횡단하면 혼낸다는 이야기를 한 적도 없다고 했더니, 학원 선생님이랑 헷갈렸나봐요^^ 집오면 물어볼게요^^ 이러네요.

▶ 학폭 신고가 들어와 사실 확인을 위해 전화하니 '니가 뭔데 애한테 전화하냐. 학폭? 나도건다. 니도 내가 다 걸고 넘어질거다'

학폭 신고가 들어와 사실 확인을 위해 학생에게 전화해 물어보자 학부모가 옆에서 듣다가 '몇시 몇분 몇초 선생님이 우리애 그러는거 봤냐. 우리 애가 그랬다는 증거있냐. 니가 뭔데 애한테 전화하냐. 증거도 없으면서 전화해서 다그치냐. 학폭? 나도 학폭 걸꺼다. 니도 내가 다 걸고 넘어질거다'

▶ 사기 및 폭행을 알려주는 것 아니냐는 민원

학생들과 수업을 하다가 학생 a가 실수로 자신의 물건을 학생 b에게 줘버림. 학생 b에게 학생 a와 원래 물건을 받기로 했던 학생c가 찾아가 부탁함. 학생 b가 친구들이 부탁하는 것을 거절하지 못하고 물건을 줘 버림. 괜찮냐고 물어보았으나, 괜찮다고 이야기함. 그날 저녁 늦게 학부모로부터 민원 받음. 이 수업의 목적이 사기와 폭행, 금품 갈취를 가르치고자 하는 것이 아닌가요? 라고 민원받음. 선생님은 관망의 태도로 보기만 한 것 아닌지, 학생이 이 수업 때문에 집단폭행을 당했다고 얘기함. 학생 a와 c는 협박 갈취, 폭행을 저질렀고 형사 사건에 해당하는 잘못을 저질렀다고도 얘기함.

▶ 피구하다 공맞았는데 왜 우리 애 안 살펴?

체육시간(전담) 피구경기 중 공에 맞아 울었다고 함. 아이들이 말하길래 괜찮냐고 물으니 괜찮다고 했는데 그날 밤부터 우리애 괜찮냐고 안 물어봤다고 난리, 애 아빠 화났다고 난리, 담날 결국 찾아와서 책상 엎고 난리…. 결국은 자기 요즘 힘들다고 울다 감.

▶ 단체 사진 중 맨 앞줄에 앉아 찍은 아들을 보고 우리 아들 무릎 왜 잘렸냐.

얘들 모습 하나하나 잘 나오게 찍으셨는데 유독 우리 아들 무릎이 잘렸네요. 괜스레 따돌림 당하는 사람처럼….

▶ 너 몇살이야?!!! 니가 뭔데 우리 애를 힘들게 해!!!

학생이 방과후에 운동장에서 놀다가 다쳐 치료받았고, 공제회에 사고통지 올림. 사고확인 전화가 와서 사고 시각을 물어보길래, 사고 시각에 따라 보상을 못받을 수도 있나? 혼잣말하고 학생에게 다시 확인했음. 학생이 그 말을 듣고 보상을 못받을까 집에 가서 걱정했고, 보호자가 아이에게 그 얘기를 듣고 다음날 아침 일찍 전화해서 나에게 다짜고짜 화내며 얘기하다가 나이를 묻고 (당시 20대였음) 반말로 고래고래 소리 지름.

▶ 왜 우리 애만 혼내요?(여자 애를 때린 남자 애의 엄마)

저녁 8시에 전화 옴. 여자애가 남자애 별명을 불러 남자애가 여자애 주먹으로 얼굴 때림. 각자 사과시키고 해결했으나, 저녁 8시에 남자 애 어머니 전화 옴. "선생님, 왜 우리 애만 혼내세요?"

▶ 학생이 교실에 운동화를 신고 들어와 지도했더니 학부모가 교사에게

"행동 조심하라"폭언

6학년 남학생이 교실에 운동화를 신고 들어와서 실내화로 갈아 신고 들어오라고 여러 번 말해도 "어쩔 건데요?"하고 듣지 않아 어머니께 전화하여 사실을 알리니, "학교로 처들어가기 전에 조심하라." 라고 담임교사에게 폭언함.

▶ 담임교사를 정서적 학대로 신고하고 싶다며 교감님과의 통화에서 밝힘.

3월 부터 다른 학생들을 때리고 분풀이하는 남학생이 있었습니다. 이 학생의 분노조절불가 상태는 점점 심해졌고 하루에 저희 반에서 이 학생에게 이유없이 기분이 나쁘다는 이유로 맞는 학생이 많으면 7-8명 정도 되었습니다(반 전체 인원은 20명 이었습니다.). 참다못한 피해 학부모가 학폭을 걸었고, 가해 학부모는 피해 학생이 우리 애한테 잔소리를 했다며 정서적 학대로 맞신고를 걸었습니다.

그 과정에서 교감님과 통화 중 교사도 정서적 학대로 신고하고 싶다고 의사를 표현했습니다. 약 2개월간 가해 학생 측과의 무수한 상담, 매일 두어통씩 전화오는 피해 학생 측의 상담. 정작 가해 학생은 우리 애는 예민해서요, 더 칭찬해주세요. 우리 애는 집중력이 강해서요, 가까이 가서 말해주세요. 우리 애도 힘들어해요. 라는 이야기를 하며 문제 해결의 의지조차 보이지 않았습니다. 2개월간 이 일을 관리자와 의논하며 할 수 있는 모든 선에서 해보았지만, 돌아온 것은 아동학대 신고 협박이기에 저는 우울진단을 받고 병가를 쓸 수 밖에 없었습니다. 제 일이 생각나 이번 서이초 선생님 사건에 정말 분노하고, 앞으로 더 이상 학부모 갑질로 돌아가시는 분이 없으셨으면 좋겠습니다.

▶ 다른 학생을 욕하고 때리는 학생 학부모에게 전화하여 상담하니 담임탓

지속적으로 친구들에게 욕하고 때리는 학생에 대하여 상담하기 위해 학부모에게 연락하니 처음에는 지도하겠다고 하다가 연락이 두세차례 이어지자 결국 교사 탓을 하며 "선생님이 우리 아이를 예뻐하지 않는 것 같다."라고 책임을 전가함. 결국 교사의 지도가 소극적으로 변하니 아이는 더욱 폭력적으로 변하여 다른 친구를 또 때리고 학교폭력위원회에 신고당하여 처벌 받음.

▶ 우리 애가 쟤를 패든 내가 쟤를 패든 하겠다.

학급의 문제행동 학생을 자신의 아이와 분리조치 시켜달라던 학부모. 민원을 매일매일 넣으며 하루하루 자신의 아이 감정 들여다봐줄 것 요구함. "교사에게 분리조치 권한이 없으니 학교폭력 신고를 하라"고 권하고 "담임으로서 교실에서 안 부딪히도록 최선 다해 보겠다" 했지만 학폭 신고는 거부함. "그냥 담임이 해결하면 되지 그것도 교사가 못 하냐"며 "교권이 이 정도로 떨어졌나요?"라며 막말함.

▶ 초 6 교실에서 자위하는 남학생 '이해 못하는 학생과 교사가 왕따 조장한다'

초 6 남학생. 지적장애 의심되나 모든 검사 및 치료 거부 중. 교실에서 자주 바지를 내리고 거시기 주무르다가 냄새 맡고 입에 넣고 쭉쭉 빨아서 책상이 항상 침으로 범벅임. 가끔 아니 자주 바지도 젖어있음. 관심을 주면 더해서 모두 흐린 눈하며 수업 중임. 그러나 자기가 친해지고 싶은 인기 많은 남학생 책상에 고추를 비빌 때가 많음(해당 학생들에게 학교 폭력절차를 밟자고 권유했으나 아예 엮이기 싫다고, 바라는 건 사과가 아니라 쟤가 치료받는 거라며 거부함).

교사가 학부모에게 상담 및 치료 권유를 권유하자 다른 아이들이 무시하는데 왜 우리 애가 이상하다고 하는 거냐며, 다른 학생과 교사를 탓함. 어떻게 사춘기 아이들이 고추 주물럭거리던 손 그대로 잡으려 드는 걸 안 피하겠냐고, 당신의 자녀는 내가 말려도 쌍욕을 하며 바지를 내리는데 어떻게 하냐고 답하자, 그래도 친구가 힘들구나 이해하도록 교사가 먼저 사랑으로 감싸는 행동을 보여야지, 왕따를 조장하고 계신다며 수시로 학교에 연락없이 찾아와서 항의함. 애 난동 피우고 있으니 좀 와보라고 할 땐 죽어도 안 왔으면서….

어느 날 수업 중에 교실에 난입하길래 마침 잘 되었다 저기 바지 내리고 있으니, 바지를 올리게 하거나 집에 데려가라 했더니 그 날은 그대로 그냥 갔음^^ 학생들, 교장샘, 교감샘 모두 담임교사의 편을 적극적으로 들자, 교육청, 시청 등 본인이 전화할 수 있는 모든 곳엔 다 전화해서 민원 넣음. 이에 대한 해결 과정은 개인정보로 생략하겠으나 교장선생님을 포함한 관련된 사람들 모두 적극적으로 교사의 편을 들어주기 위해 나름대로 노력하고 있음에도 몇 개월 이상 걸리고 있음.

심지어 다른 학부모까지 교사를 돕겠다고 나서주었으나 실질적으로 할 수 있는 일이 없음을 알게 됨. 한 명으로 인하여 나머지 학생들에게서도 우울 증상이 보이고 있음. 등교정지를 해도 우리 애 굶는다며 학교로 보내는 상황임.

▶ 자녀의 가해 사실을 알리자 찾아와 폭언 협박

학생간의 다툼으로 상대 피해 관련 학생 부모가 면담을 요청하여 그 사실을 전화상으로 알리자 자신의 자녀는 때리기는 커녕 피해자라며 전화상으로 언성을 높이고 거부하더니 교사와 사전 약속도 없이 찾아와 자녀가 있는 자리에서 교사에게 우리 아이는 피해인데 왜 우리가 사과하냐며 고성을 마구 지르며 이 학교로 인해 우리 아이가 피해입은 바를 청구하겠다며 학교가 책임지라며 폭언과 협박을 함. 이번에는 피해 관련 학생 아버지가 사전약속없이 협박말투로 무단 학교 방문함.

▶ 술 취해 폭언 전화, 안 받으면 교육청에 담임에 대한 민원

아이의 학부모는 시업일 전 공개된 전화번호로 전화를 걸어왔

고, 제 목소리를 확인하고는 '작년에는 남자 선생님이라 (본인과) 참 잘 맞았다'는 이야기를 하며 두서없는 여러 이야기를 했던 것 같습니다. 저는 여자 교사였고 그 전화가 악몽의 시작일 줄은 몰랐습니다. 첫 민원은 코로나로 인해 수업이 학교에서 이뤄지지 못할 때, 교과서 배부를 하면서 시작되었습니다. 밀집된 환경을 최대한 배제하는 것이 제1원칙이던 시기였기에 학교에서는 학급별 학교 방문 시간을 정해 교문에서 교과서를 나눠주기로 했습니다. 우리 반 아이들에게 학교로 나올 날짜, 시간을 안내하고 얼마 후^^ 아이의 학부모는 술에 취한 목소리로 전화를 걸어 '내가 못 가는 날짜에 너희가 뭔데 일방적으로 정하고 안내하느냐'라며 악을 쓰고, 무능함을 거론하며 폭언을 쏟아냈습니다. 저는 그저 "그날 못 오시면 가능한 시간으로 바꿔 시간을 정하실 수 있습니다." 라는 이미 알림장에 안내된 멘트를 앵무새처럼 외치며 폭언을 견뎠습니다. 그 후에는 태블릿 대여, 작년 통지표 문구 등 술에 취하기만 하면 전화를 걸어 트집을 잡았고, 제가 안 받기라도 하면 상급 기관에 민원을 넣었습니다. 그럼 교감선생님을 통해 그 민원이 제게 다시 전달되었습니다. 감당은 오로지 교사몫이더군요.

▶ **교사회의중 학부모 쳐들어와 xx년아 하며 교사 폭행. 이유는? 저녁에 전화를 안받아서**

그 선생님 혼자 있던 교실도 아니고 전체교사가 모여 회의를 하는 자리였습니다. 한 학부모가 벌컥 문을 열고 들어와 "○○○ 어딨어!"라면서 소리를 지르더니 미친년아 xx년아 하면서 욕을 하였습니다. 주변 선생님들이 진정하시라고 하자 있는 힘껏 한 선생님을 미는 폭행을 했고 선생님은 멀리 날아가듯 밀쳐져 넘어졌습니다. 욕을 하며 찾아온 이유는 전날 저녁에 자기전화를 받지 않았기 때문입니다.

자기 애 문제를 빨리 해결해줘야 하는데 저녁에 일부러 안받고 피했다는 것이죠. 제가 당사자는 아니고 목격자이지만 저 역시 너무나 충격과 상처를 받았고 모멸감을 느꼈습니다. 또 해당 학교에서 저 역시 학부모들에게 많은 피해를 봤습니다. 아이들끼리 다툼이 있었는데 자기 애가 상처받아서 학교를 못보내겠다고 안보내면서, 빨리 해결하라고 엄마, 할머니, 오빠 등등 온가족이 번갈아서 협박식으로 전화하였고 입에 못담을 다른 아이들 욕하는 말을 제 귀에 쏟아부으면서 학교에 찾아오겠다. 다 부숴버리겠다는 협박까지 하였습니다. 전화기만 봐도 두려웠습니다.

퇴근 시간 이후 저녁시간에도 전화는 이어졌고 매일 눈물로 교직생활을 했습니다. 민원을 저 혼자 감내해야 했습니다. 이어지는 협박 때문에 교실에 남아있기가 두려웠고 학교에서 내려준 해결책은 문에 자물쇠를 달아준다는 것이었습니다. 또 다른 학부모는 자폐아이 학부모였는데 교실 밖에서 늘 저를 훔쳐봤습니다. 공개수업이 아닌데도 전 항상 공개수업을 해야 했습니다. 자기애를 신경써주나 안써주나 감시를 한 것이죠. 정말 이게 맞나 싶어서 학교에 요구를 해도 장애아이 학부모이기 때문에 건드리기가 어렵다는 말뿐이었습니다. 맘에 안드는게 있으면 아이들 앞에서 저를 조롱하듯 말하고 힘들어서 병가 쓰고 나온 날에 또 찾아와서 자기 아이한테 잘하라고 협박을 했습니다. 아이가 제 물건을 훔쳐갔는데 친해지고 싶어서 그런거라며 사과한마디 하지 않았습니다. 교사들은 항상 폭언과 폭력에 무방비로 노출되어 있고 혼자 그것을 감내해야 합니다.

▶ 우리 아이 지각 믿을 수 없으니 CCTV 보여달라. 아니 우리 애 자리 당장 바꾸라고요!

통합학급 학생과 관련하여 자리 바꿔달라는 민원 들어옴. 좀 더 적응해보자고 하였으나 그 다음날 수업 전 다짜고짜 전화하여 격앙된 목소리로 담임에게 당장 자리를 바꾸라고 요구함.

▶ 친구의 실수로 학생이 다친 소식을 전화로 전하자 '선생님은 그때 뭐 하셨어요?'

복도에서 뛰지 말자고 하루에도 수십 번씩 지도를 한다. 어느 날, 학생 A가 점심시간에 복도에서 슬라이딩을 하면서 놀고 있었고 양치를 하고 돌아오는 특수학급 아동 B가 슬라이딩 상태로 복도에 엎드려 있는 A를 못보고 밟았는데 A가 가슴이 답답하다며 교실로 돌아와 고통을 호소했다.

B도 놀라서 울먹이며 미안하다고 했다. A를 보건실에 데려다 주고 학부모에게 전화하여 사정을 설명하니 학부모가 가장 먼저 한 말은 '선생님은 그 때 뭐하고 계셨어요?' 였다. 당시 본인은 점심시간 교실에 있는 학생들을 지도하고 있었고 식사한 친구들은 자유롭게 양치를 하러 가고 있었다. 교사를 믿지 못하고 단 한순간도 자신의 아이에게 눈을 떼지 말라는 식의 대답을 듣고는 떨리는 가슴을 진정시키고자 한동안 가만히 있을 수밖에 없었다.

▶ 같이 놀기로 약속해놓고 돈 안 가져와서 빌려준 좋은 친구. 그 학부모에게 돈 빌려주지 말라고 교육하라 전하라며 꼭두새벽에 전화하는, 약속가는데 자식 돈도 안 줘놓고 남 탓하는 부모

방과 후 학생들끼리 놀자고 약속했는데 돈을 가져오지 않은 A. 함께 놀기로 한 B가 돈을 빌려주기로 약속하고 놀았는데, 다음날 돈을 갚으려고 부모에게 그 사실을 말한 A. A의 부모는 그 말을 듣고 정확히 얼마인지 제대로 설명 못하는 A가 답답해 담임에게 전화를 함. 출근하여 상황을 파악하고 내용과 금액을 전달하니 B의 부모에게 직접 줘야겠다며 계좌번호 알아오라 함. 우리 반이

아닌 B기에 다른 담임 선생님을 통해 B의 부모에게 그

사실을 전하니, 돈을 갚지 않아도 된다며 아이들끼리 즐겁게 먹었으면 그걸로 됐다며 답변함. 그 사실을 A의 부모에게 전하니 앞으로 돈 빌려주지 말라며 호의를 베푼 B 부모에게 전하라고 함.

▶ 학생끼리 다툼 후 학부모 교실 난입

학생 다툼이 있은 후 연락없이 수업 중 교실로 학부모가 난입하여 가해 학생을 복도로 데리고 오라고 함. 복도로 나가 중재하려 하자 본인의 나이가 높다며 교육을 더 받으셔야 한다는 등 교사의 자존감을 떨어트리는 폭언

▶ 학교에서 다른 친구 실수로 다친 아이. 2주간 치료가 필요하다며 병원 동행 요구. 방과 후에는 가능하다 하니, 우리 애 학원 스케줄은요?

학교 수업 중 사고로 다친 아이. 병원에서는 심한 상처가 아니라고 하였으나, 예민한 부모는 2주간 매일 통원 치료를 희망함. 그러나 본인 차가 없어 병원 통원이 불편한 상황. 학교에서 책임지라 시전. 하교 시간이라면 동행할 수 있다 하니 우리 애 학원 스케줄은 어떡하냐며 공교육보다 사교육을 중요시하는 태도를 보임. 결국 학교에서 2주간 통원을 지원하였으나 끝까지 고마워하는 태도 없이 갑질 시전. 그렇게 애를 애지중지(?)하면서 토요일에는 병원도 가지 않음. 어차피 평일에 학교에서 대신 가주니까^^

▶ 담임교사가 만들어 주는 학생의 성장 앨범

제가 담임을 맡은 반 학부모께서 톡으로 연락하여 '학생의 성장 앨범'을 만들고 있으니 사진이 있으면 줄 수 있냐고 물으시며, 앞으로 갈 체험학습에서도 개인적인 사진을 찍어 줄 수 있냐고 요청하셨습니다. 초임인 저는 학부모님을 어떻게 대해야 할 지 몰

라, 이건 좀 아니다 싶으면서도 사진을 찍어서 보내드렸습니다. 그 이후로도 학부모님은 여러 차례 연락해서 사진을 요구하셨고, 저는 3달 동안 사진을 계속 보내 드렸습니다.

▶ 교사와의 연락은 어머니의 육아일지가 아닙니다.

주말에 가족들과 어디로 여행을 갔는지, 어제는 가정에서 무슨 일이 있었는지를 육아일지처럼 장문으로 매일 보내는 학부모. 심지어 새벽에도 일어나 감성에 젖어 아이에 대한 자신의 생각을 교사에게 보내곤 했음.

▶ 다 죽여 버릴거야. 교무실에서 난동

학폭에 진행에 불만을 품고 다 죽여버리겠다며 교무실로 달려옴. 바로 경찰 출동했고, 경찰 총 뺏으려 하며 다 죽여 버릴거라고 경찰 출동 후에도 난동부림. 이후 피해 교사들에게 탄원서 요구함.

▶ 학부모가 술 먹고 교무실에 찾아와서

평소와 같이 수업을 하고 쉬는 시간을 가지던 중 교무실에서 급한 전화가 왔다. 무슨 일인가 하고 교무실에 갔더니 술에 취해 얼굴이 빨개진 우리 반 학부모가 고래고래 소리를 지르고 있었다. 담임을 부르라고. 순간 가슴이 철렁 내려앉았다. 학부모는 나를 발견하더니 삿대질을 하며 '니가 담임 자격이 있느냐' 라는 말과 함께 술에 취해 어눌해서 제대로 들리지도 않는 발음으로 욕설을 퍼부어댔고 어안이 벙벙해진 나는 그냥 그 자리에 못 박힌 듯 가만히 서 있었다.

교감선생님께서는 내 앞에 서시더니 선생님께서는 담임선생님 수업하셔야 한다며 가셔야 한다고 좀체 움직이지 못하는 나를 교무실 밖으로 내보내셨다. 발을 질질 끌고 교실에 도착하고 나서부터는 기억이 잘 나지를 않는다. 그 뒤로 학부모는 1시간 넘게 교무실에서 실랑이를 하다가 갔다고 한다.

▶ 9살에게 맞고 공황으로 병가 들어가는 날 학부모의 폭언

2학년 학생에게 개학 첫날 발로 차이고 발 밟히고 공황이와서 2주만에 병가 들어감. 병가 들어가는 첫날 학부모에게 폭언 전화. 9살이 장난기가 좀 심하다고 들었는데 힘들면 뭐 얼마나 힘든가요? 작년에도 담임이 세번 바뀌었다는데 올해도 병가라니 계획적인 것 아닌가요? 이 학교 선생님들은 왜 이렇게 무능력한가요? 교사는 병가들어가도 돈 다 받으니 이렇게 병가 들어가는 것 아닌가요?? 라며 고래고래 소리지름. 공황 상태로 죄송하다만 수십번 얘기하고 끊은 뒤 우울감이 심해져 병가기간 내내 자살충동에 시달림.

▶ 학원에서 벌어진 학생들 간 다툼 교사에게 아느냐며 따져

쉬는 시간 A 학생이 학부모에게 전화해 반의 B 학생과의 사건을 말하자 화가 난 학부모가 당장 교사를 바꾸라고 하며 학교에 당장 찾아가겠다, 내가 뭘 할 줄 아느냐, B 학생이 학원에서 A 학생을 놀리는데 그것을 아느냐며 교사에게 소리지름. 해당 학부모의 민원전화로 수업에도 들어가지 못함. 해당 학부모는 공휴일 저녁 7시에도 교사에게 민원 전화를 하여 괴롭힘.

▶ 선생님 신규시죠? 애 안 낳아보셨죠?

신규 발령이 받은 상황에서 5일째 근무한 날 학부모 부부가 교실로 갑자기 찾아옴. 앉아서 2:1로 이야기함. 평소 그 학생은 사회성이 조금 부족해 보임. 본인 얘기를 주변 친구나 교사에게 하는 친구가 아님. 앉자마자 선생님 신규시죠? 네. 선생님이 잘 모르셔서 그러는가본데 애들 칭찬 온도계는 왜 하세요? 이거 다 채

우면 뭐 보상하시는데요? 그거 지키는 선생님 못 봤는데 하실 수 있으세요? 등등을 시전. 벙찐 신규교사인 저는 울먹이며 설명했습니다. 저보고 애 안 낳아보셔서 모르나본데- 이런 망언들을 쏟고 두 부부가 나섰습니다. 집에 와서도 계속 울고 그 후 월경을 일 년 동안 하지 않았습니다.

▶ 하교 후 1학년 가방없어 졌다며 찾아 내라고 소리질러

a가 b의 가방을 나무를 파서 아래에 묻음. 교사에게 전화하여 가방없어 졌다고 함. 교사 찾아보겠다고 함. 잠시 후 전화와서 교사에게 폭언 쏟아내며 a가 정신이 있냐없냐 마구잡이로 화를 냄. 30분 넘게 쏟아내다가 교사에게 책임 돌리고 교사에게 화를 냄. 교사가 다음 날 아이들 등교하면 처리하겠다하니 교사에 대한 비난을 쏟아냄 그 후 일방적으로 전화끊음.

▶ 수업 중 전화

오늘 우리 애 아프니까 말 안하게 해 주세요. 제가 억지로 말 시키나요!?

▶ 결혼하고 출근한 교사에게 왜 3월에 결혼하세요?

담임일 때 3월 말에 결혼식을 올린 후 신혼여행을 다녀와서 출근함. 해당 기간동안 기간제 교사도 미리 정해놓은 상태였음. 출근 후 학부모 상담주간에 모 학생 엄마가 와서 아이들 학교 적응해야 되는데 왜 3월에 결혼을 하냐며 따짐.

▶ 당신이 방관하니 이 꼴 아니야.

학급에 폭력적인 학생이 있었습니다. 여러 문제가 많이 발생했고 담임상담은 물론 여러 차례하고 보호자 분도 모시고 말씀드리도, 관리자분과 생활부장 학교전담경찰관의 도움도 받아 가며 수차례 상담 및 교실 집단 상담 학폭교육 등을 하였습니다. 또 wee 센터 연계하여 상담도 진행하였고요. 제도 안에서 할 수 있는 노력은 다 해보려 노력했습니다.

그런데 그 아이가 학급의 다소 약한 아이를 괴롭혔습니다. 괴롭힘당한 아버지가 수업 중에 들어와(그 아이 아버지인 줄도 몰랐습니다. 사전 연락도 없었고 여름이라 문을 다 열어두고 수업 중이었는데 성인 남성이 걸어 들어오더군요) OOO(가해 학생이름) 누구야! 나와! 라며 소리치더군요. 아차 싶어서 우선 교실 밖으로 모시고 나가서 말씀나누시자 했더니 저에게 소리를 지르며 당신이 교사냐고 당신이 애를 방치하니까 지금 이 꼴이 나는거아니냐고 소리쳤습니다. 방치하지 않았고 상담센터 연계 노력 중이다.

진정하시고 말씀하시자고 달랬으나 계속 화를 내고 위협적으로 다가서며 저에게 소리를 질렀습니다. 옆 반 선생님께서 교무실에 전화해 관리자 분이 올라오셔서 상황은 일단락되었으나 그 날 이후 한동안 교실 바깥에 어른 실루엣이 지나가면 가슴이 두근거리고, 아침에 출근하면 교실에 누가 있을까 두려운 마음이 들었습니다.

▶ 분노 조절 장애 학부모가 지속적으로 교사를 괴롭힘.

내 아이의 일거수일투족을 1주일 단위로 보고받고 싶어함. 그러면서 학교는 매일 지각해서 보냄. / 학교 홈페이지에 가입도 하지 않았는데 로그인이 안된다며 교사에게 화를 냄. / 결석해서 가정통신문 등을 하루 늦게 줬는데 하루 늦게 주었다고 화를 냄 / 아이의 번호를 모른다고 학교에 찾아와 교사에게 고래고래 소리를 지름. / 코로나 시국에 마스크를 끼지 못하는 아동인데 스쿨 버스를 태우고 싶어하며 학교에 항의함. 행정실에서는 아침 일찍 담임 선생님이 대동하고 학교에 데리고 오라고 함. 정작 해당 교사는 그 아이 학부모로 인해 불면증이 와서 잠을 못자고 눈물로 밤을 지새웠는데….

▶ 야간 상담 신청해 딸과 함께 목욕하고 자기 성기 보여 준 이야기 하던 학부모

학생의 아버지가 학부모 상담 주간에 야간 상담을 신청했습니다. 상담 내용 중에 자신은 아직도 딸들과 함께 목욕을 하며 자연스럽게 자신의 성기를 보여 준다는, 묻지도 않은 내용을 이야기하며 저의 반응을 살피던 표정이 눈에 선합니다. 당시 이십대 중반의 젊은 여교사였던 저는 당황해서 '그러시냐'라고 밖에 대답하지 못했습니다. 다행히 별일은 없었으나 대부분의 선생님들이 퇴근하신 학교에서 그 층에 저밖에 없었는데 이런 내용으로 상담을 하니 불안하더라고요. 아마 무슨 일이 일어나서 5층에서 제가 소리를 지른다 한들 1층 교무실에 있던 관리자 한 분이 듣고 달려와 주실 확률은 이런 일이 있어도 매번 운에 맡기고, 나쁜 일이 일어나지 않으면 다행이라고 넘겨야 하는 현실이 씁쓸합니다.

▶ 수업 중 교실에 찾아와, 교사에게 할 말있으니 다 나가라. 늦은 저녁까지 장문의 문자, 1시간이 넘는 하소연 통화교사는 감정 쓰레기통

수업 중 교실에 찾아와서 선생님에게 할 말있다며 아이들에게 다 나가달라고 하였습니다. 하는 말은 자기 아이가 친구들과 못 어울린다는 내용이었습니다. 5월 초, 저희 반에 한 학부모께서 연락이 왔습니다. 자기 아이가 문제 학생 때문에 힘들다며 강력한 대책을 요구했습니다.

그 연락은 한 번이 아니라 수업 일과 중에도, 늦은 저녁에도 계속되었습니다. 끝없는 장문의 문자와 자기 요구사항만 늘어놓으며 몇 시간이고 계속된 전화…. 그 학부모가 요구하는 건 문제 학생을 분리조치하는 것, 전교생이 보는 앞에서 공개적으로 사과 시키는 것, 자신이 직접 해당 학생에게 경고를 주는 것 등 현실적으로 시행할 수 없는 대책들만 요구했습니다. 교사는 교실내에서 이제 아무런 힘도 없습니다. 그런 교사를 깔보는 냥 "선생님 ~이렇게 하셔야지요. 선생님 그렇게 하시면 안돼요." 가르치려는 학부모…. 그 학부모의 무리한 요구와 기세등등한 태도로 일관하는 연락은 3주간 내내 계속 되었습니다. 학부모 전화가 오거나 모르는 번호로 전화만 와도 심장이 두근렸습니다. 급기야 해당 학부모님은 학교로 찾아와 복도가 다 울리도록 소리를 지르며 적절한 대응을 하지 못한 것에 대해 사과하라고 분개하였습니다.

키 180이 넘는 건장한 체격의 아버님이 소리를 지르며 항의한 것입니다. 학교 복도가 울려나갈 정도로 소리치셨습니다. 여자인 저는 몸이 떨리고 눈물이 나는 것을 간신히 참았습니다. 혹여나 아버지가 때리지는 않으실까 걱정하였습니다. 학부모가 교사에게 소리치고 위협해도 되는겁니까? 교사가 학부모에게 똑같은 행동을 했다면 어떻게 되었을까요? 저는 한달여 동안 학부모님께 문자, 전화, 대면으로 온갖 민원을 받으며 감정 쓰레기통이 되었습니다. "어머니, 많이 힘드시지요? 아이도 얼마나 힘들었겠습니까?" 공감해주는 일도 이젠 지칩니다. 언제까지 그들의 감정 쓰레기통이 되어 무리한 요구를 다 들어주어야 합니까?

▶ 왕따 주동자 학부모 '싫어서 싫다고 표현한 게 잘못이냐'

왕따를 주동한 아이의 부모가 흥분한 상태로 찾아와 아이만 따로 혼내서 낙인찍지 말라고 함(피해 학생은 등교 거부로 학교에 나오지 않는 중이었음). 우산을 들고 소리를 지르며 이야기하길래 나중에 진정하고 다시 이야기하자고 돌려보냄. 그 후 학교로 내용 증명이 날아옴. 담임교사가 아이를 낙인 찍어 학교 생활을 하기 어렵게 만들었으며, 상담을 거부하였으니 제대로 된 조치를 하지 않으면 청와대에까지 민원을 넣겠다는 내용.

▶ 평일 저녁 보낸 문자에 답장 못 받았다고 다음날 항의 전화, 통화 후 바로 학교 찾아와 행패 부림.

담임시절, 방과후에 여자아이가 다른 반 남자아이들과 놀다가 잠바를 잃어버림. 그날 저녁시간 이후 학부모가 남자애들이 일부러 잠바를 버린 것 같고 학폭인 것 같다며 문자를 남겼음. 늦은 시간 문자 확인을 해서 답장을 못 드림. 다음날 상황 관련해서 말씀드리려고 전화를 드리니 다짜고짜 교사가 감히 학부모 중요한 문자에 답을 안 했다며 고래고래소리를 지름. 진정하시라고 말씀드렸지만 너 같은 게 무슨 교사냐? 넌 교사로서 자질이 없다. 온갖 인격 모독의 말을 퍼부음. 그만하시라고 말씀드리자 교장실에 전화하겠다. 말씀하셔서 그럼 교장실에 전화하시라고 하니 그래? 니 얼굴이나 보자. 내가 지금 당장 남편이랑 교실로 찾아가겠다. 라며 협박함. 네. 그럼 오셔서 말씀하셔라고 했지만 손발이 다 떨리고, 심장이 콩닥콩닥거림. 6학년 부장님께 말씀 드리니 일이 커지지 않게 학부모에게 사과하라고 말씀하심. 교직경력 4년차였고, 그런 학부모를 처음 만나서 어떻게 대처하는지도 몰랐고, 부장님이 하라는대로 찾아온 학부모에게 머리 숙여 죄송하다고 했음.

그날 밤부터 몇주간 잘못한 것도 없는데 왜 이런 인격 모독을 겪어야 하나 이런 갑질을 당해야 하나 억울했고, 밤에 잠도 오지 않고, 심장이 벌렁벌렁 했음. 그 아이를 볼 때마다 학부모가 나에게 했던 갑질, 진상짓이 계속 생각나서 마음이 너무나 너무나 슬펐고, 아팠음.

▶ 내 아들. 나. 지금부터 손끝하나 털끝하나 건들여봐. 교감. 교장. 담임. 가만안둔다.

소외 계층의 가정이라 저는 지원을 위해 최선을 다하고 있었고, 시청에서도 복지사님이 연계되었습니다(자세히는 못 적지만 매우매우 심각한 가정 상황입니다). 어느 날 학생이 등교를 하지 않고 가정과 연락이 안 됐습니다. 시청 복지사님께 아는 것이 있는지 여쭈었습니다만 모른다고 하셨습니다. 오후가 되어 어머님과 연락이 되었습니다. 복지사님께 연락이 왔다고 알려 드렸습니다. 그리고 복지사님이 오후에 경찰과 가정에 방문하셨다고 합니다. 그 이후로 저에게 공격이 시작됐습니다…. 화면을 가득 채우는 장문의 톡이 수백건이 왔습니다.

미리 이야기하지만, 저는 아이한테 잘못한 것이 없습니다. 하지만 어머님은 집에 경찰을 부른게 학교라고 생각하고 어떻게든 저에게 경찰을 부를 것이라고 경고하기 시작했습니다. 결국 휴직과 교보위를 결정하였습니다. 어머님의 연락 중 극히 일부는 아래와 같습니다.

(선을 넘으면. 당신들 다 구속 이야. 콩밥이야/학부모인. 나. 말고!다 학부모! 다른 학부모 아이도 건들지 말거라! 피해자 더는 안나오게요서 끝낼꺼니! 알긋니?!/저랑 아들. 한 번 더 건들면. 교감. 교장. 담임. 가만 않둡니다. / 분명 경고는 끝났다고 했다. 더는 건들지 말거라. 내 아들. 나. 담임이면 담임할 일이나 해라. 학부모 귀찮다니 욕하지 말고./교장은 헛소리 뻘뻘하고. 그리 거짓 자꾸이야기하면 니들 다 구속된다. 죄는 짓고 살지 말랬거든. 죄 없는 시민. 죄 없는 학부모한테 죄 뒤집어 씌우고 학교서 일어난 일을. 아이를 똑바로 담임이 못보고. 귀찮으면 학교 때려치워라. 나까지 피해주지 말고. 시민들 열심히 일해서 피땀흘린 돈세금 피

빨아 먹지말고! 내가금방 이야기고 어이가 없내! 사람차별하니? 있는 집안 애들. 차려입고 오는엄마들. 남편있으니 시간남으니 글 캤지. 너도 인생돌고 돈다고. 죄는 지으면고스란히 돌아간다. 이래서 공무원들 싫어. 머리만 좋지. 법이 약해졌다고 저리있지. 근대. 돈. 힘. 권력. 다 필요없다. 등)

이는 정말 일부입니다…. 이로 인해 힘들어 회복 중이던 중 어제 뉴스를 보았습니다. 더 이상 이런 피해자가 없기를 바랍니다. 망설이다가 제보합니다.

▶ 수업 중 무례한 행동 지적하자 '선생님이 만만해서 그렇다'던 학부모

체육 수업을 하다가 공의 소유권을 두고 다툼이 일어나 이미 공지되었던 라인에 따라 판정을 내렸습니다. 그러자 '아니라고요! 선 넘어왔다고요! 씨X!'이라고 해 무례한 행동에 대해 지도하고 학부모에게 전화해 이 사실을 알리자 사과 한마디 없이 '아 정말요? 걔가 만만한 사람한테 그러더라고요.' 하던 학부모. 나중에 스승의 날이라고 찾아왔는데 맘 같아서는 니가 올 자격이 되냐고 한대 치고 싶었습니다.

▶ 선생님 수업 시간에 국어사전 가르치셔야 하나요?

4학년 국어 교육과정에서 국어사전 찾기 수업할 때, 국어사전 준비에 대해 학부모가 민원을 넣음. 요즘엔 다 컴퓨터로 찾는데 국어사전 수업을 꼭 하셔야 하냐고 민원 들어옴.

▶ 밤에 술 마시고 전화 와서 억울함 호소

자녀가 다른 아이에게 폭력을 행사한 일에 대해 전달하는 과정에 사실과 다른 사소한 부분이 하나 있었는데(폭력은 사실임) 그 부분에 대해 교사에게 책임을 지라는 식으로 밤에 술 마시고 전화함.

▶ 학생끼리 싸워서 손, 팔에 작은 상처남.

교장 만나러 가겠다. 담임도 책임있다. 멀리 앉혀라. 모둠 하지마라. 안 들어주면 반 교체요구하겠다. 교실에서 같이 못 놀게 해라.

▶ 우리 애 수학 점수가 낮은 건 선생님이 보충학습을 똑바로 안 시켜서 그런거라며 1시간 넘게 혼자 따지고 가.

교권은 교원의 권리 또는 교육활동 권리(educatuonal authority)를 뜻합니다. 사전적 정의는 정치나 외부의 간섭으로부터 독립되어 자주적으로 교육할 권리입니다.

받아쓰기 해라 말아라, 공책필기 해라 말아라, 숙제가 많다 적다, 오답정리는 3문제만 하지말고 다 하게 해라. 알림장 온라인에 올려줘라 말아라, 성적 왜 이렇게 줬냐, 친구들간의 다툼 그런 식으로 지도하지 말아라, 우리 아이가 학폭 조사 과정에서 심리적 압박을 받았으니 교사가 진심으로 사과하라. 보충학습 똑바로 시켜라 우리애가 공부 못 하는건 선생님 때문이다. 행발에 이런 말 왜 쓰냐 이런 민원들을 끊임없이 받고, 그 해에 그런 민원이 들어오면 다음 해에는 알아서 기는 분위기입니다. 생활기록부 작성 안내에 아예 민원의 소지가 있거나 지양해야 할 내용은 입력하지 않음이라고 기재되어 있습니다.

개인적으로는 학교 교육활동에 불만을 가질 수 있지만 정당한 교육활동까지도 본인의 가치관과 맞지 않는다는 이유로 기분이 나쁘다는 이유로 학교나 교사에게 전화하여 본인의 입맛대로 시정할 것을 요구합니다. 들어주지 않으면 이제는 아동학대를 들먹입니다. 교사 자격을 운운합니다. 고성을 지르고 학교로 찾아옵니다. 이것이 교권 침해가 아니면 무엇입니까?

누구보다 열정적으로 수업 연구를 하시고 배테랑이신 4, 50대 선생님께서 말도 안 되는 협박과 악성 민원으로 눈물을 흘렸다는 사실이 너무 개탄스러웠습니다. 초악성 교권 침해 한 방이 아니어도 하루가 멀다하고 이런 민원에 시달리고, 올해 그 민원을 받으면 내년에는 알아서 기라는 듯이 강요받는 암묵적인 내외부의 분위기가 만연하여 교사들은 의욕을 잃고 실의와 회의에 빠집니다. 교사의 권리와 교육활동 권리를 잃은 교실에서 무슨 교육이 일어날까요? 손발 다 묶고 어떻게 교육을 하라는 걸까요?

본인의 교육관에 맞지 않는다는 이유로 민원을 제기하고 아동학대로 협박한다면 교육이 바로설 수 없습니다. 누가 이런 교단에 서려 하겠습니까? 이로 인해 교육의 질은 얼마나 떨어질까요? 그리고 그 피해는 선량한 아이들과 우리 사회가 고스란히 떠 안게 됩니다.

본인 아이만 중요한 교육으로 큰 아이는 본인만 아는 어른으로 클 것입니다. 이것이 건강한 교육, 건강한 어른일까요? 학교가 이런 요구를 받아줘야만 하는 압박을 받는 것이 진정한 교육현장으로 가는 길일까요?

▶ 우리 애가 왜 그랬는지 들어보셨어요?

입학 3일만에 등교거부로 인한 결석 시전. 상대방 눈알을 향해 뾰족한 가위 끝을 겨누고 삭둑삭둑거리며 3명 앞을 지나감→모든 학생의 안전가위 구입해서 사용, 수업 중이거나 말거나 눕고 싶으면 아무데나 누움. 한글 읽고 쓰기를 잘하지 못함. 친구랑 놀이하다가 갑자기 급발진해서 손아귀로 목 조르고 헤드락 걸음. 그러지 말라고 지도해도 안 됨. 아버지가 '맞지말고 차라리 때려라'고 가르치셨다 함. 이런 일이 있을 때마다 어머니께 전화해서 말씀드림.

어느 날, 우리 애도 입장이 있을텐데 왜 그런지 물어보셨냐며 날을 세우심. 교육활동 방해가 심해서 수업이 안 될 지경인데 무슨 소린가 하며 내가 벙찜. 그 전화를 듣고 있던 아버지가 어머니한테 전화를 토스받음. 와이프가 스트레스가 많아 그렇다며 큰 사고는 자기랑 이야기 해달라 하셔서 그 후 기간은 아버님하고 상담함.

▶ 유치원 때 괴롭혔던 아이가 2학년 때 같은 반이 되었다고 학교를 방치 혐의로 고소하겠다던 학부모

학폭 사건입니다. 유치원 때 자기 아이를 괴롭히던 아이가 같은 반이 되었으니 가해자를 다른 반으로 보내라는 학부모 요구가 있었습니다. 알아보니 학교 폭력에 회부된 사안도 아니었고, 1학년 담임 교사에게도 일언반구 하지 않던 사안이었습니다. (가해자라는 학생과는 1학년 때 다른 학급이었음) 이미 개학을 했고 반배정이 끝난 사안이라 해당 사유로는 학급 교체를 할 수 없다고 안내했습니다. 흥분해서 날뛰면서 고소하겠다고 난리를 치길래 무슨 사유로 고소를 하냐고 묻자 피해자와 가해자를 한 공간에 방치한 혐의로 고소를 하겠답니다.

그리고 가해자라는 학생을 다른 반으로 보내겠다는 일념으로 있지도 않았던 일로 학폭을 걸었습니다. (급식실에서 줄 서 있을 때 가해자가 머리로 피해자 배를 들이받았다는데 배식 도우미 분들도 못 봤고, 줄 앞뒤에 서 있던 수많은 아이들 또한 그런 적 없다고 함) 학폭 조사 과정에서 상담 선생님과 생활인성부장님, 학폭 담당 선생님께 폭언과 고성을 하며 진상을 부렸다고 합니다. 한 학기 내내 시달린 거 생각하면 제가 그 사람을 고소하고 싶네요.

▶ 병결한다고 담임에게 연락이 와 서류 안내 답변했더니… 아이의 건강에 대해 궁금하진 않냐, 답변도 하기 귀찮으면 그게 교사냐 막말

1학년 학부모가 자기 애가 아파서 결석한다고 연락이 옴. 자주 있던 일이라 담임교사가 등교시 결석계 제출 부탁드린다고 답변하자 담임교사라는 사람이 아이 건강상태나 안위는 궁금하지 않냐며, 그렇게 톡 하나 하는 것도 귀찮은데 담임교사라고 할 수 있냐고 꼬투리 잡으며 막말을 함.

▶ 교장이 여학생 가슴 만졌다며 학부모가 거짓 선동

학교에서 교사와 갈등이 해결이 안 되어서 학부모가 앙심을 품고 등교길에 학생들과 인사하는 남교장이 학생 안전을 위해 가방쪽을 손으로 살짝 민 것을 두고 어린 여학생 가슴만졌다며 난리침. 정문쪽 가게 cctv에 그 상황이 찍혀서 그런일 없던 걸로 판명났지만 학부모는 잘못알았다며 사과도 없음.

▶ 아침에 전화 안 받았다고 전화로 폭언.. 학교에 찾아와 학급 교체 요구해.

아침시간 학부모로부터 부재중 전화가 와있어 출근길에 다시 전화했더니 다짜고짜 소리지르며 문제가 있네 없네 교사가 그래도 되느냐 소리를 들으며 벌벌 떨리는 마음으로 출근했습니다. 상황파악이 안 되어 해당 학생이 큰 사고를 당했거나 심지어 죽었나 싶을 만큼.. 그거 아니면 이해가 되지 않을 만큼 날벼락 맞는 폭언이 이어졌습니다. 지금 학교라는 말을 끝으로 전화가 끊겨 교장에게 전화하며 출근했는데 연락이 닿지 않았고 도착해보니 이미 학교 안에서 면담 중이었습니다. 통화할 때보다는 가라앉은 모습이었지만 제가 무슨 일이시냐 얘기 나누시자고 했는데 교장이 말이 잘 안 통할듯하니 그냥 보내자고 하여 그대로 교실로 갔습니

다. 이후 전화가 와서 본인 말을 곡해하지말고 잘 들으라기에 곡해가 아니고 소리지르고 욕한 것 사과하라하니 비꼬는 말투로 죄송합니다? 하고 끊은 뒤 교무실에 연락해 반을 바꿔달라고 했다합니다.

이후에도 교우관계 상담을 빌미로 교실에 찾아왔으며 저는 중년 남성인 학부모에게 혹시 맞을 일이 두려워 복도 쪽 창문을 모두 열고 불안한 마음으로 대면했던 기억이 납니다. 상담 시에도 교사 표정이 왜 안좋냐는 등 폭언을 했고 아이 관련 상담보다는 본인 개인사를 줄줄 읊고 돌아갔습니다. 그 당시 내게 일어난 일이 뭐가 뭔지도 모르던 시절…. 안타까운 일이 있어 스트레스도 극심하고 본인 인생의 비극을 젊고 만만한 학교에 풀었구나 하고 이해해 보려 한 제 자신이 안쓰럽습니다.

▶ 싸우다 다친 학생 병원 이송 위해 부른 보호자가 보건실 못찾을까 교문까지 데리러 간 담임교사에게 선생자격 운운하며 고성방가

학생끼리 주먹질 다툼하다 머리 찢어져 식사도 못하고 보건실로 달려가 교무를 포함한 교사 셋이 붙어 피가 많이 난 아이 달래주고 도닥여줌. 사건 발생 즉시 학부모에게 연락하여 금새 올 수 있다는 답변을 받고 병원 이송하지 않고 학부모 기다리다가 5분이 지나도 오지 않길래 다시 전화, 교문 근처라는 연락을 받고 뛰어나가 학부모 데리고 옴.

정작 보건실 도착하자 애가 이 지경이 될때까지 다들 뭐했냐 구급차는 왜 안불렀냐 담임이 당신이냐 애 손잡아주고 있지는 못할망정 뭐하고 있었냐 10분이 넘게 고래고래 소리지름. 보건실에 있던 교사 셋 모두 절절 매며 일단 병원부터 데려 가시라해도 분에 못이겨 심한 말하며 소리지르다가 아이가 울면서 제발 병원가요 몇 번을 이야기하자 그제서야 아이 데리고 나감.

그 이후로도 한달을 넘게 수업시간에 대뜸 학교 찾아와서 담임교사에게 교사자격 운운하며 이제 아이에게 선생님 존경하라고 말 못 하겠다는 발언.

▶ 학생 둘이 점심시간에 싸우자, 교사에게 선생님은 뭐했냐. 선생님이 대책이라도 마련해야 되는 거 아니냐 역정

담임교사 하던 때의 일. 점심시간에 교사가 식사하던 중 식사를 빨리 마치고 교실에 간 여학생 a가 남학생 b를 먼저 때렸고 남학생이 반격으로 머리 박치기를 해 여학생 코에 맞자 여학생이 울었음. 교사는 식사 후 교실에 와서 상황을 파악하고 상담 후 학생들을 하교시킴. 하교지도 중 또 다른 두 학생의 다툼이 있어 그 사건 상담하고 보건실에 다녀오느라 앞서 있었던 사건의 여학생 부모에게 바로 전화를 하지 못한 상황이었음. 뒤늦게 휴대폰을 확인하자 여학생 엄마에게 7통의 부재중과 장문의 하이톡이 여러건 와 있어 바로 전화를 하여 자초지종을 설명함. 그러자 "저희 OO이가 먼저 때렸다구요? 그래서요? 그래서 남자애가 여자애를 때리는 게 맞나요? 선생님은 뭐하셨나요? 무슨 조치라도 취해주셔야 되는 거 아닌가요?" 라며 난리를 침. 이 정도면 여학생이 맞아서 큰 상처라도 났나 싶겠지만 코가 아주 살짝 빨개졌다가 하교할 때 흔적 없이 가라 앉음. 그냥 자기 딸이 집에 와서 엄마 보면서 울면서 맞았다고 이야기 하니 물불 안가리고 담임에게 전화해서 난리침.

▶ 잘못 신고한 일 하나로 미란다 원칙까지 운운하던 학부모

A라는 학생이 B라는 학생을 학폭으로 경찰에 신고하다 C라는 저희 반 학생의 이름을 잘못 이야기 했습니다(저학년이라 발음의 문제가 있었습니다). 하지만 이 C의 학부모는 작년 이웃과의 갈등으로 인해 경찰에 악감정이 극에 달한 상태였습니다. 경찰분들께

서 아이가 어려 겁먹을 수 있으니 담임 선생님께서 전화해서 사실 관계 확인 부탁드린다고 해서 제가 C의 학부모에게 전화해 이런 일이 있었냐고 물었습니다.

이 과정에서 자신의 딸을 용의자 취급했다면서(용의자 취급 안 했음. 그런 일이 없었다길래 그러냐고 했음.) 유도 심문으로 대답을 강요했고(강요 안 했음. 기억 안 난다고 해서 알았다고 했음.)

경찰은 통신 수사를 할 수 있는 권한이 있는데 귀찮아서 담임에게 떠넘겼다(아님. 저학년이라 계도 부탁드린다고 했고 통화할 때 옆에 같이 계셨음.) 미란다 원칙을 고지하지 않았다(이거야말로 자기가 자식을 용의자 취급 하고 있는 거.) 등등 말도 안 되는 진상을 부리며 학교로 찾아와 1시간 넘게 응대하며, 결국은 사과했습니다. 섣불리 전화해서 미안하다고요. 애한테도 사과했습니다. 출동하셨던 경찰분 역시 사과했습니다. 경찰분도 그 부모가 애한테 사과하라길래 했습니다. 이 과정에서 그 부모는 경찰에게 소리 지르고 반말했는데, 거기에 대한 사과는 없었습니다. A의 부모님도 잘못 신고해서 미안하다고 사과했습니다. B의 부모님도 자기 자식 때문에 생긴 일이라고 미안하다고 사과했습니다.

그러자 1학년 때 자기 아이가 B에게 피해를 당했었다면서 울분을 토로하길래 상담실 연계도 요구하는 대로 들어주었습니다. 그런데 이걸로도 모자라 자기는 교장선생님에게 궁금한 것도 있고 들어야 할 말도 있다는 논리와 자신의 '알 권리'를 주장하면서 담임 없이, 교감 없이, 반드시 교장과 1대1로 '통화'를 해야 한다고 합니다(교장 선생님이 학교로 오시라고 했더니 면담도 안 되고 통화해야 한다고 함). 3주 내내 교장통화무새에게 시달렸더니 없던 병도 생길 지경입니다. 이런 악성 민원인은 어떻게 해결해야 하나요.

▶ 외부에서 받아온 상 학교에서 시상해 달라고 생떼부려 결국 시상

본인 자녀 기살려주기 위해(학부모 스스로 말함) 외부에서 받아온 상 학교에서 시상해 달라고 담임교사 및 관리자를 달달 볶고 교육청에 민원넣고 학교에 찾아와 깽판부려 결국 시상하게 함

▶ 내 아이는 혼내지 말라.

3월 첫째 주에 종례 후 신발장 앞에서 다같이 신발을 갈아신고 있는 상황에서 학생이 '슈발러마'라며 혼자 욕설을 함. 이를 듣고 놀란 학생들이 욕했다며 교사에게 알림. 들은 학생이 적어도 4-5명은 되었고 모두 깜짝 놀라 교사만 쳐다보고 있기에 욕설 사용에 대한 본보기로 지도해야겠다고 판단함. 이에 교사는 그게 무슨뜻인지 아냐며 물어봄. 학생의 표정과 말을 들어보니 뜻은 모르고 유튜브 용어, 언니가 사용한 말을 따라한 것으로 판단됨. 교사는 이 말은 나쁜 뜻을 가지고 있으며 듣는 친구들이 불쾌할 수 있으니 사용하지 않아야 한다고 평이한 어조로 조용히 지도함. 하교길에 바래다 줄때 학생 표정이 의기소침해 보여 무릎꿇고 눈을 마주치며 나쁜 뜻으로 사용하지 않은 것 안다, 이런 말은 다음부터 쓰지 않으면 되니 너무 기죽지 말라 이야기함. 다음날 아침 1교시 직전, 학부모에게 전화가 옴.

우리 아일 학생들 앞에서 혼냈냐고 따짐. 교문 앞에서 선생님이 우리 아이한테만 따로 이야기 하며 혼내는 것을 봤다고 그게 사실이 맞는지 흥분한 상태로 물어봄. 이에 교사는 전후 사정을 설명했고 교문 앞에서는 아이가 의기소침해있길래 다독여 준거다라고 이야기함. 그러자 학부모가 됐고, 많은 사람들 앞에서 우리 아이 혼내지 말라고 함.

따로 불러내서 하던지 우리 아이가 그런거에 굉장히 무안해하

니 앞으로 교실에서는 혼내지 말라고 일방적으로 이야기하며 가정 교육하겠다는 말도 없이 끊음. 이후에도 지속적으로 아이 생활지도에 대해 교사의 교육관을 존중하지 않고 본인 교육관을 관철함. 이에 교사는 1년동안 해당 학생의 생활지도에 정신적인 스트레스와 어려움을 겪고 학생에게 먼저 다가가진 않음.

▶ 왜 애들 앞에서 혼내나요?

전담교사입니다. 수업 중 학생 3명이 수업에 늦게 들어왔고 들어와서도 수업을 방해하며 계속 웃고 있어 일어나라고 한 후 수업 태도에 대해 지적했습니다. 수업 진행 중 불우한 아이들을 돌보는 봉사활동 경험에 대해 이야기를 해주었는데 방과후 학부모에게 연락이와 자기 아이에게 그런 애들보다 못하다고 했냐며 아주 난리가 났습니다. 아이가 아마도 수업내용과 혼난 것을 연관시켜 거짓말로 지어 낸 후 부모님께 이른듯 한데 상황을 설명했으나 막무가내로 소리를 지르며 그럼 우리애가 거짓말을 했겠냐고 합니다. 말하기가 지겨워서 뭘 원하냐 했더니 애들 앞에서 공개사과를 하랍니다. 아이들 보는데서 일어나게 한 후 지적했다며 인권침해라 합니다. 그래서 했습니다. 대신 저도 수업 침해에 대해 부모와 학생에게 끝까지 사과 받았구요. 하지만 이제 지도를 할 수 없는 무력감 20년만에 처음 경험했는데 자존감 떨어져서 이제 생활지도 안합니다.

▶ 매번 지시하는 엄마

팔이 왜 다쳤는지 물어봐도 답도 없으면서 애가 아프다고 했으면 체육 빼줘야지 왜 억지로 시키냐? -, 매번 체육시간마다 생리통으로 아파서 빠지고, 머리가 아파서 빠지고 자기 딸을 음해해서 없는 말을 한 애를 엄하게 지도하라고 장문의 문자를 보냄. - 실제로 걔가 안 한 행동을 거짓말 한 내용이 없고 들은 내용으로 본인 딸에게 무언가 행동한것도 없는데 자꾸 상대 아이를 엄하게 주의 주라고 문자를 보냄.

▶ 학부모 문자 읽고 30분 뒤 전화했더니 왜 내 문자 읽씹했느내

하이톡으로 문의할게 있는데 교실전화 안 받으시네요^^ 라는 문자가 와서 출장 중에 읽고 30분 뒤에 하이콜 전화를 했습니다. 통화 중 3월 해당 학부모가 제게 폭언했던 얘기가 나왔습니다. 그랬더니 3월 폭언 때문이었느냐면서 자기가 보냈던 톡에 있는 수신확인용 하이톡1이 사라졌는데 자기한테 화나있어서 문자를 읽씹했던거냐고 소리지르는 학부모. 저는 읽씹한게아니라 읽고 전화를 드린 거였습니다.

▶ 급식시간 귤 까주지 않았다고 전화

교장선생님께 전화하겠다./ 급식 시간에 오리주물럭에서 떡만 고르는 학생에게 그러면 안된다 했더니 오리 몇개 떡 몇개 뜨라고 써 놓아라. 교장실에 전화하려다 먼저 전화했다/ 뒷자리 안보이니 자리 바꾸어달라. -친구가 바꾸어 주었는데 교사 모니터 뒤라 전자파 나온다. 다시 원래 자리로 가게 해 달라. 교장실에 전화하겠다.

▶ 지각한 친구한테 '늦었네'라는 말 한마디 하는 걸 막지 못했다며 교사 자질 운운

아이가 지각했을 때 그 짝꿍이 '늦었네'라고 말한걸(아침시간에 일어난 일) 교사가 그것도 모르고 지도 안하고 뭐하고 있었냐. 교사 자질이 없다. 아이가 지각할까봐 스트레스 받아 한다. '늦었네'라고 말한 아이를 지도해 달라.

▶ 우리가 부모님한테 말하면 선생님 잘리니까요?

  학생들이 욕설이나 기분 나쁜 말을 하는 경우가 빈번하게 발생하여 교사가 전체 지도를 하며 '내가 화나거나 마음대로 되지 않는다고 욕을 해 서는 안된다. 선생님이 여러분이 말을 듣지 않는다고 욕을 하나요? 왜 안 할까요?'라고 하자, 한 남학생이 손을 번쩍 들고 '저희가 부모님께 말하면 선생님 잘리니까요' 라고 답함. 이에 교사는 '선생님이 욕을 하지 않는 건 잘릴까봐가 아니라 여러분에게 좋은 본보기가 아니기 때문이에요'라고 교육을 이어갔으나 평소 학부모와 학생의 교권에 대한 인식을 단편적으로 보여주는 답변에 허탈함을 느낌.

▶ 아들이 학폭 가해자가 되자 '교사가 되어 가지고 거짓말을 밥먹듯이 하네?' 교장실까지 찾아와

  그 당시 민원인 학부모는 본인의 아이가 학교 폭력 가해자로 내몰리자 비난의 화살을 교사에게 돌렸다. 담임교사로서 학폭 관련 피해자와 가해자 6명 학부모, 6명 학생들과 이야기하고 연락하다 보니 한 말을 모두 기억할 수도, 모두 적을 수도 없는 과부화 상태였다. 그런데 가해자 아빠는 근무외 시간인 아침시간이나 저녁 시간에 상관없이 전화가 와서 "말이 왜 매 번 다르냐?"며 별로 중요하지 않은 내용들을 취조하며 본인을 다그쳐 통화할 때마다 손이 떨리고 숨이 잘 쉬어지지 않았다. 그럴 때마다 더 머릿속이 하얘져서 말을 못할 정도였다. 민원인 학부모는 2회나 교장실로도 찾아와서 뻔뻔하게 고개 들며 2시간 동안 내 앞에서 교장으로부터 사과를 받던 그 모습도 너무 치가 떨린다. 1년이 다 지나가지만 지금까지 떠올릴 때면 가슴이 꽉 막힌 것처럼 너무 아프다. 그 때의 스트레스때문인지 이가 갑자기 빠져 임플란트 시술을 하고 있고 방학 때 다른 부위도 시술을 받았다.

▶ 우리 아이가 편식이 심하니 급식에 매일 고기를 넣어라.

아이가 편식이 심하니 매일 고기반찬을 넣어라. 탕수육은 부먹은 안 먹으니 찍먹으로 나오게 해라. 미나리 넣은 반찬은 안 먹으니 반찬에 미나리 넣지 말아라.

▶ 혼잣말 한 거예요.

이 학생은 4학년때부터 학폭위 열리고 경찰 조사도 몇번 받은 아이인데 체육관에서 피구수업 중 공에 맞아 아웃됐는데 나오지 않아서 나오라고 했더니 입으로 뭐라뭐라 궁시렁대더니 나와서 체육관 바닥에 앉아서 교사가 바로 옆에 있는데 "씨발. 안 맞았는데" 라고 해서 "뭐라고?" 그랬더니 "혼잣말 한 건데요?" 라고 말함.

▶ '왜 우리애 옆에 부진아 앉혔냐' 공개수업 후 자리교체 요구

학부모 공개수업 후 민원이 들어옴. '왜 우리 애 옆에 부진아를 앉혀서 공부 방해되게 하느냐, 자리 당장 교체해라'

▶ 학생과 교사를 폭행하는 학생을 제압한 남교사에 학부모가 아이한테 사과 요구

분노조절장애가 있는 학생이 폭발하여 해당 반 아이들은 기존에 훈련한 대로 대부분 도서관으로 대피, 일부는 교감선생님, 옆반선생님, 체육선생님을 부르러 감. 체육선생님 두 분이 오셔서 다치지 않게 아이를 제압함. 부모가 아이에게 사과 요구. 교장도 부모편. 체육선생님들 사과함. 체육수업 받던 두 학급은 방치됨. 도서관으로 피신한 아이들 역시 방치됨.

▶ 교사에 쌍욕한 학생 학부모 왈 '교사가 기분 나쁘게 해서'

이유없이 욕하는 아이 아니다. 교사가 기분 나쁘게 해서 욕한 것 뿐이다. 아이가 욕하는 것에 집중하지 말고 장점이 많은 아이니 장점을 봐라.

▶ 옆 반 전학 온 학생에 대해 저녁늦게 전화하여 온갖 욕설과 함께 민원전화

말도 안 되는 민원전화로 이미 유명한 학부모였다 제가 담임을 맡은 건 5학년 때. 아니나 다를까 2학년 때 부딪혔던 학생이 4학년 시작할때 개인 사정으로 전학갔었는데, 4학년 때 옆 반으로 다시 전입왔다. 당시 4학년은 두 반뿐이었기에 최대한 아이들은 복도에 나가지 못하고 서로 마주치지 않도록 양쪽반 담임이 최선을 다하고 있었다. 3월 중 저녁시간 그 학부모에게 전화가 와서 받고 싶지 않았지만, 후폭풍이 두려워 일단 받았다. 받자마자 잔뜩 격양된 목소리로 그 학생 욕을 하기 시작했다 "기지배" "그 년"으로 상대 학생을 호칭하는건 물론이고 그 학생에 대힌 온갖 욕설을 같이 뱉기시작했다. 주요 내용은 그 학생이 본인 아이를 째려보고 뒷담화를 했다는 것. 물론 그 학생이 사과해야할 부분은 있었으나 통화를 하는 내내 욕설이 포함된 불만은 교사가 무방비하게 들어야 했다.

또 2학기 때는 성격이 맞지않아 같은 반 친구와 계속 갈등이 있었는데(서로 자기 주장이 강한 편) 어느 날 체육시간 해당 학부모 학생이 상대 학생을 피구를 하던 중 머리를 맞췄다. 민원의 내용은 본인 아이가 바로 미안하다고 사과하였지만 상대학생이 계속 아프다고 이야기하여 본인 아이가 친구들이 있는 공간에서 계속 죄책감을 가지고 사과해야 했다는 것…. 그래서 상대아이가 반 학생들 앞

에서 공식적으로 본인 아이에게 '해당 학생이 계속 미안하다고 말하게 하고 죄책감 들게 행동하게 해서 미안하다고' 사과했으면 하는것. 당연히 말도 안되는 요구라 '친절히' 안내하고 '두 아이가 서로 대화해볼 수 있도록 하겠다'. 했지만 결국 이 건으로 학폭신고를 하고 당연히 학폭사안에 맞지않아 학교장종결처리되었다(이 과정도 순탄치 않았다…. 담임과 학폭 담당자가 학부모에게 계속 전화에 시달리고 상대학부모까지 어르고 달랬던 모든 과정들….)

이런 모든 과정에서 말도 안 되는 민원전화를 계속 받고 학부모를 상대하고…. 그 당시엔 해당 학부모 전화번호만 찍혀도 가슴이 두근거렸다. 학교 측에선 최대한 해결해 주려했지만 가장 그 학부모가 흥분되어있을 때 상대해야하는 건 교사였다. 이 학부모는 심한 경우였지만 항상 민원전화를 받을 때면 교사는 학부모 감정의 쓰레기통이 되는 기분이다. 민원전화가 올 때면 항상 온갖 짜증과 분노의 감정을 받으며 그 감정은 교사가 온전히 감당해야했다.

▶ 방과후 보충학습 지도를 하려 하자 '교사가 나를 때려' 경찰에 허위 신고

(학생이 선생님께 버릇없이 해서 선생님이 지도하자 앙심을 품고 학생이 성추행당했다고 신고, 합의금 받고 형사재판 진행 중)

졸업한 학생이 선생님께 찾아와 버릇없이 해서 선생님이 지도하자 앙심을 품었습니다. 학생이 성추행당했다고 신고했고 경찰조사, 검찰조사 거쳐 학생의 진술만으로 1심에서 유죄가 나온 상황입니다. 학부모는 합의금 받은 상황이구요. 형사재판 진행 중입니다. 억울합니다. 도와주세요.

▶ 왜 우리 애가 상을 늦게 받죠?

방송조회시 본인 아이가 상을 늦게 받았다는 이유로 교무실로 전화해 울며 소리지르고 급기야 찾아와서 난리쳤었죠. 또한 교육

감상 추천을 왜 안해줬냐며 그 자리에 어떤 교사들이 참석했는지 회의록도 요구했어요.

▶ 코로나지만, 우리 애만 마스크 벗겨주세요. 답답하대요.

코로나 시국 마스크 착용 의무, 질병 진단서 첨부 시 벗을 수 있음을 안내하자 '진단서는 없지만 답답하다고 하니 우리 애만 벗게 해달라, 우리 애 피부 나빠지면 책임질 거냐, 다른 애들이 쓰면 되지 않느냐, 이런 식이면 클 일 날텐데' 협박

▶ 니가 선생이야? 교사 자격 없어.

밤중에 전화해서 내일 준비물을 물어보길래 다 이야기하고 아버님! 앞으론 근무시간 중에 전화 걸어주시면 고맙겠습니다. 라고 말했더니 갑자기 당신도 교사야? 교사 자격 없어. 학부모가 전화를 걸면 언제든 지체없이 받아야지. 하고 소리를 질러서 수화기 너머로 할머니께서 그만하라고 말리는 소리 들리는 거 보니 술 취한 채 전화한 것 같았습니다. 어쨌거나 너무 무서워서 기분 나쁘셨음. 죄송하다고 말하고 끊었는데 다음날 초저녁에 전화했는데 학부모에게 다짜고짜 소리지른 선생님으로 소문이 났더라구요.

▶ 머릿니 나온 학생 왜 돌봄교실 가게 놔뒀냐/ 우리 애 다쳤는데 보건실로 부축해서 왜 안 데려갔냐, 엘리베이터는 잡아줬냐/ 학부모가 아픈 학생 데리고 하교시킬 때 엘리베이터 잡아줬냐.

저의 신규 교사 때의 일입니다. 어느 날 학부모님 한 분으로부터 딸아이 머리에 머릿니가 있으니 다른 학생들도 점검이 필요하겠다고 연락을 받았습니다. 보건 선생님을 통해 머릿니 나온 학생들을 발견하였고, 하교 할 때 해당 아이들만 따로 남겼습니다. 머

릿니 관련 가정통신문을 주고 집에 가서 약국에 파는 샴푸로 머리를 감으라고 안내하였습니다.

다음 날 해당 학생 어머님이 전화하셔서 왜 아이를 곧장 집으로 하교시키지 않고 돌봄 교실로 가게 놔두었냐 다른 학생이 옮으면 어떻게 하냐, 내가 전직 간호사여서 청결에 예민한데 왜 그대로 보냈냐고 말하였고 교장실로 쫓아온다고 말하며 무턱대고 전화를 끊었습니다. 결국 해당 어머님은 교장실에 쫓아오셨고 저는 교장실로 호출당했습니다.

교장선생님이 사과하라고 해서 죄송합니다. 말할 수밖에 없었습니다. 교장실에서 어머님은 몇 주 전에 아이 다리 다쳤을 때도 보건실도 같이 안 데려다주시고 엘리베이터도 안 잡아주셨다고 말씀하셨습니다. 저는 그 당시 학생 다리에 깁스를 하고 있어서 급식 지도 시 식판에 급식을 받아서 자리에 가져다주었습니다. 그렇게 말씀드려도 그 어머님은 본인이 서운한 부분만 계속해서 이야기하셨습니다.

작년에 학생 한 명이 하교할 시점에 많이 아파서 학부모님께 연락드려서 어머님이 오셔서 병원에 가봐야겠다고 연락을 드렸습니다. 그 당시 보건선생님도 출장을 가셔서 보건선생님이 아픈 학생을 돌볼 수 없어서 교실에서 아이와 함께 어머님을 기다렸습니다. 어머님은 40분이 넘어서 교실에 도착하셨고, 아이를 데리고 엘리베이터를 타고 가셨습니다. 저는 교실 복도에 나와서 안녕히 가시라고 말씀 드렸는데 어머님은 그 다음날 교감실에 전화해서 왜 선생님은 엘리베이터도 안 잡아주냐고 서운함을 표현하셨다고 합니다. 엘리베이터 왜 안잡아주냐는 민원. 지겹습니다. 교사가 무슨 엘리베이터걸입니까. 말도 안되는 요구를 하는 학부모의 도 넘는 갑질 정말 징그럽습니다.

▶ 빼빼로데이에 빼빼로 못받은 것도 교사탓 교육청에 민원넣고 교장실 찾아가겠다.

담임일때 일, 학기초에 우리 학급은 가정에서 간식 가져와서 친구들에게 나누어 주는 것 금지 안내(위화감 조성, 부적절한 교우관계 정립, 식중독 문제 등등) 빼빼로데이에 학급아이들이 학교 밖에서 다른 학년 언니들에게 빼빼로를 받음(평소 유대관계가 있었음, 언니들이 1학년 아이들이 귀여워서 인사하고 놀아주기도 하는 좋은 관계를 평상시 유지 했었음). 여자아이들 10명중 6명 정도가 빼빼로를 받았고 남자아이들은 한명도 안 받았었음.

빼빼로를 못받은 여자아이 중 한명(평소 언니들과 관계도 별로 좋지 않았음. 언니들이 인사해도 무시고 지나가는 아이임.)의 부모로부터 민원전화를 수차례 받음. 왜 우리 아이만 빼고 주냐, 못 받게 했어야하는 것 아니냐, 우리 애가 빼빼로 못 받은게 화나서 죽으려고 한다, 준 애들 누구냐 따져야겠다, 학교에선 뭘 한 거냐, 내일 당장 교장실 찾아가겠다, 나 운영위원회 학부모 대표 해봤다, 교육청에서 이런거 금지 시키지 않냐, 교육청 민원 넣어서 너네 반 뜯어 고치겠다, 당장 우리 애한테 사과하고 빼빼로 안 준 애들 불러서 사과시켜라 등등 말도 안되는 얘기를 함. 위에 말한 것처럼 우리 반 에서 원칙적으로 금지하고 있는 것이지 다른 학급 다른 학년까지 이래라 저래라 하는 것은 학급 경영에 대한 월권이며 학교 일과시간 중 벌어진 일도 아닌데 빼빼로 준 아이들을 색출해 내라는 것은 잘못된 요구같다.

말씀하신 내용은 들어드릴 수 없다 하니 교장실 가겠다느니 교육청 아는 사람있다느니 똑같은 말을 되풀이함. 민원 넣고 교장실 찾아가라 하고 전화 끊음. 그 뒤로도 선생님이 자기 아이만 안 예뻐한다는 식으로 학년도 마무리 할 때까지 전화함.

▶ 내가 교무실가서 뒤엎은 사람이야.

애가 학원간다며 수업 왜 빨리 안 끝내냐며 사람도 팬다고 협박하던 학부모

▶ 학생이 학교에서 '우리 엄마가 선생님 교육청에 신고한대요'

청소 시간에는 '왜 선생님은 우리처럼 청소 안 해요?', 수업 시간에는 날카로운 물건들을 들고 수업을 방해, 교사가 이에 대해 지도하면 가위를 책상에 찍으며 화를 냄. 아이를 지도하기 위해 방과후에 이야기를 나누던 중 아이가 '우리 엄마가 선생님 교육청에 신고한대요'라고 말함. 이후 학부모와의 전화 통화에서 '어머님 **이가 저에게 어머니가 저를 교육청에 신고한다고 아무렇지 않게 웃으며 말합니다. 어머님도 아셔야 할 것 같아 말씀드립니다.'라고 말했음. 학부모는 본인이 그런 말을 아이 앞에서 자주 했었다고 이야기함.

▶ 수화기 너머의 "씨ㅁ년아" 욕설

학교의 교육 방침에 불만이 있는 어머니가 교사와 통화하면서 따지던 중 옆에 있던 아버지도 몹시 화났다고 하면서 자신의 요구 사항을 끈질기게 요구함. 그 요구를 들어주지 않지 옆에 있던 아버지가 "씨ㅂ년아"라고 소리를 지름.

▶ 우리 애가 잘못한 건 맞는데 학교폭력은 되지 않게 알아서 선생님이 왜 해결못하세요?

학급 내 갈등 상황을 학교폭력으로 신고하기 보다는 학급 안에서 문제를 해결하고 싶어하는 학부모들이 있음(이 과정에서 학교폭력신고의사를 물어보지만 학교폭력 신고의사를 물어보는 것도

교사에게는 학교폭력의 신고를 부추기는 것은 아닌지, 물어보지 않으면 학교폭력을 은폐하려고 한다고 생각하지는 않는지에 대한 딜레마가 있음).

가장 큰 문제는 피해, 가해 학부모 사이 자존심 싸움이 심해지는 것에 있음. 피해 학생 학부모는 학교폭력으로 신고는 하지 않지만 학교폭력 신고 후 처리에 준하는 해결책을 요구하는 경우가 많음. 뿐만 아니라 그 과정에서 다양한 감정을 교사에게 오롯이 뱉어냄. 종종 아이 아버지가 많이 화났다는 식의 표현으로 해결하지 못할 경우 부모 모두가 교실로 찾아와 항의하고 싶은 것을 간신히 참고있다는 식의 협박조를 일삼는 경우도 많음. 통화 중 교사가 들리게 아버지가 욕을 하거나 물건을 던지는 소리를 내거나 당장 찾아가겠다며 소리를 지르기도 함.

어떤 경우는 학생이 속상해 가정에서 울면 왜 교사가 제대로 달래서 집으로 보내주지 않았냐고 이야기하며 원망함. 한편 가해한 것으로 여겨지는 학생 학부모는 우리 아이가 그럴만한 이유가 있다, 피해 학생도 장난을 했다, 피해학생에게도 문제가 있다는 식의 이야기를 하며 자신의 자녀의 잘못을 정당화함. 그렇다고 해서 학교폭력 절차를 밟기에는 자신의 자녀가 잘못한 것이 더 크다는 것을 알기에 상대 학부모에게 이런 이야기를 전하지 못하고 사과해야 하는 감정적 분노를 교사에게 분출함. 교사에게 이런 것은 학급 내에서 지혜롭게 해결해야 하는 것 아니냐, 선생님이 교육활동을 제대로 하지 않았다 등의 문제를 제기함.

실제로는 이미 학급 내에서는 학생들 간의 갈등은 서로 상담으로 마무리되었고 문제가 되는 일은 교내에서 일어난 갈등에 대해 여러번 지도한 후에도 하교 후 또는 방과후 프로그램시간, 돌봄 등 정규교과 외 시간에도 폭력이 생겨 학부모가 알게 되고 이를 교사에게 전해 가해 학생의 장난의 도가 지나칠 때 상대 학부모가 제대로 알고 있었으면 좋겠다며 연락이 오는 경우임. 이렇게 학반 안에서의 학생들끼리의 문제 학교폭력으로 신고해도 만족할만한 결과가 나오지 않는다는 것을 대다수의 학부모들도 알고 있어 교사에게 해결해달라는 식의 요구와 요구 과정에서 다양한 감정적 폭력을 행사함. 자신의 자녀가 잘못했다는 사실을 받아들이기 힘들어하고 그 과정에서 교사의 자질을 의심하거나 교사를 비난하는 행동을 반복함.

▶ 방과 후 교실로 학생과 함께 찾아와 담임에게 고성 막말

방과 후에 교실로 1학년 학생과 함께 찾아와 학생이 보는 앞에서 "짝꿍이 우리 애를 귀찮게 하는데 선생님은 뭘 하는거냐" 고성을 지름. 짝꿍이 평소 부잡한 아이라고 들었는데 왜 우리 애랑 앉혔냐 대책이 무엇이냐 당장 말하라며 고성을 지름. 짝은 제비뽑기로 정하고 있고 지속적으로 생활지도 하고 있다고 답변하였으나 계속 소리를 지르며 실질적인 대책이 없다 자리를 바꿔달라며 요구함. 자리를 바꿔주겠다는 말을 들을 때까지 교실을 떠나지 않고 학생 앞에서 담임교사에게 소리를 지르며 요구사항을 말함.

▶ 선생님 평소 말투가 그러세요?

거짓말을 하는 학생을 지도했더니 밤 10시에 애 아빠가 화났으니 당장 전화해라. 다음날 전화했더니 왜 애 마음을 헤아려주지 않느냐, 좋은 말로 타일러 줄 수 있는 것 아니냐(전 어떠한 욕설이나 험한 말도 하지 않았습니다). 그러면서 선생님 평소에 말투가 그러세요? 라며 비꼬더군요.

▶ 학교에서 있었던 일은 다 학교 책임이다라고 주장하는 학생 아버지

친구 물건을 지속적으로 훔치고, 친구 사이에 질투가 난다고 해서 친구 필통을 가위로 난도질해서 화장실 휴지통에 버리고, 그 친구가 난도질 된 자신의 가위를 직접 보도록 유도하는 학생이었음. 어느 날 그 학생이 수업 시간에 교실에 들어오지 않았고, 집으로 갔는데 학생 아버지가 '학교에서 있었던 일은 다 학교 책임이다'라고 주장하였음. 교실에서 물건이 지속적으로 없어지고 교사가 이를 막기 위해 알림장에 '다른 사람 물건 가져가지 않기'라고 적었는데 이에 대해 왜 교사가 이런 내용을 알림장에 쓰느냐, 우리 아이가 물건을 훔친 이유가 있을 텐데 왜 물건을 훔친 점만 신경을 쓰냐, 우리 집이 돈이 없는 집이 아니다. 라고 따짐. 그 후 학교폭력과 관련한 일로 아버지와 통화하니 아버지가 교사에게 반말을 사용하였고, 교사가 아버지에게 "아버님 저한테 지금 반말 쓰신 건가요? 제가 아버님보다 나이가 어리더라도 학생의 담임교사로서 아버님과 통화 중입니다. 예의 갖춰 주시지요."라고 하자 자신은 반말을 쓴 적이 없다고 말함.

▶ 작정한 듯, 토요일 오후, 퇴근 시간 이후에만 항상 전화하는 학부모 전화

주말, 토요일 오후에 작정하고 학생 이야기를 듣는건지…. 늘 그 시간에만 전화 연락이 와서 다짜고짜 따짐. 우리 애가 누구누구한테 맞았다는데, 욕을 들었다는데 사실이냐? 그애 부모 연락처를 알려달라. 소리 지르며 애한테 들은 이야기만 1시간씩 녹음기처럼 반복함. 그런 사실을 전혀 모르는 나는 (왜냐하면 방과후에 운동장에서, 하교 후에 주로 놀다가 일어난 일들) 주말 지나 학교 가서 알아보고 다시 연락드리겠다고 함. 주말 동안 기분 내내 상하고 찜찜함. 주말 지나 학생들 불러 조사해보면 그 학생이 먼저

시비를 걸어서 일어났던 사소한 장난들이었음. 그 상황들을 전화해서 다시 설명하면 미안하단 말도 없음. 그냥 알겠다고 함.

이런 일이 내가 맡은 동안 3-4번 있었고, 학년이 올라간 지금도 똑같은 레퍼토리로 항상 주말과 연휴에만 담임한테 전화해서 다짜고짜 따지고 알고 보면 별일 아닌…. 이런 일이 지금도 반복되고 있음. 담임은 그냥 주말에 자기 스트레스 풀고, 당시에 들었던 기분, 욕받이 같음.

▶ 선생님을 폭행한 아이의 부모가 제대로 된 보상과 사과없이 음료수 세트를 건넴.

교사의 지도에 불응하고, 날씨가 덥다며 교실에서 소리를 지르고, 학습 자료를 자기 마음대로 함부로 다루는 학생이 어느 날 책상을 넘어뜨려 교사의 발에 피가 나도록 함. 관리자는 이 상황에서도 교사보고 수업을 하라고 하였으나 교사가 여러 차례 관리자에게 이야기하여 조퇴를 하고 병원으로 가서 치료를 받음. 이후 이 어머니는 말로는 죄송하다고 하면서도 치료에 대한 보상은 전혀 하지 않고, 미적지근하게 지나감. 학기말에 교무실로 찾아와 "내가 **대 교수인데~"라며 음료수 세트를 받으라고 함. "교수라면 이런거 받으면 안 된다는 아실텐데 왜 이러시냐"고 하자 그래도 계속 받으라고 함. 교무실에 있던 교감 선생님에게 신고하여 처리함.

▶ 왜 우리 아이한테만 뭐라 그러냐며 장문의 문자 보내

아이가 수업 중, 그리고 급식 시간에 이동할 때 교사의 말을 경청하지 않고 친구에게 수시로 장난을 걸고 떠듦. 교사가 눈빛과 침묵으로 지도함. 그러자 학생의 어머니가 장문의 문자를 보냄. 옆에 있던 아이도 떠든거 아니냐 왜 우리 아이만 지도하냐. 차별 아니냐.

우리 아이가 그렇게 잘못했느냐. 라고 써 있었음. 옆의 아이는 해당 아이처럼 떠드는 빈도가 많거나 떠드는 소리가 큰 것이 아니었고, 해당 학생은 이러한 방해 행동이 습관화 된 상황이었음. 그래서 교사가 그 아이를 침묵으로 바라보았을 뿐임. 이 때 아이에게 어떠한 말도 하지 않았음. 그 행동을 멈춰달라는 의미 전달을 한 것이었으나 다음날부터 아이를 제대로 지도하기가 어렵다는 생각이 들었음.

▶ 학교급식 관련 학부모 민원 사항

학교에서는 왜 급식으로 잡곡만만 주냐 우리 애는 흰밥밖에 못 먹는다, 따로 흰밥을 챙겨달라(영양 때문에 흰밥보다는 잡곡밥을 줘야 함). 왜 학교에서 마라탕이 나오냐(마라탕은 학생들이 먹고 싶다고 건의함에 들어온 사항이었음). 우리 애는 매운 거 못 먹으니까 국에 고춧가루 넣지 마라. 안 넣은거 따로 줘라. 매달 식단 검사 맡아라. 이 학교는 이렇게 나오는데 돈 챙기는 거 아니냐.

▶ 학생이 거부한 활동인데, 교사가 차별했다!

모든 아이들이 참여하는 활동에, 한 아이가 자기는 이 활동이 너무 싫다며 참여를 거부함. 하고 싶어지면 얘기해라, 했는데.. 학부모는 담임이 우리아이를 차별해 빼고 활동을 시켰으니 교육청에 신고하겠다고 연락 옴.

▶ 아이 깨워달라.

아이가 깨워도 일어나지 않는다. 전화 바꿔줄테니 깨워달라.

▶ 오후 6시 놀이터 싸움 중재도 교사가

오후 7시 학부모에게서 전화가 걸려 왔습니다. 퇴근 시간이 한참이나 지났지만 전화를 받았습니다. 대뜸 애들끼리 놀이터에서 싸움이 났는데 교사는 이 상황을 알고 있냐고 합니다. 제가 하교 후, 학교 밖에서 일어난 사건을 어떻게 압니까?

내일 관련 학생과 이야기 나누고 다시 전화드리겠다고 했으나 한참이나 자기 화를 쏟아 냈습니다. 대부분의 다툼이 그렇듯 두 학생 모두에게 잘못이 있었습니다. 그래서 그렇게 지도를 하고 학부모에게도 알렸습니다. 그 이후 자기 애가 악몽을 꾸는 것 같다고 했습니다. 악몽을 꾸는 학생이 학교에 와서는 이 학생 저 학생 괴롭히나요?

▶ 자기 아이 다쳤다고 교사에게 자기 기분 언짢다고 협박

2학년 아이가 수업시간에 연필로 실수로 자기가 자기 팔에 상처냄. 보건실 안 가겠다는 애 교사가 설득시켜 보건실 보냄. 학부모 왜 자기한테 알리지 않았냐고 노발대발 화냄. 자기 기분 매우 나쁘고 불쾌하다고 함. 교사는 사과함. 할 말은 많았으나 더 하면 너무 힘들어질 거 같아 아무 말도 하지 못함.

▶ 학폭 업무 담당교사에게 무차별 폭언

학교폭력 업무 처리 중 전화로 들은 폭언입니다.

"당신이 담당자야? 담당자인데 그렇게 밖에 못해?" "지금 내 말 무슨 말인지 몰라?" "딱 기다려 거기."

▶ 공직자 학부모로부터의 강제추행

강제추행 사건 후 고소를 못하게 아동학대로 교사 및 관리자 협박, 좁은 지역사회에 허위사실 유포 등. 강제추행사건으로 학생의 부는 벌금 500만원 선고되어 공직에서 해임되었습니다. 모는 교사에 대한 명예훼손건이 인정되어 벌금 200만원이 확정되었습

니다. 저는 변호사비로 총 2000만원정도 사비가 들었으나, 민사에서 두 사건 합하여 700만원 선고되었습니다.

▶ 형편 어려워 체험학습 간식 못 사간다, 남 몰래 챙겨준 교사에게 결국 '니가 선생이냐…'

가정 형편과 부부 불화, 자녀 교육에 어려움을 토로하며 노골적으로 경제적 지원 요구. 졸업이후에 연락이와 아이가 6학년때 같은 반이었던 아이에게 무시 당했으니 그때 잘 가르치지 않은 교사탓. 교육청과 교장에게 이야기하여 얼굴 못들고 다니게 하겠다 협박.

▶ 선생님 고소하겠다. 매일매일 전화해.

자신의 아이가 따돌림을 당하는 것 같다며 연락하여 상담했으나 그런 사실 없었음. 이 사실 전달했으나 계속 의심하며 교사에게 매일 전화하고 집에 다른 아이들 초대해 떠보며 증거수집. 저학년이라 뭔지 모르는 애들한테 편향된 질문. 그리고 다시 학교로 전화 및 행동 반복. 이후 여러 차례 조사해도 판별나지 않자 준비물 가져다주는 척 학교로 와서 해당 학생에게 훈계. 그러시면 안된다하니 니탓이라며 윽박. 세 달간 위의 행동이 반복됐으며 우리 애의 따돌림을 방치한다 다른 애들도 따돌림시켜달라 윽박.

▶ 형편이 어려우니 체험학습 도시락은 교사 사비로 준비해달라.

체험학습 때 도시락을 싸기 어렵다며 부탁(통보). 교사와 동일한 샌드위치 및 주스를 제공하였으나 맛없는 도시락을 준비했다며 욕함(규정대로 야외 활동 시 마스크 쓰라고 알림장 쓰게 했더니 욕한 학부모).

메르스 때(학교 휴업까지 한 지역입니다.) 규정대로, 안내받은 대로 야외 활동 시 마스크쓰라고 알림장 쓰게 했더니 전화를 해서 왜 마스크를 쓰라고 하냐고 쌍욕을 약 10분간 내지르신 후 약 2-3일간 아이 등교를 시키지 않겠다고 하셨습니다. 결국, 제가 사과를 하고 끝냈는데 이 정도면 제 기준에 사소한 민원이라 그 당시엔 그냥 하하호호 하고 지나갔습니다. 그러나 도를 넘은 민원이라고는 생각합니다.

▶ **아이 우산 찾아내라.**

아이가 들고 간 우산을 잃어버렸다며 전화 끊지 말고 통화하면서 교내 순찰하라고 지시

▶ **학교폭력심의위원회 중 담임교사에게 쌍욕**

제가 처음 발령났던 학교는 신도시의 신설학교였습니다. 매주마다 전학오는 아이들이 있었고 한 반에 38-40명씩, 학생 학부모 모두 기싸움 중이라 학교는 아수라장(학부모대표를 서로 끌어내리고 올리고 하면서 삼사개월마다 바뀌었음). 그 와중에 교감, 교장은 학부모 눈치 때문에 교사편 들어주지않는 그야말로 완전체. 학교폭력이 수시로 일어나는 건 다반사 학교로 학부모가 찾아와 교실문 열고 교사한테 소리치는 것도 다반사.

한 번은 학교폭력위원회가 열린 날 학부모가 담임교사에게 당신은 뭐했냐며 "쌍년아"부터해서 수많은 욕설을 했습니다. 그 때 그 욕을 먹은 제 동기는 26살이였구요. 연구부장님이 뭐하시는 거냐며 소리쳐서 그 다음 위원회에는 들어가지 못하게 되셨습니다. 그 외에도 저도 학부모에게 "애 키워보셨어요?"라는 멘트. 금요일 9시에 항의문자보내고 답장이 없자 교육청에 신고하겠다는 협박성 문자가 연달아 오는 경험도 있었습니다.

아이가 싸워서 말씀드렸더니 "선생님이 이런 식이니까 애들이

싸운거잖아요." 최선을 다해 지도했다 자부할 수 있는데 인격모독적인 말을 수도 없이 듣습니다.

▶ 독서상 왜 안 주냐.

1년 동안 독서록을 제출하지 않아 기준 미달로 독서상을 못 준다고 하니 매일매일 가방에서 꺼내 갔어야지 아이가 스스로 어떻게 제출하냐고 함. 참고로 고학년임.

▶ 부적응 학생 담임 지도 부족으로 가정불화까지 생겼다며 삿대질

초등학교 6년 내내 학교에 부적응한 학생이 있었음. 학기 초 학부모 상담 때 사실 어린이집부터 친구가 한 번도 없었다며 친구를 만들어 달라고 함. 교사는 교우관계는 교사가 해결해 줄 수는 없으나 노력하겠다고 하고 교육활동에서 노력함. 그 학생이 잘하는 활동을 하고 그 학생의 장점을 칭찬하고 부각시켜주며 자존감을 높여주어 친구들과 관계에서 자신감을 갖도록 해줌. 또한 본인이 친하다고 느끼는 친구들과 반드시 짝, 모둠이 될 수 있도록 함. 그러나 워낙 사회성 발달이 느린학생이라 또래친구와 어울릴 수 없었음(반의 모든 친구들이 이 학생과 짝. 모둠이 되길 싫어함 이미 6학년이기에 이 학생에 대해 잘 알고 있음).

이 상황에 대해 2학기에 학부모는 다짜고짜 교실로 찾아와 "우리 아기가 학교에서 친구가 없어 내가 남편과도 사이가 좋지 않고 당신(담임교사) 때문에 부부싸움을 하고 우리 가족이 불행해졌다"고 손가락질하며 소리 지름. 당시 관리자가 교실로 와서 학부모를 데리고 가 상담을 하고 학부모는 바로 집으로 가고 담임교사는 사과 한 마디 받지 못한 채 유야무야 이 일은 넘어감.

부 록
주요 교권상담 사례

이 상담사례는 한국교원단체총연합회 홈페이지에 나타난 주요 교권상담사례입니다.

▶ 학교에 불만을 품은 학부모의 과도한 정보공개청구 사례

■ 사건 개요

○ 학교와 근접한 건물에 있는 흡연실에 대해 왜 학교에서 아무런 조치를 취하지 않느냐는 학부모의 항의성 민원을 접수하여 관할 구청과 보건소, 해당 건물에 문의한 결과 적법한 절차로 설치된 만큼 문제될 것이 없다는 답변을 학부모에게 전달함.

○ 학부모는 이에 불만을 품고 학교 외부 울타리와 펜스 등에 학교를 비방하고 흡연실철거를 요청하는 게시물들을 부착함. 또, 수십 건에 달하는 정보공개정구를 요구하여 자료 준비로 교사들이 수업을 못하는 등 학교가 마비가 될 정도의 피해를 당하고 있음.

■ 학교 입장

○ 학부모의 민원을 접수하여 구청, 보건소, 해당 건물에 문의한 결과 학교에서 10M 이상 떨어진 곳이고 적법한 절차로 설치된 것으로 문제가 되지 않는다는 답변을 받아 이를 학부모에게 알려줬음에도 학교 탓을 하며 과도한 정보공개청구를 함.

○ 학교 담장에 아이들을 선동하여 학교를 비방하고 흡연실 철거를 요구하는 게시물들을 설치해 다른 학생들과 지역주민들에게 학교의 이미지가 실추되고 있는 상황임.

○ 게시물을 철거 가능한지? 학부모의 과도한 정보공개청구가 문제되지 않는지? 답답함.

■ 본회 조치

○ 본회에서는 사안 접수와 함께 법률적 해석을 진행함.

○ 게시물 철거가 가능한지에 대한 해석 결과는 '가능하다'. 학교의 전체 공간은 학교가 관리권한을 갖고 있기 때문에 무단 게시물은 철거 할 수 있다고 판단됨.

○ 학부모의 정상적인 정보공개청구는 '응해야 함'으로 해석되었음. 국민의 알 권리를 보장하고 국정운영에 대한 국민 참여와 투명성을 제고시키기 위한 제도이므로 공개가 원칙임. 단, 대법원은 '담당공무원을 괴롭힐 목적으로 정보공개청구를 하는 것처럼 권리의 남용이 명백한 경우에는 정보공개청구를 허용하지 않는 것이 옳다'*(대법원 2014. 12.24.선고 2014두9349 판결)*고 판시함.

○ 따라서 정보공개청구가 악의적이고 지속적인지에 대한 판단이 필요함. 정보공개청구가 내용이 다른 일회성이라고 한다면 요구자료의 수가 많다 하더라도 권리 남용으로 보기에는 어려움이 있음.

▶ 학생들이 집단으로 교사를 모욕하고 성희롱한 사례

■ 사건 개요

○ OO중학교 수업을 진행하기 위해 교실로 들어선 여교사에게 한 학생이 성희롱 발언을 함. 잘못들었나 싶어 '뭐라했니?'라고 질문하자 다른학생이 해준다며 조롱섞인 말투로 얘기함. 교육적 지도가 필요하다 판단돼 해당학생들에게 추후 면담할 것을 얘기하자 반항하기 시작. 이에 다른 학생들도 동조하여 교사의 자질 언급과 폭력적인 행동들을 보이며 수업을 방해함

○ 해당 교사는 학생들이 공격적인 발언들과 함께 교사 교체를 요구하며 모욕적인 언행을 퍼붓는 등 1시간 동안 수업을 진행하지 못하고 일방적으로 궁지에 몰려 정신적, 육체적 충격에 빠짐.

■ 본회 조치

○ 한국교총과 해당 시도교총은 사안 접수 후 현장에 출동하여 사태를 파악함.

○ 우선 교권보호위원회를 조속히 열어 교사의 정신적 피해에 대한 조치를 우선적으로 취해 줄 것을 요구.(이후 공무상병가 조치됨)

○ 해당 학생들과 교내에서의 대면을 피할 수 있도록 전보 조치 등 교사의 정신적 안정과 추가 피해 예방을 위한 다양한 방안을 강구하여 학교측에 전달

○ 더불어 해당 학생들에 대한 단호한 징계조치로 다른 교사들에게도 번질 수 있는 유사행동들을 사전에 예방해 줄 것을 당부

○ 2021년 11월 교권보호위원회에서는 해당 교사가 요구한 보호조치에 대해 모두 인정을 하였고, 학생들에게는 징계처분을 내림.

▶ 학교 부적응 학생을 지도한 것을 학부모가 아동학대로 신고

- **사건 개요**

  ○ A교감은 병가중인 담임교사를 대신해 체육수업을 진행함. 체육관에서 갑자기 자리를 이탈한 학생을 찾아 교실로 가 학생에게 수업에 참여할 것을 설득함. 학생이 계속 거부하여 어쩔 수 없이 교실에 두고 체육수업을 마치게 됨.

  ○ 학부모는 학생을 설득하는 과정에서 '책상을 잡고 강하게 거부하는 아이를 억지로 잡아 당겼다', '뒤에서 껴안았다' 등 억지주장을 하며 아동학대로 신고.

  ○ 2021년 6월 관할경찰청 조사를 받던 중 학부모의 허위주장을 알게 됨.

  ○ 2021년 8월 관할경찰청 '혐의없음' 조치

- **본회 의견 및 대응방안**

  ○ 학부모의 악의적 신고가 증가하는 추세에 있음.

  ○ 경찰 조사 시 변호사 동행 등 적극적 대응을 요청함.

  ○ 본회 법률고문단의 자문을 통해 선제적으로 법적 대응을 준비하도록 지원함.

  ○ 학부모들의 '아님 말고' 식의 아동학대가 점차 심각한 수준에까지 이르고 있어, 한국교총은 매우 중대한 사안이라 여김. 이에 교원이 억울한 누명을 쓰는 일이 없어야 한다는 취지에 소송비 140만원을 지원함.

▶ 교사의 행정처리가 업무상횡령 오해를 받은 사례

- **사건 개요**
  - ○ A체육교사가 B학교 ○○부 감독을 맡아 근무하던 중 교육청에서 학교로 감사가 나옴.
  - ○ 선수들에게 지급할 운동물품 구입 목적의 지출품의 올린 것이 문제가 돼 업무상 횡령으로 신고됨.
  - ○ 2021. 2. 관할지방법원 무죄 선고

- **본인 의견**
  - ○ ○○부 특성상 선수입단이 일정하지 않고, 당시 물품업체와도 협의된 사항은 필요 시 우선 공급하고 추후 일괄지급하는 것으로 관행적으로 이어져 왔음.
  - ○ 본 사안으로 문제가 되자 ○○부 일부 학부모들은 운동물품 수령 증거 사진들을 제출했고, 업체에서도 이를 인정하고 제공한 증거들을 보유하고 있음.
  - ○ 단순히 예산 품의 시점과 구입한 시점이 다르다는 이유로 업무상횡령으로 보는 것은 억울함.

- **본회 의견 및 대응방안**
  - ○ 예산사용의 집행 및 처리결과는 매우 중요한 사항임. 따라서 집행결과 처리에 매우 엄격해야 함.
  - ○ 다만 ○○부 운영의 특수성을 고려하여 관행적으로 진행된 사안들이 있는 것으로 파악됨.
  - ○ 선수에게 지급돼야 할 물품은 학부모들의 증언으로 확인되고, 업체관계자도 이에 동의했던 사안으로 날짜의 불일치만으로 업무상횡령죄를 묻기에는 다소 과한 부분이 있다고 판단됨.
  - ○ 본회에서는 본 사안이 업무상 관례에 따라 진행된 행정상 절차로 무조건 정당하다 인정하기에는 다소 무리가 있기는 하나 해당 교사의 고의적 횡령이 성립되지 않고 과하고 억울한 부분이 있음을 감안하여 소송비 280만원을 지원함.

▶ 여교사의 신체일부를 촬영해 메신저에 공유한 학생징계 사례

■ 사건개요

○ 2019. 10.~12. 학생 3명이 복도를 지나가던 여교사의 신체를 휴대폰으로 촬영하여 학생들끼리 소통하는 메신저에 사진을 올림.

○ 교권보호위원회 결과 전학조치 처분

○ 학부모 이에 반발하여 해당지역 교육행정심판위에 전학취소 청구함.

○ 2020. 6.~10. 해당지역 교육행정심판위서 청구 각하, 이에 학부모 행정소송 제기

○ 2021. 4. 행정소송 청구 기각

■ 본회 의견 및 대응방안

○ 학생의 일탈행동은 해당 교사에 심각한 수치심을 준 교권침해에 해당하며 이는 중대한 사안으로 봐야 함.

○ 학교교권보호위원회에서도 정당한 절차에 따라 전학조치를 한 것이며, 해당지역 학생징계조정위원회에서도 결정내려진 사항에 대해 학부모의 일방적 주장은 단호히 대응할 필요가 있음.

○ 한국교총은 학생으로부터 벌어지는 교원의 성추행·성희롱에 단호히 대처하여 교육현장에 경각심이 일어야 한다고 판단, 변호사 상담 등 적극적인 지원을 하고, 교권옹호기금운영위에서 소송비 210만원을 지원함.

▶ 학교장과 주변 상인과의 통학로 확보와 관련한 법적 다툼 사례

■ 사건 개요

○ 2021년 5월 A교장은 통학로 교통안전지도 중 통학로를 점유하고 있는 차량이 있어 차량 소유주인 인근 사업장의 주인 B씨에게 차량이동을 부탁함.

○ B씨는 차량이 주차된 범위는 통학로가 아니며, "내 소유지에서 내맘대로 세우는게 왜 문제냐"며 거절해 감정이 격해짐. 이에 A교장이 구전되어오는 말을 인용해 사람다운 처신을 부탁하며 헤어짐

○ B씨가 공무원으로서 자신을 모욕했다며 모욕죄로 고소함

○ 2021년 9월 관할경찰서에서는 '혐의없음'으로 불기소 결정

■ 본회 의견 및 지원 내용

○ 학교장은 학교만 관리하는 것이 아닌 주변 상인 또는 주민들과의 관계형성에도 관심을 가질 필요가 있음.

○ 본 사안의 경우 학교장이 아이들의 안전을 위해 부탁을 하러 갔음에도 주변 상인이 비협조적으로 대응하고 감정싸움으로 이어진 것을 법적인 조치까지 취하며 과한 반응을 보인 것으로 판단

○ 2021년 검경수사권 조정에 따라 경찰조사 시 변호사 동행이 가능하므로 한국교총에서 2021년부터 시행한 '경찰조사 시 변호사 동행비 지원' 제도를 활용하여 지원함.

○ 이후 변호사를 선임하여 지속적인 법적 대응을 진행하였고, 한국교총 교권옹호기금운영위원회를 개최하여 변호사 선임료를 지원함(140만원)

▶ 교사를 향해 쇠파이프를 던진 학생에 대한 강력한 대응 사례

- **사건 개요**

  ○ 특성화고 수업 중 실습실 수업이 있었음. 수업 진행 중 늦게 들어온 학생들이 집중하지 않고 오히려 떠들며 수업을 방해하고 A교사의 주의에도 아랑곳하지 않고 지속적으로 방해를 해 수업결과처리를 하겠다고 함.

  ○ 이 중 한 학생이 '그렇게 하라'며 반항적인 모습을 보였고 퇴실을 요구하자 약 10cm 정도되는 쇠파이프를 교사쪽을 향해 던짐. 벽에 부딪힌 쇠파이프는 파인 자국이 남을 정도의 위협적이였음.

  ○ 교권보호위원회를 개최하여 학생에게 징계조치가 내려지긴 했으나, 교사는 현재 정신적인 고통을 겪으며 형사소송을 진행 중.

- **본회 의견 및 지원 내용**

  ○ 학생으로 인한 폭력 및 폭언은 갈수록 심해지고 있음. 본 사건의 경우 교사가 쇠파이프를 직접 맞지는 않았으나 위험한 물건을 던져 위협적인 분위기를 연출한 것은 특수폭행으로 볼 수 있는바 단호한 대처가 필요함.

  ○ 학생을 대상으로 한 교권보호위원회 개최와 법적 절차도 자문받아 교사에게 전달

  ○ 교권옹호기금운영위원회 개최, 변호사 선임료 지원(140만원)

- **A교사 의견**

  ○ 수차례 수업에 집중하고 참여할 것을 요구하며 타일러봤고, 타 학생들의 수업에 방해되니 자제해 달라고 요구했음에도 악의적으로 수업을 방해하는 것도 모자라 교사를 향해 위험한 물체를 던지며 욕을 하고 조롱하는 행위는 학교현장에서 있어서는 안 될 일이라 판단하여 강력한 조치를 취하고자 함.

▶ 자녀의 말만 믿고 학부모가 교사를 고소한 사례

■ 사건 개요

○ 학급 청소시간에 A학생이 쓰레기통을 발로 차고 다른 학생에게 위협적인 행동과 폭언을 해 A학생을 자제시키는 과정에서 행동이 과격해 신체 일부를 잡고 말렸음.

○ 이 사실을 알게 된 학부모는 본인 자녀를 폭행했다며 경찰에 신고하고 뺨도 3대 때렸다며 허위사실을 주장함.

○ 학부모는 해당 교사를 SNS에 올리며 허위사실로 명예훼손을 함.

○ 학부모가 A의 치료비와 그동안 병원과 학교를 오가며 본인사업에 지장이 생겼다며 2,000여만 원을 요구하는 손해배상을 청구함.

○ 2021년 관할지방법원은 학부모의 청구를 기각하고 소송비도 학부모에게 부담하는 결정 내림.

■ 본회 의견 및 지원 내용

○ 학부모가 본인 자녀의 말만 듣고 신고부터 하고 보는 경우가 다수 발생하고 있음.

○ 이 사건의 경우 손해배상을 요구해 온 것으로 보아 금전적 요구가 지속적으로 있을 수 있다고 판단하여 변호사 자문과 함께 강력한 대처가 필요하다고 판단함.

○ 교권옹호기금운영위원회 개최, 변호사 선임료 지원(160만원)

■ B교사의 입장

○ 욕설을 하며 강하게 저항하는 학생을 자제시키기 위해 몸을 제압해야 하는 상황이었던 것은 인정하나 그에 대한 이해를 구하고 사과는 했음에도 뺨을 때려 기억상실증에 걸릴 정도의 상태가 됐다는 등의 허위사실 유포한 것은 악의적으로밖에 볼 수 없음.

▶ 교직원이 관리자를 상대로 성추행 신고한 사례

■ 사건 개요

○ 2021년 코로나19로 학교현장이 어수선한 상황에서 등교 시간에 체온측정을 하던 중 A교장(남성)이 B교육공무직(여성)의 손목을 잡고 체온을 재며 성추행을 했다고 신고함.

○ 관할 경찰서에 사건이 접수돼 수사 개시

○ 2021년 9월 관할 경찰서에서 '혐의없음'으로 불송치 결정

■ 본회 의견 및 지원 내용

○ 사건 발생 시 신속히 상황파악을 하여 변호사 자문 등 법적 절차에 대해 논의하여 대응하도록 조치함

○ 교권옹호기금운영위원회 개최, 변호사 선임료 지원(160만원)

■ A교장의 입장

○ 본인은 B가 주장하는 날짜에 교문에서 체온측정을 한 적이 없음.

○ 고소인은 본교로 온 후로 크고 작은 문제들이 발생했고 그로 인해 경계를 하고 있었음.

○ 고소인과의 관계가 안 좋았다는 이유로 상대를 해하기 위한 악의적 신고는 단호히 대처해야 한다는 입장

▶ 학생이 교사의 훈육에 앙심을 품고 아동학대로 신고한 사례

■ 사건 개요

○ OOO중학교 교사가 학생과의 개별면담을 진행하던 중 학생이 간식을 먹으며, 면담 자세가 불량해 '어서 먹고 면담에 집중하라'는 의미로 교육적 지도를 한 것에 앙심을 품고 성적묘사를 했다며 학생이 교사를 상대로 아동학대를 했다며 고소를 한 사건

○ 2020년 8월, 관할법원에서 무죄 판결

○ 관할 교육청에서는 무죄 판결과 무관하게 견책처분을 내림.

○ 2021년 징계에 불복하여 소청심사를 청구하였고, 견책처분 '취소' 판결을 받음.

■ 본회 의견 및 지원 내용

○ 학생의 면담자세가 불량하여 교육적 지도를 한 것은 정당한 교사의 교육활동으로 봐야 할 것임. 학생의 악의적 신고는 '아님 말고'식 신고이기에 강력히 대응해야 함.

○ 3년간 진행된 사건의 전반적인 과정을 모니터링하여 지속적인 관심과 변호사 상담 등을 진행해 구체적이고 적극적인 대응방안을 모색

○ 교권옹호기금운영위원회 개최, 변호사 선임료 지원
 - 1심 350만원, 소청심사 140만원, 2심 210만원(총 700만원 지원)

■ 결과(검찰 처분 요지)

○ 해당 학생의 발언에 일관성이 없고, 매우 직설적인 성격의 소유자가 이를 두 달 뒤에 부모에게 말한 것도 이해하기 어려움. 학생은 담임의 학급지도 방식에 대한 불만으로 학생들 사이에 담임 교체를 원하는 의견을 냈고, 이를 주도하는 학생들 사이에서 대표로 아동학대로 신고하면 자신들과의 관계가 좋아질 것이라는 회유에 허위사실로 신고했을 가능성이 있음.

제4편
학생인권공동사례

이 공동사례는 경상남도교육청, 경상북도교육청, 광주광역시교육청, 서울특별시교육청, 인천광역시교육청, 전라북도교육청, 제주특별자치도교육청, 충청남도교육청에서 공동으로 발행한 사례집을 참고하였습니다.

▶ 방과 후 학교에서 발생한 안전사고

A초등학교 B학생은 운동장에서 놀다가 C학생이 찬 공에 맞아 얼굴에 상처가 났는데, 같은 학교의 D교사는 정규수업이 종료된 지 2시간 후에 일어난 사고도 학교 안전사고로 판단하여 처리해야 하는지 교육청에 문의하였다.

[해설]

학교 안전사고에 해당하기 위해서는 학교의 교육활동 또는 그와 관련된 시간에 발생한 사고여야 하는데, 사례의 경우 B학생이 학교 운동장에서 다친 시간은 교육활동 전후의 통상적인 학교 체류 시간을 넘은 것으로 이해돼 학교 안전사고에 해당된다고 판단하기는 어렵다. 다만, 학교는 B학생과 C학생 간 손해배상 처리에 있어 원만하게 해결할 수 있도록 지원 방안을 모색할 필요가 있다.

[참고]

※ 「학교안전 사고 예방 및 보상에 관한 법률」 및 동법 시행령

법 제2조(정의) 6. "학교안전사고"라 함은 교육활동 중에 발생한 사고로서 학생·교직원 또는 교육활동 참여자의 생명 또는 신체에 피해를 주는 모든 사고 및 학교급식 등 학교장의 관리·감독에 속하는 업무가 직접원인이 되어 학생·교직원 또는 교육활동참여자에게 발생하는 질병으로서 대통령령이 정하는 것을 말한다.

※ 시행령 제2조(교육활동과 관련된 시간)

1. 통상적인 경로 및 방법에 의한 등·하교 시간
2. 휴식시간 및 교육활동 전후의 통상적인 학교체류시간
3. 학교의 장(이하 "학교장"이라 한다)의 지시에 의하여 학교에 있는 시간
4. 학교장이 인정하는 직업체험, 직장견학 및 현장실습 등의 시간

▶ 체육수업 중 상해 발생, 안전 조치 미흡

A학생은 2교시 체육수업 중 B교사가 던진 공에 맞아 손가락을 다쳤지만, B교사는 경미한 부상으로 판단하여 수업중 벤치에서만

쉬도록 하였다. A학생이 점심시간 담임교사에게 계속된 통증을 호소하고, 담임교사가 교내 '학교 보건관리 및 건강관리 기본계획'에 따라 보건교사의 부재로 보호자에게 연락한 후에야 A학생은 외출하여 병원에 가게 되었으며, 손가락 골절로 3주 이상의 치료를 받게 되었다.

[해설]

B교사는 A학생이 경미한 부상을 입은 것을 인식하고도 자의적으로 병원 치료 없이 회복 가능하다고 진단하여 보건교사 인솔, 보호자 연락 등 교내 사고 관리 체계를 즉시적으로 이행하지 않았다. A학생이 수업 중 다친 것은 「학교안전사고 예방 및 보상에 관한 법률」에 규정된 '학교안전사고'로 볼 수 있고, 학교는 학교안전사고가 발생하면 같은 법 제10조 제3항에 근거한 「안전사고 관리지침」 등에 근거하여 응급 상황여부를 확인해 경미한 경우에도 안전 조치 노력을 해야 한다.

▶ 급식권 침해 사례

A고등학교 B교사는 점심시간에 쪽지 재시험을 실시하여 학생들이 점심을 제대로 먹을 수 없었다.

A중학교 B교사는 학생들이 수업 중 잠을 자거나, 집중하지 않는다는 이유로 4교시 점심(급식)시간에 정신교육을 시켰다.

A중학교 B교사는 급식비 미납학생을 지도한다는 이유로, 급식비 미납자 명단을 가지고 급식실 앞에서 급식비 납부 여부를 확인하면서, 미납 학생에게 "다른 학생의 밥을 뺏어 먹는 것이다", "급식비를 내고 먹자"라고 말 하였다.

[해설]

　모든 인간은 의식주와 의료를 포함하는 자신의 건강과 안녕을 위해 적합한 생활수준을 누릴 권리를 갖는다. 「세계인권선언」 제25조는 "모든 인간은, 의식주와 의료, 필수적인 사회보장제도를 포함하는, 자신과 가족의 건강과 안녕을 위해 적합한 생활수준을 누릴 권리를 갖는다."고 규정하고 있으며, 「유엔아동권리협약」 제24조는 "아동이 최상의 건강수준을 유지할 권리와 질병치료 및 건강회복을 위한 시설을 이용할 권리를 인정한다."고 규정하고 있다.

▶ 남녀 출석번호 부여 차별

　A초등학교는 학생에게 출석부에 번호를 부여할 때 남학생은 1번부터, 여학생은 50번부터 부여하였다.

[해설]

　과거 학교 운영방법 중에 학생에게 출석부상 번호를 부여할 때 남학생에게 앞 번호를, 여학생에게 뒷 번호를 부여하는 관행이 있었다. 이에 국가인권위원회는 2005. 9. 28.자 05진차517 결정[초등학교 출석부상 번호부여 시 차별]에서 "어린 시절부터 남성이 여성보다 우선한다는 생각을 무의식적으로 갖게 할 수 있고, 남학생에게는 적극적인 자세를, 여학생에게는 소극적인 자세를 갖게 할 수 있으므로 성차별적"이라는 이유로 시정을 권고하였다.

▶ 여학생 교복바지 선택권 미부여

　A고등학교는 여학생에게 교복 치마와 바지의 자유로운 선택권을 인정하지 않고 있다.

[해설]

　학생에게 교복 치마 이외 바지 착용에 선택권을 부여하지 않는 것은 성차별 행위이므로 학생에게 바지교복의 선택권을 부여하는 학교규칙 개정이 필요하다.

▶ 성적만을 기준으로 방송(EBS ○○퀴즈) 참여자격 부여

A고등학교는 EBS로부터 ○○퀴즈 참여(△△지역예심) 요청을 받은 뒤, 성적을 기준으로 상위 4명 학생을 예심참가자로 선발해 EBS에 통보하였다.

[해설]

상식, 지식 등 다양한 정보와 지식을 제공하고 청소년들의 종합적 사고와 분석력, 창의력을 증진시키고자 하는 ○○퀴즈 프로그램 취지를 고려하면 누구든지 예심참여의 기회가 있어야 한다. 성적만을 유일한 심사기준으로 적용하여 예심참여 학생을 선정한 것은 다양하고 잠재적인 능력을 가진 학생들에게 열등감 등을 불러일으키는 등 정당한 사유가 인정되지 않으므로 차별행위에 해당된다.

예심참여자를 결정하는데 있어 참여희망 학생들에게 합리적인 기회를 부여하고, 심사기준과 평가방식을 성적만이 아닌 다양한 방안(예를 들어 교내 상식지식테스트, 학생의견수렴 등) 등으로 차별의 소지를 최소화할 필요가 있다.

▶ 학생만 엘리베이터 이용 제한에 따른 차별

A학교 교사들은 엘리베이터를 자유롭게 이용하는데, 학생들에게는 엘리베이터가 장애인 전용이고, 에너지 절약이 필요하다는 이유로 이용을 제한하고 있다. 몸이 불편하거나 사정이 있는 학생들에게만 '이용쿠폰'을 발급해주고 있다.

[해설]

학교를 포함한 교육시설에 엘리베이터를 설치한 배경은 장애인

이동권 보장을 위한 목적이 있다. 그렇지만 이는 장애인의 이동편의를 제공하기 위한 것이지 장애인 이외 비장애인은 이용할 수 없다는 소위 '전용'을 의미하지 않는다. '장애인 전용'이라는 말 자체가 이동편의에 대한 왜곡이 포함되어 있기 때문에, '장애인 우선'이라고 보는 것이 타당하다. 그리고 좀 더 나아가 '이동약자 우선'이라고 보는 것이 합리적이다.

학교가 대부분 5층 이하의 저층 건물이라는 점을 감안하면, 에너지 절약을 위해 반드시 엘리베이터를 이용해야 하는 사정이 없는 한 이용을 제한하는 것 역시 가능한 일이다. 하지만 학생들에게만 이러한 원칙이 적용되고 교사들은 제한 없이 이용할 수 있도록 하는 것은, 합리적 사유 없이 재화나 서비스 이용에 있어서 차등을 두는 것으로 '사회적 신분에 따른 차별'이라고 볼 수 있다.

▶ 다문화 학생에 대한 부적절 발언

A초등학교 담임교사 B는 수업시간에 다문화가정 학생에게 "차이나"라고 부른 적이 있고, 이를 본 학급 학생들이 "선생님 여자 차이나도 있어요. ○○○도 차이나예요."라고 하자, "○○○어린이도 차이나였구나."라고 말했다.

[해설]

초등학교 시기는 다양한 사람들과의 상호작용을 통해 자아정체성을 형성하고, 모방을 통해서도 학습이 이뤄질 수 있어 이 시기 교사의 역할은 매우 중요하다. 교사가 특정 집단을 차별하는 말과 행동을 하였을 때 학생들 또한 그래도 된다고 생각할 수 있으며 자칫 차별에 대한 인식이 내재화될 수도 있기 때문이다.

[유사사례]

① 여학생의 몸무게나 자세 등을 지적하거나 외모에 비해 행동이나 지적 수준이 낮다는 식으로 발언

② 생리결석을 한 학생이 많다는 이유로 "우리 반만 여자고, 다른 반 애들은 남자냐"는 취지의 발언
③ 미투 운동과 관련하여 여성들이 예민한 반응을 보여 집단 내 소통이나 서로간의 협력을 어렵게 한다는 취지의 발언

▶ 특정종교 편견에 의한 혐오 발언 및 성희롱

A중학교 B교사는 수업 시간에, 이슬람 문화를 설명하면서, "이슬람 사회에서는 오래 전부터 여성의 지위가 다른 문화권에 비해 상대적으로 낮았고, 여성이 신체를 많이 노출하면 남성들에게 성적 충동을 유발할 수 있다고 생각해서 코란에 그렇게 쓰여 있는 것 같다" 등의 이야기를 하였다. 그리고 여학생의 치마를 미니스커트로 비유를 하며 "요즘 학생들의 이런 미니스커트나 짧은 옷을 입고 다니니까 성폭행이나 성희롱이 일어난다"고 이야기 했다.

[해설]

이슬람의 복장은 "이슬람에서는 외출이나, 성원에서의 예배시 타인을 방해하거나 방해받지 않기 위하여 해당 손, 발, 얼굴을 제외한 신체의 대부분을 가리는 복장을 하고 있다."고 해당 종교인은 주장하는 등 '성적충동'과 관련 없다. 그런데, B교사는 부정확한 사실로 특정 종교에 대한 편견을 포함하여 교육을 하였다. 이는 특정 종교에 대한 혐오를 조장할 수 있는 발언으로 보인다. 또한, 여학생의 교복 치마를 미니스커트에 비유하면서 한 발언은 여학생들이 수치심을 느꼈을 것이 명백하므로, B교사의 잘못된 성관념에 따른 언어적 성희롱으로 보인다.

▶ 수업 중 공개적으로 학생에게 언어폭력

A교사는 수업 중 졸거나 수업내용과 관련 없는 행동을 한다는 이유로 B학생을 자리에서 일어나도록 한 뒤 '쓸모 없는 XX', '집에서

부모가 그렇게 가르치더냐?' 등의 발언을 하였다. B학생은 수업에 집중하지 않은 잘못은 인정하나 다른 학생들 앞에서 공개적으로 쓸모없는 취급을 받고 부모님까지 욕되게 해서 창피했다고 주장했다.

[해설]

수업에 충실하지 않은 학생을 학교규칙에 따라 바르게 지도하는 것은 교사에게 부여된 수업권 및 학생지도권의 정당한 행사이고, 학생은 이러한 교사의 정당한 지도에 충실히 따라야 한다.

다만, 이러한 학생지도는 학생의 인격권 등 기본적 인권을 침해하지 않는 방법으로 행사되어야 한다. 교사는 학생의 전인적 성장을 지원하고 인권을 보호할 책무가 있으므로 학생들 앞에서 올바른 언어사용과 행동으로 모범을 보여야 한다.

그럼에도 불구하고 수업이나 학생지도 과정에서 교사가 욕설 등의 언어를 사용해 학생의 인격을 비하하거나 모욕하는 행위는 정당한 학생지도를 벗어난 인권침해적인 행위이다. 게다가 수업시간 등 공개 장소에서 공연히 행사된 언어적 모욕은 인권감수성이 예민한 학생들에게 보다 심각한 심리적 손상을 야기한다는 점에서 금지하여야 한다.

▶ 비속어 욕설 사용

A고등학교 학생생활부장인 B교사는 학생들을 지도하면서 "~새끼"라는 용어를 자주 사용하고 있다. 평소 수업 중에도 "야, 이 개새끼야" 또는 "새끼야"라는 욕설을 자주 하는데, 일부 학생들은 교사의 욕설을 성대모사하기도 해서 별 문제라고 생각하지 않았다.

[해설]

'새끼'라는 표현은 국어사전에서 '낳은 지 얼마 안 되는 어린

짐승'을 이르는 말로 비하적 의미가 충분해 욕설로 보는 것이 타당하다. B교사의 이러한 발언은 교육적인 측면에서 적절하지 않으며, 언어폭력으로 학생들에게 심각한 정서적 피해와 자존감을 저하시킬 수 있다는 것을 간과한 것으로 보인다. 이러한 욕설을 들은 학생은 모욕감, 수치심, 분노 등을 느낄 수 있으므로 언어폭력에 의한 '인격권' 침해로 볼 수 있다.

▶ 남교사가 여학생에게 엄마, 엄마 친구 소개 등 농담

A고등학교 B교사(남성)는 학생 C(여성)에게 "엄마 친구들 소개해달라", "학교 선생님들이랑 너희 어머니랑 어머니 친구들이랑 너희 가게 가서 술마셔야겠다" 등과 같은 이야기를 하였다. 또한, 학생 D(여성)에게 "엄마 몇 살이냐", "엄마 소개해달라"는 등의 이야기를 하였다.

[해설]

남성교사가 여자 고등학생에게 '여성 소개'를 언급하는 것은 상황과 맥락에 따라 이 말을 들은 여학생에게 수치심과 모욕감을 줄 수 있다. 여기에 더해 학생의 어머니 또는 어머니 친구들이 그 대상이 된다면, 더욱 심한 수치심과 모욕감을 느꼈을 것이다. 이와 더불어, '어머니와 어머니 친구들과 술을 먹는다'는 발언 역시 심한 수치심과 모욕감을 주기에 충분한 것으로 판단한다. 그러므로, B교사의 발언은 학생들에게 수치심과 모욕감을 주는 발언에 해당되어, 피해학생의 인격권을 침해하였다고 판단한다.

▶ 공개적으로 보호자의 사과요구

A초등학교 B교사는 학생들의 생활지도 관련 프로그램을 진행하면서, C보호자와 의견이 달랐다. C보호자는 B교사에게 항의 전화를 하였고, 다음날 교실에서 B교사는 C보호자의 자녀와 학생들

에게"난 지금 이 순간부터 00프로그램을 하지 않겠다. 열심히 가르치려고 한 것인데 칭찬은 받지 못할망정 이런 대접을 받으면서까지 하지 않겠다. 단, ○○의 어머니(C보호자)가 나에게 사과를 하면 하겠다."고 말하였다. 그리고 교실 뒤편의 게시판의 생활지도 관련 프로그램 게시물 7개를 떼어냈다.

[해설]

학생지도와 관련해서 보호자와 교사의 의견(견해)이 항상 같을 수는 없다. 의견이 서로 다르다고 해서, 교사가 보호자의 의견을 공개적으로 다른 학생들에게 이야기한 행위는 부적절하다. 그 이유는 학생지도 프로그램과 관련 학생이 있는 교실에서 꼭 공개적으로 C보호자의 주장을 들어 학생들에게 동의 또는 통보하는 방법 외에는 없었는지 의문이고, 이로 인해 보호자의 자녀(피해자)가 심한 모욕감과 수치심을 느꼈을 것이 너무나 명백하기 때문이다.

이와 더불어, 교사는 보호자의 자녀가 있는 교실에서 공개적으로 보호자의 사과를 직접적으로 요구하였는데, 보호자의 자녀가 이로 인해 받게 되는 모욕감과 수치심이 상당했을 거라고 짐작할 수 있다. 또한, 이를 지켜 보는 동료 학생들은 자신의 부모도 똑같은 상황에 놓일 수 있다는 불안감과 모욕감이 상당한 상황이었다.

그리고, 교실 뒤편의 게시판의 게시물을 떼어내는 행위는 그 폭력의 정도를 더욱 심하게 만든 행위로 보인다. 그러므로, B교사는 학생들에게 모욕감, 수치심 등을 주어 학생들의 폭력으로부터 자유로울 권리(인격권침해)를 침해하였다고 볼 수 있다.

▶ 면담 과정에서의 일방적인 공격

수행평가 중 실시된 '동료평가' 점수의 문제점을 확인하고 담당교사에게 확인 및 재발방지 조치를 요구하였다. 하지만 담당교사는 자녀와 조원들을 개별 면담 해 상황을 파악하는 방식이 아니라 한꺼번에 모아놓고 면담을 진행하였고, 이 과정에서 다른 4명의 학생들이 자녀에게 일방적인 자신들의 입장을 얘기해 자녀가 무력감을 느꼈다.

그래서 다시 한 번 다른 학생들이 자녀에게 부여한 점수의 근거, 자녀가 납득할 수 있는 설명을 해달라고 요청하였다. 그런데 교사는 다시 5명의 조원들을 모두 불러놓고 면담을 진행했고, 이 과정에서 자녀는 또 다시 다른 4명의 조원들에게 일방적으로 공격을 당했고, 면담을 진행하는 과정에서 피신청인도 다른 학생들의 발언에 동조해 함께 웃는 등 자녀에게 모멸감을 느끼게 하였다.

[해설]

보호자로부터 교육활동과 관련하여 이의제기를 받은 교사로서는 사실관계를 확인하고 해결방안을 찾기 위해 노력할 의무가 있다. 사실관계를 확인하기 위해 관련 학생들과 면담을 진행하는 것은 가능한 일이며, 특히 동료평가는 모든 구성원들이 서로의 입장을 확인하고 조율할 필요가 있다는 점에서 전체 구성원을 모아 면담을 진행한 것 자체를 문제라고 보기는 어렵다.

하지만, 피신청인은 1차 면담 이후 개별 면담까지 진행하였지만 구성원들 스스로 해결점을 찾기 어렵다는 점을 확인할 수 있었다. 피신청인은 학생들 스스로 문제를 해결할 수 있는 역량이 있고, 서로 오해가 있었다면 풀고 이해하여 좋은 친구관계를 유지하도록 해야 할 필요가 있었다고 주장하지만, 이런 상황은 의견이 상반되는 구성원 간 비율이 엇비슷하여 활발하게 의견을 주고받거나 균형을 맞출 수 있을 때 가능한 일이다. 피해자와 나머지 구성원 4명의 극명한 대립이어서 균형 있는 대화나 토론이 어렵다는 점은 피신청인 역시 인지할 수 있었다는 점에서 이유가 되지 않는다.

물론, 피신청인이 피해자를 일부러 곤경에 처하게 하려고 방조를 하거나 피해자와 의견을 달리하는 학생들에게 동조한 것으로 해석하기는 어렵다. 그리고 다른 학생들의 입장에서는 교사가 각자의 의견을 얘기하라고 해서 본인을 적극 방어하거나 자신의 입장을 주장한 것일 뿐 다른 의도가 있지는 않았을 수 있다. 하지만 피해자의 입장에서는 1시간 가까운 시간 동안 다른 4명의 학생들이 돌아가며 피해자의 동료평가 점수를 왜 2점 밖에 줄 수 없었는지에 대한 설명을 반복적으로 하고 본인은 홀로 본인의 입장을 설명해야 하는 상황 자체가 견디기 힘들거나 해결책이라고는 도저히 느껴지지 않는 무력한 자리였을 것으로 보인다.

일련의 상황을 종합하면, 피신청인이 비록 의도하지는 않았다고 해도 신청인의 이의제기를 처리하는 과정에서 피해자로 하여금 모멸감과 위축감 등을 갖도록 하는 상황을 제공하여 '인격권'을 침해하였다.

▶ 교사가 수업시간에 학생들에게 비교육적 언어 사용

교사가 수업시간에 "쌍놈의 새끼, 이놈의 새끼, 어린놈의 새끼, 개새끼들"의 욕설과 "호로새끼, 지랄, 염병하네"와 같은 비속어를 습관적으로 사용하였고, 몇몇 수업 분위기를 흐리는 학생들을 학교폭력을 저지르거나 흡연하는 학생으로 단정 짓고, 정신병원에 가게 만들 수도 있다고 공공연하게 위협, 협박하였다. 또한, 교사는 위와 같은 욕설과 비속어를 교직에 재직하는 동안 학기 초마다 줄곧 수업 시간에 사용하였다.

[해설]

"폭력으로부터 자유로울 권리"는 신체의 자유와 인간의 존엄과 가치, 평등을 해치는 모든 형태의 폭력으로부터 자유로울 권리를 말한다. '폭력'은 인간으로서의 존엄과 행복추구권을 침해할 뿐 아니라, 건강하게 성장해야 할 학생에게 신체적·정신적으로 회복하기 어려운 상처를 남긴다.

수업에 충실하지 않는 학생을 학교 규칙에 따라 바르게 지도하는 것은 교사에게 부여된 수업권과 학생지도권의 정당한 행사이고, 학생은 교사의 정당한 지도에 충실히 따라야 한다. 다만, 이러한 학생지도는 학생의 인격권 등 기본적 인권을 침해하지 않는 방법으로 행사되어야 한다. 교사는 학생의 전인적 성장을 지원하고 인권을 보호해야 할 책무가 있으므로 학생들 앞에서 올바른 언어 사용과 행동으로 모범을 보여야 한다.

그럼에도 불구하고 수업이나 학생지도 과정에서 교사가 욕설 등의 언어를 사용해 학생의 인격을 비하하거나 모욕하는 행위는 정당한 학생지도를 벗어난 인권침해 행위이다. 게다가 수업 시간 등 공개장소에서 공연히 행사된 언어적 모욕은 인권감수성이 예민한 학생들에게 보다 심각한 심리적 손상을 야기한다는 점에서 금지하여야 한다.

따라서, 교사가 수업 시간에 학생들에게 습관적으로 욕설을 포함한 비교육적 언어를 사용하여 학생의 폭력으로부터 자유로울 권리와 인격권을 침해하였다고 판단하며, 피해 학생들이 수업 시간에 상시적으로 폭력에 노출되었다고 판단한다. 피해 학생들이 인격을 형성해나가는 중요한 시기이고, 학교 교육에 적응해가는 과정 중에 있는 중학생인 점을 고려할 때, 교사의 언행이 피해 학생의 인격 형성에 악영향을 미칠 수 있다고 예상할 수 있으며, 교사뿐 아니라 학교와 다른 교사와의 신뢰 관계에도 좋지 않은 영향을 끼칠 수 있다고 충분히 예상할 수 있어, 피신청인의 학생 인권침해 정도가 심각하고 위중하다고 판단한다.

▶ 학생들에게 머리를 잡아 흔들도록 지시함.

A초등학교 2학년 0반 담임 B교사는, 쉬는 시간에 교실에서 C학생이 D학생의 머리를 잡아 흔드는 것을 발견하고 C학생을 말렸다. 이 과정에서 C학생이 발버둥을 치면서 B교사의 뺨에 상처를 냈다. 이에 감정이 격해진 B교사는 C학생의 머리를 잡고 흔들었다. 이어서 C학생에게 "너도 똑같이 당해봐라"고 말하면서, 학급의 다른 학생들(과거 C학생에게 머리채를 잡힌 적이 있는 학생들)에게 C학생의 머리를 잡아 흔들라고 하였으며, 몇몇 학생들이 차례로 C학생의 머리를 잡고 흔들었다.

[해설]

B교사의 위와 같은 행위는 C학생의 신체에 직접적인 가해를 하고, 또한 학생들에게 C학생의 신체에 직접적인 가해를 하도록 지시한 것이므로, C학생의 폭력으로부터 자유로울 권리를 침해한 것이 명백하다. 또한, 이러한 체벌을 당한 C학생은 심한 수치심과 모욕 등을 느꼈을 것이 당연하므로 인격권도 침해한 것이다.

이와 더불어 B교사의 지시에 따라 C학생의 머리채를 잡았던 몇 명의 학생들과 이를 목격하였던 A초등학교 2학년 0반의 학생들도 B교사의 행위로 인하여 폭력에 노출되었으므로, 위 학급 학생들의 폭력으로부터 자유로울 권리도 침해한 것이다.

▶ 일상적으로 직접체벌, 간접체벌

A고등학교 B교사는 학생들이 장난을 치는 경우, 교복을 안 입고 오는 경우, 체육복을 안 입은 경우, 체육복을 입고 하교하는 경우, 실내화를 신고 매점에 가는 경우, 흡연이 적발된 경우 등에, 테니스채와 당구큐대로 학생들의 엉덩이를 때리거나, 자신의 손과

발로 학생들의 엉덩이나 얼굴 등을 때렸다.

또한, 금연 관련 프로그램을 진행하면서, 담배를 피우고 온 학생의 입을 강제로 벌리고 테니스채 손잡이를 입에 넣었다. 잔디공사를 새로 한 운동장에서 장난을 쳤다는 이유로, 학생들에게 슬리퍼를 손에 끼고 네 손발로 기어 운동장을 한 바퀴 돌게 하였으며, 점심시간에 먼저 밥을 먹으려고 한다는 이유로 학생들에게 오리걸음으로 운동장 2바퀴를 돌게 하였다.

B교사가 테니스채와 당구큐대로 학생들을 때리거나 테니스채 손잡이를 학생의 입에 넣은 행위는 직접체벌에 해당하며, 운동장을 기어서 돌게 하고 오리걸음으로 돌도록 한 행위는 간접체벌에 해당한다. 특히, 테니스채 손잡이를 학생의 입에 넣거나 슬리퍼를 끼고 네 손발로 운동장을 돌도록 한 행위는 학대행위에 가까워 보인다.

B교사는 "때려서라도 가르쳐 달라는 보호자들이 있어, 교사의 말을 듣지 않는 학생에게는 어쩔 수 없는 경우에 체벌하고 있으며, 학생이 원해서 때린 적도 있다", "본인도 화가 나서 때렸다"라고 주장하는 등, 체벌이 불가피한 상황이었고 체벌을 할 이유가 있었다고 주장하였다.

하지만, 학생의 손에 슬리퍼를 신겨 네 손발로 기어 운동장을 돌게 한 행위, 흡연을 이유로 학생의 입에 테니스채 손잡이를 강제로 넣은 행위는, 일반적으로 학교에서 교사가 학생에게 행하는 각종 체벌의 범주를 훨씬 넘어 학대행위에 가깝다고 볼 수 있고, 현행법상 금지된 체벌이 보호자의 요청이나 교사 본인의 감정 등의 이유로 정당화될 수 없다.

그러므로, B교사의 행위는 학생들의 폭력으로부터 자유로울 권리를 침해하였다.

▶ 무릎 꿇고 발바닥 체벌

A중학교 담임인 B교사는 학급활동 시간에 학생들이 떠들었다는 이유로 반 전체 학생들에게 책상 위로 올라가 무릎을 꿇게 한후, 도구를 이용하여 발바닥을 때리는 등의 방법으로 학생들을 지도하였다.

[해설]

학생들에게 책상 위에 무릎을 꿇게 한 B교사의 행위는 학생들에게 모욕감과 수치심, 낮은 자존감을 느끼게 하는 간접체벌에 해당하며, 도구를 이용하여 발바닥을 때린 행위는 강도 여부를 떠나 학생의 신체에 직접 물리력을 행사한 것으로 직접체벌에 해당하여 폭력으로부터 자유로울 권리를 침해한 것으로 볼 수 있다.

▶ 체육수업시간, 운동장에서 햇볕 아래 장시간 의자에 앉혀둠

A초등학교 B교사는 1교시와 3교시 체육수업시간 2시간 동안, C학생이 학교폭력 가해 학생이라는 이유로 해당 수업에 참여하지 못하게 하고 운동장에서 햇볕 아래 의자에 앉아 있도록 하였다. 그 날 최고 온도는 섭씨 30도가량이었다.

[해설]

B교사는 체육수업을 진행하면서, "학교폭력 가해학생 등은 스포츠클럽 리그전 경기에 참여하지 못하고, 운동장에서 경기 규칙 및 전술 공부를 한다. 원하지 않을 경우에는 명상의 시간을 갖는다."는 규칙을 만들었는데, 위 규칙을 적용하여 C학생을 비롯한 7~8명의 학생들에게, "명상의 시간"을 갖도록 하는 방법으로 운동장에 서 있게 하거나 의자를 가지고 와서 앉아 있게 하였다.

햇볕이 쬐는 운동장에 서 있게 하거나 의자에 앉아 있게 한 행위는, 도구나 신체를 이용하여 직접적으로 학생의 신체에 위해를 가한 것이 아니지만, 주변 환경(햇볕 등)을 이용하여 학생의 신체에 영향 또는 고통을 주는 행위이므로 체벌에 해당된다. 또한, 학생들과 야외 수업을 하면서, 서 있거나 의자에 앉아 있는 학생의 모습을 보이도록 하는 벌을 준 것은, 해당 학생들이 수치심과 모욕감을 느끼기에 충분하므로, 학생들의 인격권을 침해한 것이다. 그러므로, B교사는 C학생을 비롯한 7~8명의 학생들의 폭력으로부터 자유로울 권리를 침해한 것이다.

▶ 책상 위에 무릎 꿇기, 어깨동무하고 앉았다 일어서기

A고등학교 2학년 0반 담임 B교사는 학생들이 잘못을 하는 경우, 수시로 반 전체 학생들을 책상 위로 올라가 무릎을 꿇게 한 후, 학생들을 훈계하였다. 또한, 학생들이 교과수업 중 말을 듣지 않았다는 이유로 책상을 뒤로 밀게 한 후, 학생들에게 '어깨동무하고 3줄로 서서 앉았다 일어서기'를 2~3셋트(셋트당 30회 가량) 하게 하였다.

[해설]

B교사가 학생들의 발바닥을 때린 행위는, 비록 때리는 강도가 강하지 않았다고 하더라도, 신체에 직접적인 물리력을 행사한 것으로서 직접체벌에 해당한다. 학생들에게 책상 위에 무릎을 꿇고 앉도록 한 것, '어깨동무하고 앉았다 일어서기'를 시킨 것은, 학생들의 신체에 직접 물리력을 행사한 것은 아니지만, 학생들에게 고통과 수치심 등을 주기에 충분하므로 간접체벌에 해당한다.

그러므로, B교사는 학생들에게 직·간접체벌을 하여, 학생들의 폭력으로부터 자유로울 권리, 인격권 등을 침해하였다.

▶ 빗자루로 엉덩이 체벌

A고등학교 B교사는 학교를 무단이탈한 경우, 노트필기를 하지 않은 경우, 분리수거 후 교사 지시에 반해 손을 씻고 온 경우, 관련 학생들을 훈계하면서 빗자루로 각각 3~4대씩 엉덩이를 체벌하였다.

[해설]

「초·중등교육법」 제31조 제8항은 신체적 고통을 가하는 지도행위를 금지하고 있다. 교사의 체벌은 교육적 효과보다는 정신적 상처를 낳고 학생이 폭력적 수단에 수동적으로 반응하도록 하여 비교육적일 뿐만 아니라, 인간으로서의 존엄성을 훼손하는 행위다.

B교사의 체벌은 직접 피해 학생에게 신체적 고통과 정서적 모욕감을, 목격 학생들에게는 심리적 손상을 끼쳤을 우려가 있어 신체의 자유뿐 아니라 인격권을 침해한 행위이다.

▶ 골프채를 들고 협박 등

A교사는 체육수업 중 국민체조를 하면서 B학생의 자세를 바로 잡아 주고 있었다. 그런데 갑자기 C학생이 B학생의 가랑이 사이로 머리를 집어넣어 B학생의 얼굴을 보고 웃었고, B학생도 다리를 오므려 C학생의 머리를 누르는 장난을 하였다. A교사는 C학생이 자신을 놀리는 것으로 이해해 모욕감을 느꼈고, 체육관 안에 있는 체육실로 불러 골프채를 들고 "야 이 새끼야"라고 한 뒤, 선도 처분이 필요하다고 생각해 골프채를 신발장 위에 올려두고 교감에게 상황을 보고하였다.

[해설]

당시 A교사가 B학생의 자세를 교정해주던 상황을 미루어보면

C학생이 장난을 한 대상이 B학생이었다고 해도 A교사의 입장에서는 학생이 자신을 놀리는 것으로 이해하기에 충분한 상황이었다는 점은 인정된다.

그렇지만 C학생에 대한 지도와 교육은 학교에서 정한 절차에 따라 정당하게 이루어져야 하며, 체육실이라는 별도의 공간으로 학생을 불러 골프채를 들고 "야 이 새끼야"라는 욕설을 한 것은 '폭력에서 자유로울 권리'를 침해한 것은 물론이다. 그리고, 당시 골프채를 들고 있었다는 점에서 욕설 이외에 다른 행동을 하지 않았다고 해도 학생의 입장에서는 충분히 위협감과 공포심을 느낄 수 있었다고 볼 수 있고 '신체의 자유'를 침해하는 체벌에 해당한다고 할 것이다.

▶ 벽을 보고 서 있게 한 체벌

A교사는 중학교 담임교사다. A교사는 정숙과 면학 분위기에 관심이 많다. 학생들이 복도에서 뛰어다니는 것도 매우 싫어한다. 수업 중에 떠들면 교실 뒤에서 뒤편 벽을 보고 서 있게 하거나, 복도에서 뛰다 걸리는 학생은 그 자리에서 복도 벽을 보고 서 있게 하는 지도를 하고 있다. 몇 분 정도 짧게 서 있을 때도 있지만, 어떤 학생은 수업 초기에 걸려 한 시간 내내 벽을 보고 서 있던 적도 있다.

[해설]

학생에 대한 지도는 특별한 경우를 제외하고는 개별지도를 원칙으로 하며, 공개적인 지도는 수치심, 모욕감 등을 줄 수 있으므로 지양해야 한다. 불특정 다수의 학생이 이동하는 복도에 서 있게 하거나, 학급 내에서 일어난 일이라 해도 학급 구성원들이 있는 곳에서 공개적으로 꾸짖는 행위는 지양해야 한다.

또한 성찰을 위해 잠깐동안 서있게 하는 것은 허용할 수 있지만, 벽을 보고 서있기 등 이른바 '면벽지도'는 수단의 적절성 측면에서 바람직하지 않다. 더구나 '면벽'은 수사기관이 피의자 심문과정에서 고문의 기법으로 사용하던 이른바 '면벽수행'을 연상시킬 수 있다는 점에서 교육기관에서는 지양해야 할 지도방법이며, 과도할 경우에는 '신체의 자유'를 침해하는 체벌에 해당할 수 있다.

아울러 복도나 교실에서 뛰는 행위나 소란 행위를 어느 정도까지 허용할 것인가는 매우 어려운 문제이다. 하지만 무조건 금지하는 것 역시 성찰이 필요하다. 사실 우리의 학교가 지나치게 정숙과 질서만을 강조하는 경향이 있고, 이러한 경향은 일제강점기 군국주의 교육의 잔재, 권위주의 시기 병영교육의 잔재의 영향이라고 보는 시각도 있다. 좀 더 자율적인 민주시민으로 성장하도록 적절한 수준에서, 서로에게 피해가 가지않는 범위에서 허용할 수 있는 기준을 함께 연구하고 토론하는 것이 합리적일 것이다.

▶ 교사의 학생에 대한 신체적 폭력

1층 현관 등교지도 중에 학생이 명찰을 달지 않아, 이와 관련하여 이야기를 하다가 학생을 열체크 카메라 뒤에 엎드리게 하고, 2학년 교무실에 가 있으라고 했으나 학생이 교무실에 가지 않았다. 약 2주 후 등교지도 중에 학생을 만나자 함께 교무실로 올라갔고, 학생을 엘리베이터 앞에 엎드리게 한 후 청테이프로 감은 도구(알루미늄 소재 대걸레 자루를 반으로 접어 청테이프로 감음)로 엉덩이를 7회 체벌한 후, 40여 초 가량 학생의 멱살을 잡고 이야기하였다.

[해설]

「대한민국 헌법」제10조는 인간의 존엄과 가치 및 행복추구권, 제12조는 신체의 자유에 관하여 규정하고 있고,「초·중등교육법 시행령」 제31조는 '학생을 지도할 때에는 학칙으로 정하는 바에 따라 훈육·훈계 등의 방법으로 하되, 도구, 신체 등을 이용하여 신체에 고통을 가하는 방법을 사용해서는 안 된다.'고 규정하고 있다.

이러한 법규들을 살펴보았을 때 학교에서 교사가 학생을 지도하면서 어떠한 경우에도 폭력은 허용되지 않음을 알 수 있다.

학생에게 엎드려뻗쳐를 시키고, 도구를 사용하여 엉덩이를 여러 차례 체벌하고 멱살을 잡는 등의 폭력행위를 하여, 피해 학생의 신체의 자유 및 폭력으로부터 자유로울 권리를 침해하였고, 엎드려뻗쳐와 체벌을 한 공간은 학생과 교직원이 수시로 드나드는 공개된 장소로, 공개된 장소에서 폭력에 노출된 피해 학생이 느꼈을 수치심, 모욕감, 분노감 등이 상당하였다고 보여져, 인격권도 침해하였다고 판단하였다.

▶ 교사가 장애학생 스스로를 때리게 함.

방과후 수업시간에 장애학생이 공격행동(도전적 행동)을 하자, 교사가 학생에게 본인의 얼굴을 수십여 회 때리게 하고, 다른 장애학생에게 해당 모습을 휴대전화로 촬영하도록 하였다.

[해설]

'폭력으로부터 자유로울 권리'란, 학생이 직접적으로 폭력을 당하지 않아야 하는 '폭력을 당하지 않을 권리', 학생이 폭력을 당했을 경우 가정, 학교 등으로부터 보호와 치료를 받을 수 있는 '폭력으로부터 회복될 수 있는 권리', 학생이 폭력 상황에 노출되지 않도록 학교, 교육청 등의 '폭력 예방의무' 등의 내용을 포함할 때, '폭력'으로부터 '자유'로울 수 있다고 할 수 있다.

따라서, 학교는 학생들이 폭력을 당하지 않고, 폭력 피해를 입었을 경우 회복하도록 하고, 폭력을 사전에 예방하는 등의 다양한 조치를 취해야 할 의무가 있음을 알 수 있다. 교사가 장애학생에게 본인을 때리게 한 행위는, 학생의 '폭력을 강요받지 않을 권리' 침해에 해당하며, 다른 학생들에게 교사가 맞는 장면을 촬영하게 하고, 또다른 학생들이 지켜보도록 한 행위는, '폭력 상황에 노출되지 않을 권리' 침해에 해당한다고 볼 수 있어, 교사가 피해학생들의 "폭력으로부터 자유로울 권리"를 침해하였다고 판단한다.

▶ '볼에 뽀뽀를 해주면 보내주겠다'는 성희롱

A학생은 감기몸살로 보건실에 가기 위해 다음 수업 교과담당인 B교사에게 허락을 구하러 갔는데, B교사는 A학생에게 '볼에 뽀뽀를 해주면 보내주겠다'고 말하였다. A학생은 주변의 남학생들이 웃으며 속닥거리는 것 같아 창피했고 B교사와 마주치는 것이 두려워 다음 날부터 등교를 못하였다고 주장하였다.

[해설]

수업이나 학생지도 과정에서 교사가 의도한 경우는 물론이고 의도하지 않은 경우라도 성적 언동으로 상대방에게 성적 굴욕감이나 혐오감을 느끼게 해서는 안된다. 또한, 성적 언동 그 밖의 요구 등에 대한 불응을 이유로 불이익을 주는 행위는 성희롱에 해당하여 행정처분과 형사상 처벌대상이 된다.

교사가 이 사례와 같이 학생에게 뽀뽀를 요구한 행위에 대해 학교의 장은 인권침해에 대한 조치뿐 아니라 「아동·청소년의 성보호에 관한 법률」 제34조 제2항 등 관계법령과 교육부·교육청의 성희롱 사안 처리지침에 따라 수사기관에 신고해야 한다.

학교는 교내에서 발생한 성희롱에 대해 민감하고 책임감 있게 반응하여야 하며 평등한 성문화 조성 등 성희롱을 예방하기 위한 다양한 조치를 마련해야 한다.

▶ 여학생 체육복 지퍼내리기, 뺨 깨물음 등

A고등학교 B 체육교사(남성)는 체육시간에 여학생들이 체육복 안에 교복을 입었는지 검사하면서, 여학생들의 체육복 상의 지퍼를 내려 확인하고, 점심시간에는 여학생들과 어깨동무를 하거나 손을 잡고 운동장을 같이 돌았다.

여학생이 잘못해서 학생부실에 오면, "뽀뽀하면 봐줄게"라는 말을 하고, 학생을 지도하는 과정에서 손으로 엉덩이를 자주 때렸다.

그리고, B교사는 술을 1~2잔 마신 상태에서, 야간자율학습시간에 C학생(여학생)을 학생부실로 불러 30분가량 1:1 상담을 하면서, C학생의 얼굴(광대뼈 부분의 살)을 살짝 깨물었다. 학생의 얼굴에 자신의 이 자국이 생기자,놀라서 손가락으로 그 부분을 문질렀으며, 학생이 학생부실에서 나갈 때, 서 있는 학생을 두 팔로 끌어안았다.

[해설]

일반적으로 성폭력(성희롱, 성추행 등)에 해당하는지를 판단하기 위해서는, 그 행위의 시기, 동기, 목적, 피해 등을 종합적으로 살펴보아야 한다. 특히, 성희롱의 경우에는, 당사자 간의 업무 관련성, 그 행위가 행해진 장소 및 상황, 상대방의 명시적 또는 추정적 반응 등을 종합하여 성적 함의가 있었는지, 상대방이 그러한 행위를 원하지 않았고 성적 굴욕감 또는 혐오감을 느낄만한 것이 있었는지 여부에 따라 판단하여야 한다. 이 때 성적 굴욕감과 혐오감 여부는 피해자의 주관적 사정 외에도 보통의 합리적인 여성 또는 피해자의 관점에서 판단되어야 하므로, B교사의 주관적 의도가 무엇이었는지는 주된 고려 사항이 아니다.

다른 사람이 자신의 상의(체육복) 목 부분의 지퍼를 내릴 경우에 감수성이 예민한 여자 고등학생이 아닌 일반성인여성이라고 하더라도, 당사자는 성적 굴욕감과 혐오감을 느끼기에 충분하다고 할 것이어서, 위와 같은 행위는 "육체적 성희롱"에 해당한다고 보아야 한다.

남자 교사가 여자고등학생과 학교에서 손을 잡고 운동장을 돌고, 어깨동무를 하고, 뒤에서 껴안은 경우, 감수성이 예민한 여자 고등학생이 아닌 일반 성인여성이라고 하더라도, 당사자는 성적 굴욕감과 혐오감을 느끼기에 충분하여 B교사의 행위는 "육체적 성희롱"으로 보는 것이 타당하다.

남자 교사가 여자 고등학생에게 "뽀뽀하면 봐줄게"라고 말한 것은, 설령 이것이 농담이라고 하더라도 교육현장에서는 바람직하지 않은 것이고, 상황에 따라서는 이를 성적인 농담이라고 볼 수 있으며, 이런 말을 들은 학생들이 성적 굴욕감과 혐오감을 느끼기에 충분하다고 보이므로, B교사의 위와 같은 행위는 교사라는 지위를 이용한 "언어적 성희롱"으로 볼 수 있다.

엉덩이는 생식기와 가까운 곳에 위치하여 있고 신체의 민감한 부위이며, 그 부위를 타인이 만지거나 건드리는 경우, 성적 굴욕감과 혐오감을 느끼기에 충분하기 때문에, 남자 교사가 여자 고등학생을 지도하면서, 손으로 엉덩이를 두드리는 것은, "육체적 성희롱"으로 보인다.

B교사는 여학생들의 손을 주무르고 등을 쓰다듬는 행위를 하였는데, B교사는 소화가 안 된다고 찾아온 학생들의 건강상 조치라고 주장하지만, 이로 인해 수치심을 느꼈다는 학생들이 존재하는 것으로 보았을 때, B교사의 주장은 설득력이 없다고 보이므로, 위와 같은 행위는 "육체적 성희롱"에 해당하는 것으로 보는 것이 타당하다.

B교사는 여학생과 야간 시간에 1:1 상담을 하면서 음주를 한 상태에서, 해당 학생의 얼굴을 깨물고, 이 자국을 지우기 위해 학생의 얼굴을 자신의 손으로 문지르고, 학생을 껴안았다. 이는 성희롱의 범주를 넘어 "성추행"에 해당하는 것으로 보인다. 먼저, 당시 상황을 보면 B교사가 학생의 볼을 깨문 것이 단순한 실수가 아니라 의도적인 것으로 보이고, 둘째, B교사가 술을 마신 상태에서 야간에 상담을 하였으며, 셋째, 상담을 마치고 나가는 학생을 다시 껴안았고, 넷째, B교사가 평소에 예쁘다는 이유로 피해 학생의 엉덩이를 자주 두드렸다는 점 등을 고려하면, B교사의 위와 같은 행위는 "성추행"으로 보는 것이 타당하다.

　B교사의 위와 행위는 (남자)교사가 교사라는 지위를 이용하여 여학생들을 학교에서 성희롱하고 성추행한 것이므로, 피해학생들의 성적자기결정권, 폭력으로부터 자유로울 권리 등을 침해한 것이다.

▶ 수업을 하면서 교사가 학생에 대한 허위사실 유포

　A중학교 B교사는 약 두 달 동안, C학생의 학급 외 다른 학급에서 수업을 하면서 학생들에게 'C학생이 학급 실장이 된 것은 담임선생님이 좋아해서 된 것이다', 'C학생의 담임교사가 C학생을 어떤 동아리에 넣으려고 다른 학생을 빼고 넣었다'는 등 C학생에 대한 허위 사실을 이야기하였다.

[해설]

　B교사는 C학생이 같은 반 학생들의 투표로 실장으로 선출되었음에도, '담임교사가 C학생을 실장으로 임명하였다'는 내용의 허위사실을 수업 중에 다른 학생들에게 이야기했다. 설령 B교사의 발언이 허위사실이 아니라고 하더라도, 교사가 학생 개인 신상을

다른 학생들에게 이야기하는 것은 그 학생의 개인정보를 무단으로 유포하는 것으로 볼 수 있으므로, 위와 같은 행위는 C학생의 사생활의 비밀을 보호받을 권리를 침해한 것으로 보인다.

또한, B교사의 행위는, C학생에 대한 다른 학생들의 평가와 평판에 영향을 끼치는 것이 명백하고, 이러한 평가와 평판을 통해 다른 학생들이 C학생과 어울리지 못하게 하려는 의도인 것으로 보인다. 그러므로 위와 같은 행위는, 결과적으로 해당 학생(B학생)에 대한 따돌림을 조장하는 행위로서, B학생의 폭력으로부터 자유로울 권리와 인격권을 침해한 것이다.

▶ 뒷담화를 이유로 따돌림 지시

초등학교 A교사는 학급 학생의 일기를 보고, B학생이 다른 학생들에게 본인의 수업진행 등에 관하여 불만(이하, '뒷담화')을 이야기하고 있다는 것을 알았다. 그래서 B학생과 친하게 지내는 학생들을 개별 면담하고, 각 학생에게 A4용지 1장을 나누어 주며, 뒷담화의 구체적인 내용과 잘못을 반성한다는 내용을 작성하도록 하였다

이후 A교사는 수업을 하면서'뒷담화를 까는 애랑 같이 놀지마라'라고 학생들에게 이야기하였고, '뒷담화를 까는 애'가 B학생임을 모든 학생들이 알게 되었다. 또한, B학생이 반성을 하지 않는다고 판단하여, 학생들이 보는 앞에서 '반성하라'라고 이야기하고, 반성하지 않는다며 수업 모둠에서 제외시켜 교실 뒤편에 홀로 앉게 하고, B학생과 말도 걸지 말고 놀지도 말라고 하였는데, 학생들이 대화를 나누는 등 어울리자, 어울린 학생들을 불러서 혼을 냈다.

[해설]

교사는 관련 법령과 학교생활규칙에 따른 방법, 즉 인권을 침해하지 않는 범위에서 교육적 효과가 높은 방법으로 훈육·훈계를

하여야 한다. A교사는 학급 학생들에게 공개적으로 'B학생과 놀지 말 것'을 지도, 지시하여 B학생을 따돌리도록 조장하고, 결과적으로 B학생에게 '심리적 공격을 가하여 고통을 느끼도록 하는 행위'를 한 것으로서 이는 적절한 지도라고 할 수 없다.

또한 A교사는 B학생의 친구들에게 '뒷담화'를 하였다는 이유로 B학생이 같은 반 학생들과 놀거나 대화를 하지 못하게 하였는데, 이런 행위가 담임교사의 직접적인 지도, 지시에 의한 것이라는 점과, B학생과 놀거나 이야기를 한 학생들을 혼냄으로써, 단순히 훈계 차원이 아닌 B학생에게 따돌림을 당하는 벌을 주었다는 점에서, 일반 학생에 의한 따돌림의 경우보다 그 피해범위와 정도가 훨씬 더 심각하였을 것으로 보인다. 그러므로, A교사는 B학생의 폭력으로부터 자유로울 권리를 침해한 것이다.

더불어 B학생과 이야기를 하거나 놀이를 같이 한 학생들을 불러 공개적으로 혼내고 학생들에게 B학생과 놀지 말라고 하였는데, 이는 따돌림(학교폭력)에 동참할 것을 담임교사가 학생들에게 강요한 행위로 보이므로, 위 학급 학생들 모두 학교폭력의 피해자에 해당하는 등 정서적 피해를 입었다고 보는 것이 적절하다.(반 학생들 모두의 폭력으로부터 자유로울 권리를 침해한 것이다.)

A교사는 B학생이 친구들과 개인적으로 한 이야기의 내용이 자신의 뒷담화를 한 것이라는 이유로, B학생이 학생들 앞에서 A교사에게 사과하고 반성하도록 하였는데, 사과를 하거나 반성을 할 것인지 여부(사과 혹은 반성할 내용이 있는지 여부와는 관계없이)는 스스로의 결정에 따라야 함에도 A교사가 B학생에게 강요한 것이므로, 위와 같은 행위는 B학생의 양심의 자유를 침해한 것으로 볼 수 있다.

또한, A교사는 B학생이 사과를 하지 않고 잘못을 반성하지 않는다는 이유로 수업에서 B학생을 분리하여 홀로 교실 뒤에 앉아서 수업을 받도록 하였다. 이것이 통상적으로 학생을 훈육하는 과정에서 발생한 것이라면 관련 법령과 학교생활규칙 등에 따른 교사의 지도방법에 해당된다고 할 수 있겠지만, A교사가 공개적으로 위 학급 학생들에게 'B학생과 놀지 말고 말도 하지 말라'고 하고, B학생과 어울렸던 학생들을 혼냈던 상황에서 발생하였다는 점을 감안하면, B학생에게 소외감이나 위화감, 불안감, 모멸감 등을 유발시킬 우려가 있는 행위로 보이므로, B학생의 인격권을 침해한 행위라고 할 수 있다.

▶ 따돌림 피해를 적절히 조치하지 않아 따돌림 확대

A초등학교 B보호자는 자녀가 같은 반 학생들에게 따돌림 피해를 입고 있다며 해결해달라고 담임인 C교사에게 요청했다. C교사는 「학교폭력예방 및 대책에 관한 법률」에 따른 절차를 따르지 않고 자체적으로 관계 개선 지도를 하였다. 이로 인해 B보호자는 C교사가 적극적으로 대응하지 않아 자녀에 대한 따돌림 피해가 확대되었다고 주장하였다.

[해설]

사례의 경우 C교사는 피·가해 학생 간 관계개선을 위해 노력한 점은 인정되나, B보호자가 명확히 따돌림(학교폭력) 피해 해결을 호소하였지만 학교폭력 접수 처리를 하지 않았다. 이로 인해 피해 학생 보호를 위한 적극적인 절차를 진행하지 못하였다. 학교와 교사가 학교폭력을 인지하면 「학교폭력예방법」에 따라 관련 절차를 이행하는 등 적극적으로 조치하여 학생을 보호하고 더 큰 피해를 예방할 수 있도록 노력해야 한다.

▶ 교직원 화장실 이용시 벌점 부과, 탈의실, 샤워실 미설치

학교내 화장실 등을 점검한 결과, 학교의 화장실은 교직원 화장실과 학생이 사용하는 화장실로 분리되어 있는 경우가 대부분이다. 그런데, 학생이 교직원 화장실을 이용할 경우 벌점 등의 불이익을 주고 있었다. 또한, 대부분의 학교는 탈의실과 샤워실을 설치하지 않았다.

[해설]

교직원과 학생의 화장실을 분리해야 할 합리적인 사유가 존재하지 않는 한 공간을 분리할 필요가 없으며, 합리적인 사유가 있더라도 교직원 화장실을 이용하는 학생들에게 불이익을 주는 것은 적절하지 않다. 또한, 학교에서 교육활동 중 탈의 또는 샤워가 필요한 경우가 많이 발생하므로, 최적의 환경에서 교육받을 권리를 보장하기 위한 적절한 대책(탈의, 샤워실 설치 등)을 수립할 필요가 있다. 이와 더불어, 현재, 대부분의 공용 화장실에는 비상상황 발생시 안전한 이용을 위해 비상벨을 설치하는 경우가 많으므로 이 또한 검토해 보는 것이 적절하다.

▶ 한 여름 찜통처럼 더운 교실

A학생은 올해 여름이 유독 더운데 학교에서 에너지 절약 목적으로 에어컨을 잘 틀어주지 않아 교실 안이 찜통처럼 덥다면서 최소한 수업에 집중할 수 있을 정도의 냉방을 해달라고 교육청에 호소하였다.

이와 유사하게, B고등학교 C교사는 영어실에서 영어수업중 학생들이 무더위로 인해(7월) 에어컨을 틀어달라고 하자, 무시하고 화를 냈다. 학생들은 무더위 속에 땀을 흘리며 수업을 받아야만 했다.

[해설]

학생들이 쾌적한 환경에서 공부할 수 있도록 학교시설을 운영하는 것은 학생의 건강권 보장 차원에서 부여된 학교의 의무이다.

학교는 학교시설의 노후문제나 예산상의 제한으로 인해 모든 학생이 만족할 수 있는 환경을 조성하지 못할 수도 있다. 이러한 경우 학교는 현재 냉방시설의 한계와 예산문제를 학생들이 쉽게 이해할 수 있도록 정보를 제공하고 쾌적한 교육환경 조성을 위한 다른 방법을 강구해야 할 것이다.

▶ 선도처분을 앞둔 학생에게 전학 권유

A고등학교 B교사는 학교규칙을 위반한 C학생의 보호자에게 선도위원회 개최 전에 교육환경의 변화를 위해 전학을 권유하였는데, C학생의 보호자는 학생의 의사 존중과정 없이 선도위원회를 회피하도록 B교사가 강요한 것이라고 주장하였다.

[해설]

학생의 징계 등 학교생활에 중요한 영향을 미치는 사실이 발생할 경우 학교와 교원은 적정한 시기에 학생의 보호자에게 해당 사실을 충분히 설명해야 한다.

사례의 경우 B교사의 주장 등 조사내용을 참고할 때 교육환경 변화를 위한 '권유'로 이해되는 측면이 있어 학생의 징계 등 절차에서의 권리를 명백히 침해한 것이라 단정하기는 어려우나, 선도위원회를 앞둔 학생이나 보호자가 오해할 수 있는 소지가 있다는 점에서 부적절할 수 있으므로 각별한 유의가 필요하다.

▶ 다음 날 선도위원회가 개최된다는 갑작스러운 통보

A고등학교 B교사는 C학생 보호자에게 전화로 '내일 오후에 C

학생 관련 선도위원회가 열리니 하실 말씀이 있으면 참석하세요.' 라고 선도위원회 개최를 통보하였다. C학생 보호자는 자녀가 어떤 이유로 선도위원회에 회부된 건지, 이렇게 급하게 개최되는 건지에 대한 설명이 없어 당황했다면서 어떻게 의견을 진술해야 하는지 교육청에 문의하였다.

[해설]

「초·중등교육법」 제18조 제2항은 '학교의 장은 학생을 징계하려면 그 학생이나 보호자에게 의견을 진술할 기회를 주는 등 적정한 절차를 거쳐야 한다'고 규정하고 있다. 통지의 경우 충분한 시간을 두고 사전에 이루어졌는지, 어떠한 사유로 선도위원회에 회부하였는지를 알려, 의견진술시 방어권과 항변권을 보장하였는지 등이 적정한 절차 이행이 있었는지를 판단하는 주된 사항이 될 것이다.

사례의 경우 학교가 형식적으로는 담임교사를 통해 보호자에게 선도위원회 개최와 의견진술권을 사전통지한 것으로 볼 수 있지만, 실질적으로는 보호자가 방어권이나 항변권을 행사하기에는 충분한 절차 이행이었다고 보기는 어렵다. 학교는 긴급한 사유가 없다면 보호자가 학생을 대리하여 의견을 진술할 수 있도록 참석 가능한 일자로 개최일을 조정하고 개최사유가 포함된 통지를 서면 등을 통하여 정식으로 이행하는 것이 필요하다.

▶ 생활복 착용 적발시 해당 반 연대책임

A고등학교는, 학생(들)이 생활복(체육복 포함)을 착용한 상태로 등·하교하다가 적발되면 적발된 학생 수만큼의 날짜동안, 적발된 학생이 속한 반의 학생들이 학교에서 생활복을 착용할 수 없도록 하고 있다.

[해설]

「헌법」제13조는 '모든 국민은 자기의 행위가 아닌 친족의 행위로 인하여 불이익한 처우를 받지 아니한다'고 규정하고 있다. 연대책임(연좌제, 連坐制, Implicative system)은, 한 사람의 규칙(법률)위반 등을 특정범위의 사람이 연대하여 책임을 지고 처벌받는 제도를 말한다.

위와 같은 방식은, 인격적 존재인 학생의 인격권과 행복을 추구할 권리를 침해하고, 징계 등 절차에서의 권리를 침해하는 것이다.

위 학교에서 연대책임제를 실시한 이유는, 학생회 임원이 제안하여 학생회의로 결정한 것으로, 학생차지활동을 존중하는 차원에서 학교가 승인하였다는 점은 인정되지만, 학생회의로 결정한 사항이더라도 인권침해적인 내용을 포함하고 있는지 학교가 검토하고 적절할 지도를 하였어야 한다.

▶ 선도부의 임의 벌점과 욕설 등

A학교는 3학년 학생을 중심으로 '학생선도부'를 운영하고 있다. 선도부가 교문을 지키면서 학생들의 복장과 두발 등을 검사해 벌점을 주고 있다. 쉬는 시간에도 선도부가 학교를 돌면서 학생들을 검사하고, 이 과정에서 학생들에게 욕설을 하기도 한다.

[해설]

「초·중등교육법」제18조와 같은 법 시행령 제31조는 학생 징계 및 지도의 권한을 학교장에게 위임하고 있다. 학교장에게 학생의 징계 및 지도와 관련한 권한을 위임받을 수 있는 것은 교사에 국한된다고 보는 것이 타당하다.

따라서 학생의 생활교육에 관한 일체의 활동은 교사가 직접 진행해야 하며, 학생에게 권한의 일부를 위임하거나 보조하도록 하는 것은 적절하지 않다. 더구나 교문지도, 교내·외 순회 점검 등학생을 대상으로 한 생활교육과 학생 관리 성격의 활동을 보조하도록 해서는 안 된다. 학생선도부의 검사나 지도는 근거가 없는 임의적 활동이므로 금지하여야 하며, 학생선도부에게 벌점 부여권한 등을 주는 것은 '정당한 징계를 받을 권리'를 침해하는 것으로 판단한다. 다만, 학생들이 학생회 등이 생활개선을 위한 캠페인, 토론회 등 활동을 스스로 기획하고 실천하는 것은 가능하다.

▶ 학급규칙으로 정한 지각 벌금

A고등학교 ○학년 ○반 학생들은 학급규칙으로 1주일 동안 지각한 횟수가 1~5회일 때 봐주기, 늦은 시간만큼 엎드리기, (횟수에 따라) 3,000원, 6,000원, 10,000원을 내기로 정하고, 지각비를 걷었다. 담임교사와 학교는 학생들의 자율의사라는 이유로 이에 대한 지도를 하지 않았다.

[해설]

지각비 형태의 지도는 학급회의 등으로 자치적으로 결정한 것일지라도, 학교에서 학생을 대상으로 사회의 벌금과 같은 금전적 처벌을 하는 것은 법적 근거를 찾기 어렵다. 지각에 대해 학교에서 교육적 지도 측면에서 접근하고자 하는 경우도 훈계 또는 학교 규칙으로 정하고 있는 선도절차를 통하여 다양한 방법을 모색해볼 수 있다는 점에서 필요 최소한의 방법이라고 보기도 어렵다.

▶ 학교폭력 사안처리 과정에서 학생 수업배제

A고등학교는 학교폭력 가해 관련 학생 2명을 피해학생과의 분리 목적으로 방학기간 자율학습 기간에 소속 교실이 아닌 다른 공간에서 자율학습을 하도록 하였는데, 이와 같은 사실을 해당 학생

과 보호자에게 통지하지 않았다.

[해설]

A고등학교의 사례와 같이 가해관련 학생 2명을 피해학생으로부터 분리조치 한 것은 「학교폭력예방 및 대책에 관한 법률」 제17조 제4항에 따라 긴급하게 같은 조 제1항 제2호에 준하는 조치를 한 것이나, 전담기구회의만 했을 뿐 학교장의 결재, 보호자 통지 등의 절차가 적정하게 이루어지지 않았다. 이는 학생과 보호자의 알 권리, 징계 등 절차에서의 권리를 침해한 것이다.

▶ 풍기문란, 학교 품위손상이 퇴학 이유

A고등학교는 학생 B와 C가 교제 중 임신을 하였고, 양가 부모가 합의하여 임신중단 수술을 하였다는 사실을 최근에 알았다. 학교는 두 학생에 대해 학교규칙에 따라 '불건전한 이성교제로 인한 풍기문란', '학교의 품의를 손상시킨 행위'를 근거로 퇴학 처분 징계를 하려고 한다.

[해설]

국가인권위원회는 2010년 '청소년 미혼모 학습권 보장 방안 정책 권고'에서 청소년 미혼모에게도 학습권이 보장되어야 하며, "학생의 임신 및 출산에 대해 학교 차원의 징계 및 차별이 근절돼야 한다."고 밝혔다. 또한 재학 중 임신을 징계 대상이 아닌 보호와 지원의 대상으로 봐야 한다면서, "올바른 성교육을 통해 자율과 책임을 가르치는 것"이 학교가 해야 할 역할과 책임이라고 보았다.

교육부도 2013년 '학생 미혼모 등 학습권 보호 관련 점검'에서 "임신·출산, 이성교제 등을 이유로 퇴학, 전학, 자퇴 권고 등 학습권 침해를 유발하는 학교규칙 개정"을 권고하였다. 따라서 임신, 이성교제를 이유로 징계를 하거나 학습권을 박탈하여서는 안 된다.

또한 이성교제는 단순하게'사귀는 상태'만을 의미하는 것이 아니라 '일반적으로 사랑하는 사람들 사이에서 일어날 수 있는 모든 행위까지 포함'하는 것으로 보아야 하며, 고등학교 3학년의 경우에는 '성적자기결정권'이 인정되는 연령이라는 점도 고려되어야 한다. 이성교제 중 '성관계'또는 '임신'만으로 '불건전한 이성교제'라는 기성의 관념에 따라 속단해서는 곤란하다.

학생 B와 C는 징계의 대상이 아니라, 교육과 상담으로 접근하는 것이 합리적이다. 특히 C에게는 임신중단에 따른 신체적·정신적 악영향을 최소화할 수 있도록 학교가 적극적인 지원방안을 모색할 필요가 있다.

▶ 재입학 불허

A고등학교는 자퇴 후 재입학을 희망하는 B학생에게 소명기회를 부여하지 않고 자퇴기간 생활에 대해 다른 학생들로부터 제보를 받아 학교생활에 대한 충실을 기대할 수 없다는 이유와 퇴학처분을 받은 학생이 자퇴 후 재입학을 하는 것에 대해 허용한다면 나쁜 선례가 된다며 재입학을 불허하였다.

[해설]

자퇴학생의 복귀는 학교장이 노력해야 할 사항으로 복귀를 요청한 B학생의 소명기회 제공없이 다른 학생들로부터 제보받은 행실을 근거로 재입학을 불허한 것은 학습권 보장과 관련하여 논란이 있을 수 있다. 초·중등교육법 시행령에 '학교장은 학교규칙에 재입학 등의 내용을 기재'하도록 되어 있지만 대부분의 고등학교에서 이에 대한 기준을 명시하고 있지 않다. A고등학교 또한 재입학심의위원회에서 재입학 허가 근거에 대한 규칙이 없어 B학생의 재입학에 대한 판단 근거로 삼은 것이 학생의 반성 여부와 제보받은 행실인데 이는 객관적인 판단근거로 볼 수 없다. 학교장의 재량에 따라 재입학 허가를 결정하고 있는데 학교장 권한남용이라는 논란을 예방하기 위해 재입학에 관한 최소한의 지침이나 규칙이 필요하다.

▶ 봉사로서 청소를 하도록 함.

이른바 '봉사'라는 용어를 사용하며, 학생들이 지각을 하거나, 서로 싸우거나 하는 경우에 '봉사'로서 청소를 하도록 하였다.

[해설]

학교에서 학생들이 잘못하거나 일탈행위를 하는 경우, 교육 관련 법령에 근거하고 학교의 규칙에 정해진 바에 따라 학생에 대해 징계 등 불이익한 처분을 할 수 있고, 관련 절차에 따라 불이익한 처분이 진행되어야 하는데, 학교의 규칙과는 상관없이 임의대로(학생들은 교사의 기분에 따라 '봉사를 당한다'라고 이야기하고 있다.) 학생들에게 불이익한 처분을 한 것으로서, 이는 학생들의 징계 등 절차에서의 권리를 침해한 행위이다.

▶ 학생들이 교무실, 교장실까지 청소

A중학교에 재학 중인 진정인은 학생은 1인 1역할을 의무적으로 분담하도록 하면서 역할 중에 교무실 청소가 포함되어 있다고 주장하고, 관행적으로 학생들에게 교직원 사용 공간을 청소하도록 하여 학생들의 인권을 침해하였다며 진정을 제기하였다.

[해설]

일반적으로 학교는 학생들에게 교실과 복도 등을 청소하도록 하고 있다. 예전에는 화장실까지도 학생이 청소를 하는 경우가 많았지만, 최근에는 청소노동자가 하는 경우가 많아지고 있다.

학교에서 학생에게 청소를 하도록 하는 것은 건강한 생활습관을 형성하도록 훈련하는 교육적 목적이라는 주장과 학생에게 청소를 하게 해서는 안 된다는 주장이 충돌하고 있다. 양 쪽의 주장이 모두 설득력이 있다. 그렇지만, 학생에게 청소를 하게 하는 것이 타당한지, 타당하다면 어느 범위까지 할 것인지를 인권의 관점에서 살펴볼 필요가 있다.

학생의 청소에 대한 검토는 「헌법」 제10조(행복추구권)에서 파생되는 '자기책임 원리'로 접근해볼 수 있다. 헌법재판소는 "행복추구권에서 파생되는 자기결정권 내지 일반적 행동자유권은 이성적이고 책임감 있는 사람의 자기의 운명에 대한 결정·선택을 존중하되 그에 대한 책임은 스스로 부담함을 전제로 한다. 자기책임원리는 이와 같이 자기결정권의 한계논리로서 책임부담의 근거로 기능하는 동시에, 자기가 결정하지 않은 것이나 결정할 수 없는 것에 대하여는 책임을 지지 않고 책임부담의 범위도 스스로 결정한 결과 내지 그와 상관관계가 있는 부분에 국한됨을 의미하는 책임의 한정원리로 기능한다."고 보고 있다.

▶ 장애학생 대상 비장애학생들의 괴롭힘

A학생과 B학생은 같은 반 친구인데, B학생은 발달장애가 있다. 같은 반의 여러 명의 학생들이 자기 이름표를 가리고 B학생에게 '내 이름이 뭐냐'고 물어보고 B학생이 대답하지 못하면 바보라고 놀리는 장난을 계속했다. 그러자 A학생의 보호자는 교육청에 지원을 요청했다.

[해설]

발달장애가 있는 학생은 자신의 의사를 표현하는 데 어려움을 겪는다. 그래서 발달장애 학생이 겪는 인권침해도 다른 학생들이 겪는 인권침해에 비해 겉으로 드러나지 않을 가능성이 높다.

따라서 장애학생에게 발생하는 인권침해 문제는 사소한 징후라도 가벼이 여겨서는 안 된다. 장애의 유형과 정도, 그 특성을 고려해 장애학생이 겪은 인권침해 내용, 피해 정도, 지속성 여부 등을 직접 또는 주변학생을 통해 확인하고 특수교사 등 교내 장애학생 담당부서(담당자)에 알려 정확한 판단과 대책을 마련할 수 있도록 조치해야 한다.

사례의 경우는 장애학생이 아니더라도 고통스러운 괴롭힘일 수 있다. 사안의 경위를 조사하여 학교폭력 사안처리 절차에 따라 조치하는 것을 검토해야 한다. 또한 학교는 장애학생 괴롭힘 방지를 위한 대책을 마련하고 학교구성원에게 장애인식개선을 위한 인권교육을 실시하는 등 재발방지를 위해 노력해야 한다.

▶ 보호자 동행 어려운 지체장애학생의 현장학습 참여 제한

A학교는 장애학생 보호자에게 '보호자가 현장 학습 보조 인력으로 동행이 어려운 장애학생은 학교 도움반에 남는다'는 내용에 동의해달라는 취지의 가정통신문을 보냈다. A학교는 교내 인력의 한계를 극복하기 위해 장애학생 보호자에게 자원봉사 형태 지원을 요청한 것이라 설명하였다.

[해설]

「장애인차별금지 및 권리구제 등에 관한 법률」 제13조 제4항은 교육책임자가 장애를 이유로 장애인의 교육활동 참여를 제한, 배제하는 등 차별하지 않도록 규정하고, 같은 조 제3항은 정당한 사유가 없는 이상 장애인의 편의제공 요청에 대한 거절을 금지하고 있다. 따라서 학교는 장애학생이 현장학습 등 교외교육활동에 참여할 수 있도록 해야 하고, 이에 따른 보조 인력을 요청하는 경우 정당한 사유가 없는 한 제공해야 한다.

사례의 경우 장애학생의 현장학습 보조 인력은 교직원뿐 아니라 지역의 장애인복지기관 등이 운영하는 자격있는 활동보조인 서비스 등을 통해 지원할 수 있었다는 점에서 학교가 설명한 이유는 장애차별의 예외사유에 해당된다고 보기 어렵다. 따라서 학교는 장애학생이 차별받지 않도록 대책을 마련해야 하며, 재발방지를 위해 교직원 대상 장애인식개선 연수를 실시할 필요가 있다.

▶ 장애 유형과 특성을 고려하지 않은 징계

A학생은 발달장애가 있으며, 특수학교에 다니고 있다. A학생의 공격적인 행동을 담임교사가 제지하기 어려워 사회복무요원에게 도움을 요청했다. 사회복무요원이 제지하려고 손을 잡는 순간 A학생이 사회복무요원의 어깨를 물어 전치 2주의 상해가 발생했다. 학교는 A학생에 대해 생활교육위원회를 개최하였고, 출석정지 10일의 징계 처분을 하였다.

[해설]

학생이 교사나 이를 보조하는 직원의 정당한 지도에 대해 공격적인 행위를 하였다면 학교규칙으로 정한 절차에 따라 징계 등 처분을 할 수 있다. 다만, 이 사안은 학생이 발달장애로 특수학교에 재학하고 있으므로, 장애유형에 따른 특성을 고려하여야 한다. 발달장애인은 자·타해를 하는 등 이른바 '도전적 행동'이라 불리는 중요한 특성이 있다. '도전적 행동'은 발달장애인에 따라 정도의 차이는 있지만 '개인의 성격과 성향', '정신과적인 문제', '주의를 끌기 위해서'등 "장애로 인한 기질적 특성"으로 분석된다.

A학생이 공격적인 행동을 한 것은 발달장애 유형에 따른 특성으로 이해되므로, 이를 고려한 처분을 고민하지 않고 일반적인 징

계기준에 따라 처분을 한 것은 '소수자 학생의 권리' 침해로 볼 수 있다.

▶ 장애 학생에 대한 수업 배제

통합학급 담임교사가 공개수업이 있는 날 특수교육 실무사가 병가로 인해 부재중이라는 이유만으로 지적장애 중증의 자녀를 특수학급 교실에 있도록 하는 등 수업에서 배제하였다.

[해설]

피신청인이 피해자들을 통합학급 수업에 참여시키지 않고 특수학급에 있도록 한 것은 이날 피해자들의 수업을 지원하는 특수교육 실무사가 병가로 부재중이었고, 특수교사가 자신이 데리고 있겠다는 제안을 고민없이 수용한 결과이다. 피신청인은 특수교사의 제안이 피해자들에게 더 좋을 것이라고 생각하였다고 하지만, 피해자들이 도전행동을 보였거나 통합학급으로 이동을 거부하는 등의 문제적 행동을 보이는 상황이 아니었다는 점에서 이유가 되지 않는다.

또한 특수교사의 제안이 있었다고 해도, 피해자들이 특수교육 실무사의 지원 없o; 수업 참여 자체가 불가능한지가 검토되었어야 하며, 공개수업에 참여하게 되는 피해자들을 지원할 다른 방법이나 인력은 없는지 등에 대해 학교 측에 요청하거나 논의를 하는 과정이 필요하였다. 이러한 검토나 논의 없이 특수교사의 제안을 그대로 수용한 것은 피해자들이 있을 경우 공개수업이 어려울 것이라는 편견에 기초한 것으로밖에 볼 수 없다.

따라서 공개수업 당시 피신청인의 미흡한 대응으로 인해 피해자들의 '학습할 권리'가 침해되었으며, 그리고 피신청인의 이러한 대응은 피해자들에게 장애가 있다는 것 외에 다른 합리적인 사유를 찾을 수 없다는 점에서 '차별 받지 않을 권리'를 침해한 것으로 판단한다.

▶ 교사들의 일상적인 체벌로 인한 정신질환 발병과 전학

A고등학교 B학생은 교사들에게 일상적으로 체벌을 당해 학교생활을 힘들어 했고, 보호자도 이를 알고 담임교사에게 체벌 이외의 방법으로 지도하여 줄 것을 요청하였다. 하지만 교사들의 체벌은 계속되었고 학생은 정신질환이 생겼다. 이후 학생은 교사의 체벌을 이유로 학교환경 전환 대상이 되어 전학을 가게 되었다.

[해설]

A고등학교 교사들은 나무주걱이나 다른 도구(지시봉, 조릿대나무 등)를 사용하여 학생들의 허벅지와 무릎 뒷부분을 때리거나, 손을 사용하여 학생의 뺨을 때리는 등의 체벌을 하였다. A고등학교 교사들의 체벌은 일상이었다. 따라서 구체적으로 언제, 어느 시기에, 누구를, 얼마나, 어느 정도 등을 특정할 수 없을 만큼, 학교에서 체벌은 일상이었다.

B학생의 보호자가 담임교사에게 'B학생을 체벌하지 말라'고 요구하였으나 지속적으로 체벌이 이루어졌다. 2달 뒤, B학생이 정신과 진료를 받았는데, '분노로 인한 우울장애'로 판단되었다. 이로인해 B학생은 학교생활에 적응을 하지 못하고, 다른 학교로 전학을 갈 수밖에 없었다. 교사의 체벌이 B학생의 정신질환과 상당한 인과관계가 있고 정신질환이 환경개선의 주된 원인 중 하나로 보이므로, A고등학교 교사들이 학생의 폭력으로부터 자유로울 권리와 학습권 등을 침해한 것으로 판단한다.

▶ 학교규칙 위반 조사를 이유로 수업 배제

A학생은 흡연 등 학교규칙을 위반하였다는 이유로 아침 등교 후 5교시까지 수업을 듣지 못하고 학교 상담실에서 조사를 받았다.

[해설]

학생을 지도하는 과정에서 학생 스스로 자신의 잘못을 책임져야 함을 이해시키고 긴급하게 선도나 교육조치가 필요한 경우에는 학생을 상담실이나 학생지도실 등 별도의 공간에 따로 불러 조사를 진행하는 경우도 있다. 다만, 학교는 학생인권 중 가장 핵심인 학습권 보장을 위해 수업 외의 시간에 조사를 진행하는 것을 원칙으로 해야 한다.

불가피하게 수업 중 조사할 수밖에 없는 상황이라고 하더라도 학교장의 사전 결재를 통해 최소한의 범위 내에서 실시하고 이□와 같은 상황을 학생과 보호자에게 충분히 설명해야 한다. 조사의 긴급성과 대체불가능성 등 요건이 인정되더라도 학교장의 결재가 없다면 학습권 배제 절차에 하자가 있는 것으로 볼 수 있고(실질적 요건은 갖췄으나 형식적 요건에 하자가 있는 경우), 학교장 결재에 근거한 수업배제 조사일지라도 조사의 긴급성이 인정되지 않거나 다른 시간과 방법으로의 대체가능성이 인정되는 경우라면 학생의 학습권을 침해했다고 판단할 수 있다.

▶ 교사의 종교적 신념에 따른 역사교육

A중학교 B교사는 역사 교과를 가르치면서, 자신의 종교적 신념에 따라 "진화론은 잘못된 것이니 배울 필요가 없다"고 말하며 진화론을 가르치지 않았다.

[해설]

「교육기본법」 제14조 등에 따르면, 교사는 학교가 정한 교육과정에 대해 교사 개인의 윤리 의식을 바탕으로 판단하여 교육적 소신에 따라 학생들을 지도하여야 한다. 학교가 정한 교육과정이 자신의 신념 또는 종교와 다르다고 해서, 이를 제외하고 자의적으로 운영하는 것은, 학생들의 정상적인 교육활동을 방해할 우려가 있어 학생들의 학습권을 침해할 가능성이 있다.

B교사가 담당하고 있는 역사 교과는, '과거에 있었던 다양한 인류의 삶을 이해하고, 현재 우리의 삶과 모습을 과거와 연관시켜 살펴봄으로써, 인간과 그 삶에 관하여 폭넓은 이해와 안목을 키우는 과목'이다. 그런 이유로, 역사 교과의 내용에는 진화론을 바탕으로 인간이 진화하면서 어떠한 도구를 사용하였고, 도구들의 변화가 문명을 형성하는데 어떤 영향을 끼쳤고, 어떻게 문명은 국가를 형성하여 현재에 이르게 되었는지에 대한 내용을 포함하고 있다. 그러나, A중학교 학생들은 B교사의 판단에 따라 정상적인 교육과정에 포함된 내용을 배우지 못하였다. 그러므로, A중학교 학생들의 학습권을 침해한 것으로 판단한다.

▶ 학생이 동의하지 않는 야간자율학습 강제

A고등학교는 2학년 대상 야간자율학습을 운영하고 있고, 참여를 원하지 않는 학생은 보호자의 야간자율학습 비참여확인서가 있어야 한다. B학생은 진로를 위해 방과 후 제빵학원에 다니고 싶지만 보호자가 허락하지 않는 상황이다. 학생이 원하지 않아도 야간자율학습에 참여해야 하는지 교육청에 문의하였다.

[해설]

학생의 보호자 역시 학교교육의 한 주체이므로 학교 내 학생의 교육방법에 대해 의견을 제시할 수 있고, 학교는 그 의견을 존중하는 것이 바람직하다. 다만 야간자율학습의 참여 여부는 학생에게 직접 영향을 미치는 중요한 결정사항이므로 학교가 보호자의 의견만 채택하고 학생 의견을 무조건 배제한다면 학생의 자기 결정권을 침해하는 것이다.

따라서 학교는 학생과 보호자의 의견이 다른 경우 학생이 자기 결정권을 행사할 수 있는 충분한 의사 능력이 인정되는 경우에는 보호자 면담 등을 통해 학생 의견을 최대한 존중하는 방향으로 결정하는 것이 바람직하다.

▶ 학습선택권 침해

A고등학교는 대입 '수시전형'을 앞두고 3학년 학생 중 수시전형을 준비하는 학생을 대상으로 '진학 상담주간'을 운영하였다. 상담주간에는 학생생활기록부 검토, 진학 상담, 자기소개서 작성 등의 활동을 하였다. 상담 대상인 학생은 방과후에 전원 교실에 남도록 하였고, 순차적으로 상담을 하고, 상담이 종료된 학생들은 귀가하도록 하였다.

[해설]

학교에서 진로와 진학을 위한 상담은 반드시 필요한 교육활동의 일환으로 볼 수 있다. 특히 대입 수시전형을 앞두고 수시전형에 응하고자 하는 학생들과의 상담은 필수적이다.

하지만 중요한 교육활동이라고 해도 정규교육과정이 아닌 이상 반드시 학생들에게 선택권을 부여할 필요가 있다. 특히 학생들의 학원 수강이나 기타 진로와 진학을 위한 개인적 활동 일정을 고려하지 않고, 수시전형대상이라고 해서 방과후에 전원 남도록 하는 방식은 허용될 수 없다. 상담이 하루만 진행되는 것이 아니라 '주간'으로 운영된다는 점을 고려하면 더욱 그러하다. 진학을 위한 상담 활동이라고 해도 학생들과의 일정 협의를 통해 당일 상담이 가능한 범위 내에서 소수가 남도록 하는 방식이어야 하며, 전원이 남도록 하는 방식은 '학습선택권' 침해라고 판단한다.

▶ 교사의 체벌과 학생의 자퇴 사유

A고등학교 B학생은 교사들에게 일상적으로 체벌을 당해 힘들어 했고, 상담교사와 상담을 하기도 하였다. 이후, B학생은 교사의 체벌, 청소년기의 혼란, 미래(학업)에 대한 불안 등을 이유로 자퇴를 하였다.

[해설]

학교는 학생이 자주적 생활능력과 민주시민으로서 필요한 자질을 갖추게 함으로써 인간다운 삶을 영위할 수 있도록 하고, 학생이 사회구성원으로 성장하기 위한 기본적인 과정을 가르치는 곳이다.

학교의 교육과정은 초등학교 6년, 중학교 3년을 의무교육으로 법에서 정하고 있어 모든 국민은 9년 동안 의무적으로 교육을 받아야 한다. 법이 정한 의무교육은 9년이지만, 고등학교 3년 또한 사회생활을 영위하기 위해 필요한 것들을 교육한다는 점, 사회변화에 따른 현실적·사회적 요구가 더 늘어나는 점 등으로 보아 고등학교 3년도 실질적으로는 의무교육에 준하는 교육으로 볼 수 있다.

때문에 교육과정을 중단하는 것, 즉 학교를 다니지 않게 되는 것을 '학업을 중단하였다'고 표현한다. 학교가 학생 교육에서 차지하는 비중이 그만큼 크다는 것을 의미한다고 할 수 있다. 이런 점으로 볼 때, 학교를 그만두게 하는 것은 학생의 정상적인(일반적인) 학습권을 침해한다고도 볼 수 있다. 그래서 학교를 그만두는 '자퇴'의 사유가 일정 부분 교사의 체벌과 욕설(폭언) 등이라면 이는 학생의 학습에 대한 권리를 침해한 것으로 볼 수 있다.

A고등학교 B학생이 자퇴를 하게 된 데에는 A고등학교 교사들의 일상적인 체벌이 일부 원인이 되었으므로, 결과적으로 B학생의 학습권을 침해하였다고 할 수 있다.

▶ 임의 귀가로 인한 학습권 침해

A교사는 B학생을 포함한 학생 3명이 전날부터 수업에 방해가 될 정도로 계속 떠들자 몇 차례 구두로 지도하고 경고하였다.

그런데 다음 날 오전 수업시간에도 3명이 학생의 태도가 달라지지 않아 점심 급식 시간 직전에 3명의 학생을 일으켜 세워 지도를 하였다. 3명 중, 2명의 학생은 반성하는 태도를 보였지만 B학생은 건성으로 "네"라는 대답만 반복해 A교사가 "그럴 거면 집으로 가라."고 하였다. 그래도 B학생이 아무런 반응을 보이지 않자 "갈 거야? 안 갈 거야?"라고 2회 정도 더 물었고, 집에 도착해서 엄마한테 확인 전화를 하라는 말을 하였다. "집에 가라."는 말은 강한 경고의 의미였을 뿐 실제로 귀가를 하라는 의미는 아니었다.

이후 점심 급식 시간이어서 서둘러 발열체크를 하였고, 다른 학생을 살피는 사이에 B학생이 가방을 메고 학교를 나갔다. 다른 학생들은 점심 급식을 마치고 하교를 하였다.

[해설]

학교에서의 급식은 단순히 끼니를 해결하는 것이 아니라 올바른 식습관과 건강한 신체의 형성을 유도하는 교육과정의 일환으로 인정받고 있다. 특히 생활태도를 형성하는 단계인 초등학교에서의 급식은 중·고등학교와 비교해 교육적 의미가 훨씬 크다고 할 것이다. 따라서 학교에서의 급식은 그 자체가 학습할 권리와 밀접하게 관련이 있다. 또한 학교의 시정표에도 급식 이후에 종례를 하도록 하고 있어 급식 시간까지가 정규교육활동이라고 할 수 있다.

A교사는 귀가 발언이 강한 경고의 의미였을 뿐 실제로 귀가를 하라는 것은 아니었다고 주장하지만, 귀가 관련 발언이 1회에 그치지 않았고, B학생에게 귀가 의사를 거듭 확인하였고, 보호자에게 확인 전화를 하도록 요구한 것을 종합하면, 초등학생인 B학생의 입장에서는 실제로 귀가를 하라는 의미로 받아들였을 가능성이 충분하다. 따라서, 급식을 먹지 않고 귀가를 하도록 강요해 '학습할 권리'를 침해하였다.

▶ 교사의 부적절 행위

6학년인 피해학생들에게 교과목 연간진도계획에 부합하지 않게 임의로 수업을 운영하며, 학생들에게 유튜브 영상을 보여주고 학생들에게 따라서 만들게 하는 미술활동 위주로 수업을 했고, 학교가 해당 학급의 수업 진도를 확인한 결과, 전체 교과목의 진도를 1/2 가량 진행하였다.

[해설]

교사는 상해를 이유로 수업을 하지 못하였다고 주장하나, 교사가 수업을 진행하지 못할 정도의 상해를 입었다면 교사와 학교관리자는 학생의 수업 결손을 최우선으로 고려하여 대책을 마련했어야 한다. 대법원 판결(대법원 2007. 9. 20. 선고 2005다25298 판결)로도 알 수 있듯이 학생의 학습권은 개개 교원들의 정상을 벗어난 행동으로부터 보호되어야 하고, 교사의 특별한 사정이 학생의 학습권을 제한하거나 침해하는 이유로 합리화될 수 없다.

※ 대법원 2007. 9. 20. 선고 2005다25298 판결
  "학교교육에 있어서 교원의 가르치는 권리를 수업권이라고 한다면, 이것은 교원의 지위에서 생기는 학생에 대한 일차적인 교육상의 직무권한이지만 어디까지나 학생의 학습권 실현을 위하여 인정되는 것이므로, 학생의 학습권은 교원의 수업

권에 대하여 우월한 지위에 있다. 따라서 학생의 학습권이 왜곡되지 않고 올바로 행사될 수 있도록 하기 위해서라면 교원의 수업권은 일정한 범위 내에서 제약을 받을 수밖에 없고, 학생의 학습권은 개개 교원들의 정상을 벗어난 행동으로부터 보호되어야 한다."

▶ 방학 중 방과후학교 참여 관련 설문조사 대상으로 학생은 배제 등

A고등학교는 하계방학 중 기숙사생의 방과후학교 참여에 대해 보호자만을 대상으로 설문조사 등 의견수렴 과정을 거치고, 보호자 의견수렴 결과 다수결의 원칙에 따라 기숙사생 전원이 방과후학교에 참여해야 하는 것으로 결정했다.

[해설]

자기결정권은 개인의 일정한 사적 사안에 관하여 공적 주체로부터 간섭을 받음이 없이 스스로 결정할 수 있는 권리를 말하고, 헌법재판소는 자기결정권을 「대한민국 헌법」 제10조 행복추구권에 포괄되는 기본권으로인정(1990. 9. 10. 89헌마82)한 바 있다. 방과후학교는 '학생'과 '보호자'의 요구와 선택을 반영해 수익자 부담 또는 재정지원으로 이루어지는 정규수업 이외의 교육활동으로 학생들의 자발적인 참여를 원칙으로 한다

(「초·중등교육과정 총론」 교육부 고시 제2015-74호)는 점에서 개별적 선택권이 존중되어야 하는 교육활동으로 이해할 수 있다. 따라서 당 사안은 A고등학교가 정규 교과 이외의 교육활동을 운영하는 과정에서 학생의 자기결정권 보장 노력이 미흡했다고 판단된다.

▶ 학급 벌칙으로 야간 자율학습 강제

학급회의에서 학급규칙으로 정한 학급 등교 시간을 운영하면서, 학급 등교 시간 지각, 방과후 프로그램 등 무단이탈을 한 학

생들에 대해 역시 학급규칙으로 정한 소위 '깜지 쓰기' 벌칙을 운영하고 있으며, 깜지를 쓰기 위해 자율학습에 참여하지 않는 학생을 자율학습 시간에 남도록 한 사실이 있다.

[해설]

학생들이 학급규칙을 통해 마련한 벌칙에 따라 지각이나 방과후 등 무단이탈을 한 학생에게 자율학습 시간에 남아서 소위 '깜지'를 쓰도록 한 것에 대해, 피신청인은 자율학습을 강제할 목적이 아니라 학급에서 정한 규칙을 준수하는 태도를 기르기 위한 것이라고 하지만, 학생들이 정한 학급규칙이라고 해서 모두 정당성을 갖는 것은 아니다.

설령 학급규칙이 학생들의 자율적인 합의에 따라 마련되어 '절차적 정당성'이 인정되더라도 그 기준이 인권을 침해하는 '내용적 정당성'을 결여하였다면 이를 그대로 수용할 것이 아니라 오히려 바로잡는 것이 교사의 책무이다. 1분 지각에 대해 부여되는 '깜지'의 양은 적절한지, 수익자 부담으로 참여하는 방과후에 무단이탈을 했다고 해서 벌칙을 부여하는 것이 타당한지, '깜지'를 쓰기 위해 급식도 제공받을 수 없는 학생에게 야간 자율학습 시간에 남도록 하는 것이 타당한지, 가정에서 작성해서 제출하도록 하거나 일정 기간을 주고 제출하도록 하는 방법은 없었는지가 검토되었어야 한다.

더구나 피해자나 참고인들의 진술을 고려할 때, 학급회의에서 벌칙이 마련되는 과정에서 교사의 영향력을 완전히 배제하기 어렵다는 점에서 절차적 정당성도 완전히 인정하기는 어렵다. 따라서 이런 학급규칙을 준수하도록 할 목적으로 야간 자율학습 시간까지 남도록 하는 것은 합리적이라고 볼 수 없어 '학습 선택권'을 침해한 것으로 판단한다.

▶ 자기주도학습 참여 강제

기말고사 전날이라 정규수업이 종료된 이후 방과후 프로그램을 운영하지 않고 계획에 없는 자율학습으로 전환되었다. 그런데 담임교사가 집에 가고 싶어 하는 학생들의 하교를 허락하지 않았다.

[해설]

정규수업 이후 진행된 학습활동은 일종의 '자기주도학습'으로 보는 것이 타당하다. 교육청의 「정규교육과정외 교육활동 기본 계획」에 따르면 자기주도학습을 "개방된 교실, 도서관 등에서 교사의 통제 없이 자율적으로 실시하는 학습"이라고 설명하고 있다. 따라서 이날 피해자들이 학습에 참여할지 여부는 스스로 결정할수 있어야 하며, 학생들에 대한 관리 책임이 학교에 있다는 점을 감안하더라도 담임교사에게 하교를 밝히는 이른바 '확인'이면 충분하고, '허락'이나 '동의'를 구해야 하는 것은 아니다. 따라서 하교의 의사를 밝힌 학생들에게 하교를 허락하지 않은 것은 '학습 선택권'을 침해하는 행위이다.

▶ 교사의 수업시간을 자습시간을 운영 등

A고등학교 B교사는 평소 수업 시작 시간보다 늦게 들어가거나, 학생들에게 명확한 동의를 받지 않고 수업 시간을 여러 차례 자습 시간으로 대체 운영하였다.

[해설]

교사의 수업권은 학생교육에 관한 교육의 자유를 말한다. 이때 교육의 자유는 외부의 간섭으로부터 독립되어 자주적으로 교육할 자유를 말하는 것으로, 교사 개인의 자의적인 지배를 의미하지 않는다. 교육기본법 제12조 제2항에 따르면 "교육내용·교육방법·교재 및 교육시설은 학습자의 인격을 존중하고 개성을 중시하여 학습자의 능력이 최대한으로 발휘될 수 있도록 마련되어야 한다."라고 규정하며 학습자의 권리를 보호하고 있다. 교사가 수업에 늦게 들어가거나 담당 수업 시간을 자습 시간으로 운영하였다면 이는 학습자의 학습권을 침해하는 것이 된다. 교사가 가진 교육의 자유는 개인의 자의적인 재량권이 아니라 학생의 학습권 실현을 위해 존재한다는 것을 유념해야 한다.

▶ 행사 지원으로 인한 학습권 침해

일반시민 행사(시험 등)에 학생을 보조원으로 활동하게 하였으며, 행사 시간 지연으로 학생들의 대기 시간이 길어져 늦게 마치게 되었다.

[해설]

'학습권'은 「대한민국 헌법」 제31조에 보장된 국민의 기본권이다. 이로 파생된 「교육기본법」 제3조(학습권), 제12조(학습자), 제16조(학교 등의 설립자·경영자) 등을 근거로 볼 때, 학교에서 합리적인 이유와 절차 없이 정규수업 시간에 발생한 수업결손은 학생의 학습권을 침해했다고 판단할 수 있다. 「초·중등교육법」 제20조(교직원의 임무)에 따라 교장은 교무를 총괄하고, 소속 교직원을 지도·감독하며, 학생을 교육해야 하며, 교사는 법령에서 정하는 바에 따라 학생을 교육해야 한다. 천재지변이 아니라 예측 가능한 교육과정 변경 시 당사자인 학생, 보호자의 의견을 수렴하여 학교운영위원회 심의를 거쳐야 한다.

▶ 비대면 수업에서 수업준비가 부실한 학생을 강제퇴장시킴.

교과교사가 비대면 수업을 하는 과정에서 수업준비가 부실하거나 수업태도가 불성실한 학생들을 강제로 퇴장시키고 재입장하지 못하게 하였다.

[해설]

학생은 학습에 관한 권리가 있다. 비대면 수업에서 학생을 퇴장시킨 행위는 학습권을 침해한 것으로 판단된다. 또한 비대면 수업은 학교가 아닌 다른 공간에서 이루어지는 것으로 학생의 안전을 책임져야 할 교사의 의무 이행도 어려울 것으로 보인다.

▶ 초등학생, 쉬는 시간 5분 등

A초등학교의 B교사는 담임학급의 학생들에게 수업 진도를 이유로 쉬는 시간을 5분도 주지 않거나 2교시를 연달아 수업한 후 10분간 쉬는 시간을 주었다.

[해설]

학생들이 과중한 학습 부담에서 벗어나 건강하고 행복하게 학교생활을 할 수 있도록 충분한 휴식권을 보장해야 한다.

사례와 같이 일시적인 상황이 아니라 반복적으로 수업 후 쉬는 시간을 제한하거나 박탈하는 경우는 휴식권 침해를 초래할 수 있다.

학교와 교원은 긴급한 경우가 아니면 학생들에게 보장된 쉬는 시간을 충분히 제공해야 하고, 특별한 사정이 있는 경우에도 학생들의 화장실 사용 등 신체적·정신적 휴식이 최소한 보장될 수 있도록 조치해야 한다.

[참고]

유엔아동권리위원회의 대한민국 정부 대상 3차 권고(2011) 중에서

위원회는 학생의 스트레스를 낮추려는 당사국의 노력과 아동의 놀이, 오락 및 문화 활동을 할 수 있도록 보장하는 프로그램의 도입에도 불구하고 당사국 교육 제도 내에 여전히 광범위하게 퍼져있는 극심한 경쟁에 대해 우려한다. 위원회는 또한 교과과정 외의 추가적인 사교육이 일반적이며, 이는 무엇보다도 학생들을 심각하고 불균형한 스트레스에 노출시키고 그들의 신체적, 정신적 건강에 부정

적인 영향을 끼치는 결과를 야기한다는 점을 염려한다.

▶ 주말 동안의 기숙사 생활 일률적 강제

A고등학교는 기숙사를 운영하면서 학력 향상을 이유로 학생들에게 토요일 오후 5시까지 기숙사 생활을 하도록 일률적으로 강제하였다.

[해설]

학생에게는 건강하고 개성 있는 자아의 형성과 발달을 위하여 과중한 학습 부담에서 벗어나 적절한 휴식을 취할 권리가 보장되어야 한다. 따라서 학교는 정규교과 외의 교육활동을 강제하여 휴식권을 침해하지 않아야 한다.

사례의 경우처럼 주말 동안의 기숙사 생활을 일률적으로 강요하는 것은 학생의 휴식권 침해에 해당한다. 학교는 학생의 휴식권을 최대한 보장하고, 주말 동안의 기숙사 생활은 학생과 보호자의 선택을 존중해야 한다.

▶ 3일 동안 학생들의 쉬는 시간 박탈

A초등학교 B교사는 학생들에게 생활 교육을 한다는 이유로, 3일 동안 학생들에게 쉬는 시간을 주지 않았다.

[해설]

학교에서 학생들에게 쉬는 시간을 주는 것은 적절한 휴식을 줌으로써 학습의 효율을 높이고, 학생들의 건강을 해치지 않도록 하여 지속적으로 학습에 임하도록 하기 위한 것으로 볼 수 있다.

학교생활을 하다가, 경우에 따라서는 쉬는 시간을 일부 줄이거나 인정하지 않아야 할 상황이 발생할 수 있다. 일시적으로 학생들의 휴식권을 제한하고, 그 제한에 불가피한 사유가 있는 경우라면, 이를 휴식권 침해라고 할 수 없으나 반복적으로 수업 후 쉬는 시간을 제한하거나 박탈하는 경우 또는 하루의 모든 쉬는 시간을 박탈하는 경우 등은 휴식권 침해로 볼 수 있다.

B교사는 학생들에게 생활 교육을 하려는 목적과 함께 학생들에게 쉬는 시간을 주지 않음으로써 학생들을 징벌하려던 것으로 볼 수 있다. 그러므로 쉬는 시간을 박탈해야 할 불가피한 사유나 상황을 인정할 수 없어 학생들의 휴식권을 침해한 것으로 판단한다.

▶ 쉬는 시간마다 교무실 앞에 학생을 세워둠.

A중학교는 관행적으로 학생이 학교의 규칙 등을 위반하였을 때, 점심시간을 제외한 쉬는 시간(오전, 오후)에 학생들을 교무실 앞에 세워두고 반성하도록 하였다.

[해설]

학생들을 교무실 앞에 세워두고 반성하도록 하는 행위는 학생의 잘못을 모든 학생에게 노출시켜 수치심을 유발할 가능성이 높으므로, 사생활의 비밀을 보호 받을 권리를 침해하고 인격권을 침해하는 행위에 해당한다.

또한, 학생이 정규 수업에 참여하여 학습을 하기 위해서는 충분한 휴식을 취한 상태에서 이루어져야 성취도를 높일 수 있는데, 단순히 1-2회가 아니라 하루 종일 쉬는 시간마다 그러한 행위를 시키는 것은 학생의 휴식권을 침해하는 것으로 볼 수 있다.

▶ 반복적 텃밭 관리 보조에 따른 휴식권 침해

텃밭관리 담당이었던 A교사는 평소 가깝게 지내면서 자신의 일을 잘 도와주는 학생 B와 C에게 텃밭 관리 보조를 부탁하였다. 점심시간에 고추 지지대 설치, 잡초 제거, 씨 뿌리기와 모종 심기 등의 작업을 몇 차례 함께 하였고, 학생들에게 방과후에 텃밭에 물을 주는 것도 부탁하였다. 텃밭 관리에 대해 '동의'나 '설명'을 하지는 않았지만 도와달라고 부탁했고, 강제하지 않았으며, 거절한 학생들도 있었다. 도움을 준 학생들에게는 '텀블러' 등 기념품이나 '초코파이' 등 간식을 별도로 보상하기도 하였다.

[해설]

가깝게 지내던 학생들을 특정해 텃밭 관리를 보조하도록 한 것이 교사의 강압에 의한 것은 아니고 부탁의 차원이었고, 불러도 가지 않은 학생들도 있었고, 활동에 대한 일정한 보상도 하였다는 점은 인정되지만, 이러한 활동이 정당성을 갖기 위해서는 교과 연계프로그램, 동아리 활동, 사제동행 노작활동, 봉사활동 등 교육활동의 일환이거나 학생들의 자율성에 근거해야 한다. 그런데 텃밭 관리 담당인 교사가 임의로 보조하도록 하는 활동은 교육활동의 일환이라고 보기 어렵다.

그리고 비록 강압은 아니었다고 해도 학생의 입장에서는 교사의 부탁을 거절하기가 쉽지 않다는 점, 활동에 대한 '동의'나 '설명'이 따로 없었다는 점, 학생들이 본인 의사에 따라 자율적으로 참여한 것이 아니라 특정 학생들을 교사가 지명한 것이어서 일종의 '지시'라고 보는 것이 타당하다는 점에서 학생들의 자율성에 근거했다고 보기도 어렵다.

또한 같은 학생들이 1회에 그치지 않고 몇 차례에 걸쳐 반복함으로써 점심시간에 누려야 할 휴식과 쉼이 텃밭관리로 인해 방해를 받았다는 점에서 '휴식권'을 침해하였다고 보아야 한다.

▶ 벌칙 누적에 따른 보충학습을 위해 점심시간 통제

초등학교 1학년 담임교사가 '으쓱머쓱'이라는 상벌점 제도를 운영하면서, 벌점의 일종인 '머쓱'의 점수가 누적된 학생에 대해 타자연습, 명심보감 필사 등을 이유로 2학기 내내 점심시간에 10~15분의 보충지도를 하였다.

[해설]

피신청인이 점심시간 보충지도를 하게 된 사유가 학교에서 운영하고 있는 타자인증제에 부진한 학생, 교육청에서 운영하고 있는 독서마라톤에 부진한 학생에 대한 독려였으며, 머쓱 점수가 누적된 학생의 행동을 개선하기 목적이었고, 그리기, 자유활동 등을 포함하고 있어 자아 발달을 위한 하나의 과정으로 인식했다는 점에서 목적의 정당성은 인정된다고 할 것이다.

하지만 타자인증제나 독서마라톤 등의 과정은 정규교육과정이 아닌 임의적인 교육활동으로 반드시 성취해야 할 의무가 부여되어 있는 것이 아니다. 그리고 그러한 활동에 부진한 모습을 보였다고 해서 휴식이 보장되어야 할 점심시간을 제한하는 보충지도의 방식을 선택하거나 머쓱 점수가 누적된 학생의 행동을 개선하기 위해 명심보감 필사를 하도록 하는 방식은 수단의 적절성을 인정하기 어렵다.

더구나 피해자의 경우에는 보충지도가 시작된 2021. 9. 28.부터 종료가 된 12. 17.까지 무려 50일의 보충지도를 받아 평일을 기준으로 거의 매일 점심시간을 제한받았다는 점에서 침해의 최소성도 벗어났다고 할 것이다. 피신청인은 상황에 따라 보충지도를 하지 않은 적도 있다고 하지만, 피해자의 입장에서는 2학기 내내 그런 지도를 받았다고 인식하기에 충분하고, 해당 기간 동안 거의 매일 점심시간을 제한받거나 행동을 통제받았다고 생각할 수밖에 없다는 점에서 이유가 되지 않는다.

그리고 임의적인 교육활동의 성취 수준을 높이거나 생활교육을 위한 방편으로 어쩔 수 없이 개인에게 보장되어 있는 휴식권을 침해할 필요가 있었다는 합리적인 이유를 찾을 수 없다는 점에서 법익균형성도 충족하지 못했다고 할 것이다. 특히나 초등학교 1학년 학생에게 점심시간 10분의 휴식이 적절한 시간이라고 할 수 없으며, 점심시간까지 통제와 관리를 받는 것에 익숙해진다면 오히려 자아 발달에 악영향을 끼칠 수 있다는 점을 간과한 것으로 보인다.

피신청인이 피해자를 포함한 학생들의 점심시간을 제한하고 보충지도를 실시한 점은 비록 교육적 목적이고 생활교육의 일환이었다고 하나 헌법상 '과잉금지 원칙'을 충족하지 못하였고, 결과적으로 '휴식권'과 '일반적 행동자유권'을 침해하였다.

▶ 방과 후 활동에서 체육 등 예능활동 폐지

A학교는 학교 방과 후 활동에서 교과 보충을 위한 활동 외 체육이나 예능 관련 활동을 폐지하였다.

[해설]

학생들은 다양한 문화 활동을 향유할 권리를 가지고 있다. 학생들이 학업 활동에서 적정 수준의 성취를 얻을 수 있도록 지원해야 하는 것은 학교의 본질적 역할이다. 학생들이 다양한 문화 활동을 경험하면서 민주시민, 세계시민으로 성장할 수 있도록 하는 것은 학교의 책무이기도 하다.

학교는 학생, 보호자, 교사들의 의견을 수렴하여 가능한 최대한의 범위에서 학생들이 다양한 문화적 활동을 경험할 수 있는 방과 후 활동을 운영해야 한다.

▶ 외투 착용에 대한 자유권 침해

최근 갑자기 날씨가 추워졌다. 날씨가 추운데도 학교는 외투 착용 시기가 되지 않았다고 외투를 입지 못하게 하고 있다. 그리고 학교 규칙으로 외투를 착용할 때 반드시 교복의 재킷을 착용하고 그 위에 입도록 하였으며, 실내에서는 외투를 착용할 수 없다. 색상도 교복 색깔에 어울리는 어두운 색으로 제한하고 있다. 이를 위반할 경우에는 압수해서 폐기하겠다고 한다.

[해설]

학생의 두발·복장 등 용모와 관련한 사항은 학생, 보호자, 교사의 의견을 민주적이고 합리적으로 반영하여 학교규칙으로 정하여야 하며, 비록 절차적 정당성을 갖춘 학교규칙□라고 해도 과도한 제한이 포함되어 있어 내용적 정당성을 갖추지 못했다면 인권침해가 될 수 있다.

그리고 실내에서 외투, 담요 등 착용을 금지하기 위해서는 난방이 충분하다는 전제가 우선되어야 한다. 실내온도를 고려하지 않고 무조건 외투 등 착용을 금지하는 것, 학교의 규칙으로 실내에서 외투 등 착용을 하지 않기로 하였다고 해도 교문이나 건물 입구에서부터 벗도록 하는 것, 외투의 색상이나 디자인에 대한 과도한 규제 등은 과잉금지의 원칙을 위반한 것으로 볼 수 있다.

또한 외투를 재킷 안 또는 재킷 위로만 한정하지 않고 학생의 사정에 맞게 선택할 수 있어야 하며, 규칙에 따른 지도라고 할지라도 날씨, 건강상태, 체형변화 등 상황에 따라 탄력적으로 이루어져야 하고, 이를 고려하지 않은 일괄적인 적용은 지양해야 한다.

그리고 용모에 대한 지도는 단속이나 규제를 통한 체벌, 폭언, 징계 등 불이익을 주는 방식이 아니라 공동체규칙 준수에 대한 교육적 접근이어야 하며, 복장 위반에 따른 임의적 압수·폐기는 사적 소유물에 대한 권리침해가 될 수 있다.

▶ 교문지도 시 복장 일괄검사

A고등학교는 2주 동안 매일 아침 등교시간에 전교생을 대상으로 용의복장 검사하는 교문지도를 실시하였다. 학교는 위반 학생 대상 성찰지도와 선도위원회 회부 계획을 수립하였고, 해당 기간에 130여 건의 위반 학생에게 성찰지도를 하였다. A고등학교의 교문지도는 학교규칙이 아닌 내부계획에 따른 것으로 학년부장교사들의 의견으로 내부계획을 수립하였다.

[해설]

학생이 자신의 용모와 복장을 결정하고 표현하는 것은 개성을 실현할 권리에 관한 사항으로, 이는 「헌법」제10조로부터 파생된 인격권과 개성의 자유로운 발현권에 해당한다.

교문지도를 통한 일괄 검사는 모든 학생이 검사 대상이 되고 자기검열을 수반하게 돼 인격의 자유로운 발현을 구속하는 방식이므로 인격권 보장 측면에서 적절한 지도방법으로 보기 어렵다. 또한 교문지도를 통한 전교생 일괄 검사는 A고등학교 학교규칙에 근거가 없고, 내부계획 수립과정에서 학생들의 의견을 수렴하지 않았다. A고등학교의 학교규칙에 복장규정 위반 학생에 대한 다른 지도방법(상담·훈계, 성찰교실 등)을 규정하고 있다는 점에서 필요 최소한의 지도방법이었다고도 인정하기 어렵다.

▶ 학생회 주도 용의복장 점검

A고등학교의 학생회 임원들은 1교시 수업시간 중에 교실 또는 복도에서 일괄적으로 학생들의 용의복장 점검을 실시하였다. A고등학교 B교사는 학생회가 관련 계획을 학생회 임시회에서 결정한 것을 알고 있었으나 결정의 하자를 확인하지 못하여 중지 지도를 하지 않았다.

[해설]

학생에 대한 지도는 「초·중등교육법」 제18조와 같은 법 시행령 제31조에서 '학교장'에게 권한을 부여하고 있고, 권한을 위임받을 수 있는 대상은 「교육기본법」 제14조, 「초·중등교육법」 제20조에서 교사로 지정하고있다. 학생회 임원들이 학생을 지도하는 것은 법적 근거를 찾기 어렵고, 학생회의 권한을 넘는 행위이다.

B교사가 사전에 방지하지 못하여 결과적으로 학생들의 개성실현권 등의 침해를 초래하였다.

▶ 특정학급 휴대전화 일괄수거

A고등학교에서 담임을 맡고 있는 C교사는 한 학기 동안 휴대전화를 조례 때 일괄적으로 수거하고 종례 때 나눠주었다. A고등학교 학교규칙은 휴대전화 등 전자기기의 수업 시간 사용을 교사 허가로 제한하고 있으나, 휴대전화 일괄수거 지도는 규정하지 않고 있다.

[해설]

휴대전화 소지와 사용에 관한 권리는 통신의 자유, 넓게 볼 때 사생활의 자유 측면에서 보장되어야 할 권리이고, 학습권 보장 등 정당한 사유로 교육목적상 제한(지도)이 필요한 경우에는 「초·중등교육법」 제18조 제1항에 따라 학교규칙에 근거해야 한다.

C교사의 휴대전화 일괄수거 지도는 학교규칙의 범위를 벗어나 교사 개인이 자의적인 지도 방법이며, 학생의 사생활의 자유를 제한하는 지도방법이라 할 수 있다.

▶ 월별 상·벌점 누계 공개

A고등학교 생활지도부장인 B교사는 생활지도실 앞 복도 게시판에 학생들의 월별 상·벌점 누계 현황을 공개하였다.

[해설]

생활지도부장인 B교사가 생활교육 차원에서 누적 벌점이 많은 학생들의 벌점 내역을 공개한 것은 해당 학생들에게 자신의 학교 생활을 되돌아보도록 하는 데 목적이 있다하더라도, 자신의 의사에 반하는 정보공개로 학생들의 사생활의 비밀과 자유를 침해한 것으로 볼 수 있다.

▶ 도난을 이유로 일괄 소지품검사

A고등학교의 B교사는 학급티를 만들기 위해 학생들이 모은 돈 30만 원이 분실되자 학생들을 교실 뒤로 나가도록 한 후, 교실을 돌아다니면서 학생들의 책상과 가방을 열어보는 방법으로 소지품 검사를 실시하였다(분실된 돈은 나오지는 않았음). B교사는 학생들에게 소지품 검사의 취지는 설명하였으나, 학생들에게 동의를 받지는 않았다.

[해설]

B교사는 위와 같이 일괄적으로 소지품을 검사하였는데, 인권을 침해하지 않는 소지품 검사의 첫 번째 요건은, "학생 또는 교직원의 안전을 위협하는 물품을 소지하고 있을 것으로 예측"이 되어야 하는데, 소지품 검사의 목적은 '학생들이 교실에서 잃어버린 돈 30만 원을 찾기 위한 것'으로 '학생 또는 교직원의 안전을 위협하는 물품의 소지 가능성"과 아무런 관련이 없다. 두 번째 요건으로 "상황을 설명하고, 학생의 동의를 구해야"하는데, 학생들에게 명시적, 직접적 동의를 받지도 않았다. 세 번째 요건은 "소지품을 검사하면서 검사 장소, 검사자, 검사 방법(예, 가방, 주머니, 신체접촉 등) 등을 고려하여 소지품 검사를 받는 학생의 피해를 최소화"하여야 하는데, 공개적으로 다른 학생의 소지품을 모두 볼 수 있는 방법으로 실시하였으므로, 학생들의 피해를 최소화하는 방법을 사용하지 않았다.

어느 한 가지 요건도 충족하지 못하였을 정도로 심각한 인권침해에 해당된다고 볼 수 있다. 그러므로, B교사의 해당 반 학생들을 대상으로 한 일괄 소지품 검사는, 학생들의 사생활의 비밀과 자유와 인격권을 침해한 것으로 판단한다.

더불어, B교사가 위와 같이 소지품을 검사한 이유는, 학생들이 모은 돈(학급비)을 잃어버려 이를 찾기 위한 것이었는데, 만일 어떤 학생의 소지품에서 돈을 찾았다면, 그 학생은 학교생활을 할 수 없을 정도의 돌이킬 수 없는 피해를 입을 수 있으므로, 위와 같은 공개적 일괄 소지품 검사는 학생인권침해 외에 추가적인 피해도 예상할 수 있다.

▶ 수업내용을 촬영해 학생지도에 활용

A초등학교의 B교사는 수업연구용 촬영장비로 촬영한 수업시간 녹화내용을 반 학생들에게 보여주며 수업태도가 바르지 않은 학생을 지도하는 자료로 활용하였다.

[해설]

학교는 다른 방법으로는 안전 등 목적을 달성하기 어려운 경우에만 CCTV 등 영상정보처리기기를 설치할 수 있고, 설치와 운영은 「개인정보보호법」 제25조의 규칙을 따라야 한다. 국가인권위원회는 교실 내 CCTV 설치는 학생과 교사의 사생활의 자유와 비밀을 침해할 소지가 크다는 이유로 금지를 권고하였다.

사례와 같은 연구용 촬영장비도 본래의 운용 목적으로만 사용해야 하므로 사전 공지 없이 교사가 임의로 수업 내용을 촬영하여 수업연구가 아닌 학생지도 목적으로 사용한 것은 명백히 학생의 사생활의 자유와 비밀을 침해한 것이다

[참고]

※ 교실 내 CCTV 설치 관련 인권 침해(국가인권위원회, 2012. 2. 결정)

　국가인권위원회는 교실 내 CCTV 설치는 학교폭력 예방을 위해 설치한다고 하더라도 CCTV로 인해 교실내 생활하는 모든 학생과 교사들의 행동이 모두 촬영되고, 지속적 감시에 의하여 개인의 초상권과 프라이버시권, 학생들의 행동자유권, 교사들의 수업권 등 인권침해 소지가 크므로 교실 내 CCTV를 설치하지 말 것을 권고하였다.

▶ 도난·분실물 확인을 위한 학년 전체 소지품 검사

　A중학교 3학년 부장인 B교사와 담임교사들이 학생의 도난·분실물을 찾기 위해 학년 전체 학생의 소지품을 검사하였다.

[해설]

　소지품 검사의 요건은 일반적으로 '학생과 교직원의 안전, 학생들의 사전 동의, 소지품 검사의 방법·장소 등의 최소화'라고 볼 수 있다. B교사와 담임교사가 실시한 일괄적인 소지품 검사는 이러한 요건을 충분히 갖추지 못하였으므로 사생활의 비밀과 자유를 침해한 것으로 볼 수 있다.

▶ 상벌점 내역 공개

　A중학교 1학년 B, C반의 교실 게시판에 반 학생들의 상벌점 내역이 게시되었다. 그리고 이 학교는 학생들이 주로 통행하는 복도에 학생들의 벌점 점수를 게시하였다.

[해설]

　학생의 사적인 정보는 가족관계, 교우관계, 성적, 징계기록 등을 말한다. 학교에서 학생의 상벌점 점수와 성적은 민감한 개인정보로, 이러한 개인정보가 해당 학생의 의사에 반하여 다른 학생들에게 알려질 경우, 해당 학생은 이로 인해 수치심을 느끼거나 비난을 받을 가능성도 있다.

생활지도 차원에서 벌점 누적 학생들이 스스로 반성하는 계기를 갖도록 하는 등의 목적을 위한 것이라고는 하나, 생활교육은 학생들의 인권을 침해하지 않는 적절한 방법으로 하여야 한다.

그러므로, A중학교가 민감한 정보라고 할 수 있는 학생 개인의 벌점을 다른 학생들이 모두 볼 수 있도록 게시한 것은 해당 학생들의 사생활의 비밀을 보호받을 권리와 인격권을 침해한 것으로 판단한다.

▶ 휴대전화를 강제로 열어 살펴봄.

A고등학교 B교사는, 학생들이 술을 마셨다는 제보를 받고 이를 확인·입증하기 위해, 학생들의 휴대전화를 강제로 '잠금해제'하게 한 후, 휴대전화 내용을 열람하였다.

[해설]

사생활 침해는 일반적으로 개인의 여러 가지 정보(성별, 주소, 나이, 재산정도, 학력, 취미 등)들이 다른 사람에게 노출되거나 악용되는 것을 의미한다.

개인이 사용하는 휴대전화에 저장되어 있거나 기록으로 남아 있는 전화번호, 메시지, SNS 활동 내역, 사진, 동영상 등은 개인의 은밀한 영역으로, 다른 사람에게 공개적으로 노출되지 않을 권리가 있다.

학생들의 휴대전화의 잠금을 강제로 해제하게 하여 동의 없이 그 내용을 확인하고, 이를 학생 생활교육의 자료로 활용하였음이 명백하므로, 학생들의 사생활의 비밀과 자유를 침해한 것으로 판단한다.

▶ 소지품 압수에 대한 기준 제시 요구

A고등학생이 국민신문고에 "학교가 학생들의 물건을 압수하는 경우, 그 기준을 제시하여줄 것"을 제안하였는데, 제안의 구체적인 내용은 "영어 단어도 외우고 그림을 그리는 수첩을 과학시간에 교사가 (과학시간에 영어단어를 외운다는 이유로) 빼앗아 갔는데 돌려주지 않는다. 학교가 압수한 학생의 개인 물품은 돌려주어야 하며, 학생의 물건을 압수하는 경우, 그 기준 등을 제시하여야 한다."는 내용이었다.

[해설]

「헌법」 제17조는 "모든 국민은 사생활의 비밀과 자유를 침해받지 아니한다."고 하였고, 「유엔아동권리협약」 제16조 제1항은 "어떠한 아동도 사생활, 가족, 가정 또는 통신에 대하여 자의적이거나 위법적인 간섭을 받지 아니하며 또한 명예나 신망에 대한 위법적인 공격을 받지 아니한다."라고 규정하고 있다.

개인 물품은 사생활을 형성하는 중요한 수단인 동시에 자기 표현, 자기 발전, 자기 만족 등 개인의 행복추구권과 표현의 자유를 실현하는 중요한 수단이다. 그러므로 개인 물품은 사회적으로 비난 또는 불법적인 경우가 아니면 제한해서는 안 되는 중요한 사항이다.

학생인권을 침해하지 않는 소지품 검사는 세 가지 요건을 갖추어야 하는데, 먼저 학생 또는 교직원의 안전을 위협하는 물품을 소지하고 있을 것으로 예측이 되어야 하며, 두 번째, 학생(들)에게 상황을 설명하고 동의를 구해야 하며, 세 번째, 소지품을 검사하면서 검사장소, 검사자, 검사방법 등을 고려하여 소지품 검사를 받는 학생(들)의 피해를 최소화하여야 한다.

학교에서 학생 개인물품을 압수하는 경우는 수업 또는 생활 중 교사가 직접 발견하였거나, 학교 규칙에 따라 학생들이 자발적 또는 강압적으로 제출하였거나, 소지품 검사를 통해 발견한 경우이다. 대부분의 학교는 학교생활규칙 등을 통해 학생 개인물품에 대한 소지·관리를 직접적으로 제한하거나 개입하는 방법으로 생활교육을 하고 있다. 그러나, 생활교육의 필요성을 인정하더라도 학생 개인물품의 소유를 본질적으로 제한할 수는 없다. 그 이유는 학생의 개인물품은 학생의 개인 소유물로 학교가 압수하여 돌려주지 않을 때 소유관계, 관리 등의 문제가 있으며, 학생 인권(사생활의 자유)은 법령의 범위 안에서 필요한 경우에 한하여 최소한으로만 제한하도록 하고 있기 때문이다. 학생의 개인물품을 압수하여 돌려주지 않는 것은 소유 자체를 제한하는 것으로 학생 인권 침해에 해당한다.

따라서, 어떠한 형태(제출, 압수 등)로든 학생 개인 물품은 원칙적으로 학생 본인 또는 보호자에게 돌려주어야 하며, 다음과 같은 방법이 적절하다고 판단한다.

먼저, 학생 또는 교직원의 안전을 위협하는 물품과 현행법상 학생의 보호자에게 연락하여 학교가 보관하고 있음을 알리고, 보호자와 상담 후 보호자에게 돌려주는 방법이 적절할 것이다.

둘째, 학생 또는 교직원의 안전을 위협하는 물품은 아니지만 학교 규칙상 소지를 금지하는 물품인 경우, 또는 학교 규칙상 소지를 금지하는 물품은 아니지만 수업 시간이나 그 밖의 부적절한 시간에 학생이 사용한 물품인 경우, 기타 교사가 부적절한 물품이라고 판단한 경우는 그 물품의 특성을 고려하여 학생과 상담 후 즉시 돌려주던지, 보호자와 상담 후 보호자에게 즉시 돌려주는 방법이 적절할 것이다.

셋째, 학교가 학생 개인의 물품을 폐기하는 경우 반드시 학생과 보호자 모두에게 동의를 얻어 즉시 물품을 폐기하는 방법이 적절할 것이다.

위와 같은 방법으로 학생 개인 물품은 학생 본인 또는 보호자에게 즉시 돌려주어야 하며, 즉시 돌려주는데 현실적인 어려움이 있더라도 그 기한은 일주일을 넘기지 않도록 하는 것이 적절[46]하다고 판단한다.

이상과 같이 학생의 개인 물품 소지·관리에 대한 기준을 정함으로써 학교가 학생 인권을 침해하지 않는 범위에서 생활교육을 할 수 있을 것으로 판단한다.

▶ 교복에 박음질로 고정한 명찰

A학교 교복은 명찰이 박음질로 부착돼 있다. B학생은 이런 명찰 때문에 학교 밖에서도 어쩔 수 없이 자신의 이름이 공개되는 것이 인권침해가 아닌지 교육청에 문의하였다.

[해설]

사람의 이름, 즉 성명권은 개인의 프라이버시권 중에서도 가장 소중한 기본권이며, 어느 범위까지 혹은 누구에게까지 알릴 것인지를 스스로 결정할 수 있도록 보장해야 한다. 그런데 교복 위의 고정식 명찰은 원하지 않는 성명권의 노출을 야기하여 개인정보 자기결정권을 침해할 우려가 있다. 더 나아가 이름의 노출로 인해 범죄피해의 위험이 증가할 수도 있다. 이러한 이유로 국가인권위원회는 2009년 11월, 고정식 명찰의 관행을 시정할 것을 권고하였다.

따라서 고정식 명찰보다는 탈부착이 가능하도록 하거나 명찰 위치 주머니 위에 덮개 천을 만들어 학교 밖에선 덮개 천을 꺼내 이름을 덮을 수 있도록 하는 방식의 학생의 인권 보호에 적절할 것이다.

▶ 학생의 동의를 구하지 않고 무단으로 기숙사 방을 검사

학생의 동의를 구하지 않고 무단으로 기숙사 방을 검사하였다. 학생이 학교에 간 사이 학생의 옷장, 캐리어, 속옷 보관함, 기타 물품 보관함, 쓰레기통 등 수치심이 들만한 곳들을 모두 뒤적거리고 정리도 하지 않고 그대로 두었다. 학생의 강한 반발이 있었음에도 벌써 여러 번 같은 일이 반복되고 있다.

[해설]

일부 학교에서는 각 호실마다 '방장(실장)'을 두고 점호 및 점검, 청소 확인 등 관리를 하고 있는데 이를 지양하고 다른 방법으로 각 호실을 운영할 것을 권장한다.

각 호실 점검이 필요할 때는 사전 안내하고 같은 성(性)의 사감이 점검토록 권고하였다.

- 매주 순번을 통한 당번(책임)제 운영 방법 권장('점검'은 사감 업무)
- 각 호실마다 동 학년이 생활할 것을 권장

※ 여러 학년이 섞여 생활할 경우, 선후배 문화, 학교폭력 등에 노출될 위험이 있으므로, 같은 학년끼리 생활함으로서 학업과 휴식문화 등에 동질성 회복 또한 학교 기숙사 생활에 참여하는 학생수(규모)와 교육공동체의 의견에 따라 '기숙사학생자치회'를 구성하여 운영유무를 결정하거나 단위학교 실정에 적합한 방법으로 운영할 수 있다.

▶ CCTV 불법 열람

A중학교는 학교 내 시설 무단침입한 학생들을 찾기 위해 여러 명의 교사가 CCTV 자료를 복사·열람하여 해당 학생들을 징계에 회부하였다.

[해설]

'학교 내 영상정보 처리기기 설치 운영 규칙 제14조(처리의 제

한)'의 '정보주체의 영상정보는 영상정보처리기기의 설치목적 외의 용도로 활용되거나 접근 권한을 부여받은 자 이외의 타인에게 열람·제공해서는 안 된다'를 위반한 행위이며 사생활과 개인정보를 보호받을 권리를 침해하였다고 판단하였다.

▶ 휴대전화 학교 반입 및 소지 금지와 일괄수거

A초등학교는 교칙에 교내 휴대전화 반입 및 소지를 금지하고 있고, B중학교는 교칙에 교육활동 시간 중 학생들의 휴대전화를 일괄 수거하여 하교 시 되돌려 주도록 규정하고 있다.

[해설]

A초등학교는 학생들이 등·하교 시 휴대전화 사용으로 인한 교통사고의 예방, 수업 중 사용으로 인한 다른 학생의 학습권 침해 방지를 목적으로 보호자의 동의를 얻어 규칙을 적용하고 있으나, 휴대전화의 안전한 사용 교육을 통해 최소한의 정보·통신의 자유를 보장해야 할 정보에 관한 권리를 침해한 것으로 볼 수 있다.

B중학교의 일괄 수거 방식 또한 학교 공동체 구성원(학생·보호자·교원)의 의견수렴을 통해 민주적 절차와 방법을 통해 규칙을 개정하고, 학생 스스로 관리할 수 있는 역량을 가질 수 있도록 교육하여 최소한의 정보·통신의 자유와 관련된 정보에 관한 권리를 보장해야 할 것으로 보인다.

▶ 동의 절차 없이 학생의 가족관계증명서 수집

A고등학교 1학년부 교사들은 학생의 가족상황을 파악하기 위해 별도의 안내나 동의 절차 없이 학생들에게 가족관계증명서를 제출받았다.

[해설]

학생과 그 가족의 신상정보는 「개인정보보호법」 제15조 등에 근거하여 필요한 범위 내에서 적법하고 적정한 절차에 따라 수집·이용되어야 한다. 또한 학생교육에 필요한 정보라도 학교를 통할하는 학교장의 결재를 받아 최소한의 범위 내에서 수집되어야 하고, 수집·이용에 앞서 가정통신문 등의 안내를 통해 반드시 정보주체에게 그 필요성을 설명하고 동의를 받아야 한다.

A고등학교 1학년 교사들이 학생들에게 동의절차 없이 가족관계증명서를 제출받은 것은 정보 수집·이용절차에 하자가 있었다고 판단하며 학생의 개인정보 보호를 위해 제출받은 서류의 반환, 정보주체 대상 사실관계와 조치계획에 대한 안내 등 학교장의 시정조치가 필요하다.

▶ 학생 징계사실 공표

A고등학교의 장은 학내 게시판에 '1학년 2반 ○○○ 학생은 교칙을 위반하여 선도위원회에서 출석정지의 징계결정을 받았습니다.'라는 형태로 징계사실을 공표하였다.

[해설]

학생의 프라이버시권 보호를 위해 학교의 장과 교원은 학생의 징계에 관한 사실을 공표해서는 안 된다. 학교규칙 위반을 예방하기 위한 교육적 목적을 달성하기 위해서는 평소 학생 등 학교구성원에게 학교규칙과 이에 따른 지도·징계에 대해 충분히 안내하는 방향이 적절하다. 징계이행에 따른 담임교사 협조 등 관련 학생의 교육활동상 불가피한 경우에도 관련 교사에게만 최소화하여 안내하고 누설하지 않도록 해야 한다.

사례의 경우 이름을 익명처리를 하였을지라도 해당 학생을 충분히 특정할 수 있다는 점에서 학교의 장이 학생의 프라이버시권을 침해하였다고 판단한다.

▶ 학급 게시판에 학생 벌점 점수 공개

A초등학교 B교사는 담임을 맡은 학급 게시판에 벌점 현황판을 만들고 게시하여 학생들의 벌점 내용을 공개하였다. A초등학교는 생활평점제를 폐지한 교육청 소속 학교임에도 B교사 담임학급뿐 아니라 일부 학급도 생활평점제를 운영하고 있다.

[해설]

B교사가 학급 게시판에 학생들의 벌점 현황을 공개한 것은 징계 등에 관한 학생의 정보를 보호받을 권리를 침해한 것이다.

또한 A초등학교 소속 교육청이 생활평점제를 폐지하였음에도 A초등학교 일부 학급이 생활평점제를 실시한 것은 학교장의 관리 소홀로 볼 수 있어 교육청의 적절한 조치가 필요하다.

▶ 기숙사 휴대전화 소지 금지

A고등학교는 전원 기숙형 학교이다. 학교장이 학생들에게 "곧 설문지를 배포하겠다. 동의와 비동의가 있는데, 핸드폰 압수에 대해 비동의를 한다면 그대로 부모님 손을 잡고 기숙사를 나가라"고 했다.

[해설]

휴대전화는 스마트폰이라고도 불리며, 통화, 인터넷 검색, 동영상 시청, 음악감상, 게임, SNS 등 다양한 용도로 사용하고 있다. 그래서 휴대전화는 사람들과 소통 또는 각종 정보를 얻는데 활용하기도 하며, 때로는 게임, 동영상 시청, 음악 감상 등 여가시간을 보내는 도구로 활용하기도 하며, 지식 또는 교육에 활용하기도 한다. 현대 생활에 있어서 거의 모든 영역에 활용 가능할 만큼 다양하게 이용하고 있다.

학교에서 학생이 수업시간에 교사의 허가를 받지 않고 사용하여 문제가 되기도 하며, 기숙사에서는 학생의 여가시간 대부분을 휴대전화를 사용하며 보내기도 한다. □러한 부분을 감안하여 학교생활 전반에 걸쳐 학생들의 교육에 방해가 된다는 견해도 있다.

하지만, 휴대전화가 없다면 학생들은 타인과 소통, 정보취득, 여가 활동 등 다양한 영역의 활동에 제약을 받을 수밖에 없다. 휴대전화의 부작용이 있다면 휴대전화 사용에 대한 생활 교육을 통해 해소하는 것이 적절하다. 소지 자체를 금지하는 것은 우리 헌법상 기본권 제한 원칙인 '과잉금지원칙'에 위반된다고 볼 수 있다.

그 이유는, 학생의 휴대전화를 제한하는 목적을 달성하기 위한 방법이 휴대전화 소지 금지라는 정보의 접근 및 학생들의 사생활을 형성할 자유의 본질적 내용을 침해하는 과도한 제제 외에 다른 방법이 없었는지 의문이 들기 때문이다.

그러므로, 휴대전화 소지 자체를 금지하는 것은 학생들의 자유로운 정보의 접근을 막고, 학생들의 사생활 형성을 저해하는 등 학생인권을 침해하는 것으로 볼 수 있다. 특히, '휴대전화 소지 금지에 동의하지 않으면 기숙형 학교에서 기숙사를 나가라'는 것은 'A고등학교를 다니지 마라'는 의미여서, 학생들의 학습권과 자기(운명)결정권 침해로 이어질 가능성도 있다.

▶ 일반고 배정 결과에 이의제기 않겠다는 확인서 제출

A지역 일부 중학교는 '평준화 지역 ○○학군에 지원하여 학군 내 배정(1단계)시 끝 지망이 배정될 수도 있다는 설명을 들었으며, 이에 배정 결과에 대한 이의제기를 하지 않겠음을 약속드립니다.'

라는 내용이 포함된 〈평준화지역 일반고 학생배정방법 설명(안내) 청취확인서〉에 학생·보호자 인적사항을 기재해 제출하도록 하였다.

[해설]

A지역 일부 중학교가 교육청의 변경 문서가 아닌 기존 문서 서식인 학교배정 설명청취서를 학생·보호자에게 제출하도록 한 것은 학생·보호자의 양심의 자유, 정당한 이의신청권, 개인정보 자기 관리권 등의 침해를 초래할 수 있는 행위이다. 관련 학교는 기존 제출받은 문서는 모두 폐기하고 해당 학생·보호자에게 가정통신문 등을 통해 이 사실을 알리는 등의 시정조치를 해야 한다.

▶ 교칙위반에 대한 선도처분 감수 서약

A고등학교는 2월 말 신입생들에게 교칙을 위반할 경우 "본인은 앞으로… 어떠한 처벌이라도 감수할 것을 서약합니다."라는 내용이 포함된 〈학교생활규칙 준수 서약서〉를 학생과 보호자에게 서명하여 제출하도록 하였다.

[해설]

「헌법」 제19조는 '양심의 자유'를 보장하고 있다. 양심의 자유란 어떤 개인이 형성한 양심이나 사상을 외부에 발표하도록 강제당하지 않거나 개인의 사상 및 양심에 반하여 어떤 행위를 강제당하지 아니할 자유를 말한다. 따라서 학교와 교사는 학생에게 양심에 반하는 내용의 서약서, 진술서 등의 제출을 강요해서는 안 된다.

국가인권위원회는 통상의 범위를 넘어 교칙을 위반할 경우 처벌을 감수하겠다는 서약서를 강제하는 것은 양심의 자유 중 소극적 자유인 침묵의 자유를 침해한 것으로 결정하였다.

사례와 같이 학교가 학생에게 학교의 선도처분에 대해 어떠한 이의도 없이 감수하겠다는 서약서 제출을 강요하는 것은 학생의 양심의 자유를 침해하는 것이다.

▶ 일기쓰기 강제 및 검사

A초등학교 B교사는 일주일에 한 번씩만 일기를 쓰는 숙제를 내고 있다. 보호자 C의 자녀는 학기 초반에는 어떻게 쓸 줄 몰라서 힘들어 했다가 1학기가 지나가고 B교사의 지도도 받으면서, 제법 요령도 터득하여 혼자서도 숙제를 잘 완성하고 있었다. 그런데, 보호자 C는 "국민신문고에 학교에서 일기장 제출 및 검사로 고통 받는다는 내용의 민원이 올라왔고, 교육청이 공문으로 다음 주부터는 가정에서 지도를 해주셔야 될 것 같다"는 내용의 알림장을 학교로부터 받았다.

물론 일기쓰기를 가정에서도 지도할 수 있지만, 왜 학교에서 교사의 지도를 받을 수 없게 하는지 이해가 되지 않는다.

[해설]

일기 작성은 습관화, 생활반성, 쓰기능력의 향상 등의 긍정적인 측면이 있다. 그러나 일기란 개인의 하루 하루의 경험, 생각과 느낌을 적은 글로 개인의 생각과 양심을 내용으로 하는 내면의 솔직한 기록이며 공개를 목적으로 하지 않는 사적인 영역에 해당한다.

그러므로 일기지도를 통해 일기쓰기를 습관화할 경우 일기가 학생의 사적 기록이라는 본래적 의미로서가 아닌 공개적인 숙제로 인식될 가능성이 커 오히려 일기쓰기의 목적을 달성하기 어렵다고 볼 수 있다.

또한, 글짓기 능력 향상이나 글씨공부 등은 일기를 통해서가 아니라 작문 등을 통한 다른 방법으로도 달성할 수 있다. 그럼에도 불구하고 교사에게 일기지도를 받고 싶다면 학생과 보호자의 동의 하에 그리고 학교교사의 교육과정 외 부가적인 승인에 의하여 가능할 수도 있을 것이다.

▶ 조회시간 전후 전교생에게 기도 강요

종립학교인 A고등학교의 학교장은 매주 전교생이 참석하는 조회 시작과 종료 전에 기도를 하면서 전교생에게 기도에 동참하도록 하고, 때때로 특정 종교를 가지지 않으면 지옥에 가거나 좋은 대학에 갈 수 없다는 취지의 말을 하였다.

[해설]

종립학교는 각 종교의 성격과 특징, 추구하는 목적을 반영하는 교육을 수행하기 위해 설립된 학교이므로 일정한 범위 내에서 학교도 종교교육 및 운영의 자유를 갖고 있다. 그러나 종립학교 역시 공교육 내에 편입되어 있는 상황에서 (선발학교가 아닌 경우) 학생들에게 종교과목의 수강이나 부수적 종교 활동을 강요하면 학생의 종교의 자유와 양심의 자유 침해를 초래할 수 있다.

대법원은 이러한 이유로 종립학교에서 종교과목의 교육이나 종교 활동의 참여를 요구하는 것은 비종교인이나 타종교인의 종교의 자유를 침해하지 않는 범위 내에서만 허용된다고 판시하면서, 특정 종교 활동을 거부한 학생대상 학교의 징계조치를 불법행위로 인정한 바 있다(대법원 2010.4.22. 선고 2008다38288전원합의체 판결).

▶ 학생지도 시 종교관련 의식 실시, 이단 논쟁

A중학교 B교사는 첫 수업시간에 학생들에게 눈을 감도록 하고 자신이 믿고 있는 종교의식(기도)을 한 후 수업을 시작하였다. B교사는 자신이 담임 맡은 학급의 학생이 아프다고 하면 그 학생의 아픈 부위에 손을 얹고 기도한 후 학생들을 보건실로 보냈다. 또

한, C학생이 'B교사가 다니는 교회와 다른 종파의 교회에 다닌다는 것을 알고, C학생을 상담하면서 학생이 다니는 교회가 이단이라고 말하는 등, 1시간가량 C학생과 종교적 논쟁을 하였다.

[해설]

B교사가 어떤 종교를 믿을지는 B교사의 신앙의 자유에 해당하고, 자신이 믿는 종교와 관련하여 종교적행위를 할 자유도 인정된다.

B교사는 학교에서 수업을 하면서 학생들에게 자신의 종교의식을 행했는데, 이는 B교사 자신의 종교를 믿도록 권유한 행위로 볼 수 있다. 또한, B교사가 아픈 학생들에게 기도를 한 행위는 직무행위 중에 자신의 종교를 학생들에게 표현 내지 권유한 것으로 교사로서 허용되지 않는 행위이다. 심지어 학교에서 C학생과 종교의 차이에 따른 이단논쟁을 하였던 것은, 정교분리의 원칙(政敎分離의 原則)을 규칙하고 있는 「교육기본법」 제6조 제2항의 취지에 반하는 것으로 판단한다.

따라서 B교사의 위와 같은 행위들은 C학생과 다른 학생들의 종교의 자유를 침해한 것으로 판단한다.

▶ 창의적 체험활동 종교 관련 내용만 운영

A학교는 특정 종교재단이 설립한 종립학교로 매주 금요일 1교시를 종교수업과 창의적 체험활동을 번갈아 운영하고 있다. 종교수업은 예배 형식으로 진행하는데, 이 시간에는 참여를 원하지 않는 학생은 교실에 남아 자기주도 학습을 할 수 있다. 그런데 예전에는 교실의 불도 켜지 못하게 하고, 냉난방을 해주지 않는 방식으로 예배에 참석하도록 강요했는데, 교육청에 민원이 제기된 이후에 시정되었다.

문제는 창의적 체험활동 시간이다. 창의적 체험활동은 모두 참여해야 하는데, 외부강사의 특강으로 진행하는 경우가 많다. 그런데 그 외부강사가 목사이거나 선교활동을 하는 대학생으로 대부분 신앙과 관련 있는 내용으로 운영하고 있다.

[해설]

대법원 판결에 따라 강제배정 방식으로 입학하는 경우에는 종립학교라 하더라도 선택권과 대체 프로그램이 주어져야 한다. A학교는 금요일 1교시를 종교수업과 창의적 체험활동으로 운영하고 있는데, 종교수업시간에는 선택권을 보장한다.

하지만 선택권을 보장하지 않는 창의적 체험활동 시간을 특정 종교의 선교활동과 신앙 간증 등 특강으로 진행한다면 실질적으로는 종교 활동이라고 보아야 한다. 따라서 선택권과 대체 프로그램을 마련하지 않은 것은 종교의 자유 침해이다.

▶ 청소년 인권 관련 집회에 참여한 학생대상 징계

A학생은 거주 지역에서 개최된 청소년 인권 보호 관련 집회에 참석하였다. B고등학교는 이를 이유로 A학생을 선도위원회에 회부하였다.

[해설]

학생은 「유엔아동권리협약」 제12조에 따라 자신의 의견을 자유로이 표명할 수 있는 권리가 있고, 이렇게 표명된 의견은 학생의 연령과 성숙도에 비례하여 정당한 절차에 따라 존중되고 반영하여야 한다. 이에 대해 유엔아동권리위원회는 1996년 대한민국 정부에 아동의 표현의 자유(집회, 결사의 자유)를 학교 내외에서 보장할 수 있도록 법률과 학교규칙 개정을 권고하였다.

사례와 같이 학생이 학교 밖에서 이루어진 평화적 집회에 참여

했다는 이유로 학생을 징계하려는 것은 위법하고 부당하다. 학생의 의견 표현의 기회 보장은 학교 내외에 따라 달리 취급되는 것이 아니고, 공동체 질서를 해할 우려가 없는 경우라면 최대한 보호되고 존중되어야 한다.

▶ 세월호 리본을 달지 못하도록 함.

A초등학교 담임교사 B는, 4월 중순경 학생들이 가지고 온 '세월호 리본'을 보고, 학생들에게 세월호 사건과 관련하여, '나라를 구하려고 돌아가신 군인들은 추모하지 않으면서, 교통사고로 죽은 사람들까지 추모할 필요가 없다.', '우리 반은 리본을 달고 다니지 마라.'는 등의 이야기를 했다.

[해설]

사람은 누구나 사회의 어떤 사건과 현상에 대해 자신의 관점을 가질 수 있고, 이는 개인이 갖고 있는 양심과 사상의 자유 중 내심의 영역으로서 다른 사람을 침해할 수 없는 영역에 속한다. 다만, 그것이 내심의 영역을 넘어 외부에 표현되거나 실현되는 경우에는, 다른 사람의 인권과 충돌하지 않는지 살펴야 한다.

교사 역시 자신의 관점을 가질 수 있고, 그것이 내심에 머물러 있을 경우에는 다른 사람의 인권과 충돌될 여지가 없으나, 교사가 개인의 관점을 외부로 표현하고 이로 인해 학생들의 행동에 직접 영향을 미치는 경우에는, 학생들의 인권을 침해한 것인지 살펴보아야 한다.

세월호 문제와 관련하여 '군인들의 죽음', '교통사고' 등과 비교하여 생각하는 것은 B교사의 양심과 사상의 자유 중 내심의 영역이라고 할 수 있다. 그러나 B교사가 자신의 생각을 외부로 표출하면서, 학생들에게 '리본을 달고 다니지 마라'고 한 것은 학생들의 행동을 제약한 것으로 볼 수 있다. 이는, 학생들 개인의 표현의 자유를 강압적(학교에서 교사와 학생의 위계적 질서를 고려했을 때)으로 제한한 것이므로, 위와 같은 행위는 학생들의 인권(표현의 자유)을 침해한 것으로 보인다.

▶ 학생들의 서명운동에 대한 학교의 관리와 지도

A고등학교 3학년 학생 일부는 교문 밖 200미터 정도 떨어진 장소에서 국사교과서 국정화 추진과 관련해 반대 서명운동을 진행하였는데, A고등학교에서는 학교의 적정한 지도와 관리에 대해 교육청에 의견을 요청하였다.

[해설]

학생들이 진행한 국사교과서 국정화 추진 관련 반대 서명운동은 「헌법」 제19조와 「유엔아동권리협약」 제13조에 보장된 아동의 표현의 자유에 해당하는 행위이다.

따라서 학교장의 허가사항에 포함될 사항은 아니고, 학교는 오히려 「교육기본법」 제12조와 「초·중등교육법」 제18조의4 등에 근거하여 학생들의 표현의 자유가 권리로서 보장되고 올바른 권리행사를 할 수 있도록 지원하는 것이 바람직하다. 학교는 필요한 경우 제3자에 대한 서명 강요 금지, 서명을 이유로 교과수업활동 방해 금지 등 소극적 범위에서 교육적으로 지도할 수 있을 것이다.

만약 학생들의 자발적 서명운동을 정당한 이유 없이 제한·금지하는 등의 조치를 하거나 학생들이 학교구성원 등 타인의 명예를 훼손하거나 수업을 방해하는 등의 행위가 없었음에도 단순히 서명운동을 했다는 이유로 학생들을 징계한다면 표현의 자유를 침해하는 지도가 되므로 유의해야 한다.

▶ 징계 부당성을 호소하는 학내 게시물 철거

A학생은 최근 B교사가 학교로부터 징계를 받은 사실을 알게 되었다. B교사는 자신의 징계가 부당하다며 교원소청심사를 제기한 상황이다. B교사에 대한 학교의 징계가 부당하다고 생각한 A학생은 A4 용지 크기의 출력물을 수십 장교내 게시판에 게시하였고, 학교는 게시물이 "학생회가 아닌 학생 개인의 의견", "허가받지 않은 게시물", "허위사실적시"라는 이유로 철거하였다.

이후 A학생의 주장에 동의하는 학생들이 늘어나 학생회가 학생회 명의의 대자보를 만들어 게시판에 부착하였지만 학교는 같은 이유로 철거하였다.

[해설]

학교 내에서 학생의 표현의 자유 역시 최대한 보장되어야 하며, 다양한 경로와 방식을 통해 자신의 의견과 생각을 표출할 수 있어야 한다. 표현의 자유는 명백한 허위사실의 적시, 다른 사람에 대한 비방이나 명예훼손, 혐오 표현이 아닌 이상 그 내용을 제한해서는 안 되며, 학교의 규칙이나 학교-학생 간 합의를 통해 정한 방식이 있지 않다면 그 방식에 있어서도 제한이 있어서는 안 된다. 또한, 학생의 표현은 학생회라고 하는 집단을 통해서만 가능한 것은 아니며 개인적인 의견과 생각도 존중되어야 한다.

학교는 '허가받지 않은 게시물'이라고 하지만, 학교생활규칙에 게시물 부착과 관련한 규칙이 따로 없으며, 학생 측과 합의된 내용도 없다는 점에서 근거가 없다. 또한, 게시물에 대한 반론 게시, 게시 기한의 제한 등 다른 가능한 방법으로 대응하지 않고 게시 즉시 철거나 다른 부착물로 가리는 방식으로 원천적 차단을 하였다는 점에서 학교의 주장은 이유가 되지 않는다.

아울러 '허위사실의 적시'라는 주장도 B교사의 징계에 대해 교원소청심사위원회에서 심사가 진행되고 있는 사안이라는 점에서 '부당징계'라는 주장만으로는 허위라고 단정할 수 없으며, 비록 교원소청심사에서 징계가 정당하다고 결론이 난다고 해도 하나의 의견으로서 부당함을 주장할 수 있다는 점에서 명백한 허위사실의 적시라고 보기 어렵다.

▶ 질병을 이유로 임원 입후보 제한

A고등학교 B교사는 담임학급 반장인 C학생이 학생회장 후보로 출마하겠다고 하자, 질병(소아당뇨)을 이유로 '너는 지금 불가능한 일을 하고 있고, 불가능한 일을 하다보면 죽을 수도 있으며, 그래도 학생회장에 출마한다면 교장선생님과 선생님들에게 이 사실을 알려 결국 못 나오게 하겠다.'는 취지의 발언을 하였다.

[해설]

자치활동의 권리는 학생회, 동아리 등 학생자치활동에서 자율성과 독립성을 보장하는 취지로서 「초·중등교육법」 제17조에 따라 보장하고 있다.

B교사가 질병을 이유로 C학생의 학생회장 입후보를 제한하는 발언을 한 것은 C학생이 학급의 반장 직무도 수행하고 있었다는 점에서 정당한 사유 없이 질병만을 이유로 C학생을 배제하려고 한 것이고 불합리한 차별을 초래할 수 있는 발언이다. 또한, 이 발언의 이유가 학교규칙의 학생회 임원 입후보 자격제한 규칙에 근거가 없는 경우 「초·중등교육법」 제17조의 취지에 벗어나 교사의 권한을 남용한 것으로도 이해될 수 있다.

▶ 교사 추천서로 인해 학생회장 입후보 제한

A고등학교는 학교규칙에 학생회장, 부회장 입후보 시 '대의원 10인 이상의 추천서'를 받도록 하고 있다. 그런데 실제로는 '담임교사, 부장교사, 대의원 10명' 모두의 추천을 받아야 한다. 학생 B는 부장교사가 추천을 거부하여 학생회장 선거에 입후보하지 못하였다.

[해설]

피선거권이라는 기본권을 제한하기 위해서는 그 제한을 최소화할 수 있는 다른 방안이 없는지를 찾아보아야 한다. 입후보자에 대한 추천인 요구 조건에 대해 중앙선거관리위원회 선거연수원은 「학교선거 매뉴얼」을 통해 '30명 이상의 재학생 추천 또는 학급담임교사의 추천'을 받도록 예시하고 있다(담임 추천이 정당한것인지 검토 필요).

[유사사례]

C고등학교는 학교생활규칙에 학생회장 입후보 시 '진로상담부장, 생활지도부장, 담임교사의 추천과 교과담임교사 5명, 선거권자 30명 이상의 추천'을 받도록 규정하고 있다.

▶ 상벌점을 이유로 한 입후보 제한

A고등학교는 학교생활규칙으로 직전 학기에 받은 벌점이 6점 이상이거나 교내봉사의 징계기록이 있는 경우 학생회회장에 입후보할 수 없도록 하고 있다.

[해설]

고등학교에서 교내봉사활동 5일의 징계처분을 받은 학생이 학교생활규칙에 따라 학급 반장에서 해임되고 학생회장단 선거에 입후보할 자격이 상실된 사안에 대하여, 국가인권위원회는 징계의 경중과 관계없이 단지 징계처분을 받은 사실이 있다는 이유만으로 학급 임원 자격을 박탈하고 학생회 임원 피선거권을 제한하는 것은 합리적 이유 없는 차별이라는 취지의 결정을 하였다.

[유사사례]

B중학교는 직전 학기 학교폭력자치위원회 1호 서면사과 조치를 받았다는 이유로 1학기 학급임원 당선을 무효로 하겠다고 하였다.

▶ 담임교사가 학급 임원 지명하여 임명

A중학교 B교사는 담임을 하면서, 이전 학년도에 학생들에게 학급임원 선거를 맡겨놓았더니 부적절한 학생이 선출되어 한 해 동안 너무 힘이 들었다는 이유로, 실장, 부실장을 학생들이 선출하지 않고 자신이 지명하여 임명하였다.

[해설]

학생은 학교의 간섭 없이 자율적인 모임을 통해 학교운영에 참여할 수 있고, 이러한 참여를 통해 학생이 학교운영에 자신들의 의견을 반영할 수 있도록 하여 학생인권을 실현할 수 있어야 한다.

자치활동의 주체가 되는 자치조직은 학생들을 대표할 수 있어야 하고, 학생들의 보통·평등·직접·비밀선거로 임원을 선출하도록 각급 학교에서 규칙하고 있다. 그러므로, B교사가 학급 실장, 부실장을 학생이 선출하지 않고 자신이 지명하여 임명한 것은, 해당 학급 학생들의 자치활동의 권리를 침해한 것으로 볼 수 있다.

▶ 학생회장 선거를 실질적 허가제로 운영

A고등학교의 B학생은 학생회장으로 입후보하기 위해 학교가 요구한 등록 서류를 작성하였다. 등록서류에는 후보자등록 원서(담임 추천서, 보호자 동의서), 학년부장을 포함한 3인 이상의 교사와 재

학생 100인 이상의 서명 추천(단, 재학생 2인 이상을 추천한 경우에는 그 추천자의 추천은 모두 무효로 한다.)을 받은 추천서 등을 포함하고 있었다. B학생은 담임과 학년부장 추천을 제외한 모든 등록서류를 작성하였는데, 담임교사인 C와 학생부장인 D교사는 B학생이 품행이 바르지 않다는 이유로 서명을 거부하였다. B학생은 결국 시기에 맞춰 등록서류를 제출하지 못하고, 학교를 자퇴하였다.

[해설]

민주주의 사회에서 선거는 직접, 비밀, 보통, 평등 선거로 대표자를 선출하는 것이 일반적이다. 우리 사회는 민주주의를 지향하며, 민주주의를 지향하는 학교가 실시하는 각종 선거 역시 이 원칙에 따라야 함은 명백하다.

학생회장으로 입후보하기 위해 학교가 요구한 등록 서류는 학생 추천서, 보호자 동의서, 담임교사 추천서, 학년부장을 포함한 교사 3인 이상의 추천서이다. 그런데, 학생이 학생회장이 되기 위해서 보호자의 동의를 비롯한 교사들의 추천이 왜 필요한 것인지 이유를 알 수 없다.

보호자와 담임교사, 학년부장 등의 자의적 판단에 의해 서명을 하지 않는다면 학생은 선거에 출마를 하지 못하게 되므로, 이는 학생의 자율적인 의사에 따라 출마를 하고 당선□ 되는 일반적인 선거가 아니라, 누군가의 허가를 득해야하는 '허가제' 선거로 전락할 우려가 있다.

그러므로 보호자 동의서와 담임교사, 학년부장을 포함한 교사 3인의 추천서는 학생 자율적인 의사에 따른 선거를 제한할 수 있으므로 폐지하고, 학생의 출마 사실을 알고 이를 지원할 수 있도록 하는 목적이라면 보호자, 담임교사 등의 확인서(학년부장을 포함하는 교사 3인 이상의 확인서는 목적 달성과 관련이 없으므로 폐지가 바람직)를 받도록 하는 것이 적절한 것으로 판단한다.

담임교사와 학년부장교사는 B학생의 품행이 바르지 않다는 이유로 추천서를 작성해주지 않았다고 주장하\는데, 성적·징계를 받은 사실로 학생 자치 조직의 구성원 자격을 제한하여서는 아니되므로, 이에 대해서는 이유가 없다. 품행이 바르지 않다면 생활지도(경우에 따라서는 징계 등)가 필요한 일이지, 학생 자치조직의 임원 자격을 제한하는 사유가 될 수 없기 때문이다.

담임교사와 학년부장교사는 해당 추천서가 교사의 재량으로 써줄 수도 있고, 안 써줄 수도 있는 문제인데, 재량에 따라 하지 않은 것을 이유로 하여 문제라고 지적하는 것은 바람직하지 않다고도 주장하였다.

일반적으로 추천서는 작성자의 재량과 자율의지에 따라 작성하는 것이다. 하지만, 학교가 요구한 추천서는 형식적으로 추천서라는 이름을 갖고 있지만 내용적으로는 학생회장에 출마한 사실을 확인한 것으로 해석해야 한다. 그 이유는 관련 법령과 해당학교 생활규칙에 따라 학생들의 자치활동을 보장하는 관점으로 해석해야 하기 때문이다. 그렇게 해석하지 않는다면, 해당 학교는 담임교사와 학년부장교사가 허가하지 않으면 학생회 임원 선거에 출마할 수 없는 '허가제 선거'를 하고 있다고 해석될 수 있다. 따라서, 학생회 선거 추천서류는 담임교사와 학년부장 교사의 재량에 따라 작성할 수 있다는 주장은 잘못이다.

그러므로, 담임교사와 학년부장이 B학생의 학생회장 입후보 등록서류에 추천서를 작성해 주지 않아 B학생의 자치활동의 권리를 침해한 것으로 판단된다.

이와 더불어, B학생아 자퇴를 할 수밖에 없는 상황(실제로 B학생은 학생회 선거를 준비했던 동료학생들, 추천인들과 정상적인 학교생활을 할 수 없게 될 정도의 모멸감, 수치심, 분노, 의욕 및 사기저하 등)에 이르렀다. 이는 자치활동의 권리를 침해함으로써 B학생의 정상적인 학교생활을 방해하는 결과로 나타났으므로 B학생의 학습권과 자기운명결정권 등을 침해한 것으로 판단한다.

▶ 학년회·학생회의 월권행위로 인한 비상식적인 학교 운영

A고등학교는 학생회 주체로 개설되는 이벤트(수능 관련 행사)를 진행하기 위해 학생들에게 수금을 강요하고, 돈을 내지 않는 학생에겐 직접 선배 학생이 당사자에게 전화를 걸어 돈을 안 내는 사유를 묻고 수금을 요구하는 등 압박행위도 저지른 바 있습니다.

[해설]

학생회 주체로 자율적으로 진행하는 과정으로 강제성은 없었다고 하나, 상황에 따라 압박감을 충분히 느낄 수 있다 판단됩니다. 그래서 교육청에서는 임의로 수금하는 행위 등에 대해서는 학교에서의 학생회 활동에 대한 지도를 통해 동일한 사안이 재발하지 않도록 학교에 권고하였다.

▶ 학교규칙 개정절차에서 학생회 대의원회 의견만 수렴

A고등학교는 학교규칙을 개정하면서 학급회의 없이 학생회 대의원회에게만 의견을 물었다. 그러나 대의원회 의견도 학교규칙 개정에 반영하지 않았다. B학생은 개정을 바라는 규칙이 있었는데 의견을 제출할 기회가 없어 아쉬웠고 이렇게 개정된 규칙을 따라야 하는지 교육청에 문의하였다.

[해설]

규범의 제·개정 필요성과 그 내용에 대해 구성원 간의 충분한 논의를 거친 후 적법하여 정당성을 인정받아야 진정한 합의 규범이 될 수 있다. 「초·중등교육법 시행령」 제9조 제4항은 "학교의 장은 학칙을 제정하거나 개정할 때에는 학칙으로 정하는 바에 따라 미리 학생, 보호자, 교원의 의견을 듣고, 그 의견을 반영하도록 노력하여야 한다." 고 규칙하고 있다. 따라서 학교는 학교규칙을 제·개정할 때 반드시 모든 구성원과의 충분한 논의를 거쳐야 하며 수렴된 의견이 합리적 범위 내에서 반영될 수 있도록 조치해야 한다.

▶ 학교 출입문 통행 제한에 대한 의견수렴 없음.

A초등학교는 학생안전 등을 목적으로 '학교 후문 쪽 현관 출입문 통행을 제한'한다는 내용의 가정통신문을 배부하였다. B보호자는 재학생들의 거주지가 제한된 출입문 쪽과 가깝다는 이유 등을 들어, A초등학교가 구성원 의견수렴없이, 학교에서 일방적으로 출입문 통행을 제한한 것은 학생들의 이동권을 침해하는 것이라고 주장했다.

[해설]

학생안전을 목적으로 출입문 통행을 제한한 것은 안전권과 이동권의 비교형량을 통해 이동권에 심각한 제한이 발생하지 않는다면 안전권이 우선할 수 있다. 다만 이러한 제한이 학생안전을 목적으로 하더라도 학생들의 이동권이 일정 부분 제한될 우려가 있는 만큼, 학교는 「유엔아동권리협약」 제3조에 따른 아동 최선의 이익 최우선의 관점에서 학생안전 및 이동권 확보를 위한 교육공동체의 다양한 의견수렴 절차를 진행하여, 학생 등 구성원에게 합리적 대안이 마련될 수 있는 기회를 제공해야 한다.

▶ 교육청 담당자에게 인권침해 구제를 요청한 학생 수소문

A고등학교는 학교의 자율학습 강요에 대해 교육청 담당자에게 구제를 요청한 학생을 수소문하였다.

[해설]

「민원 처리에 관한 법률」 제7조는 "행정기관의 장은 민원 처리와 관련하여 알게 된 민원의 내용과 민원인 및 민원의 내용에 포함되어 있는 특정인의 개인정보 등이 누설되지 아니하도록 필요한 조치를 강구하여야 하며, 수집된 정보가 민원 처리의 목적 외의 용도로 사용되지 아니하도록"규정하고 있다.

학교가 구제를 요청한 학생을 찾는 행위를 하였다는 것만으로 학생에게 불이익한 처우하였다고 보기는 어렵다. 하지만 구제 요청 사실에 대한 비밀보장 측면에서는 문제의 소지가 있다.

비밀보장이란 소극적으로 업무 담당자가 외부에 이러한 사실을 누설해서는 안 된다는 의미뿐만 아니라, 적극적으로는 조사대상이 된 학교가 민원인을 찾기 위한 조치를 해서는 안 된다는 의미도 포함한다고 보아야 한다. 따라서 학교는 민원인을 찾는 행위를 즉시 중단하고 민원인에게 불이익이 없도록 해야 한다.

▶ 학생인권침해 학생 참고인에 대한 거짓진술 강요

A고등학교 B교사는 자신의 행위와 관련하여 교육청이 조사를 진행하자, 참고인(목격자)라고 할 수 있는 C학생에게 '사실과 다르게 진술해 달라'고 하면서, "고맙게 볼 거야", "너한테 피해가 안가", "죽어버릴까", "아파트 뛰어내릴까" 등의 표현을 사용하여 심적 부담을 주었다.

[해설]

B교사의 행위는 C학생에게 '사실과 다르게 진술할 것을 부탁'한 것이지만, 실질적으로 학교에서 교사와 학생의 위계관계를 고려했을 때, 이러한 '부탁'은 '강요'로 보인다. 또한, B교사가 C학생과 이야기하면서, "고맙게 볼 거야", "너한테 피해가 안가" 등의

표현은 회유하는 것으로 볼 수 있고, "죽어버릴까", "아파트 뛰어 내릴까" 등의 표현은 위협 또는 협박하는 것으로 볼 수 있다.

그러므로, B교사는 회유와 협박을 통해, C학생에게 조사받을 때 자신의 행위에 대하여 사실과 다르게 진술(거짓 진술)할 것을 강요하여 C학생의 양심에 반하는 진술을 요구한 것이므로, C학생 양심의 자유를 침해한 것으로 판단한다.

또한, B교사의 위와 같은 행위는, C학생에게 강요, 위협 또는 협박을 통해 허위 진술을 강요함으로써, 교육청의 권리구제 활동을 방해한 것으로 볼 수 있다.

▶ 민원 제기에 대해 반복적인 불만 표시

교사는 자신과 관련한 민원이 제기되자 담임교사에게 민원인으로 추정되는 학생에 대해 배신감을 느낀다는 등의 항의를 하였고, 다른 학급에서 민원이 제기된 학급의 상황을 얘기하였으며, 민원인의 학급에서도 민원과 관련한 상황에 대해 얘기를 하였다.

[해설]

피신청인은 ○○○학생이 교육청에 민원을 제기한 것으로 오해하여, 담임교사에게 하소연을 하면서 일종의 배신감을 느낀다는 취지의 발언을 하였다. 피신청인이 민원과 아무런 관련이 없는 담임교사에게 이러한 행위를 한 것은 담임교사로서는 일종의 항의로 이해될 수 있으며, 교사들로 하여금 학생의 민원 제기자체가 부정적인 것으로 이해하게 할 수 있다. 더구나 담임교사에게 민원과 관련한 얘기를 할 경우 담임이 해당 학생에 대해 부정적인 평가를 하고 그에 따른 학생지도가 이루어질 수 있다는 점에서 타당하지 않다.

또한, A학급 수업에서 B학급 때문에 스트레스를 받고 있다는 식의 발언은 적절하지 않으며, B학급 수업에서도 해당 학급에서 제기된 민원과 관련해 거듭해서 언급을 한 것은 적절하지 않았다.

결론적으로, 피신청인이 담임교사와 A, B학급에서 한 발언들은 민원 제기에 대해 부정적인 인식과 평가, 위축감을 줄 수 있고, 결과적으로 자신 또는 타인의 인권을 되찾기 위한 활동을 하는데 있어서 소극적인 태도를 갖도록 할 수 있다는 점에서 '청구할 권리'를 침해한 것으로 판단한다.

▶ 인권침해 구제 요청을 이유로 조롱 등 뒷담화

A중학교 3학년 4개 반에서 영어 과목을 담당하고 있는 B교사는 교육청에 B교사의 인권침해 행위에 대해 구제를 요청한 C학생이 없는 반에서 수업을 하면서 "불을 끄면 무섭다고 한다", "불을 끄고 수업을 해야 겠다", "불 껐다고 그 애(C학생)가 부모님께 '무서워요' 이렇게 얘기했다", "그 학생 뒤에서 조종하는 어른이 있다, 그 어른을 찾아 낼 것이다", "C학생을 때린 것이 아니다, 맞았다고 하는 것은 다 조작되었다"등의 이야기를 하였다. 또한, 이 야기에 덧붙여, "그런 애는 'X신'이다"라고 하면서 칠판에 'X신'을 쓰고, "불 끄고 무서워하면 X신이다"라고 말하였다.

[해설]

B교사의 위와 같은 행위는 C학생이 교육청에 학생인권침해 권리구제를 신청하고 관련 내용을 교육청이 조사를 한 것에 대하여, B교사가 느낀 불쾌감 또는 분노를 다른 학급의 학생들에게 알리고, 욕설을 하거나 비아냥거린 행위로 볼 수 있다. 결과적으로 그 이야기를 들은 학생들이 C학생에 대하여 갖고 있는 생각과 C학생에 대한 평판에 영향을 줌으로써, C학생의 명예를 훼손하려고 한 것으로 보인다. 따라서 위와 같은 B교사의 행위는 C학생의 인격

권을 침해한 것으로 판단된다.

또한, B교사의 위와 같은 행위는, 학생이 권리구제를 신청하였다는 이유로, 교사라는 우월적 지위를 이용하여 학교에서 학생(C학생)에게 불이익을 줌으로써, 교육청의 권리구제를 다른 학생들이 이용하지 못하도록 강요하는 행위로 볼 수 있으므로, 교육청의 권리구제 활동을 방해한 것으로 볼 수 있다.

▶ 자기(운명)결정권 – 거짓 진학정보 제공하여 학생 진학시킴.

A고등학교 B교사는 중학교에 다니며 운동을 하던 4명의 학생에게, A고등학교로 진학하면 "교육비 면제, 기숙사비 면제, 운동장비 구입 지원"등을 약속하여, 위 4명의 학생이 A고등학교로 진학하였다. 하지만, A고등학교는 이러한 지원을 하기로 한 적이 없었고, 결국 위 4명의 학생 중 3명은 다른 학교로 전학하였다.

[해설]

모든 사람은 '행복추구권'을 갖고 있고, 행복추구권은 자기결정권이전제되는데, '자기결정권'이란 개인의 일정한 사적 사안에 관하여 국가나 타인의 간섭을 받지 않고 스스로 결정할 수 있는 권리를 의미한다.

'자기결정권'은 개인의 모든 생활 영역에서 인정되고, 자기결정권에는 개인의 인격이나 운명에 관한 사항, 각자의 개성에 따른 개인적인 선택, 공적 공간에서 자신의 생활과 관련한 사항, 개인의 정보에 대한 통제 및 사용 등을 결정할 수 있다는 내용이 포함된다.

그러므로, 학생은 상급학교에 진학할 때 어떤 학교로 진학할지 결정하고 선택하면서, 다른 사람의 간섭을 받지 않고 자유롭게 스스로의 의사에 따라 결정을 할 권리가 있다. 학생의 진학은 학생 개인의 미래를 설계하는 첫 시작이라 할 수 있으므로, 교사는 학생이 진학을 결정할 때 학생의 현재 상태(성적, 생활 등)를 고려하고, 진학 대상에 대한 각종 정보 등을 제대로 제공하여, 학생 스스로 결정하는데 부족함이 없도록 할 책임이 있다.

B교사는 학교장과 협의 없이 임의로 피해학생들에게 지원을 약속하고, 그 약속대로 지원을 해주지 못해 위와 같은 일이 발생하였다. 이는 교사가 학생들이 진로를 선택하는데 있어서, 정확한 정보나 사실을 제공하여 학생들 스스로의 결정(판단)에 부족함이 없도록 하여야 함에도, 학생들에게 사실에 근거하지 않은 정보 및 거짓 정보를 제공함으로써 발생된 문제로 판단한다.

그러므로, B교사의 위와 같은 행위는 피해 학생들의 행복추구권과 진학에 대한 자기(운명)결정권을 침해한 것으로 판단한다.

▶ 생체정보자기결정권 – 전체 학생 대상 강제소변검사

A고등학교 B교사는, 흡연 학생들을 파악한다는 이유로, 학생들의 동의를 받지 않고 전체 학생들을 대상으로 하여강제로 소변검사를 실시하였다.

[해설]

개인정보는 개인의 신체나 건강상태, 정치적-종교적 신념, 사회적 지위나 신분 등과 같이 개인의 인격주체성을 특징짓는 사항으로서, 그 개인이 누구인지 식별할 수 있게 하는 일체의 정보를 의미하고, 생체정보(지문, DNA 등)도 개인정보에 포함된다.

모든 사람은 '자신의 정보가 어떤 목적으로 언제 어떻게 활용되는지를 언제든지 파악하고 스스로 결정할 수 있는 권리'가 있는데, 이는 '자기정보 통제권' 또는 '정보 자기결정권', '개인정보 자기결정권' 등으로도 불린다. 그리고 개인정보를 대상으로 한 조사·

수집·보관·처리·이용 등의 행위는, 모두 원칙적으로 개인정보 자기 결정권에 대한 제한에 해당한다.

소변은 개인의 건강상태, DNA 등 많은 정보를 알 수 있는 수단이 되는 '생체정보'의 일종으로 볼 수 있다. 개인정보는 이를 보유하고 있는 개인(학생)이 그 정보의 제공 여부 및 제공된 정보가 어떤 목적으로 어떻게 사용되는지 알고, 정보 제공 여부 등을 스스로 결정할 수 있어야 함에도, 강제로 학생들에게 자신의 소변을 제공하고 검사를 받도록 한 후, 그 검사결과를 흡연예방교육 자료로 사용하였다. 이러한 행위는 학생들의 "(생체)개인정보 결정권"을 침해한 것으로 판단한다.

학교가 교육목적 달성과 질서유지를 위하여 지도 활동을 할 수 있고 흡연 단속이나 금연지도가 필요하다는 것은 인정할 수 있으나, 흡연 단속이나 금연지도는 학생의 인권을 침해하지 않는 범위에서 적절한 방법을 사용하여야 하므로, B교사의 위와 같은 행위는 정당화 될 수 없다.

▶ 일반적 행동자유권 - 앞문 사용금지

A초등학교의 학생들은 수업시간 외에 쉬는 시간, 점심시간 등에 앞문을 사용하면 혼이 난다.

[해설]

학교 교실에는 앞문과 뒷문이 있는데, 교실 앞에는 칠판과 교탁이 있어 수업을 받는 학생들이 바라보는 방향으로, 그 쪽에 있는 문을 앞문이라 하고, 교실 뒤에는 게시판과 사물함 등이 있는 경우가 대부분인데, 그 쪽에 있는 문을 뒷문이라고 한다.

수업 중에는 학생들이 칠판을 바라보며 수업을 받는 경우가 대부분이어서, 이런 경우에 앞문을 사용한다면 수업에 방해가 되므로, 학생들의 학습권과 교사의 수업권을 보호하기 위하여, 수업 중에는 특별한 이유가 없는 한 교실 앞문을 사용하지 못하게 하는 것이 적절할 것이다.

하지만, 쉬는 시간이나 점심시간 등에는 교실 앞문을 사용하지 말아야 할 이유가 없으므로, 이런 경우에도 특별한 이유 없이 학생들이 교실의 앞문을 사용하지 못하게 한다면, 이는 학생들이 자유롭게 행동하고 이동할 수 있는 권리(일반적 행동자유권)를 침해하는 것으로 볼 수 있다.

▶ 일반적 행동자유권 – 다른 학년 복도 출입 금지

학교에서 '다른 학급 출입금지'와 '다른 학년 복도 출입금지'를 운영하고 있다. '도난방지'와 '면학분위기 조성'이라는 명분이다. 학교에서 친구도 만나고 상황에 따라 다른 학년 복도를 지날 수도 있는데, 이것을 금지하는 것은 너무하다고 A학생은 주장했다.

[해설]

학교는 학생들에게 있어서 최우선적으로는 학습의 공간이지만, 동시에 대부분의 일과시간과 성장의 시기를 보내야 하는 곳이므로 생활공간 또는 생활공동체로서의 의미도 함께 존재한다. 따라서 최적의 학습여건이 우선적으로 보장되어야 하겠지만, 이와 함께 학습(교육활동) 및 공동체 질서를 방해하지 않는 범위에서 자율적인 여가활동, 구성원들과의 교류와 왕래, 이동의 자유 등이 보장되어야 한다.

다만, 다른 학생의 학습권 또는 휴식권을 침해할 경우에는 합리적 범위에서 제한할 수 있다. 하지만 이 경우에도 '대학수학능력시험을 앞두고 있는 고등학교 3학년 교실의 복도'나 '시험기간 중'과 같은 특수한 경우에만 제한적으로 가능하다고 보아야 하며,

어떠한 상황에서도 이동이나 출입을 금지하는 것은 과잉금지의 원칙을 위반해 '일반적 행동자유권'을 과도하게 제한하는 것이다.

또한 '도난방지'를 목적으로 출입을 제한하는 것은 출입하는 모든 학생들을 '잠재적 범죄자'로 인식하는 것이므로 교육적으로 올바르지 않으며, 도난의 문제는 사물함 잠금장치를 철저하게 하거나 개인 소지품에 대한 자기 관리를 분명하게 하는 등 다른 방법 또는 교육으로 해결하는 것이 바람직하다.

▶ 일반적 행동자유권 – 수업중 화장실 사용

A학생은 수업이 시작되고 5분 후 B교사에게 "화장실을 가도 될까요?"라고 물었으나 B교사가 "소변이냐?"고 묻고 "참으라."고 했으며, 20분 정도 지난 후 "이번엔 대변"이라고 얘기하였으나 역시 "안 된다."고 하였다.

다시 5분 정도 지난 후 "진짜 급하다. 가면 안 되느냐?"고 물었지만 허락하지 않아 "진짜 급하다. 여기서는 그럴 수 없지 않냐? 왜 안 되는 거냐?"고 물으니, B교사는 "화장실을 간다고 하고 어딜 갈지 모른다. 담배를 필지도 모른다."며 허락하지 않았다. A학생은 "담배를 피워본 적도 없다."고 얘기하고, "현재 주머니와 소지품을 검사해도 된다. 너무 급하니 보내 달라."고 하였지만, B교사는 "안 돼. 그냥 앉아."라고 하였다.

A학생은 참기 어려워 휴지를 빌려서 준비를 하였고, 다시 "진짜 안 되냐?고 거듭 물었지만 B교사가 허락하지 않아 자리에 앉았다가 도저히 참기 어려워 수업 종료 5분 전에 "저 너무 급해서 화장실을 갈 테니까 마음대로 하세요."라고 얘기하고 화장실로 갔다.

[해설]

화장실은 인간의 생리욕구를 해결하기 위한 곳으로 필요할 때 이용할 권리가 보장되어야 마땅하지만, 학교라는 사정상 원활한 수업의 운영을 위해 쉬는 시간에 화장실을 이용하도록 하고 수업 중에는 제한할 수 있다.

또한 수업은 교사에게는 '수업할 권리(수업권)'에 해당하고, 학생에게는 '학습할 권리(학습권)'에 해당하므로, 수업 중 어떤 행위를 허용할지의 여부는 이들 권리가 침해되지 않는 범위 내에서 판단하여야 하며, 특별한 경우가 아닌 이상 수업을 안정적으로 운영하기 위해 교사의 직무권한으로 부여되어 있는 '수업권' 내에서 재량사항으로 결정할 수 있다.

다만, 교사의 직무권한인 수업권의 행사는 수업의 안정적인 운영을 넘어 헌법상 기본권에 대한 과도한 제한으로 이어져서는 안되며, 이러한 경우에는 재량권을 일탈 내지 남용한 것으로 볼 수 있다. 또한 교사가 수업 중 화장실 이용을 일부 제한할 권한이 있지만, 긴급하거나 응급한 상황에 있어 학생의 상태를 주의 깊게 확인할 의무가 역시 주어져 있다.

학생이 반복적으로 긴급성을 얘기하였음에도 평소의 지도방침을 설명하였을 뿐 학생의 상태를 정확하게 살피지 않았으며, 화장실 이용을 허락하지 않은 것은 교사의 재량권을 일탈 내지 남용해 「헌법」 제10조에서 파생되는 '일반적 행동자유권'을 과도하게 제한한 것으로 판단한다.

▶ 일반적 행동자유권 – 교사의 개인 이사짐 나르게 함.

교사가 얼굴(코 부위)에 부상을 입었다는 이유로, 학생들을 방학 중에 불러 교사의 개인 이사짐을 나르도록 하였는데, 4일 중 이틀은 교사가 약속을 지키지 않아 학생들이 시간을 허비했고, 이틀은 학생들이 교사의 이사짐을 나르게 하였다.

[해설]

방학 중에 교사가 학생을 학교로 부를 때에는 교육적 목적이 있는 정당한 이유가 있어야 하며, 학생과 약속을 지키지 못할 때에도 학생이 납득할 수 있는 사정이나 이유가 있어야 한다. 방학 중에 4일 동안 학생들을 교육적 목적이 아닌 사적인 아유로 학교로 불렀고, 그나마 이틀은 학생들과의 약속을 지키지 않았다. 이와 같은 피신청인의 행위는 교사와 학생간의 위계관계가 명백한 점을 같이 살펴볼 때, 피해학생들의 일반적 행동자유권과 휴식권을 침해한 행위라고 판단할 수 있다.

▶ 일반적 행동자유권 - 교사의 개인 심부름 시킴.

학생들에게 교사 개인 택배 가져오기, 교사가 먹을 물 떠오기, 교사가 사용하는 컵 씻기, 교사가 사용할 생리대 얻어 오기 등 사적 심부름을 시켰다.

다른 교사에게 줄 선물의 포장 재료를 학생들에게 사오게 하고 선물 포장을 시켜, 학생들이 1주일 동안 어렵게 선물포장을 했다. 결국 선물은 교실에 방치되었다.

[해설]

교사와 학생간의 위계관계가 명백한 점을 같이 살펴볼 때, 교사라는 위계를 이용하여 학생의 일반적 행동자유권과 휴식권 등을 침해한 행위에 해당한다.

▶ 오토바이 등하교 금지, 상점 및 이의신청 제도 없는 벌점제 운영

A고등학교는 학교 생활규칙 중 자전거 및 오토바이 등하교 시 벌점을 주고 있고 생활규칙상 벌점이 누적되면 선도위원회를 거쳐 퇴학 처분까지 받을 수 있음에도 벌점을 상쇄할 수 있는 상점제

없이 벌점제만 운영하고 있으며 부과된 벌점에 대한 이의신청 제도도 마련되어 있지 않았다. B학생은 원동기 등하교 금지 규칙으로 인해 벌점이 누적되어 선도위원회를 통해 퇴학처분 통지 전 퇴학 처분 유예를 조건으로 전학을 권유받아 3학년 2학기임에도 어쩔수 없이 전학을 가게 되었다.

[해설]

생활평점제는 학생들의 바람직한 생활태도 형성을 위해 운영하는 것이며 생활평점제를 생활규칙 위반에 따른 처벌을 위한 벌점 부여의 근거로 쓸 것이 아니라 학생 스스로 문제행동을 인식하고 교정의 기회를 제공하도록 운영해야 한다. 또한 상점제와 벌점제를 조화롭게 운영하며 학생 선택의 벌점 경감제도를 마련하여 바람직한 생활태도 형성을 위해 학생 스스로 벌점 경감을 위한 행동을 선택하고 실천할 수 있는 기회를 제공해 주어야 한다.

그러나 A고등학교는 학생의 벌점이 누적되면 선도위원회를 통해 퇴학 처분이 내려질 수 있음에도 학교가 상점제 없이 벌점제만 운영했고, 벌점에 대한 이의신청 제도가 없었으며, 선도위원회의 퇴학처분 통지 전 학교가 퇴학 처분 유예를 조건으로 B학생에게 전학을 권유하여 실제 전학이 이루어진 점에서 학생의 징계 등 절차에서의 권리의 침해로 볼 수 있다.

또한 원동기 면허를 취득하고 보험을 드는 등 관련 법에서 인정하는 요건을 충족했을 때만 16세 이상인 자가 오토바이를 운전하는 것에 국가가 어떠한 제한도 두고 있지 않고 있으므로, 학교에서 등하교시 원동기 이용을 어떠한 예외도 없이 전면적으로 금지하고 벌점을 부과하는 점에서 학생의 사생활의 자유의 침해로 볼 수 있다.

부록

서울특별시 학생인권 조례

이 조례는 2023년 9월 21일 일부개정(안)에 대한 입법예고가 있어 그 내용을 전반부에 수록하였고, 후반부에 현재 시행하고 있는 조례를 전문 수록하였습니다.

서울특별시교육청 공고 제2023-304호

「서울특별시 학생인권 조례」를 개정함에 있어 그 개정이유와 주요내용을 시민에게 미리 알려 이에 대한 의견을 구하고자「서울특별시 교육·학예에 관한 입법예고 조례」에 따라 다음과 같이 입법예고합니다.

2023년 9월 21일

서울특별시교육감

서울특별시 학생인권 조례(일부개정조례)안 입법예고

1. 개정 이유

가. 현행 「서울특별시 학생인권 조례」를 「교육기본법」 제12조(학습자)와 「초·중등교육법」 시행령(40조의 3, 2023. 6. 27. 신설)의 개정에 따른 시대적·사회적 인식을 반영하여 일부 개정하고자 함

나. 학생의 권리에 수반되는 의무와 책임을 제고하고, 학생이 자신의 권리뿐만 아니라 다른 학생의 학습권과 교원의 교육활동을 존중하도록 하여 인권친화적 학교문화 조성하고자 함

2. 주요 내용

가. 제1조(목적)에 "학생의 책임에 관하여 규정"함을 명시

나. 제4조의 2 (학생의 책임과 의무) 조항 신설

- ○ 교직원 및 학생 등 다른 사람의 인권을 침해해서는 아니된다(제1항)
- ○ 학생의 권리 제한 규정 신설(제2항)
- ○ 다른 학생 및 교직원에 대한 인권 존중 의무(제3항제1호)
- ○ 학교규범의 준수(제3항제2호)
- ○ 다른 학생 및 교직원에 대한 신체적·언어적 폭력의 금지(제3항제3호)
- ○ 다른 학생의 학습권 존중과 수업활동에 대한 방해 금지(제3항제4호)
- ○ 교원의 정당한 교육활동에 대한 존중 및 방해 금지(제3항제5호)
- ○ 흉기,마약,음란물 등 안전 및 학습권 침해하는 소지품 소지 금지(제3항제6호)

다. 제25조(징계등 절차에서의 권리)제5항 신설

- ○ 법령과 학칙이 정하는 바에 따라 조언,상담,주의,훈육,훈계 등의 방법으로 교육할 수 있음을 명시(제25조제5항)

3. 의견 제출

이 개정 조례안에 대하여 의견이 있는 단체 또는 개인은 **2023년 10월 11일(수)까지** 다음 사항을 기재한 의견서를 제출하여 주시기 바랍니다.

가. 예고사항에 대한 항목별 의견 (찬·반 여부와 그 이유)

나. 의견 제출자의 성명(단체인 경우 단체명과 대표자명), 주소, 전화번호 등

※ 보내실 곳: 서울특별시교육청 (담당부서: 민주시민생활교육과)
  ○ 주소: 서울특별시 종로구 송월길 48 (신문로 2가)
  ○ 연락처: 전화 02-399-9081, FAX 02-6973-9936
  ○ 이메일: cong0404@sen.go.kr

다. 자세한 내용을 알고 싶으신 분은 서울특별시교육청 홈페이지 (http://www.sen.go.kr) [행정정보-공지사항]을 참고하시기 바랍니다.

4. 붙임
  1. 입법안
  2. 의견제출서식

서울특별시 학생인권 조례(일부개정조례)안

서울특별시 학생인권 조례 일부를 다음과 같이 개정한다.

제1조 중 "보장함"을 "보장하고, 책임에 관하여 규정함"으로 한다.

제4조제5항 및 제6항을 각각 삭제한다.

제1장에 제4조의2를 다음과 같이 신설한다.

제4조의2(학생의 책임과 의무) ① 학생은 인권을 학습하고 자신의 인권을 스스로 보호하며, 교직원 및 다른 학생 등 다른 사람의 인권을 침해해서는 아니 된다.

② 이 조례에서 규정된 학생의 권리는 다른 사람의 자유와 권리를 침해하지않은 범위에서 허용된다.

③ 학생은 타인의 인권을 존중하고 배려하기 위해 다음 각 호의 사항을 준수하여야 한다.

  1. 다른 학생 및 교직원에 대한 인권 존중
  2. 학교공동체 구성원 간에 합의된 학교 규범의 준수
  3. 다른 학생 및 교직원에 대한 신체적·언어적 폭력의 금지
  4. 다른 학생의 학습권 존중과 수업활동에 대한 방해 금지
  5. 교원의 정당한 교육활동(수업 및 생활지도 등)에 대한 존중 및 방해 금지
  6. 흉기, 마약, 음란물 등 다른 학생 및 교직원의 안전을 해하거나 학습권을 침해하는 소지품의 소지 금지

제25조에 제5항을 다음과 같이 신설한다.

⑤ 학교의 장과 교원은 학생의 인권을 보호하고, 교원의 정당한 교육활동을 위하여 필요한 경우에는 법령과 학칙이 정하는 바에 따라 조언, 상담, 주의, 훈육, 훈계 등의 방법으로 학생을 교육할 수 있다.

부   칙

이 조례는 공포한 날부터 시행한다.

신 · 구조문대비표

현 행	개 정 안
제1조(목적) 이 조례는 「대한민국헌법」, 「교육기본법」 제12조 및 제13조, 「초 · 중등교육법」 제18조의4 및 「유엔 아동의 권리에 관한 협약」에 근거하여 학생의 인권을 <u>보장함</u>으로써 모든 학생의 인간으로서의 존엄과 가치를 실현하며 자유롭고 행복한 삶을 이루어나갈 수 있도록 하는 것을 목적으로 한다.	제1조(목적) ------------------------------ ------------------------------ ------------------------------ <u>보장하고, 책임에 관하여 규정함</u> ------------------------------ ------------------------------ --------------------.
제4조(책무) ① ~ ④ (생 략)	제4조(책무) ① ~ ④ (현행과 같음)
⑤ <u>학생은 인권을 학습하고 자신의 인권을 스스로 보호하며, 교사 및 다른 학생 등 다른 사람의 인권을 침해하여서는 아니 된다.</u>	〈삭 제〉
⑥ <u>학생은 학교의 교육에 협력하고 학생의 참여 하에 정해진 학교 규범을 존중하여야 한다.</u>	〈삭 제〉
〈신 설〉	제4조의2(학생의 책임과 의무) ① <u>학생은 인권을 학습하고 자신의 인권을 스스로 보호하며, 교직원 및 다른 학생 등 다른 사람의 인권을 침해해서는 아니 된다.</u> ② <u>이 조례에서 규정된 학생의 권리는 다른 사람의 자유와 권리를 침해하지않은 범위에서 허용된다.</u>

현 행	개 정 안
	③ 학생은 타인의 인권을 존중하고 배려하기 위해 다음 각 호의 사항을 준수하여야 한다.
	1. 다른 학생 및 교직원에 대한 인권 존중
	2. 학교공동체 구성원 간에 합의된 학교 규범의 준수
	3. 다른 학생 및 교직원에 대한 신체적·언어적 폭력의 금지
	4. 다른 학생의 학습권 존중과 수업활동에 대한 방해 금지
	5. 교원의 정당한 교육활동(수업 및 생활지도 등)에 대한 존중 및 방해 금지
	6. 흉기, 마약, 음란물 등 다른 학생 및 교직원의 안전을 해하거나 학습권을 침해하는 소지품의 소지 금지
제25조(징계 등 절차에서의 권리) ① ~ ④ (생 략)	제25조(징계 등 절차에서의 권리) ① ~ ④ (현행과 같음)
〈신 설〉	⑤ 학교의 장과 교원은 학생의 인권을 보호하고, 교원의 정당한 교육활동을 위하여 필요한 경우에는 법령과 학칙이 정하는 바에 따라 조언, 상담, 주의, 훈육, 훈계 등의 방법으로 학생을 교육할 수 있다.

서울특별시 학생인권 조례

[시행 2021. 3. 25.] [서울특별시조례 제7888호, 2021. 3. 25., 일부개정]

제1장 총칙

제1조(목적) 이 조례는 「대한민국헌법」, 「교육기본법」 제12조 및 제13조, 「초·중등교육법」 제18조의4 및 「유엔 아동의 권리에 관한 협약」에 근거하여 학생의 인권을 보장함으로써 모든 학생의 인간으로서의 존엄과 가치를 실현하며 자유롭고 행복한 삶을 이루어나갈 수 있도록 하는 것을 목적으로 한다.

제2조(정의) 이 조례에서 사용하는 용어의 뜻은 다음과 같다.

1. "학교"란 서울특별시 내에 소재한 「초·중등교육법」 제2조의 학교를 말한다.
2. "유치원"이란 「유아교육법」 제2조제2호에 따라 설립·운영되는 학교를 말한다.
3. "학생"이란 제1호 및 제2호의 학교와 유치원에 학적을 둔 사람을 말한다.
4. "교직원"이란 「초·중등교육법」 제19조제1항의 교원 및 같은 조 제2항의 직원과 「유아교육법」 제20조제1항의 교원 및 같은 조 제2항의 직원을 말한다.
5. "보호자"란 친권자나 후견인, 그 밖에 학생을 사실상 보호하고 있는 사람을 말한다.
6. "학생인권"이란 「대한민국헌법」 및 법률에서 보장하거나 「유엔 아동의 권리에 관한 협약」 등 대한민국이 가입·비준한 국제인권조약 및 국제관습법에서 인정하는 권리 중 학생에게 적용될 수 있는 모든 권리를 말한다.

제3조(학생인권의 보장 원칙) ① 이 조례에서 규정하는 학생인권은 인간으로서의 존엄성을 유지하고 행복을 추구하기 위하여 반드시 보장되어야 하는 기본적인 권리이며, 교육과 학예를 비롯한 모든 학교생활에서 최우선적으로 그리고 최대한 보장되어야 한다.

② 학생의 인권은 이 조례에 열거되지 않았다는 이유로 경시되어서는 아니 된다.

③ 학칙 등 학교 규정은 학생인권의 본질적인 내용을 제한할 수 없다.

제4조(책무) ① 서울특별시교육감(이하 "교육감"이라 한다)은 교육·학예에 관한 사무를 집행하고 정책을 수립할 경우 학생인권을 실현하도록 노력하여야 한다.

② 학교의 설립자·경영자, 학교의 장, 교직원, 보호자 등은 학생의 인권을 존 중·보호·실현하고 학생의 인권 침해를 방지하기 위하여 노력하여야 한다.

③ 교육감 및 학교의 장은 학생의 학습권과 교사의 수업권 보장을 위하여 대책을 마련하고 그에 필요한 지원을 하여야 한다.

④ 교육감, 학교의 설립자·경영자, 학교의 장 및 교직원은 학생의 인권이 실질적으로 보장될 수 있는 여건을 마련하여야 한다.

⑤ 학생은 인권을 학습하고 자신의 인권을 스스로 보호하며, 교사 및 다른 학생 등 다른 사람의 인권을 침해하여서는 아니 된다.

⑥ 학생은 학교의 교육에 협력하고 학생의 참여 하에 정해진 학교 규범을 존중하여야 한다.

제2장 학생인권

제1절 차별받지 않을 권리

제5조(차별받지 않을 권리) ① 학생은 성별, 종교, 나이, 사회적 신분, 출신지역, 출신국가, 출신민족, 언어, 장애, 용모 등 신체조건, 임신 또는 출산, 가족형태 또는 가족상황, 인종, 경제적 지위, 피부색, 사상 또는 정치적 의견, 성적 지향, 성별 정체성, 병력, 징계, 성적 등을 이유로 차별받지 않을 권리를 가진다.

② 학교의 설립자·경영자, 학교의 장 및 교직원은 제1항에 예시한 사유로 어려움을 겪는 학생의 인권을 보장하기 위하여 적극적으로 노력하여야 한다.

③ 학교의 설립자·경영자, 학교의 장과 교직원, 그리고 학생은 제1항에서 예시한 사유를 이유로 차별적 언사나 행동, 혐오적 표현 등을 통해 다른 사람의 인권을 침해하여서는 아니 된다. *(신설 2017.9.21.)*

제2절 폭력 및 위험으로부터의 자유

제6조(폭력으로부터 자유로울 권리) ① 학생은 체벌, 따돌림, 집단괴롭힘, 성폭력 등 모든 물리적 및 언어적 폭력으로부터 자유로울 권리를 가진다.

② 학생은 특정 집단이나 사회적 소수자에 대한 편견에 기초한 정보를 의도적으로 누설하는 행위나 모욕, 괴롭힘으로부터 자유로울 권리를 가진다.

③ 교육감, 학교의 장 및 교직원은 체벌, 따돌림, 집단괴롭힘, 성폭력 등

모든 물리적 및 언어적 폭력을 방지하여야 한다.

제7조(위험으로부터의 안전) ① 교육감, 학교의 설립자·경영자, 학교의 장 및 교직원은 학생의 안전을 확보할 수 있도록 안전관리체계를 정비하고 유지하여야 한다.

② 학교에서 사고가 발생한 경우에 학교의 장 및 교직원은 신속하게 피해자를 구조하고, 그 피해를 예방하기 위하여 관계기관 및 지역주민과 협력하여야 한다.

제3절 교육에 관한 권리

제8조(학습에 관한 권리) ① 학생은 자신의 소질과 적성 및 환경에 합당한 학습을 할 권리를 가진다.

② 교육감, 학교의 장 및 교직원은 학생의 특성에 따른 다양하고 효율적인 교육, 상담, 돌봄의 프로그램을 마련하고 실천함으로써 학생의 학습권이 충실히 실현될 수 있도록 노력하여야 한다.

③ 특성화 고등학교의 장 및 교직원은 현장실습 과정에서 학생의 안전과 학습권을 보장하여야 한다.

④ 교육감, 학교의 장 및 교직원은 장애학생(일시적 장애를 포함한다. 이하 같다), 다문화가정 학생, 이주민가정 학생을 비롯한 외국인 학생, 예체능학생, 학습곤란을 겪는 학생 등의 학습권을 보장하여야 한다.

⑤ 학생은 다른 학생과 비교되지 않고 정당하게 평가받을 권리를 가진다. 교육감 및 학교의 장은 학생들을 과도하게 경쟁시켜 학생들의 학습권 및 휴식권을 침해하지 않도록 하여야 한다.

⑥ 학교의 장, 교직원은 과도한 선행학습을 실시하거나 요구하여서는 아니된다.

제9조(정규교육과정 이외의 교육활동의 자유) ① 학생은 자율학습, 방과 후 학교 등 정규교육과정 외의 교육활동을 자유롭게 선택할 권리를 가진다.

② 학교는 교육과정을 자의적으로 운영하거나 학생에게 임의적인 교내·외 행사에 참여하도록 강요해서는 아니 된다.

③ 학교의 장 및 교직원은 학생의사에 반하여 학생에게 자율학습, 방과 후 학교 등을 강제해서는 아니 되며, 정규교육과정 이외의 교육활동에 참여하지 않았다는 이유로 불이익을 주어서는 아니 된다.

④ 학교의 장 및 교직원은 방과 후 학교 등 정규교육과정 이외의 교육활동에서 학생의 의견을 수렴하여 다양한 프로그램을 개발·운용함으로써 학

생의 실질적인 선택권이 보장될 수 있도록 하여야 한다.

제10조(휴식권) ① 학생은 건강하고 개성 있는 자아의 형성·발달을 위하여 과중한 학습 부담에서 벗어나 적절한 휴식을 누릴 권리를 가진다.

② 학교의 장은 학생의 휴식을 누릴 권리를 보장하기 위하여 충분한 휴식 시간과 휴식공간을 확보해야 한다.

③ 학교의 장 및 교직원은 학생의사에 반하여 정규교육과정 이외의 교육활동을 강요함으로써 학생의 휴식권을 침해하여서는 아니 된다.

④ 교육감은 학생의 휴식권을 보장하기 위하여 정규교육과정 이외의 교육활동을 제한할 수 있다.

제11조(문화활동을 향유할 권리) ① 학생은 다양한 문화활동을 누릴 권리를 가진다.

② 학생은 건강한 문화를 형성하고 누리기 위하여 행·재정적 지원을 받을 권리를 가진다.

③ 학교의 장 및 교직원은 학생의 다양한 문화활동을 지원하기 위하여 학생의 의견을 수렴하고, 교육, 공연, 전시 등 다양한 문화프로그램을 개발·운용할 수 있다.

④ 교육감은 제3항의 원활한 운영을 위하여 학교 및 지역 사회의 관계기관과 협조체계를 만들어야 한다.

제4절 사생활의 비밀과 자유 및 정보의 권리

제12조(개성을 실현할 권리) ① 학생은 복장, 두발 등 용모에 있어서 자신의 개성을 실현할 권리를 갖는다.

② 학교의 장 및 교직원은 학생의 의사에 반하여 복장, 두발 등 용모에 대해 규제하여서는 아니 된다.〈개정 2021.3.25〉

제13조(사생활의 자유) ① 학생은 소지품과 사적 기록물, 사적 공간, 사적 관계 등 사생활의 자유와 비밀이 침해되거나 감시받지 않을 권리를 가진다.

② 교직원은 학생과 교직원의 안전을 위하여 긴급한 필요가 있는 경우가 아니면 학생의 동의 없이 소지품을 검사하거나 압수하여서는 아니 된다. 불가피하게 학생의 소지품 검사를 하는 경우에는 최소한의 범위로 한정되어야 하며, 불특정 다수의 학생을 대상으로 하는 일괄 검사 또는 검사의 목적물을 소지하고 있을 것이라는 합리적인 의심이 없는 학생을 대상으로 하는 검사를 하여서는 아니 된다.

③ 교직원은 학생의 동의 없이 일기장이나 개인수첩 등 학생의 사적인 기

록물을 열람하지 않는 것을 원칙으로 한다.

④ 학교의 장 및 교직원은 학생의 휴대폰을 비롯한 전자기기의 소지 및 사용 자체를 금지하여서는 아니 된다. 다만, 교육활동과 학생들의 수업권을 보장하기 위해 제19조에 따라 학생이 그 제정 및 개정에 참여한 학교규칙으로 학생의 전자기기의 사용 및 소지의 시간과 장소를 규제할 수 있다.

⑤ 학교의 장 및 교직원은 다른 방법으로는 안전을 관리하기 어려운 경우에 한하여 학교 내에 폐쇄회로 텔레비전(CCTV)을 설치할 수 있다. 다만, 설치 여부나 설치 장소에 관하여 미리 학생의 의견을 수렴하여 반영하여야 하며, 설치 후에는 설치장소를 누구나 쉽게 알 수 있게 표시하여야 한다.

⑥ 학생은 자기가 원하는 인간관계를 형성하고 그 관계를 존중받을 권리를 가진다.

제14조(개인정보를 보호받을 권리) ① 학생은 가족, 교우관계, 성적, 병력, 징계기록, 교육비 미납사실, 상담기록, 성적지향 등의 개인 정보(이하 "개인정보"라 한다)를 보호받을 권리를 가진다.

② 학교의 장 및 교직원은 학생에게 교외에서의 이름표 착용을 강요해서는 아니 된다.

③ 교육감, 학교의 설립자·경영자, 학교의 장 및 교직원은 학생의 개인정보를 수집·처리·관리할 경우에 적법하고 적정한 수단과 절차에 따라야 한다. 교육활동과 관련 없는 학생 또는 보호자의 개인 정보를 조사하거나 확인해서는 아니 된다.

④ 학교의 장 및 교직원은 학생에 관한 개인정보를 본인의 동의 없이 공개하거나 타인에게 제공하여서는 아니 된다.

⑤ 누구든지 학생에게 불이익이 될 수 있는 개인정보를 알게 된 경우에는 이를 함부로 누설하여서는 아니 된다.

제15조(개인정보를 열람할 권리 등) ① 학생 또는 보호자는 학생 본인에 관한 학교 기록 등 개인정보를 열람할 수 있고, 그 정정이나 삭제, 혹은 개인정보의 처리정지를 요구할 권리를 가진다.

② 학교의 장 및 교직원은 자신이 보유하고 있는 학생에 관한 개인정보로써 다음 각 호에 해당하는 경우에는 지체 없이 그 개인정보를 파기하는 등 적절한 조치를 취하여 학생의 개인정보를 보호하여야 한다.

1. 부정확한 경우
2. 교육활동과 직접적인 관련이 없는 경우
3. 정보수집의 목적이 달성되어 더 이상 보유할 필요가 없게 된 경우
4. 그 내용이 학생의 권리를 부당하게 침해하거나 그러할 우려가 있는 경우
5. 그 밖에 개인정보를 보유하는 것이 적절하지 않는 경우
③ 학생은 학교에 대해 학생에게 영향을 미치는 정보의 공개를 청구할 권리를 가진다. 이 경우 학교의 장은 「개인정보 보호법」, 「공공기관의 정보공개에 관한 법률」 및 「교육관련기관의 정보공개에 관한 특례법」에 의한 절차에 따라 처리하여야 한다.
④ 학교의 장은 예·결산 등 학교 재정 관련 정보를 학생이 쉽게 알 수 있는 내용과 방법으로 공개하여야 한다.

제5절 양심·종교의 자유 및 표현의 자유

제16조(양심·종교의 자유) ① 학생은 세계관, 인생관 또는 가치적·윤리적 판단 등 양심의 자유와 종교의 자유를 가진다.
② 학교의 설립자·경영자, 학교의 장 및 교직원은 학생에게 양심에 반하는 내용의 반성, 서약 등 진술을 강요하여서는 아니 된다.
③ 학교의 설립자·경영자, 학교의 장 및 교직원은 학생의 종교의 자유를 침해하는 다음 각 호의 어느 하나에 해당하는 행위를 하여서는 아니 된다.
  1. 학생에게 예배·법회 등 종교적 행사의 참여나 기도·참선 등 종교적 행위를 강요하는 행위
  2. 학생에게 특정 종교과목의 수강을 강요하는 행위
  3. 종교과목의 대체과목에 대하여 과제물의 부과나 시험을 실시하여 대체과목 선택을 방해하는 행위
  4. 특정 종교를 믿거나 믿지 아니한다는 등의 이유로 학생에게 이익 또는 불이익을 주는 등의 차별행위
  5. 학생의 종교 선전을 제한하는 행위
  6. 특정 종교를 비방하거나 선전하여 학생에게 종교적 편견을 일으키는 행위
  7. 종교와 무관한 과목 시간 중 특정 종교를 반복적, 장시간 언급하는 행위
④ 학교의 장은 교직원이 제2항 및 제3항을 위반하지 않도록 지도·감독하여야 한다.

⑤ 학교의 장은 특정 종교과목의 수업을 원하지 않는 학생들을 위하여 이를 대체할 과목을 마련해야 한다.

제17조(의사 표현의 자유) ① 학생은 다양한 수단을 통하여 자유롭게 자신의 생각을 표현하고 그 의견을 존중받을 권리를 가진다.

② 학생은 서명이나 설문조사 등을 통하여 학교 구성원의 의견을 모을 권리를 가진다.

③ 학생은 집회의 자유를 가진다. 다만, 학교 내의 집회에 대해서는 학습권과 안전을 위해 필요한 최소한의 범위에서 학교규정으로 시간, 장소, 방법을 제한할 수 있다.《개정 2018.1.4.》

④ 학교의 장 및 교직원은 학생이 표현의 자유를 행사하는 경우 이를 지도·감독할 수 있다. 다만, 부당하고 자의적인 간섭이나 제한을 하여서는 아니 된다.

⑤ 학교의 장 및 교직원은 교지 등 학생 언론활동, 인터넷 홈페이지 운영 등 표현의 자유를 최대한 보장하고, 이에 필요한 행·재정적 지원을 하도록 노력하여야 한다.

제6절 자치 및 참여의 권리

제18조(자치활동의 권리) ① 학생은 동아리, 학생회 및 그 밖에 학생자치조직의 구성, 소집, 운영, 활동 등 자치적인 활동을 할 권리를 가진다.

② 학교의 장 및 교직원은 학생자치조직의 구성과 소집 및 운영 등 학생자치활동의 자율과 독립을 보장하고 학생자치활동에 필요한 행·재정적 지원을 하도록 노력하여야 한다.

③ 학교의 장 및 교직원은 성적, 징계기록 등을 이유로 학생자치조직의 구성원 자격을 제한하여서는 아니 되며, 학생자치조직의 대표는 보통, 평등, 직접, 비밀 선거에 의해 선출되어야 한다.

④ 학생자치조직은 다음 각 호의 권리를 가진다.
  1. 학생자치활동에 필요한 예산과 공간, 비품을 제공받을 권리
  2. 학교운영, 학교규칙 등에 대하여 의견을 개진할 권리
  3. 학생자치조직이 주관하는 행사를 자유롭게 개최할 수 있는 권리

⑤ 학생회는 학생 대표 기구로서 다음 각 호의 권리를 가진다.
  1. 학생회에서 함께 일할 임원을 선출할 권리
  2. 학생총회, 대의원회의를 비롯한 각종 회의를 소집하고 개최할 수 있

는 권리

3. 납부금 징수, 성금 모금, 학교생활, 학생복지 등에 관련한 정보를 제공받고 의견을 밝힐 수 있는 권리

4. 학생회 예산안과 결산에 대해 심사·의결할 수 있는 권리

5. 학생에게 중대한 영향을 미치는 사항에 대한 학생회 의결 사항을 학교의 장 및 학교운영위원회에 전달하고 책임 있는 답변을 들을 권리

6. 다른 학교 학생회나 단체들과 연합하여 정보와 경험을 교류하고 활동 내용을 협의할 권리

7. 학생회를 담당할 교사를 추천할 권리

⑥ 학교의 장 및 교직원은 부당하게 학생 자치활동을 금지·제한하여서는 아니 되며, 학생과 교직원의 안전 등을 위하여 일시적인 제한이 필요한 경우에는 제한 사유의 사전 통지, 소명기회의 보장, 학생자치조직의 의견 수렴 등 적법한 절차에 따라 이루어져야 한다.

제19조(학칙 등 학교규정의 제·개정에 참여할 권리) ① 학생은 학칙 등 학교 규정의 제·개정에 참여할 권리를 가진다.

② 학생 또는 학생자치조직은 학칙 등 학교 규정의 제 · 개정안에 대하여 의견을 제출할 수 있다.

③ 학교운영위원회는 제2항의 의견이 제출되었을 경우에는 학교규칙소위원회를 구성하여야 한다.

④ 학교규칙소위원회는 설문조사, 토론회, 공청회 등의 방법으로 전체 학생을 비롯한 학교 구성원의 의견을 수렴하는 절차를 진행하여 그 결과를 반영해야 한다. 다만 학생자치조직의 요구가 있거나 학교규정의 제·개정안에 제12조, 제13조 및 제17조에서 보장하는 학생의 권리를 제한하는 내용이 포함되어 있을 때에는 반드시 전체 학생의 의견을 수렴할 수 있는 학내 공청회를 거쳐 그 결과를 반영하여야 한다.

⑤ 학교의 장 및 학교운영위원회는 학교 규정 제 · 개정에 대한 심의절차에 학생자치조직의 의견 제출권을 보장해야 하며 학생의 인권을 존중·보호·실현하는 방향으로 학칙 등 학교 규정을 제·개정하여야 한다.

제20조(정책결정에 참여할 권리) ① 학생은 학교의 운영 및 서울특별시교육청(이하 "교육청"이라 한다)의 교육정책결정과정에 참여할 권리를 가진다.

② 학생회 등 학생자치조직 및 학생들의 자발적 결사는 학생의 권리와 관

련된 사항에 대하여 의견을 밝힐 수 있는 권리를 가진다.

③ 학교의 장과 교직원은 학생대표와의 면담 등을 통하여 정기적으로 학생의 의견을 청취하도록 노력하여야 한다.

④ 학생대표는 학교운영위원회에 참석하여 발언할 수 있다.

⑤ 교육감, 학교의 설립자·경영자, 학교의 장 및 교직원은 학생에게 영향을 미치는 사항을 결정할 경우 학생의 참여가 효과적으로 이루어질 수 있도록 보장하여야 한다.

제7절 복지에 관한 권리

제21조(학교복지에 관한 권리) ① 학생은 학습부진, 폭력피해, 가정위기, 비행일탈 등의 각종 위기상황 극복과 적성발견, 진로모색 등 정체성 발달을 위하여 학교에서 상담 등의 적절한 지원을 받을 권리를 가진다.

② 교육감, 학교의 설립자·경영자 및 학교의 장은 빈곤 학생, 장애 학생, 다문화가정 학생, 외국인 학생, 성소수자 학생, 일하는 학생 등 경제적·사회적·문화적 사유로 권리 실현에 어려움을 겪는 학생을 배려하는 데에 우선적으로 예산 등의 자원을 배정할 수 있도록 노력하여야 한다.*(개정 2019.3.28.)*

③ 교육감, 학교의 설립자·경영자 및 학교의 장은 학생이 사회복지에 관한 권리를 향유할 수 있도록 하기 위하여 이에 필요한 상담을 제공하고 구체적이고 실질적인 지원 제도를 수립 또는 정비하여야 한다.

④ 교육감, 학교의 설립자·경영자 및 학교의 장은 특별한 상담 및 돌봄이 필요한 학생을 위하여 아동복지 및 인권과 관련된 지역 사회의 관계기관과 협조체계를 구축하여야 하며, 특히 보호자를 교육하고 보호자의 참여와 협력을 유도할 수 있는 프로그램을 개발·운용하여야 한다.

제22조(교육환경에 대한 권리) ① 학생은 건강하고 쾌적한 환경에서 교육을 받을 권리를 가진다.

② 교육감, 학교의 설립자·경영자, 학교의 장 및 교직원은 적정한 양과 질의 도서 및 도서관 공간 확보, 청결한 환경의 유지, 화장실과 적절한 탈의 및 휴식공간의 확보, 적절한 냉난방 관리, 녹지공간 확대 등 최적의 교육환경 조성을 위하여 노력하여야 한다.

제23조(급식에 대한 권리) ① 학생은 안전한 먹을거리에 의한 급식을 제공받을 권리를 가진다.

② 학교의 장은 급식재료, 급식업체 등 급식 관련 정보를 학생에게 제공하

고 정기적으로 급식에 관한 의견조사를 실시하며 그 결과를 급식에 반영하여야 한다.

③ 교육감, 학교의 장은 친환경 농산물에 기초한 급식을 제공하기 위하여 노력하여야 한다.

④ 교육감은 의무교육과정에서의 직영급식과 무상급식을 실시하기 위하여 노력하여야 한다.

제24조(건강에 관한 권리) ① 학생은 최적의 건강상태를 유지하고, 아플 때 적정한 치료를 받고 보건시설을 편리하게 이용할 수 있는 권리를 가진다.

② 여학생은 생리로 인한 고통 때문에 결석하거나 수업에 참여하지 못하는 경우 그로 인하여 불이익을 받지 않을 권리를 가지며, 학교의 장 및 교직원은 생리 중에 있는 여학생에게 불이익이 없도록 적절한 배려조치를 취하여야 한다.

③ 교육감 및 학교의 장은 학교보건사업을 실시하는데 있어 학생에게 정확한 정보를 제공하고 학생의 선택권을 존중하여야 한다.

④ 교육감 및 학교의 장은 학생이 아플 때 이용할 수 있는 보건실의 시설 및 기구를 충분히 확보하도록 노력하여야 한다.

제8절 징계 등 절차에서의 권리

제25조(징계 등 절차에서의 권리) ① 학생에 대한 징계는 징계사유에 대한 사전통지, 공정한 심의기구의 구성, 소명기회의 보장, 대리인 선임권 보장, 재심요청권의 보장 등 인권의 기준에 부합하는 정당한 규정과 적법절차에 따라 이루어져야 한다.

② 학교의 장 및 교직원은 징계와 그 전후의 절차에서 징계대상 학생의 회복과 복귀를 목표로 하여야 하며, 그것을 위하여 지역사회, 보호자 등과 협력하여야 한다.

③ 학교의 장 및 교직원은 피징계자를 식별할 수 있는 표현이나 방법을 사용하여 징계내용을 공고하여서는 아니 된다.

④ 학교의 장 및 교직원은 상벌점제를 포함한 학생에 대한 지도방법의 결정 및 그 집행의 절차에서 학생의 인권을 보호하기 위해 노력하여야 한다.

제9절 권리침해로부터 보호받을 권리

제26조(권리를 지킬 권리) 학생은 인권을 옹호하고 자기나 다른 사람의 인권을

지키기 위한 활동에 참여할 권리를 가지며, 그 행사로 인하여 불이익을 받지 아니한다.

제27조(상담 및 조사 등 청구권) ① 학생을 비롯하여 누구든지 학생인권이 침해 당했을 경우에는 학생인권옹호관에게 상담 및 조사 등을 청구할 권리를 가진다.

② 학생을 비롯하여 누구든지 학생인권 관련 사항에 관하여 학교의 장, 교육청, 교육지원청 그 밖의 관계기관에 문서 등으로 청원할 권리를 가진다.*(개정 2016.12.29.)*

③ 학생을 비롯하여 누구든지 제1항과 제2항의 청구권 및 청원권 행사에 관하여 비밀을 보장받으며, 그 행사로 인하여 불합리한 처우를 받지 아니한다.

④ 학생인권옹호관은 제1항의 청구에 대하여 교육감 및 학교의 장 등은 제2항의 청원에 대하여 심사할 의무를 지며, 그 처리결과를 청구 및 청원한 사람에게 통보하여야 한다.

제10절 소수자 학생의 권리 보장

제28조(소수자 학생의 권리 보장) ① 교육감, 학교의 설립자·경영자, 학교의 장 및 교직원은 빈곤 학생, 장애 학생, 한부모가정 학생, 다문화가정 학생, 외국인 학생, 운동선수, 성소수자, 일하는 학생 등 소수자 학생(이하 "소수자 학생"이라 한다)이 그 특성에 따라 요청되는 권리를 적정하게 보장받을 수 있도록 하여야 한다.*(개정 2019.3.28.)*

② 교육감, 학교의 장 및 교직원은 사회구조나 문화에 따라 누구나 권리 실현에 어려움을 겪는 소수자 학생이 될 수 있음에 유념하면서 소수자에 대한 편견과 차별의식을 해소하는 데 필요한 인권교육프로그램과 소수자 학생을 위한 진로 및 취업 프로그램, 상담프로그램을 별도로 마련하여야 한다.

③ 교육감은 소수자 학생에 대하여 그 특성에 따라 요청되는 권리의 보장을 위하여 전문 상담 등의 적절한 지원 및 조력을 하여야 한다.

④ 교육감, 학교의 장 및 교직원은 장애 학생에 대하여 교내외 교육활동에서 정당한 편의를 제공하고 참여를 보장하여야 하며, 장애 유형 및 정도에 따라 적절한 교육 및 평가방법을 제공하여야 한다.

⑤ 교육감, 학교의 장 및 교직원은 빈곤 학생이 가정형편으로 말미암아 수학여행 등 교육활동에서 소외되지 않도록 시책을 강구하여야 한다.

⑥ 다문화가정 학생, 이주민가정 학생을 비롯한 외국인 학생의 인권은 당사자 또는 보호자의 체류자격과 무관하게 보호되어야 한다. 교육감, 학교의 장 및 교직원은 다문화가정 학생, 이주민가정 학생을 비롯한 외국인 학생에 대하여 교육활동에서 언어·문화적 차이 등으로 인한 차별 없이 학교생활을 할 수 있도록 시책을 강구하여야 하며, 전·입학 기회가 부당하게 침해되지 않도록 노력하여야 한다.

⑦ 교육감, 학교의 설립자·경영자, 학교의 장 및 교직원은 다문화가정 학생, 이주민가정 학생을 비롯한 외국인 학생 등에 대하여 그의 문화적 정체성을 학습하고 경험할 수 있는 기회를 마련하고 그에 적합한 교육환경을 조성하기 위하여 노력하여야 한다.

⑧ 교육감, 학교의 장 및 교직원은 학생의 성적지향과 성별 정체성에 관한 정보나 상담 내용 등을 본인의 동의 없이 다른 사람(보호자는 제외한다. 이하 같다)에게 누설해서는 아니 되며, 학생의 안전상 긴급을 요하는 경우에도 본인의 의사를 최대한 존중하여야 한다.

제3장 학생인권 증진을 위한 체계

제1절 학생인권교육과 홍보

제29조(학생인권교육) ① 교육감, 학교의 설립자·경영자, 학교의 장 및 교직원은 모든 사람의 학생인권 의식을 깨우치고 향상시키기 위하여 필요한 학생인권교육을 하여야 한다.

② 학생인권옹호관은 학생인권위원회의 심의를 거쳐 학생인권교육에 관한 종합계획을 수립하고 이를 시행하여야 한다. 학생인권옹호관은 학생인권교육을 위하여 필요한 경우 교육감, 학교의 설립자·경영자, 학교의 장 및 교직원 등과 협의할 수 있다.

③ 교육감은 학생인권옹호관의 학생인권교육업무 수행을 위한 지원 체제를 갖추어야 한다.

④ 교육감은 학생인권교육을 위하여 교육자료 및 교육프로그램을 개발·보급하여야 한다.

⑤ 교육감은 필요한 경우 학생인권교육에 관하여 이 조례에서 정한 업무의 전부 또는 일부를 학생인권옹호관에게 위임할 수 있다.

⑥ 학교의 장은 학생들에게 학생인권에 관한 교육을 학기당 2시간 이상 실시하여야 한다.

⑦ 학교의 장은 제6항에서 정한 교육을 실시할 경우에는 산업수요맞춤형 고등학교 및 특성화 고등학교 현장실습, 일하는 학생의 증가 등을 고려하여 노동권에 관한 내용을 포함시켜야 한다. *(개정 2019.3.28.)*

⑧ 학교의 장은 학생 스스로 행하는 자율적인 인권학습활동을 보장하고 이를 지원하여야 한다.

제30조(홍보) ① 교육감은 「유엔 아동의 권리에 관한 협약」의 내용과 이 조례의 내용 등 학생인권에 관한 일반인용과 중·고등학생용, 초등학생용, 유치원생용 설명서 및 교육용 교재를 제작·배포하는 등 홍보를 위하여 노력하여야 한다.

② 교육감은 학교의 장으로 하여금 학교 홈페이지에 게시하고 매년 가정통신문의 형태로 발송하는 등의 방법으로 보호자 및 학생에게 이 조례 전문을 알려야 한다.

③ 학생인권옹호관은 제29조제2항의 학생인권교육에 관한 종합계획을 수립할 경우 학생인권 홍보에 관한 사항을 반영하여야 한다.

제31조(교직원 및 보호자에 대한 인권교육) ① 교육감은 교육청 주관의 모든 자격연수에서 학생인권에 관한 교육 내용을 연 2시간 이상 편성하여야 한다.

② 교육감은 교육청 주관의 교직원 직무 연수에 학생인권에 관한 교육 내용을 반영하도록 노력하여야 한다.

③ 학교의 장은 교직원에 대하여 연 2시간 이상 학생인권에 관한 교육을 실시하여야 한다.

④ 학교의 장은 학생의 보호자에 대하여 학생의 인권에 관한 교육 또는 간담회를 연 1회 이상 추진하여야 한다.

제32조(서울특별시 학생인권의 날) ① 교육감은 학생인권에 대한 관심과 참여를 확대하기 위해 「서울특별시 학생인권의 날」을 지정할 수 있다.

② 교육감은 「서울특별시 학생인권의 날」의 취지에 어울리는 사업을 실시하고, 학생, 교직원 및 시민의 참여를 보장하여야 한다.

제2절 학생인권위원회와 학생참여단

제33조(학생인권위원회) ① 교육청의 학생인권 증진 및 인권 친화적 교육문화 형성에 관한 중요 정책과 교육현장의 인권 침해 사안에 대한 구제방안을 심의하고, 학생인권에 관한 지역사회의 공론을 형성하고 협력을 이끌어 내기 위하여 학생인권위원회(이하 "위원회"라 한다)를 둔다.

② 위원회는 다음 각 호의 업무를 수행한다.

1. 학생인권종합계획 수립에 대한 심의 및 결과에 대한 평가
2. 학생인권종합계획의 연도별 시행 계획에 대한 자문 및 결과에 대한 개선 권고
3. 학생인권이 중대하게 침해되어 특별한 구제조치가 필요하다고 인정되는 경우 또는 정책적 대책이 필요하다고 인정되는 경우 그 사안에 대한 학생인권옹호관의 조사결과의 심의 및 구제 조치 권고
4. 교육감의 교육정책 및 입법 활동에 대한 학생인권영향평가 및 개선 권고
5. 학생인권에 영향을 미치는 제반 입법, 정책, 교육활동 및 그 밖의 사회활동에 대한 의견 표명 *(개정 2020.1.9.)*
6. 학생인권에 대한 지역사회의 여론 형성을 위한 토론회 등의 공론화 활동
7. 학생인권 현황에 대한 연례 보고서 등 연구·조사 보고서의 발간
8. 이 조례에서 정한 교육규칙의 제정에 관한 자문
9. 학생인권교육센터의 활동에 관한 평가 *(개정 2018.1.4.)*
10. 그 밖에 교육감, 학생인권옹호관 또는 위원회 위원 3명 이상이 제안한 사안에 대한 심의

③ 위원회는 제2항의 업무 수행에 있어 교육감 또는 학생인권옹호관에게 관련 자료의 제출을 요구하거나 회의에 출석하여 의원의 질의에 답변할 것을 요구할 수 있으며, 학생인권 정책에 관하여 의견을 제시할 수 있다.

제34조(위원회의 구성) ① 위원회는 위원장 1명과 부위원장 1명을 포함한 20명 이내로 구성하며, 위원장 및 부위원장은 위원 중에서 호선한다.

② 위원회는 인권에 관하여 올바른 관점을 가지고 있으며, 소수자들이 겪는 차별문제에 대하여 높은 감수성을 가지고 있는 사람을 위원으로 한다.

③ 위원은 다음 각 호의 사람 중에서 제2항의 자격을 갖춘 사람으로 교육감이 위촉하거나 임명한다. *(개정 2018.1.4.)*

1. 교육, 아동복지, 청소년, 의료, 법률, 인권 전문가로서 관련 비영리민간단체의 추천을 받은 사람 또는 공개모집절차를 통해 신청을 받은 사람 5명 이상
2. 학생참여단에서 위원회 위원으로 선출된 사람 2명 이상
3. 시민 중에서 학생인권문제에 대한 관심이 높고, 참여의지가 있는 사람으로 공개모집절차를 통해 신청을 받은 사람
4. 교육청의 학생인권 관련 담당 공무원으로 교육감이 임명하는 사람 2

명 이상

5. 교원 단체의 추천을 받은 사람 2명 이상

6. 학부모 단체의 추천을 받은 사람 2명 이상

7. 서울특별시의회 교육위원회의 추천을 받은 사람 1명 이상

④ 위원회의 위촉위원은 특정성별이 10분의 6을 넘어서는 아니 된다.〈개정 2018.1.4.〉

⑤ 위원의 임기는 2년으로 하되 연임할 수 있다.

⑥ 보궐위원의 임기는 전임위원의 남은 임기로 한다.〈개정 2018.1.4.〉

⑦ 교육감은 다음 각 호의 어느 하나에 해당하는 경우 위촉 해지하여야 한다.〈개정 2018.1.4.〉

1. 「지방공무원법」제31조에 해당하는 사람

2. 본인이 희망하여 사임서를 제출한 사람

3. 위원으로서 품위를 손상하여 위원회 활동에 부적당하다고 위원회가 인정하는 사람

제35조(위원회의 운영) ① 위원장은 위원회를 대표하고, 위원회의 직무를 총괄한다.

② 위원회의 회의는 다음 각 호에 따라 위원장이 소집한다.

1. 정기회 : 연 4회 이상

2. 임시회 : 교육감 또는 위원장이 필요하다고 인정하거나 재적 위원 3분의 1 이상의 요구가 있을 경우

③ 위원회의 회의는 재적 위원 과반수의 출석으로 개의하고, 출석위원 과반수의 찬성으로 의결한다. 단, 가부동수일 경우에 위원장이 결정한다.

④ 위원회는 그 업무 중 일부를 수행하기 위해 소위원회를 둘 수 있다. 소위원회의 위원은 위원회의 위원 중 위원회의 심의를 거쳐 위원장이 지명한다.〈개정 2018.1.4.〉

⑤ 위원회의 간사는 제34조제3항제4호의 위원 중에서 위원장이 지명한 1명이 담당한다.

⑥ 학생인권옹호관은 위원회에 출석하여 그 업무와 관련하여 발언할 수 있다.

⑦ 위원회의 모든 회의는 공개하며, 반드시 그 회의록을 작성하여 누구나 열람할 수 있도록 비치하여야 한다. 다만, 사안의 성격상 공개하는 것이 적절하지 아니하거나 관련자들의 인격권을 보호할 필요가 있는 경우에는 그 의결로써 회의를 비공개로 하거나 회의록의 열람을 제한할 수

있다.

⑧ 위원회에 참석한 위원 중 교육감 소속 공무원이 아닌 위원에 대하여는 예산의 범위에서 수당과 여비를 지급할 수 있다.〈개정 2018.1.4.〉

제36조(운영세칙) 이 조례에서 규정한 사항 이외에 학생인권위원회 및 소위원회 운영에 필요한 사항은 학생인권위원회가 운영세칙으로 정한다.

제37조(학생참여단) ① 교육감은 학생인권 증진 및 인권친화적 교육 문화 조성을 위한 정책 수립에서 학생의 의견을 수렴하기 위하여 학생참여단(이하 "참여단"이라 한다)을 구성·운영하여야 한다.〈개정 2018.1.4.〉

② 참여단은 100명 이내로 구성한다.

③ 참여단은 공개모집을 통하여 모집한 학생들 중에서 추첨을 통하여 선발한다. 다만, 참여단의 구성을 다양하게 하고 소수자 학생의 의견을 반영하기 위하여 20명 이내의 범위에서 별도의 절차를 밟아 교육감이 선발할 수 있다.〈개정 2018.1.4.〉

④ 참여단은 다음 각 호의 업무를 수행할 수 있다.

  1. 교육감의 교육정책에 대한 의견 제시
  2. 「서울특별시 학생인권 조례」의 개정에 관한 의견 제시
  3. 학생인권실태조사에 관한 의견 제시
  4. 학생인권실천계획에 관한 의견 제시
  5. 학생인권옹호관의 조사 및 그 권고에 대한 의견 제시
  6. 「서울특별시 학생인권의 날」 자치행사 주관
  7. 학교규칙을 포함한 제반 학교규율에 대한 의견 제시
  8. 그 밖의 학생인권 증진 및 학생참여 활성화를 위해 필요한 사항

⑤ 교육감은 교육지원청별로 참여단을 둘 수 있다.〈개정 2016.12.29.〉

제3절 학생인권옹호관

제38조(학생인권옹호관의 설치) ① 교육감은 학생인권 증진 및 인권 친화적 교육문화 조성의 업무를 집행하기 위하여 교육청에 학생인권옹호관 1명을 둔다.

② 학생인권옹호관은 인권에 대한 올바른 관점과 차별에 대한 높은 감수성을 가지고 있으며, 학생인권에 관한 학식이나 경험이 풍부한 사람 중에서 위원회의 동의를 얻어 교육감이 임명한다.

③ 학생인권옹호관은 일반임기제공무원으로 한다.〈개정 2018.1.4.〉

④ 학생인권옹호관의 신분은 보장되며, 교육감은 학생인권옹호관이 아래의 사유에 해당하는 경우에만 위원회의 동의를 얻어 위촉 해지할 수 있다. 다만 제1호의 경우에는 위원회는 청문 등 적법한 절차를 거쳐 그 사실을 조사한 결과를 바탕으로 동의안을 처리하여야 한다.〈개정 2018.1.4.〉

1. 학생인권옹호관이 학생인권 및 다른 사람의 인권을 중대하게 침해하여 더 이상 학생인권옹호관으로서의 직무를 수행하는 것이 적절하지 않음이 명백하게 된 경우
2. 학생인권옹호관이 금고이상의 형을 받았을 경우

⑤ 학생인권옹호관의 임기는 2년으로 하되, 1회에 한하여 연임할 수 있다.
⑥ 학생인권옹호관은 학생인권에 대한「대한민국헌법」과 관련 법령 그리고 「유엔 아동의 권리에 관한 협약」을 비롯한 국제인권규범의 정신에 따라 그 직무를 독립적으로 성실하게 수행하여야 한다.

제39조(학생인권옹호관의 직무) 학생인권옹호관은 다음 각 호의 사항을 수행한다.

1. 학생인권 관련 실태조사 및 정책, 지침 등의 연구·개발
2. 학생인권침해 및 학생복지에 관한 상담
3. 학생인권침해 사안에 대한 조사 및 직권조사
4. 인권피해자에 대한 지원 프로그램 운영
5. 학생인권침해에 대한 적절한 시정 및 조치권고
6. 학생인권향상을 위한 제도 개선 권고
7. 인권교육에 대한 교재개발 등의 지원 및 정기적인 인권교육 시행
8. 학생인권위원회 및 참여단의 업무 지원
9. 학생인권위원회가 결정한 사항의 집행
10. 학생인권영향평가서 작성 지원 등 그 밖에 교육감이 필요한 사항

제40조(보고의무) 학생인권옹호관은 학생인권침해사건의 처리결과를 교육감과 학생인권위원회에 매년 분기별로 보고하여야 한다.

제41조(겸직의 제한 등) ① 학생인권옹호관은 「지방공무원법」제56조에 따르며, 교육청과 특별한 이해관계가 있는 기업이나 단체의 임원을 겸할 수 없다.
② 학생인권옹호관의 복무, 처우 등에 관하여 이 조례에 규정이 없는 사항은 별도의 조례로 정한다.

제4절 학생인권교육센터와 학생인권영향평가

제42조(학생인권교육센터) ① 교육청에 학생인권옹호관의 효율적인 업무 수행을 위해 학생인권옹호관을 장으로 하는 학생인권교육센터(이하"센터"라 한다)를 둔다.

② 센터는 학생인권옹호관의 지휘에 따라 다음 각 호의 업무를 수행한다.

1. 학생인권에 관한 법령·제도·정책·관행 등의 조사와 연구 및 그 개선에 관한 사항
2. 학생인권침해사건에 대한 조사와 구제, 유형 및 판단기준, 그 예방조치 등에 관한 사항
3. 학생인권상황에 관한 실태 조사 및 정보·자료의 조사·수집·정리·분석 및 보존
4. 인권에 관한 교육 및 홍보
5. 인권의 옹호와 신장을 위하여 활동하는 단체 및 개인과의 협력
6. 그 밖에 학생인권옹호관이 인권의 보장과 향상을 위하여 필요하다고 인정하는 사항 *(2018.1.4.)*

③ 센터에는 사무직원을 둔다.

④ 센터의 장은 센터의 업무를 총괄한다.

⑤ 학생인권옹호관은 센터의 운영과 활동을 매년 교육감과 위원회에 보고하여야 한다.

⑥ 센터의 조직과 운영에 관하여 필요한 사항은 교육규칙으로 정한다.

제43조(학생인권영향평가) ① 학생인권위원회는 교육감이 제정, 입안하려고 하는 조례나 정책 등이 학생의 인권 및 인권 친화적 교육문화 조성에 미치는 영향 등을 사전에 평가하고 그에 관한 의견을 제시할 수 있다.

② 교육감은 조례나 정책을 입안할 경우 학생인권영향평가서를 작성하여 위원회에 검토를 요청하여야 한다.

③ 위원회는 교육감이 특별한 사유 없이 학생인권영향평가서를 제출하지 않거나 추진 중인 조례나 정책 등이 학생인권의 보장에 반한다고 판단할 경우 이의 개선 또는 중단을 권고할 수 있다.

④ 교육감은 제3항의 위원회 권고를 받은 경우 특별한 사유가 없는 한 이에 따라야 한다.

제5절 학생인권종합계획

제44조(학생인권종합계획의 수립) ① 교육감은 학생인권을 증진하고, 학교문화와 교육환경을 개선하는 등 인권 친화적 교육문화를 실질적으로 증진시키기 위한 종합계획(이하 "학생인권종합계획"이라 한다)을 위원회의 심의를 거쳐 3년마다 수립하여 시행하여야 한다.

② 학생인권종합계획은 다음 각 호의 사항을 포함하여야 한다.

1. 학생인권 증진 및 인권 친화적 교육문화 형성의 기본 방향
2. 제1호의 기본 방향에 따른 단계별 실천전략
3. 학생인권종합계획의 실행을 위한 재원 조달 방안
4. 학생인권 관련 정기적인 조사·연구 및 인권 교육 실시 방안
5. 지방자치단체를 포함한 지역사회의 협력과 공론화 방안
6. 교육부 및 다른 지역 교육청과의 학생인권 증진을 위한 협력 방안*(개 정 2016.12.29.)*
7. 학생인권종합계획 실행에 대한 평가방안
8. 그 밖에 학생인권 증진 및 인권 친화적 교육문화 형성에 관한 주요 사항

제45조(연도별 시행계획 및 실태조사) ① 교육감은 학생인권종합계획을 기초로 하여 매년 연도별 시행계획을 수립하고 평가하여야 한다.

② 교육감은 학생인권 관련 실태조사를 매년 실시하고, 그 결과를 학생인권 종합계획 수립에 반영하여야 한다.

③ 교육감은 학생인권의 증진을 위하여 필요한 경우 구체적 지침을 마련하여 각 학교에 제시하고 정당한 사유 없이 이를 이행하지 않는 학교의 장을 지도·감독하여야 한다.

④ 교육감은 제1항의 평가결과를 위원회에 보고하여야 한다.

제46조(공청회 등) ① 교육감은 학생인권종합계획을 수립할 경우 공청회, 토론회, 지역순회 간담회 등을 통하여 학생, 교직원, 보호자, 시민 등의 의견을 수렴하여야 한다.

② 교육감은 학생인권 증진을 위하여 노력하는 시민활동을 지원하고 협조 체제를 구축하여야 한다.

제4장 학생인권침해에 대한 구제

제47조(학생인권침해 구제신청) ① 학생이 인권을 침해당하였거나 침해당할 위험이 있는 경우에는 학생을 비롯하여 누구든지 학생인권옹호관에게 그에 관한 구제신청을 할 수 있다. *(개정 2018.1.4.)*

② 학생인권침해 구제신청의 효율적인 처리를 위하여 각 교육지원청 별로 학생인권상담실을 둔다. *(개정 2016.12.29.)*

③ 제2항의 학생인권상담실은 학생인권에 관한 상담과 학생인권침해 구제신청의 접수를 담당하며, 그 결과를 매월 정기적으로 학생인권옹호관에게 보고하여야 한다. 다만, 조속한 조치가 필요한 경우 등 시급한 경우에는 즉시 보고하여야 한다.

④ 제1항의 신청이 다음 각 호의 어느 하나에 해당하여 학생인권옹호관이 상담 및 조사를 하는 것이 적절하지 아니하다고 인정하는 경우 그 신청을 수리하지 않을 수 있다.

1. 피해학생 이외의 제3자가 한 구제신청에 대하여 피해학생 본인이 조사를 원하지 않는 것이 명백한 경우
2. 구제신청의 원인이 된 사실에 관하여 법원의 재판, 수사기관의 수사 또는 그 밖의 법령에 따른 권리구제절차나 조정절차가 진행 중이거나 종결된 경우
3. 그 밖에 구제신청이 현저하게 이유가 없거나 허위의 사실에 의거하고 있거나 인권보호 이외의 다른 목적을 위하여 이루어졌음이 명백한 경우

제48조(학생인권침해사건의 조사) ① 학생인권옹호관은 제47조제1항의 구제 신청이 있는 경우에는 인권침해를 받았다고 주장되는 당사자(이하 "피해당사자"라 한다)의 동의를 얻어 사건에 대하여 조사한다. 다만, 사안이 중대하거나 향후 유사한 사건의 예방을 위하여 필요하다고 인정되는 경우 등 조사를 하여야 할 상당한 이유가 있다고 판단하는 경우 이 항의 규정에도 불구하고 학생인권옹호관은 피해당사자의 동의가 없이 조사할 수 있다.

② 학생인권옹호관은 제1항에 따른 조사를 위하여 필요한 경우 교육청 및 학교 등에 자료를 요청할 수 있고, 학교의 설립자 및 경영자, 학교의 장, 교직원, 학생의 보호자, 학생 및 관계 공무원 등(이하 "관계인"이라 한다)에게 질의할 수 있다.

③ 학생인권옹호관은 필요한 경우에는 현장방문조사를 할 수 있다.

④ 관계인은 학생인권옹호관의 자료요청 및 질의와 현장방문조사에 성실하게 협조하여야 한다.

제49조(학생인권침해사건의 처리) ① 학생인권옹호관은 조사 중이거나 조사가 끝난 사건에 대하여 사건의 공정한 해결을 위하여 필요한 구제 조치를 당사자에게 제시하고 합의를 권고할 수 있다.

② 제47조제1항의 구제신청을 받은 학생인권옹호관은 사건을 신속하게 조사한 후 인권침해나 차별행위가 있었다고 판단될 경우에는 가해자나 관계인 또는 교육감에게 다음 각 호의 사항을 권고할 수 있다.

1. 학생인권침해 행위의 중지
2. 인권회복 등 필요한 구제조치
3. 인권침해에 책임이 있는 사람에 대한 주의, 인권교육, 징계 등 적절한 조치
4. 동일하거나 유사한 인권침해의 재발을 방지하기 위하여 필요한 조치

③ 학생인권옹호관은 조사의 결과 그 사안이 중대하거나 재발의 방지를 위하여 특별한 조치가 필요한 사안에 대하여는 위원회의 심의를 요청하여 그 결과를 받아 권고 등 적절한 조치를 취할 수 있다.〈개정 2018.1.4.〉

④ 학생인권옹호관이 제2항 또는 제3항의 조치를 취한 경우에는 이를 즉시 교육감에게 통보 한다.

⑤ 제2항 또는 제3항에 따라 권고를 받은 가해자나 관계인 또는 교육감은 그 권고사항을 존중하고 정당한 사유가 없는 한 이를 성실히 이행하여야 하며, 그 조치결과를 가해자나 관계인은 학생인권옹호관이나 교육감에게, 교육감은 학생인권옹호관에게 즉시 알려야 한다.〈개정 2018.1.4.〉

⑥ 제2항 또는 제3항에 따라 권고를 받은 가해자나 관계인 또는 교육감이 권고 내용을 이행하지 아니할 경우 이유를 붙여 서면으로 학생인권옹호관에게 통보하여야 한다.

⑦ 학생인권옹호관은 제2항 또는 제3항에 따른 권고가 제대로 이행되지 않았다고 판단되는 경우, 가해자나 관계인에게 적절한 조치를 취할 것을 교육감에게 권고할 수 있다.

⑧ 학생인권옹호관은 제5항부터 제7항까지의 규정에 따라 관계인, 교육감 등의 조치결과 및 통보내용, 학생인권옹호관이 교육감에 대하여 한 권고 등을 공표할 수 있다.

제50조(비밀유지의무) ① 학생인권옹호관 및 학생인권교육센터의 구성원은 제48조제1항의 구제신청과 학생인권침해에 관한 조사와 관련하여 알게 된 사항에 대하여는 비밀을 유지하여야 한다.

② 위원회의 위원은 학생인권침해의 구제와 관련한 심의를 하면서 알게 된 사항에 대하여는 비밀을 유지하여야 한다. 다만, 정책적인 성격이 강하여 관련된 당사자의 인격권을 침해할 우려가 없는 사항은 그러하지 아니하다.

제5장 보칙

제51조(시행규칙) 이 조례에서 구체적으로 위임한 사항과 이 조례를 시행하기 위하여 필요한 사항은 교육규칙으로 정한다.

부칙

〈제7888호, 2021.3.25〉

이 조례는 공포한 날부터 시행한다.

◨ 편 저 임영만 ◨

· 1985. 충남대 법과대 법학과 졸업
· 2001. 법원주사
· 2016. 사법보좌관연수교육
· 2016. 대덕등기소장
· 2018. 사법보좌관 대전지방법원 근무

교권침해와 학생인권사례
새로이 바뀐 교권보호 4법 알아두기

2024년 04월 25일 인쇄
2024년 04월 30일 발행

편 저 임영만
발행인 김현호
발행처 법문북스
공급처 법률미디어

주소 서울 구로구 경인로 54길4(구로동 636-62)
전화 02)2636-2911~2, 팩스 02)2636-3012
홈페이지 www.lawb.co.kr

등록일자 1979년 8월 27일
등록번호 제5-22호

ISBN 979-11-93350-35-5(13360)

정가 28,000원